智库丛书 Think Tank Series
国家发展与战略丛书
人大国发院智库丛书

2022全球货币金融形势的思考

Reflections on the Global Monetary and
Financial Situation in 2022

王晋斌 著

中国社会科学出版社

图书在版编目（CIP）数据

2022 全球货币金融形势的思考 / 王晋斌著 . —北京：中国社会科学出版社，2024.2

（国家发展与战略丛书）

ISBN 978 − 7 − 5227 − 3230 − 5

Ⅰ. ①2… Ⅱ. ①王… Ⅲ. ①国际金融—世界经济形势—研究—2022 Ⅳ. ①F113.4②F831

中国国家版本馆 CIP 数据核字（2024）第 049166 号

出 版 人	赵剑英
责任编辑	郭曼曼
责任校对	韩天炜
责任印制	王 超

出　　版	中国社会科学出版社
社　　址	北京鼓楼西大街甲 158 号
邮　　编	100720
网　　址	http://www.csspw.cn
发 行 部	010 − 84083685
门 市 部	010 − 84029450
经　　销	新华书店及其他书店
印　　刷	北京明恒达印务有限公司
装　　订	廊坊市广阳区广增装订厂
版　　次	2024 年 2 月第 1 版
印　　次	2024 年 2 月第 1 次印刷
开　　本	710 × 1000　1/16
印　　张	27
插　　页	2
字　　数	402 千字
定　　价	139.00 元

凡购买中国社会科学出版社图书，如有质量问题请与本社营销中心联系调换
电话：010 − 84083683
版权所有　侵权必究

序 一

欣闻晋斌教授的 2022 年新作即将出版,我很高兴为他的作品写序。晋斌教授是中国宏观经济论坛(CMF)的主要成员,世界经济和国际金融领域的知名专家,具有广泛的社会影响力。2020 年年初新冠疫情爆发,全球金融市场剧烈动荡,美国股市从 3 月 9 号开始,短短十天时间里出现了 4 次熔断,这是历史上没有出现过的。这也是学者研究国际金融的难得样本。晋斌教授抓住了这样的机遇,以自己的专业知识和敬业精神,开始高频率跟踪研究世界经济和国际金融市场上的热点问题,取得了不俗的成果,连续 4 年高频创作,产生了积极广泛的社会影响。我为他的刻苦勤奋取得的成绩感到高兴。

中国宏观经济论坛(CMF)是 2006 年创立的,至今已经走过 17 个春秋。在这 17 年里,论坛主要成员积极工作,论坛已经取得了很大的影响力。晋斌教授积极参与论坛的工作,在论坛中磨练、在论坛中成长,在世界经济、国际金融领域颇有建树。这本书也体现了晋斌教授在这些领域的专业敏锐性和扎实的功底。写作高峰时期几乎每天写一篇,记录了金融大动荡时期的历史,这是需要毅力的。

本书收录了晋斌教授在 2022 年主要发表在 CMF 微信公众号的短文,每篇短文针对热点问题做了时评。尤其是针对国际金融市场变化、汇率变动等问题的研究是比较深入的,我读后觉得有价值,愿意推荐给读者。晋斌教授用朴素、简单的语言，依靠自己扎实深厚的专业知识素养形成的逻辑，时评了国际金融市场上的热点问题，读起来通俗易懂，观点明确，这是本书写作的一大特点。

当今世界正处于百年未有之大变局，世界经济格局面临深刻调整、国际金融市场的波动也是常态。这是一个从事国际经济和国际金融等领域研究人员发挥自己研究能力，出成果的时期。希望晋斌教授发挥自己的专业所长，再接再厉，取得更多、更好的研究成果。

刘元春

2022 年 12 月 24 日

上海财经大学校长，中国人民大学原副校长

序 二

王晋斌教授邀我为他的2022新书作序，我有点忐忑不安，因为我对他研究的世界经济与国际金融领域不算太熟悉，学术上没有作序的底气。但又有点盛情难却，因为我们在同一个战壕里翻滚摸打十多年，好像应该为他的新作写点"溢美"之词。

王晋斌教授博士毕业留校在其他学院任教。我于2002年年初任经济学院院长，上任后为组建一支一流的师资队伍煞费苦心。时任经济学院副院长的刘元春教授向我推荐，说有一个叫王晋斌的年轻老师在《经济研究》及其他重要学术期刊上发表了多篇论文，我拿来一看，觉得质量不错，于是请来一见。办公室一叙，双方都感觉挺投缘，于是经过必要的组织程序开启了引人计划。经过一番周折，王晋斌终于落户经济学院国际经济系，其研究方向也稍作调整，转向世界经济与国际金融的教学与科研。多年来科研成果发表颇丰，特别是在教学上颇为努力，课堂教学深得学生欢迎，每次毕业典礼上赢得的掌声也比较大，在经济学院顺利评上教授，并出任经济学院副院长。

2006年在时任副院长的刘元春引荐下，我与中诚信集团董事长毛振华教授相见恨晚，一拍即合与中诚信集团联合创办中国宏观经济论坛，定期发布中国宏观经济形势分析与预测报告，一办就是17年。在这17年中，王晋斌教授始终是积极的参与者，成为中国宏观经济论坛的核心成员，每年都要写几篇有关世界经济形势、国际金融形势、人民币汇率走势等研究报告，研究水平大有长进，研究成果颇受好评，因在汇率研究方面发表了若干篇颇有影响的论文，被我们团队成员戏称为"汇率王"。

中国宏观经济论坛通过我们自己的公众号首发我们对宏观热点问题的研究文章。目前网上的公众号多如牛毛，能否吸引更好的粉丝，除了必要的推广工作外，很大程度上取决于你的公众号能否推出让网民有兴趣阅读的文章，特别是首发文章。为此，我们号召宏观论坛的研究团队成员踊跃向公众号投送文章。王晋斌教授自告奋勇，说他每周为中国宏观经济论坛的公众号提供一篇原创文章。原来我以为是说着玩的，每周写一篇几千字的文章并不是一件轻松的事情。后来连续几个月每周在公众号上都能看到王晋斌对世界金融热点问题的时评文章，甚至有时每周写两篇以上的文章。过了几个月，我以为王晋斌教授难以坚持下去，没有想到他越写兴致越高，今年是连续第四年，迄今已经写了超过三百篇时评文章。他对国际金融问题的评论文章在网络上产生了越来越大的影响，很多文章被其他网站转载，头条还邀请他去开专栏，现在他把第四批的文章结集出版。

这次新冠肺炎疫情对世界经济造成了巨大的冲击，全球金融也出现了显著的震荡，这种震荡也波及了中国的宏观经济、金融环境、企业行为。因此，及时研究全球金融的震荡以及对中国的影响是有重要学术价值和应用价值的。王晋斌教授的这本文集的及时出版无疑是有重要意义的。我作为中国宏观经济论坛的联席主席，平时对王晋斌教授首发在中国宏观经济论坛公众号上的时评文章也颇为关注。我过去也为媒体写过经济随笔，也曾结集出版，深知写随笔或时评并不容易。写好一篇能吸引读者的随笔或时评，一是要选题好，这需要有敏锐的眼光与独特的研究视角，紧紧抓住读者关心的热点问题。收录在本书的文章大多非常好地抓住了当时国际金融形势变化的重要热点问题召开讨论，时代脉搏的跳动在这本书中能明显感受到；二是要有扎实的理论功底。其实，在学术研究上要写出一篇让同行都看不懂的文章并不是非常难的，但要让不是从事学术研究的人都能看得懂的专业文章是相当难的，这要求写作者能对相关理论相当精通，并能用浅析的语言表达出来。读了王晋斌这本书，发现他对国际金融理论、汇率理论相当熟悉，对国际金融发生的事情也相当熟悉，从而能写出通俗易懂但背后具有明确的理论逻辑的时评；三是要有较好的语言表达能力。随笔或时评是专业人士写给主要是非专业人士看的文章，因此，对写作者的语言表达能力有着较高的要求。王晋斌教授这本书是一本能让非国际金融专业人士读得懂的一本关于全球金融动荡的书。

王晋斌教授在我们自己的公众号上推出了一大批热评国际金融变化大事件的文章，这是要出版第4本文集，无论是对于他本人，还是对于我们的中国宏观经济论坛都是一件值得庆贺的事情。即使我不是国际金融方面的研究专家，我也很高兴为我的同事王晋斌教授写了这篇序，以示庆贺。

杨瑞龙

中国人民大学中国宏观经济论坛联席主席

2022 年 12 月 22 日

序 三

王晋斌教授的新书《2022全球货币金融形势的思考》系列即将出版，嘱我写序。

这本书收录了晋斌教授2022年所写的关于全球疫情和国际金融市场的几十篇文章。一开始，晋斌教授是应中国宏观经济论坛的邀请而写的。我是索稿人，自然就成了第一个读者，有时也会把自己的一些看法同晋斌教授分享。晋斌教授的文章在我们宏观论坛的公众号发表后，很快引起了广泛的关注，其他财经媒体和公众号竞相转载，也向他约稿，促进了他的勤奋写作，有时甚至是一天一篇。现在他将这些文章结集出版，有助于为读者全面呈现2022年国际金融市场的风云变幻，结合经济金融的基本理论，全面分析了各主要国家的应对政策以及金融市场的波动态势。这一系列文章的写作和结集出版，相当于晋斌教授开了一门生动的理论联系实际的课程，而我恰似这门课的忠实学生，每课必学。因此，我来写序，更恰当地说是写学习体会。

2022年是主要发达经济体货币政策转向的一年。在高通胀压力下，欧美等采取了史上罕见的激进紧缩政策，给全球金融市场带来的剧烈波动，美欧出现了银行业关闭危机。在这个不确定性加大的市场变化中，要做到透过现象看本质，对今后走势和长期趋势发表明确的看法，既需要理论功底，又需要实证能力，更重要的是需要学者的勇气。晋斌教授的分析，阐述原理时像涓涓细流娓娓道来，判断趋势时则方向明确毫不含糊，而利弊分析时更是抓住要害立场鲜明。我和广大读者一样，喜欢他的这些文章，更欣赏他的风格。

如果把视角拉得更长，我们可以发现一些更有趣的现象。2008年的国际金融危机，大体的成因，是过度的货币化和金融创新，解决之策似乎应该是抑制货币创造并令金融服务实体经济。为了应对恐慌向市场投放大量的货币以维持流动性，作为短期应急政策是必不可少的，但短暂的恐慌之后似乎应该归于常态。但2008年国际金融危机后各国的货币政策则完全不是这个思路。实际上，各国都将宽松的政策维持下来，并唯恐美国利用美元世界货币的优势收取"铸币税"，即网络所说的"薅羊毛"。在这个背景下，虽然持续的过量货币投放并未引发通货膨胀和金融崩溃，各国也先后走出了金融危机的阴影，但同时也导致了全球的债务率和资产价格的持续攀升。当然，从中国的角度来看，由于当时中国并未发生金融危机，加之采取了有力的宽松政策加以应对，2008年国际金融危机实际上使中国获得了一次超常规的错峰发展的机会。2008年之后，中国经济总量超越日本成为世界第二大经济体，并大大缩小了与美国的差距；2019年中国GDP总量达到美国2/3的水平，2020年更是突破百万亿人民币，超过了美国经济总量的3/4。2020年，在新冠疫情全球蔓延的背景下，有效的疫情防控措施使得中国又一次赢得了错峰发展的机会，货币政策也正率先向常态化回归。2022年美欧进入了紧缩周期，研究国际金融，特别是各国的货币政策效应，学者的任务还很重，"不要浪费每一场危机"，用在这里恰如其分。

我于2006年加入中国人民大学经济学院，无论是带学生还是搞研究，都得到了晋斌教授的支持和帮助，我们还在中国宏观经济论坛的工作中有很好的合作。借此机会，我向晋斌教授表示谢意，并祝他的研究取得更大的成就。

毛振华

2022年12月22日 于北京

前　　言

  2022年世界经济面临一系列重大因素的影响，全球货币金融形势也因此面临重大不确定性。美欧等主要发达经济体的高通胀、俄乌冲突的爆发、新冠疫情以及地缘政治冲突给全球供应链带来的冲击、大宗商品价格在地缘冲突背景下大幅上涨、地缘政治冲突加速了"去美元化"进程、中美货币政策进入分化期；等等。这些因素对2022年全球货币金融形势产生了综合影响。

  美联储和欧洲央行分别在2022年3月和2022年7月进入货币政策紧缩周期，加息和缩表成为紧缩货币政策的两个基本工具。从过程来看，在高通胀压力下，美联储和欧洲央行都采取了激进的加息方式。2022年美联储加息7次，联邦基金利率从2月的0.125%上升至年末的4.375%；欧洲央行加息4次，政策性利率从6月的零利率上升至年末的2.50%，欧元区告别负利率时代。同时，美联储从6月开始缩表475亿美元/月（300亿美元国债+175亿美元MBS），3个月后上升至950亿美元/月（600亿美元国债+350亿美元MBS）；欧洲央行也开始不再投资疫情期间持有的已到期债券，降低欧洲央行的资产负债表规模，全面开启了货币政策降通胀周期。

  2022年2月24日俄乌冲突爆发，美国和欧盟于2月26日对俄采取制裁措施，此后俄罗斯经历了多轮经济、金融等制裁。这些经济金融制裁使大宗商品的国际供应链出现进一步紧张，推高了大宗商品价格，供给冲击成为美欧通胀的重要来源。地缘冲突带来了全球大宗商品价格出现上涨，并剧烈波动。ICE布油在3月31日曾盘中一度接近140美元/桶，创下了自2008年7月以来的高点；美国能源署天然气价格数据显示2022年8月天然气价格达到约8.8美元/百万英热单位，创下了自2008年8月以来的高点；联合国粮食及农业组织的全年食品价格指数从2021年的125.7上涨到2022年的143.7。供给冲击推高了全球通胀水平，迫使美欧激进加息紧缩，给国际金融市场带来了压力。

疫情以及地缘冲突冲击带来了全球供应链的不稳定。2022年全球供应链压力出现了下行趋势，但由于地缘冲突和疫情，全球供应链压力指数在2022年4月还是出现了上升，全年全球供应链压力始终存在。

俄罗斯在被排除在美欧主导的国际货币体系之后，采用卢布—天然气定价，引发了国际市场热议黄金和大宗商品为支撑的国际货币体系，"去美元化"与国际货币体系改革加速演进。2022年5月，人民币在SDR篮子权重上升，从10.92%提高到12.28%，反映了国际社会对中国改革开放和经济社会发展取得巨大成就的充分肯定，有助于进一步提升人民币作为国际储备货币的地位，增强人民币及人民币资产的国际吸引力。

2022年4月中旬美元指数站上100，开启了高通胀下的强美元模式，美元指数在2022年9月下旬一度接近115，创造了2002年5月以来的高点。美联储激进加息和地缘政治动荡带来的避险情绪等因素共同推动了美元指数攀升，并维持在高位运行。在高利率、经济预期不乐观以及疫情催生科技股泡沫的背景下，全球股市出现了普遍下跌。其中，美国纳斯达克指数下跌的幅度最深，下跌幅度接近35%，标普500指数下跌幅度也超过20%；欧洲股市也出现了10%左右的普跌。在强美元作用下，全球货币出现大面积的贬值，在全球重要货币中，日元出现了超过15%的贬值，英镑也出现了超过10%的贬值，全球外汇市场动荡明显。2022年是中美货币政策周期错位的一年。在美联储加息425个基点的情况下，中国央行政策性利率下行了15个基点。中美货币政策周期错位也导致人民币出现了比较大幅度的波动，人民币兑美元汇率在2022年9月和12月出现了双向破"7"，宏观审慎政策在稳定人民币汇率上发挥了重要作用。

在高利率作用下，美国国债出现了大面积的账面浮亏，2022年第四季度市场全部的流通美债账面浮亏曾一度接近2万亿美元，带来了金融机构和市场的不稳定性。2022年美欧过于自我的激进宏观政策，对通胀过高容忍度带来了通胀的猝不及防，其经济从央行"爆表"快速踏上了通胀"爆表"的荆棘之路。美联储货币政策从就业优先急转为通胀优先，大幅度提高利率，给全球经济增长和国际金融市场带来了动荡。

2022年疫情冲击以及俄乌冲突促使经济全球化格局深度演进。核心技术产业链和能源供应链重构是全球产业链供应链格局发生重构的焦点，地缘政治变局成为逆全球化最大的推手，全球经济治理进入动荡变革期。

2022年是多变的一年，国际货币金融形势随着世界经济、通胀、地缘冲突等因素的变化而出现了急剧的变化。高通胀下的加息、地缘政治冲突以及疫情继续扰动下的国际金融市场波动加剧，但全年超预期的度过，没有出现大的全球性金融风险事件，要明显好于2022年年初国际金融市场的预期。

本书以历史的视角，对2022年国际货币金融形势重要变化做出及时点评和分析，为研究2022年全球货币金融形势的变化提供了完整的素材，为全球货币金融史提供了基础性的高频跟踪观察和研究。

王晋斌
2022年年底于中国人民大学

目　录

2022 国际金融市场：谨防投资者风险偏好逆转 …………………………（1）
2021 国际金融市场：在波动调整中上涨 …………………………………（5）
开局就调整的 2022 国际金融市场 …………………………………………（11）
全球三大经济体货币政策进入明确的分化期 ……………………………（17）
人民币为什么会出现阶段性的如此强势？ ………………………………（20）
对美联储货币政策周期逆转的看法 ………………………………………（26）
美联储不给答案就是答案本身 ……………………………………………（31）
美元货币体系新两难：美国自身面临做多和做空美元的悖论？ ………（33）
中美货币政策反向及其影响 ………………………………………………（39）
2022 成为全球金融市场资产价格波动的大年 ……………………………（45）
国际金融市场对俄乌冲突的反应 …………………………………………（48）
避免对通胀过度反应还是美联储 3 月会议的主基调？ …………………（51）
俄乌冲突加剧了世界经济面临的通胀冲击 ………………………………（54）
国际金融市场处于剧烈波动的高风险期 …………………………………（58）
欧洲央行努力避免对通胀的过度反应 ……………………………………（64）
美元货币体系国际投资者面临的选择"两难" ……………………………（67）
美联储：从就业优先走向通胀优先 ………………………………………（72）
以松"扬名"的鲍威尔应不会成为以紧"留名"的沃克尔 ………………（76）

美联储：未来3年内将通货膨胀率降低至近2% ………… (82)

美国金融条件已经快速收紧，市场信号进入难以识别期 ………… (85)

避免风险资产价格大幅度下跌美国经济才有可能实现"软着陆" …… (89)

布雷顿森林体系Ⅲ：石器时代的构想？ ………………………… (96)

欧盟对俄罗斯的五轮制裁：要走向全面脱钩？ …………………… (99)

对美元指数再次站上100的看法 …………………………………… (103)

美债收益率上涨走出了美联储控通胀的第一步 …………………… (107)

第二季度美联储或将集中释放控通胀的政策信息 ………………… (112)

外汇储备稳健发挥了中国对外经济金融关系稳定器的作用 ……… (116)

近期人民币较快速顺"市"贬值是疫情风险的正常释放 ………… (122)

非"鹰"也非"鸽"：美联储"成功"诱导了市场？ ……………… (127)

高通胀下强美元触及22年以来高位，或将持续冲击数月 ………… (130)

美欧激进宏观政策本身是一场豪赌 ………………………………… (136)

全球产业链的新态势与中国发展 …………………………………… (140)

美元指数有可能触及110，货币集体贬值属正常现象 …………… (155)

中国出口要尽力分享这个阶段的海外通胀溢价 …………………… (158)

问题清晰市场有点慌乱：金融市场看不清未来 …………………… (163)

美联储：瘦身版"滞胀"也是宏观政策的失败？ ………………… (166)

欧洲央行：通胀更高但尚未进一步行动，因为更复杂 …………… (170)

遏制内生性持续高通胀：美联储货币政策正常化要点 …………… (174)

SDR篮子人民币权重上升，人民币国际吸引力进一步增强 ……… (178)

启动价格限制机制成为欧元区经济体控通胀的补充 ……………… (182)

全球经济治理已进入动荡变革期 …………………………………… (187)

新特里芬"两难"：两种表述、一种含义 ………………………… (202)

发挥债券市场融资功能　推动实体经济高质量发展 ……………… (205)

再论高通胀下的强美元 ……………………………………………… (211)

全球经济"滞胀"的风险可能降低 ………………………………… (215)

未来全球支付体系变革的方向 ……………………………………… (221)

欧元兑美元触及平价：历史的轮回 …………………………… (225)
对 2022 年以来人民币金融汇率与贸易汇率背离的看法 ……… (228)
欧元或难现往日荣光 …………………………………………… (233)
欧元区告别负利率 ……………………………………………… (242)
美元货币体系需要中国，中国也需要美元货币体系 …………… (248)
三论高通胀下的强美元 ………………………………………… (261)
对美国经济中通胀特征及趋势变化的三点看法 ………………… (264)
"芯片美元"或成为美元霸权的新工具 ………………………… (271)
就业优先急转通胀优先：对世界经济负面溢出效应最大化 …… (275)
人民币兑美元汇率破"7"不好 ………………………………… (279)
四论高通胀下的强美元：美元指数破 110 ……………………… (283)
逆全球化三阶段：地缘政治成本成为最后的推手 ……………… (288)
对当前美国高通胀的几点看法 ………………………………… (292)
五论高通胀下的强美元：顶在哪里？ …………………………… (298)
近期国际金融市场大类资产走势的逻辑 ………………………… (302)
可能需要设定人民币兑美元贬值的容忍度 ……………………… (310)
央行干预成为阻止美元指数阶段性上涨的手段 ………………… (314)
欧洲央行将被迫提高对高通胀的容忍度 ………………………… (317)
六论高通胀下的强美元：会持续多久？ ………………………… (321)
七论高通胀下强美元：出现趋势性拐点的三大信号 …………… (328)
重加息、轻缩表：美联储是怎么想的？ ………………………… (332)
有序推进人民币国际化 ………………………………………… (335)
中国外汇储备规模全球第一的历史沿革及其积极影响 ………… (339)
美联储：通胀优先，但力求避免衰退 …………………………… (344)
国债市场发挥着中国金融资产市场稳定器的作用 ……………… (348)
美国激进货币政策周期理解纲要 ………………………………… (353)
通胀数据促成美国金融市场出现了情绪宣泄 …………………… (359)
对近期美元指数下跌的看法 …………………………………… (362)

美国家庭债务状况支撑了美国通胀的韧性 …………………（365）
美联储货币政策操作新框架：兑现美元霸权收益的结果 …………（371）
美元指数是如何影响其他货币升值和贬值的？ ………………（380）
2023年美欧经济都难，但欧元区更难 …………………………（385）
试图在不确定性中给市场明确预期：评鲍威尔最新演讲 …………（390）
通胀性质变化或许增加了美国经济"软着陆"机会？ ……………（393）
美联储货币政策框架演进视角下的通胀与利率 …………………（398）
日本央行意外调整收益率曲线控制政策（YCC）…………………（402）
2023世界经济仍需直面的四大冲击 ………………………………（408）

2022国际金融市场:谨防投资者风险偏好逆转

1月4日

我们认为,2022年国际金融市场的重要风险点在于谨防投资者风险偏好逆转。2021年美欧金融市场在调整中持续上涨的重要原因是投资者风险偏好高涨。2022年在企业整体盈余改善幅度应该不及2021年改善幅度的前提下,美欧金融市场整体利率上扬是大概率事件,投资者风险偏好将成为决定风险资产价格波动的关键因素。

回顾2021年,国际金融市场在波动中出现了普涨。美国股市三大股指的涨幅在18%—27%之间,欧洲股市在15%—30%之间,亚洲主要股市涨幅在5%左右。经济修复的预期带来上市公司盈余的改善是推动股市上涨的基本面,而美欧央行对通胀的高容忍度,诱致国际金融市场投资者对通胀采取了全新的认知,助推了投资者风险偏好的持续高涨,是推动美欧股市全年较大幅度上涨的关键因素。

金融市场投资者风险偏好的高涨并没有因为新冠疫情冲击而出现持续的调整,这是2021年国际金融市场能够在调整中持续上涨的关键因素。2021年11月26日博茨瓦纳、南非出现的新冠变异病毒Omicron引起了市场短期较大幅度的调整,多地出现变异新病毒对国际金融市场产生了瞬间冲击,依据Wind的数据,VIX指数一日大涨54.0%,收盘28.62,截至2021年12月31日,VIX指数收盘只有17.22。在经过几个交易的波动消化之后,VIX指数开始下跌,这说明市场投资者的风险偏好在较短时间内得以显著修复。

2022年第一个交易日,在Omicron席卷美欧的背景下,美欧股市却呈现出开门红的状态。依据Wind提供的数据,1月3日道琼斯指数、纳斯达克指数和标普500指数分别上涨了0.68%、1.20%和0.64%;法国、德国和意大利的股市也出现了0.8%—1.4%的涨幅,投资者风险偏好依然高涨。

从国际金融市场流动性来看,美国金融市场流动性依然很充裕。尽管2022年1月3日纽约联储的逆回购规模相比2021年12月31日大幅度下降了0.325万亿美元,但仍然高达1.56万亿美元。2021年12月31日是纽约联储逆回购的历史高点,高达约1.9万亿美元。充裕的流动性使得整个金融市场的风险溢价仍然处于低位。

从ICE美国银行期权调整利差(OAS)来看,截至2021年12月31日,高收益指数期权调整利差为3.10%,公司指数期权调整利差为0.98%。这与2020年3月23日全球金融大动荡底谷时的10.87%和4.01%相比差距巨大,也低于2019年度的3.6%和1.01%(见图1)。

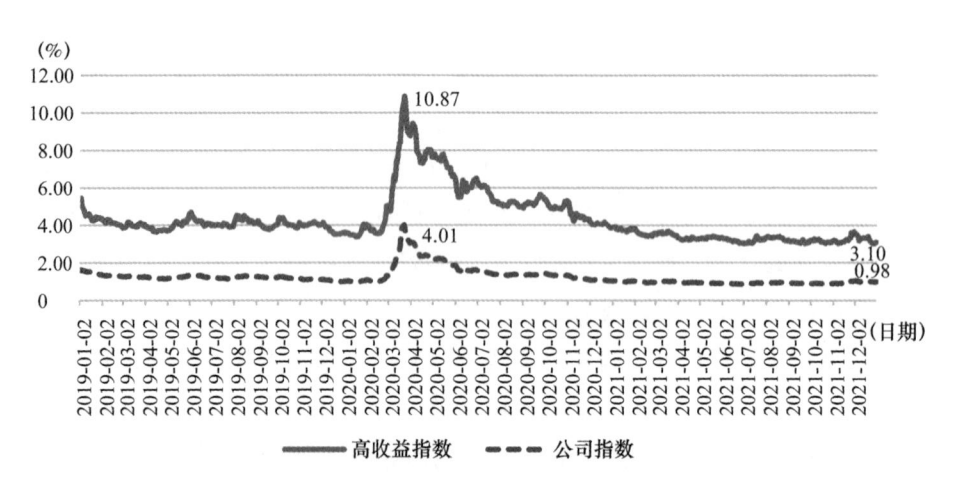

图1　ICE美国银行期权调整利差(OAS)

资料来源:Federal Reserve Bank of St. Louis。

从穆迪AAA和BAA债券收益率与美国10年期国债收益率之差来看,截至2021年12月31日,穆迪AAA和BAA债券收益率与美国10年期国债

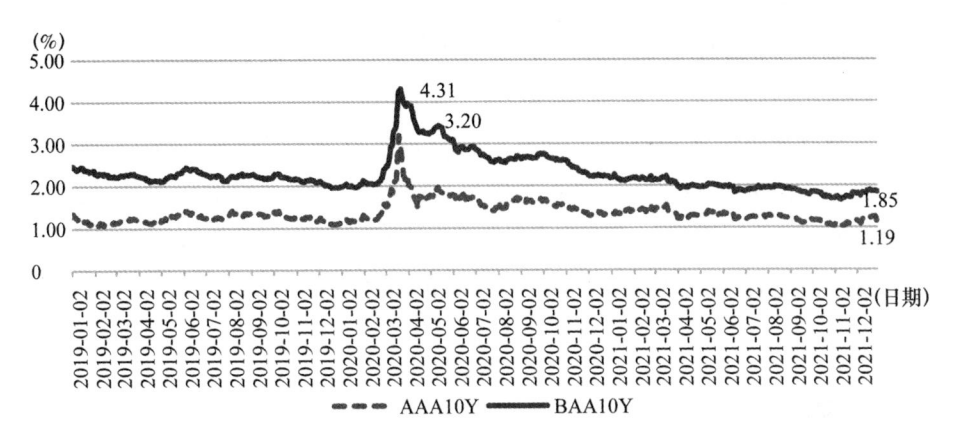

收益率之差分别为1.19%和1.85%，均低于2019年全年水平（见图2）。

图2 穆迪AAA和BAA债券收益率与美国10年期国债收益率之差

资料来源：Federal Reserve Bank of St. Louis。

2022年第一个交易日，近期Omicron在美欧大爆发，在美国单日新增确诊病例接近70万例的背景下，美国金融市场一方面是股市出现了首个交易日上涨；另一方面美国10年期国债收益率出现了跳跃性的上涨，上涨了11个BP，从2021年12月31日的1.52%跳升至1月3日的1.63%，但2021年美债全年始终没有突破3月份1.74%的年内高点。依据美联储圣路易斯分行提供的数据，1月3日美国10年期保本国债收益率隐含的通胀预期为2.60%，较2021年12月31日的2.56%上涨了4个BP，那么说明1月3日实际利率下行了7个BP，疫情冲击导致投资者出现对未来经济增速放缓的预期。

从国债收益率上涨和股市上涨，可以充分看出国际金融市场投资者尚未出现任何避险情绪，投资者风险偏好还是维持在高位。当然，国债收益率上涨也可能反映了市场投资者对美联储2022年的加息预期，导致出售美国国债，单日快速提高了美国国债的收益率。

应该说，目前的国际金融市场对2022年美欧经济增速的预期还是中性偏乐观的。在疫情反复会冲击经济增长预期和2022年美国经济财政支持力度迅速下降的背景下,公司整体盈余增长幅度应不及 2021 年的盈余增长幅度,国际金融市场利率上扬的幅度必须足够可控,即使 2022 年美国 10 年期国债可能会触及 2%,也应该不会上涨太多,否则金融市场会出现明显的调整。

如果美欧央行对通胀的过度反应,会再次改变投资者对通胀的认知,改变投资者的风险偏好,也因此会带来风险资产价格一定幅度的调整。如何避免对通胀的过度反应将成为 2022 年美联储关注的焦点,继续实施流动性与利率分离管理的货币政策策略或是解决问题的可选办法。

2021 国际金融市场：在波动调整中上涨

1月11日

2021年主要发达经济体金融市场的资产价格延续了2020年3月下旬触底反弹以来的上涨态势，全年在较大波动调整中出现了较大幅度的上涨。依据Wind提供的数据，2021年美国三大股指道琼斯、纳斯达克和标普500指数的涨幅分别为18.5%、20.7%和26.6%，2021年年底美国股市规模大约为68.9万亿美元，比2020年年底增加了约12.8万亿美元。2021年欧洲主要股市出现了15%—30%不同程度的较大涨幅。相比之下，亚洲股市涨幅偏低一些，上证指数、日经指数和韩国综合指数的涨幅在4%—6%之间。除了少数市场以外，全球股市表现出了普涨态势。大宗商品价格的涨幅更大，ICE布油和WTI原油期货价格2022年以来涨幅分别约为51.3%和60%。

2021年主要发达经济体金融市场为什么会出现较大幅度的普遍上涨？主要有三大原因推动了风险资产价格的上涨。一是经济修复的预期。二是刺激性的财政政策和宽松的货币政策环境。三是央行对通胀高容忍度提升了投资者的风险偏好。为什么会有较大的波动调整？主要原因是经济修复预期波动带来实际利率短期中出现较大变动的冲击，以及新冠病毒变异导致疫情反复对投资者风险偏好产生的瞬间冲击，导致风险资产价格在一定时期中出现了较大幅度的波动调整。从全年来看，推动风险资产上涨的因素压制了波动调整因素，最终促成了2021年主要发达经济体金融市场在较大波动中出现较大幅度上涨的局面。值得关注的是，相对于实体经济来说，部分发达经济体金融市场上风险资产价格存在过度修复的倾向,资产价格持续保持在高位运行,未来可能存在较大幅度调整的风险。

一 经济复苏带来的企业盈利能力改善提高了风险资产的估值

依据 2022 年 10 月 IMF(WEO)提供的数据,2020 年世界经济下滑 3.1%,发达经济体深度下滑 4.5%,新兴市场和发展中经济体下滑 2.1%;2021 年世界经济同比增长 5.9%,发达经济体同比增长 5.2%,新兴市场和发展中经济体增长 5.1%。依据美联储 2021 年 12 月 15 日给出的经济预测,2021 年美国 GDP 增速 5.5%。

经济复苏推动了企业盈利能力的改善。依据 Wind 提供的数据,截至 2021 年 12 月 31 日,道琼斯、纳斯达克和标普 500 指数的市盈率(TTM)分别为 26.4 倍、38.6 倍和 26.4 倍,相比较 2020 年年底的市盈率分别下降了 13%、42% 和 29%。在股价上涨的态势下,市盈率出现了下降,说明企业盈利能力得到了改善。但同时也要看到,截至 2021 年年底,美国股市股息率出现了下降,道琼斯、纳斯达克和标普 500 指数的股息率分别为 1.36%、0.59% 和 1.21%,这明显低于 2016—2019 年的均值水平,也比 2020 年的 1.61%、0.76% 和 1.48% 要低。欧洲股市市盈率整体水平要低一些,英国富时 100、德国 DAX 和法国 CAC40 指数的市盈率分别为 17.7 倍、15.2 倍和 21.5 倍,整体盈利估值水平低于美国股市。由于全球经济复苏不平衡,流动性存在差异,全球股市涨幅不同,盈利估值也存在一定差异。

二 刺激性财政政策和宽松货币政策助推了风险资产价格上涨

依据2022年10月IMF的财政监测（Fiscal Monitor）报告，2020年1月至今，全球为对冲新冠疫情的财政支出高达10.8万亿美元，G20支出占全球支出的大约95%。G20中发达经济体支出了8.95万亿美元，美国支出了约5.33万亿美元；G20中新兴经济体支出了约1.22万亿美元，中国支出了约0.71万亿美元。2020—2021年全球财政赤字占GDP的比例分别为10.2%和7.9%，发达经济体为10.8%和8.8%，新兴经济体分别为9.6%和6.6%。

依据美国国会预算办公室（CBO）2022年7月的十年财政预算计划，2020—2021年美国财政赤字分别为3.13万亿美元、3.0万亿美元，财政赤字占GDP的比例分别为14.9%、13.4%。美国实施了财政赤字货币化政策，2020年年初至2021年12月31日美联储总资产中增持了约3.32万亿美国国债。大规模财政赤字刺激了美国居民消费的提升，也改善了企业的盈利能力。零利率和宽松的流动性刺激了风险资产价格的上涨。自2021年8月11日之后，纽约联储的逆回购规模都在1万亿美元以上，并在12月31日创新高，逆回购规模达到了1.9万亿美元。宽松货币政策促进了家庭和企业的信贷流动，帮助稳定了金融和经济状况，推动了经济复苏，是推动风险资产价格上涨的重要因素。

低利率和充裕的流动性也推动了房价上涨，依据BIS（Residential property price statistics, Q2 2021）的数据，2021年第二季度，全球实际房价累计同比上涨4.8%，这是自2007年次贷危机爆发以来的最快增长率。其中，发达经济体房价增长率高达8.6%，高于2022年第一季度的7.2%和1年前的3.8%；新兴市场经济体房价的实际价格上涨相对温和，平均上涨1.8%，低于2022年第一季度的2.6%。全球房价也基本呈现出普涨态势。

三 美欧央行对通胀容忍度大幅度提高推高了风险资产价格

2020年8月27日美联储修改了2012年以来的货币政策框架，新框架改为弹性平均通胀目标制，寻求实现平均2%的通胀率。2021年6月8日，欧洲央行也采用了货币政策新框架，实施中期平均通胀目标制。弹性平均通胀目标制意味着美联储和欧洲央行在一定时期内允许通胀"超调"，超过平均通胀率目标2%。从实际情况看，美国和欧元区的通胀率分别从2022年3月和7月超过2%。11月美国经济中CPI高达6.8%，核心CPI达到4.9%，均创近40年来的同比最高增速；11月欧元区HICP同比增长4.9%，创造了欧元区成立以来的最高同比增速。

美欧货币政策框架的改变，刷新了国际金融市场投资者对通胀的认知，货币政策对通胀容忍度大幅提高助推了风险资产价格的上涨。

四 投资者风险偏好上扬提升了风险资产价格的估值水平

由于美欧央行大幅度提高了通胀容忍度，极度宽松的货币政策一直在持续，国际金融市场融资条件得以显著改善。美联储圣路易斯分行提供的金融市场压力指数表明，2020年10月30日之后的金融压力指数一直是负值，截至2021年12月24日，该指数约为-0.69，整个金融市场融资成本大幅度下降，融资环境宽松。依据2022年10月IMF的《金融稳定报告》数据，发达经济体的金融条件指数从2021年年底到2022年第三季度也是负值，2022年第三季度末约为-0.46。

金融条件的改善提高了投资者风险偏好。2021年全年VIX指数（CBOE

波动率）下降了约26%，全年国际金融市场投资者没有出现持续的恐慌。10月份IMF的《金融稳定报告》数据表明，2022年以来美国国债隐含波动率的MOVE指数也保持在相对平稳的状态。投资者风险偏好的提升导致整个金融市场的风险溢价一直处于低位。ICE美国银行美国高收益指数期权调整价差全年都没有超过4%，2021年年初至今基本呈下降趋势，截至2021年12月31日为3.1%；穆迪公司债券收益率相对于10年期国债到期收益率之差全年基本没有超过1.5%，截至2021年12月30日为1.19%。

2021年国际金融市场在整体上涨的过程中，也发生过阶段性比较大幅度的调整。2022年3月19日，10年期美债收益率在市场实际利率的推动下达到了截至目前的年内高点1.74%，全球股票市场在2022年3月普遍出现回调。2022年3月，实际利率的上扬主要是受到美国2022年第一季度GDP同比年率增长6.3%的预期所致，金融市场实际利率从2月10日的-1.06%一直上涨到3月18日的-0.56%，导致了10年期美债收益率的快速上扬，带来股市阶段性的快速估值调整。

2022年11月26日，新冠病毒变异毒株Omicron引起了国际金融市场短期较大幅度的调整，依据Wind的数据，VIX指数一日大涨54.04%，变异病毒冲击所致恐慌情绪导致全球风险资产价格出现了较大幅度的下挫。11月26日，ICE布油在一个交易日暴跌11.27%，美国三大股指均出现了2.2%—2.6%之间的跌幅；欧洲股市平均跌幅超过4%；日经指数、恒生指数、俄罗斯MOEX指数以及印度SENSEX指数也出现2.5%—3.5%之间的跌幅。

2021年国际金融市场还出现了一些新现象，金融创新也带来了新风险，尤其是加密货币资产估值出现了大幅度上涨。依据IMF的最新研究（Tobias Adrian, Dong He, and Aditya Narain, Global Crypto Regulation Should be Comprehensive, Consistent, and Coordinated, December 9, 2021），2020年4月全球大约有0.2万亿美元的加密货币资产，截至目前则达到了近2.5万亿美元。这表明了区块链等基础技术创新的巨大经济价值，但它也可能反映出估值过度环境中的泡沫。这些加密货币资产存在取代本国货币，绕过汇率限制和资本账户管理措施的风险。目前仍缺乏一个全球统一监管框架，这对全球金融监管提出了新挑战。

2021年国际金融市场风险资产价格上涨支持了实体经济的发展，对于推动全球经济复苏起到了重要的作用。股市在促进企业融资、增加企业股权价值便于再融资、提高投资者回报从而刺激消费等方面具有积极意义。依据Wind的数据，2021年美国股市IPO融资规模达到2909.3亿美元，比过去三年IPO的融资总和还要多；增发融资规模也达到907.8亿美元，处于历史高水平。同期，一些新兴经济体股市的IPO融资规模也创新高，中国股市2021年IPO融资达到5437.7亿元，新上市524家企业，均创历史新高。2021年年底，股票总市值约91.9万亿元，比2020年年底增加了约12.1万亿元，股票市场得到了较快的发展。

回顾2021年国际金融市场，病毒变异等因素阶段性冲击带来的较大调整没有整体改变投资者风险偏好，发达经济体股市在央行提高对通胀大幅度容忍度的背景下，延续了财政刺激和宽松货币政策的节奏，尽管目前美英等货币政策开始调整转向，但并未改变市场充裕的流动性，投资者风险偏高涨，风险资产价格依然维持在高位。美联储、欧洲央行等对通胀采取了很高的容忍度，但国际金融市场投资者对风险资产过度追逐所隐含的风险不容忽视，尤其是对美欧货币政策调整转向带来的投资者风险偏好逆转以及负外溢性，新兴市场和发展中经济体的金融市场需要高度关注。

开局就调整的 2022 国际金融市场

1 月 20 日

  我们认为，2022 年开局就调整的国际金融市场是货币政策调整差异以及经济预期差异所致。此轮美债收益率上涨是货币政策导致的实际利率上扬所致，具备进一步上涨的动力。在相当程度上，美国"疫情风险溢价"带来的工资—物价螺旋机制叠加供给冲击将使得美国通胀持续在高位，短期很难出现明显的下降。在财政支出大幅度下降的背景下，2022 年美联储扮演的角色变得复杂：控通胀；不过于妨碍经济的持续扩张；避免风险资产出现较为剧烈的动荡从而出现预期逆转。因此，美联储采取任何对通胀过度反应的货币政策都会带来国际金融市场的动荡风险。

  2022 年 1 月过去了 2/3，国际金融市场风险资产价格基本呈现出开局就调整的局面。从风险资产价格来看，全球股市有涨有跌。发达经济体股市也出现了一些分化。美国股市下跌的主要原因是市场预期高通胀带来美联储货币政策调整速度和力度可能比原来预期的快；中国股市下跌主要是经济预期转弱所致；欧洲股市表现基本持平，主要原因是欧元区经济修复得不错，2021 年 12 月通胀率预估值也达到 5%，但欧洲央行尚未讨论宽松货币政策的退出问题（见图 1）。从股市的板块属性来看，科技板块跌幅较大，美国纳斯达克和中国创业板指跌幅分别达到了 8.34% 和 7.42%，主要是成长性资产的估值在控通胀带来利率上扬的背景下，其成长性会受到更大的影响，资产价格的重估效应更大。

  图 1 显示的全球股市涨跌分化主要是货币政策调整差异以及经济预期差

[图表：2022年以来全球主要股市涨跌幅度]

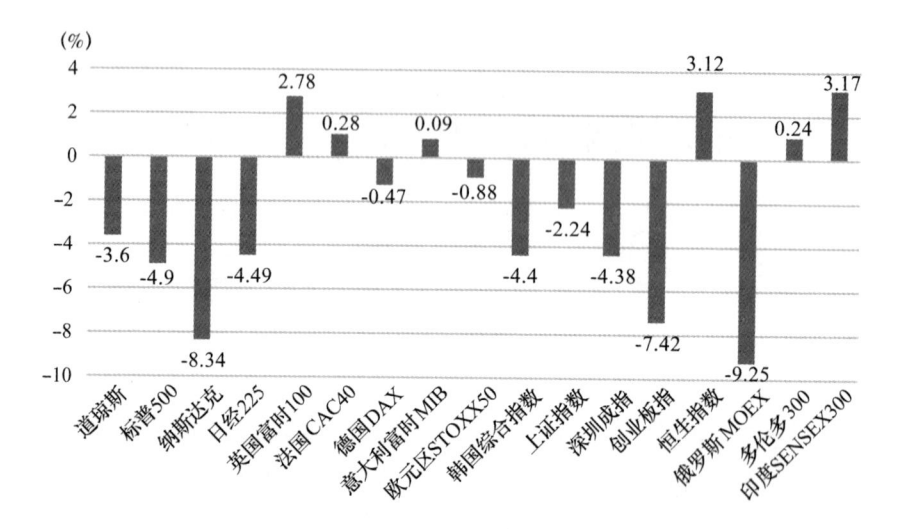

道琼斯 -3.6；标普500 -4.9；纳斯达克 -8.34；日经225 -4.49；英国富时100 2.78；法国CAC40 0.28；德国DAX -0.47；意大利富时MIB 0.09；欧元区STOXX50 -0.88；韩国综合指数 -2.24；上证指数 -4.4；深圳成指 -4.38；创业板指 -7.42；恒生指数 3.12；俄罗斯MOEX -9.25；多伦多300 0.24；印度SENSEX300 3.17

图1　2022年以来全球主要股市涨跌幅度（截至2022年1月20日上午9时）

资料来源：Wind。

异所致。在全球金融一体化的市场上，美国货币政策未来调整导致国际金融市场利率进一步上扬，带来的风险资产估值效应会逐步呈现。

美国股市向下调整主要是市场利率上扬过快。10年期美国国债收益率在2022年以来出现了较大幅度的上涨，1月18日收益率为1.87%，相对于1月3日的1.63%上涨了24个BP。从通胀指数债券来看，1月18日为-0.59%，相对于年初的1月3日上涨了38个BP。在美联储调整货币政策控通胀的预期下，市场的通胀预期呈下降趋势，下降了0.14%。因此，这一轮美国国债收益率的上扬是由实际利率上升推动所致，这有些类似于2021年3月上中旬的情况。

与2021年3月上中旬不同的是，那一轮实际利率的上涨是由于经济增长的预期所致，2021年第二季度美国经济GDP年率同比增速高达6.7%。而这一轮实际利率的上涨是由于美联储的加息预期所致。由于2021年第三季度美国经济增速明显放缓，再次推动了实际利率下行，2021年第二季度

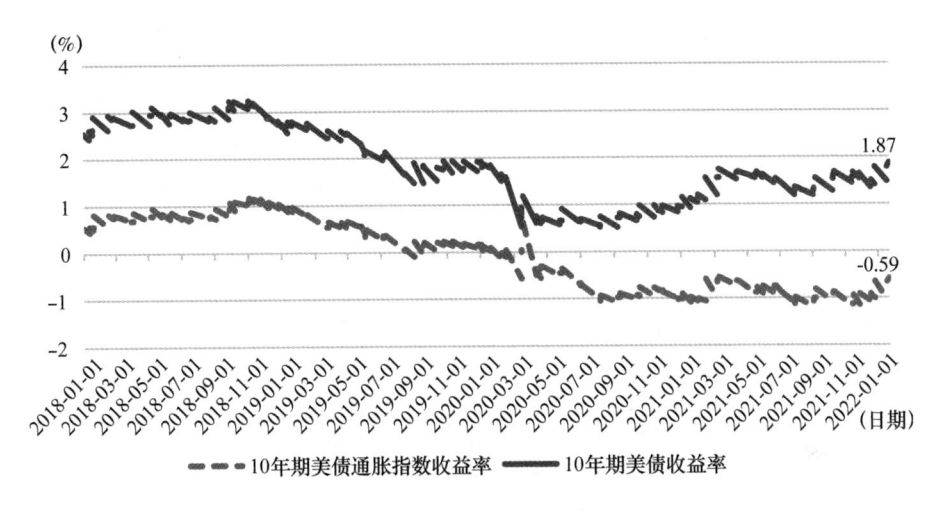

图 2　10 年期美国国债收益率的变化

资料来源：Federal Reserve Bank of St. Louis。

之后实际利率一直处于 -1.2%——-0.9% 之间，美债收益率 2021 年也没有超过 3 月中旬的 1.74% 高点。2022 年 1 月 7 日 10 年期美国国债收益率达到了 1.76%，突破 2021 年的高点。2021 年 3 月 19 日在名义收益率为 1.74% 时，实际利率为 -0.57%，通胀预期为 2.31%。而在 2022 年 1 月 18 日名义收益率为 1.87%，通胀指数收益率为 -0.59%，通胀预期为 2.46%。通胀预期要高于 2021 年 3 月的水平，同时实际利率由于加息预期而出现了快速上涨。因此，这一轮 10 年期美国国债收益率的上涨具备进一步上升的动力是货币政策所致，收益率超过 2% 是大概率事件，甚至时间不需要太久。

从市场流动性来看，2022 年以来美国金融市场流动性依然是充裕的。纽约隔夜逆回购规模 2022 年以来基本保持在 1.5 万亿美元至 1.7 万亿美元之间的水平。因此，充裕的流动性也会压制美债收益率的过快上涨。近期过快的上涨，或许也表明金融市场对美联储加息预期存在一定程度的过度反应。这与近期部分美联储官员表态 2022 年加息次数要高于 2021 年 12 月会议预计的 3 次加息有关，更有激进的预测是 2022 年美联储加息 7 次。

从最近的通胀数据来看，2021年12月美国经济中CPI同比上涨7.1%，PCE同比上涨5.7%，均创下40年以来的新高（见图3）。在12月CPI的细分类别中，同比涨幅超过5%的共有4项。其中，交通运输价格同比涨幅21.1%，在CPI中权重为15.289%；食品和饮料价格同比涨幅6.0%，在CPI中权重为15.272%；住宅价格同比涨幅5.1%，在CPI中权重为42.173%；服装价格同比涨幅5.8%，在CPI中权重为3.343%。可见，价格上涨大多与疫情相关。欧元区的通胀推动因素与美国通胀推动因素类似，主要是交通、住房及电力等价格上涨。在欧元区11月的CPI中这两项同比涨幅分别为12.2%和9.1%，占CPI比重达到31.4%。因此，交通和住房（租金）价格的上涨会持续推动CPI维持在高位运行，这类价格水平需要等到疫情缓解才能有比较大的减缓。

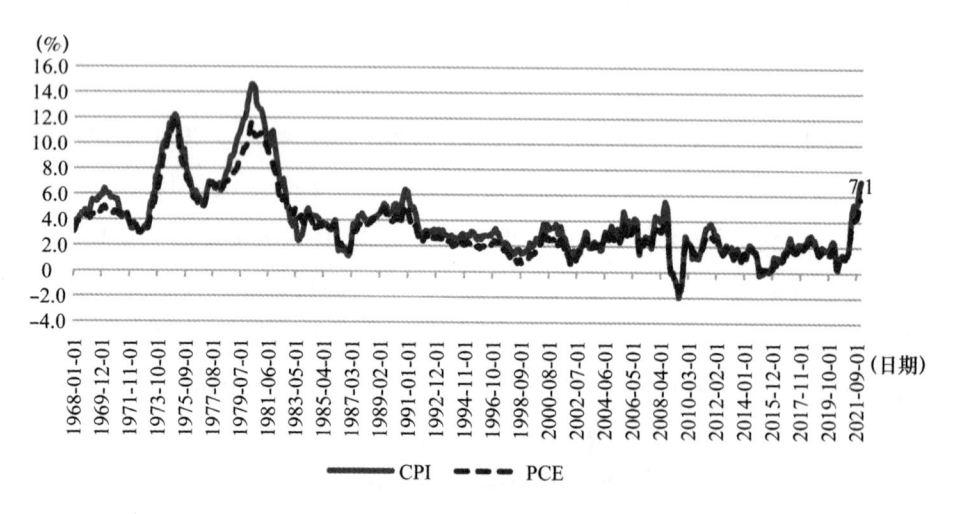

图3 美国经济中的CPI和PCE

资料来源：Federal Reserve Bank of St. Louis。

从美国公司首席财务官关于对未来经济保持乐观态度的调查数据来看，与历史数据相比，目前美国经济还保持着不错的态势，但与2021年中的预期相比，2021年年底关于未来经济乐观指数已出现了明显的下滑（见图4）。调查的结果显示，2021年第四季度，首席财务官们最紧迫的担忧是劳动力供应、成本压力和通胀以及供应链中断。只有不到20%的公司预计成本上涨将在六个月内缓解。大多数公司预计，成本增加将至少再持续10个月。为了应对不断上升的成本，公司采取了两种策略，如下。第一，绝大多数（约80%）面临这些不寻常成本压力的公司正在通过提高价格将部分成本增加转嫁给客户。第二，公司自己吸收消化了部分成本增加，包括降低利润、降低其他领域的成本、在合同中加入应急条款等。Richmond 分行最新的调查结果也显示，如果能找到工人，更多公司预计未来12个月雇用员工人数将比往年增加更多。大部分公司表示，缺乏合格的申请人是他们无法填补空缺职位的主要原因，而那些最难填补的职位只需要高中教育，为了吸引工人，越来越多的公司增加了工资。因此，工资—物价螺旋机制叠加供给冲击导致美国通胀将持续在高位，短期中很难出现明显下降。

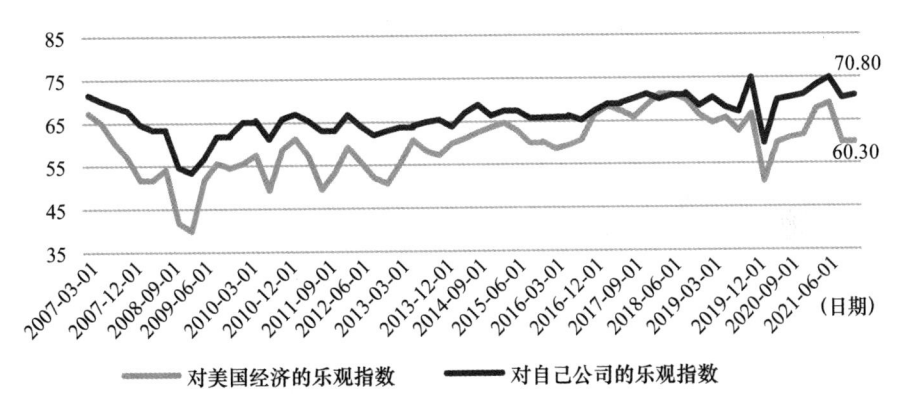

图 4　美国首席财务官对美国经济和自己公司的乐观指数

资料来源：Federal Reserve Bank of Richmond, The CFO Survey: Optimism Indexes。

可见，美国劳动力市场存在疫情"扭曲"。一方面是大辞职，另一方面是企业找不到合适的员工。近期的失业率快接近疫情前水平（12月为3.9%），但劳动参与率还是比疫情前要低1—2个百分点。结果劳动力市场供给不足，工资上涨很大部分可能包含了就业市场的"疫情风险溢价"，并不是典型意义上的劳动生产率上涨所致。

依据鲍威尔的话来说，美联储货币政策的调整面临控通胀，同时不要打断经济继续复苏的进程。对美国经济来说，在财政支持急剧减少的背景下，2022年的美联储扮演的角色就变得复杂：控通胀；不过于阻碍经济的持续扩张；避免风险资产出现较为剧烈的动荡从而出现预期逆转。

因此，在控通胀、不打断经济继续扩张进程，还要不引起金融市场较为剧烈的震荡的情况下，什么样的货币政策才能做到？也许我们认为的利率与流动性适度分离管理的货币政策是可选择的方案，美联储采取任何对通胀过度反应的货币政策都会带来国际金融市场的动荡风险。

全球三大经济体货币政策进入明确的分化期

1月24日

我们认为，经济复苏周期的非同步性导致了中国、美国和欧元区货币政策进入了明确的分化期。中国央行货币政策边际放松、美联储货币政策边际收紧、欧洲央行货币政策目前不变，但保持边际递减预期，同时保持了灵活性。未来一段时间，货币政策调整的溢出效应风险会开始逐步显现。

依据2021年11月IMF（WEO）提供的数据，依市场汇率计算，2021年全球经济总量接近95万亿美元，美国、中国和欧元区经济总量分别占全球的24.2%、17.8%和15.3%，三大经济体占全球经济总量达到57.3%。经济复苏差异导致三大经济体货币政策进入了明确的分化期，这对全球金融市场带来了政策调整溢出效应的风险。

从中国的经济情况看，依据2021年11月IMF（WEO）给出的预测，2022年中国经济增速为5.6%，低于新兴和亚洲发展中国家的6.3%，也低于亚洲五国的5.8%。这在过去几十年的历史上是罕见的。2022年1月世界银行《全球经济展望》预测中国2022年GDP增速为5.1%。2021年中国经济增速8.1%，但第四季度GDP同比增速只有4.0%，全年4个季度增速出现下滑。从物价水平来看，2021年中国经济CPI同比上涨仅0.9%，涨幅比2020年回落1.6个百分点；PPI由于受到国际大宗商品价格的冲击，由2020年同比下降1.8%转为同比上涨8.1%。PPI向CPI传递不足也在很大程度上说明了经济总需求不旺。

2021年年底的中央经济工作会议明确指出，中国经济面临需求收缩、供给冲击和预期转弱的三重压力。为了扩张需求稳定经济，货币政策近期出现了明显的调整。1月17日，央行的中期借贷便利（MLF）利率和7天逆回购利率均下调10个BP；1月20日，1年期和5年期以上贷款市场报价利率（LPR）较上一期分别下调10个和5个基点，1年期LPR降至3.7%，5年期以上LPR降为4.6%。1年期LPR在2021年12月下降了5个基点。依据BIS的口径，央行政策性利率水平下降了15个基点，由原来的3.85%下降至3.70%。因此，中国货币政策在跨周期的调节中开启了逆周期的货币政策，注重跨周期和逆周期政策之间的平衡。

从欧元区的情况来看，2022年1月20日欧洲央行公布了2021年12月15—16日的欧洲央行货币政策会议内容，2021年欧元区经济增长率为5.1%，这比2020年12月的预测值3.9%明显要高，经济处于产出缺口收敛状态。从物价水平来看，2021年欧元区11月HICP达到了4.9%，12月的预估值是5.0%，欧元区也面临通胀压力。从就业来看，欧元区的劳工市场继续复苏，2021年10月的失业率进一步下降至危机前的7.3%，但考虑到工作职位保留计划（job retention schemes），如果在失业人口中加入工作职位保留计划的工人，失业率将在9%左右。因此，欧元区失业率还有下降的空间，欧元区经济扩张是温和的。依据欧洲央行2021年12月给出的预测（Our monetary policy statement at a glance – December 2021），欧元区2021—2023年经济增速分别为5.1%、4.2%和2.9%。

与美联储对通胀的态度不同，欧元区依然坚持认为通胀会持续回落。尽管由于能源价格高企以及供需不匹配，预计通胀率将在更长时间内保持较高水平。随着时间的推移，预计供应瓶颈效应会逐渐消失。依据欧洲央行2021年12月给出的预测，欧元区2021年通胀率为2.6%，2022年为3.2%，2023年为1.8%。因此，欧元区在货币政策上保持了灵活性。会议给出的货币政策建议主要包括：PEPP购买速度下降，并给出了计划在2022年3月底停止PEPP项目下的净购买的预期，但强调了如果疫情导致市场出现重新收缩，PEPP再投资可以在任何时间、资产类别和管辖区之间灵活调整；如有必要也可以恢复PEPP下的净购买，以应对与疫情相关的负面冲击。同时，从2022年10月起，在必要的时间内按照每月200亿欧元的速度维持APP下的净资产购买，以加强政策利率的调节影响，并预期净资产购买将在欧洲央行关键利率开始上调前不久结束。

欧洲央行认为，货币政策通过将产出稳定在其潜在水平附近，对经济的需求端起作用，但需要加强供应，以缓解供给冲击。为了适应绿色转型、数字革命和人口变化等，未来实现可持续增长需要供求共同行动。因此，总体上欧洲央行的货币政策并没有出现明显的转向信号，完全没有提及2022年货币政策是否加息的问题。欧洲央行三大利率目前维持原状：存款便利利率（隔夜）-0.50%、主要再融资操作利率0%（隔夜），边际借贷便利利率0.25%。

从美国的经济情况看，持续的通胀压力已经是美联储必须面对的紧迫问题，2021年12月，CPI和PCE均创下过去40年的高值。市场现在争议的是美联储2022年首次加息多少个基点，加几次息的问题，这要等到1月25—26日美联储货币政策会议后，可能才有部分重要的信息可知。

美联储的货币政策现在面临三重压力：控通胀；不阻碍经济持续复苏；避免风险资产价格出现大幅度的调整动荡。目前全球地缘政治和环境变化都带来了新的不确定性。尤其是乌克兰危机到底会给国际原油市场带来何种新冲击，充满了不确定性；汤加火山大规模爆发对全球农业生产会带来何种冲击也存在不确定性。同时，新冠变异病毒奥密克戎，甚至新的变异病毒对美国经济的影响也会显现，美联储的货币政策在行为和措辞上必须保持高度谨慎。在经济基本面和资金面都不及2021年的情况下，再加上持续的石油冲击，美联储对通胀过度反应的结果，将是风险资产的大幅度回调，并对全球汇率市场造成压力，加剧外汇市场的动荡。

总体上，全球三大经济体的货币政策取向轮廓是清晰的，也是分化的。中国央行货币政策边际放松、美联储货币政策边际收紧、欧洲央行货币政策目前不变，但保持边际递减预期，同时保持了灵活性。

人民币为什么会出现阶段性的如此强势？

1月26日

自2021年下半年开始，在美元指数走强、中美利差大幅度收窄以及中国央行两次提高金融机构外汇存款准备金率的三重背景下，人民币走出了强势的升值轨迹，只能说这个阶段人民币太强势了。美联储货币政策调控框架转型，中国制造业的强势与充当了全球制造"安全港"的角色，以及中国金融加大开放提高了中国金融资产的吸引力等因素共同导致了人民币汇率的市场化强势。

2021年6月中旬开始，人民币兑美元保持着非常强势的态势，这是自2015年"811"人民币汇率改革以来首次出现超过半年时间人民币与美元指数走势基本相反的局面（见图1）。从2021年6月15日开始，截至2022年1月25日，以收盘价计，美元指数上涨了5.97%，而人民币兑美元升值了1.11%。

从中美利差来看，2021年中旬以来10年期中美国债收益率之差是下降的。2021年6月中下旬，10年期美国国债收益率大约为1.5%，中国10年期国债收益率大约在3.1%，两者相差大约160个BP；截至2022年1月25日，10年期美国国债收益率大约为1.78%，中国10年期国债收益率大约在2.70%，两者相差92个BP，中美债券收益率之差明显下降。从2022年1月整体数据来看，1月4—25日，10年期中国国债和美国国债的简单平均日收益率分别为2.77%和1.75%，两者相差102个BP。相比较2021年的160个BP，中美10年期国债收益率之差大幅度下降。

图1 美元兑人民币汇率及美元指数走势

资料来源：Wind。

在中美利差大幅度缩小、美元指数走强的态势下，人民币兑美元出现了升值。即使从2022年的数据来看，1月4—25日，10年期中国国债收益率下降9个BP，10年期美国国债收益率上涨12个BP，截至1月25日，2022年以来美元指数基本没有变化，人民币兑美元又升值了大约0.8%。

从央行关于金融机构外汇存款准备金率的政策改变来看，2021年6月15日金融机构外汇存款准备金率从5%提高到7%；2021年12月15日再次上调金融机构外汇存款准备金率2个百分点，外汇存款准备金率从7%提高到9%。央行2021年两次提升外汇存款准备金率，收缩外汇市场的外币流动性，也没能够完全阻止人民币的持续升值。

因此，自2021年下半年开始，在美元指数走强、中美利差大幅度收窄以及中国央行两次提高金融机构外汇存款准备金率的条件下，人民币还是走出了强势的升值轨迹，这只能说人民币的走势太强势了。

人民币为什么如此强势？直接原因只有一点：在美元供给过多的背景下，国际市场对人民币的需求增加了。美元和人民币双方流动性供给和需求差异决定了人民币走出了超越传统利率平价理论所预言的结论。

第一，人民币需求增加支持人民币强势。从人民币国际需求来看，全球增加了对人民币的需求。SWIFT（环球银行金融电信协会）公开的信息显示，2021年12月人民币在国际支付中占比上涨至2.7%，超过了日元的2.58%，排名全球第4位。依据IMF（COFER）的数据，截至2021年第三季度，人民币在全球已分配外汇储备中占比2.66%，较2020年第三季度的2.16%有明显上升。从边际上来看，2020年疫情暴发以来，人民币在全球外汇新增储备中的占比是比较大的。2019年年底至2021年第三季度全球新增外汇储备8996.84亿美元，而人民币在新增部分占比达到了11.62%，排名第3位（见图2），这说明在边际上国际市场对人民币的需求出现了较为快速的增长。

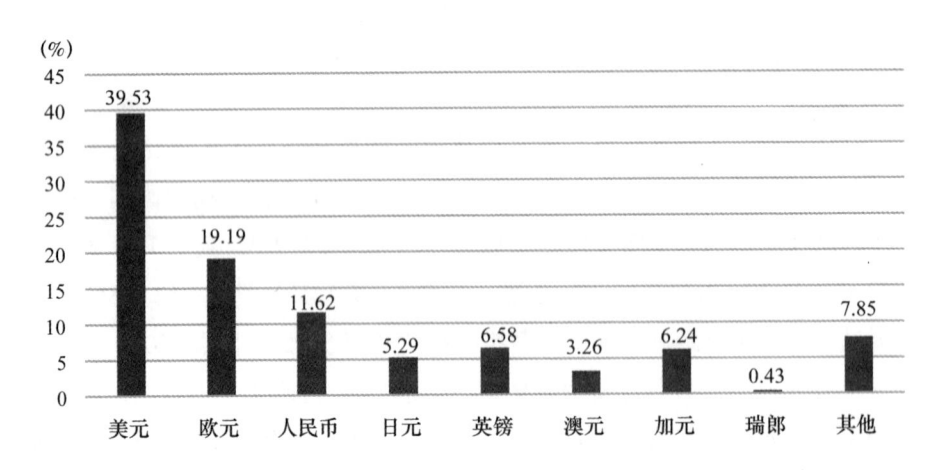

图2 2019年年底至2021年第3季度全球新增外汇储备中各货币占比

资料来源：IMF，COFER。

第二，美国货币政策调控框架转型也支撑了人民币的强势。从美元供给来看，美联储的总资产从2020年3月5日的约4.24万亿美元扩张到2022年1月20日的约8.87万亿美元，增幅高达109.2%，绝大多数是通过资产购买来实现的，国际金融市场美元供给出现了大规模增长。2008年次贷危机爆发之后，美联储引入了流动性工具并进行了大规模资产购买（LSAP），以改善金融市场状况并刺激经济，为银行系统增加了大量准备金。2009年年初，银行系统的准备金超过 8000 亿美元，而危机前仅约为 100 亿美元。2008 年 10 月 1 日，美国国会授予美联储一项新工具来控制联邦基金利率——向银行支付准备金利息的权力。2020 年 3 月美联储再次开始大规模购买资产，这一调控框架允许美联储使用 LSAP，在利率零下限期间提供更多的流动性便利，同时不需要担心在提高利率之前需要重建银行储备金（银行储备金充足），这就导致了银行系统以及金融市场的流动性很充裕。2021 年 8 月中旬以来，美联储纽约分行隔夜逆回购规模保持在 1.1 万亿—1.9 万亿美元之间，2022 年以来基本保持在 1.5 万亿—1.7 万亿美元之间。

第三，中国制造业的强势为中国带来了大规模的贸易顺差，支撑人民币的强势。依据中国海关提供的数据，2021 年中国贸易顺差 6764.3 亿美元。其中，一般贸易占出口的比例为 60.1%，一般贸易顺差 3728.6 亿美元，占贸易顺差的 55.1%。疫情前的 2019 年，一般贸易占出口的比例为 57.8%，一般贸易顺差占贸易顺差 4219.3 亿美元的 44.4%。对比 2021 年与疫情前的 2019 年，可以看出，首先是贸易顺差大幅度增加；其次是一般贸易在顺差中占比上升了接近 11 个百分点，这说明中国出口产业链的形成更加侧重于国内。中国的贸易顺差自 20 世纪 90 年代中后期之后就来自制造业出口，因此，疫情冲击下的中国制造业展现出强劲的生产和出口能力。

从中国海关给出的中国制造业出口数量月度同比指数来看，2021 年呈现出强劲的态势（见图 3）。2021 年 2 月的异常高值部分原因是 2020 年 2 月的低基数导致的。从 2020 年 6—7 月开始，中国制造业出口数量同比指数基本持平（达到 100），8 月开始基本以接近 10% 或 10% 以上的同比数量增长。可见，2021 年 8 月之后的出口数量同比指数增长是相当大的，出口数量是在 2020 年增长 10% 或 10% 以上基础上的高增长。图 3 也显示了制造业出口价格同比指数，从 6 月之后，价格指数没有低于过 100，主要是海外通胀上扬，制造业出口商品价格也出现了上涨，2021 年 9—12 月 4 个月制造业出口价格同比指数的均值增幅达到 9%。

总体上，2021 年中国制造业出口实现了"量价齐升"的局面，国内制造业投资同比增长 13.5%，远高于全国固定资产投资同比 4.9% 的增速。

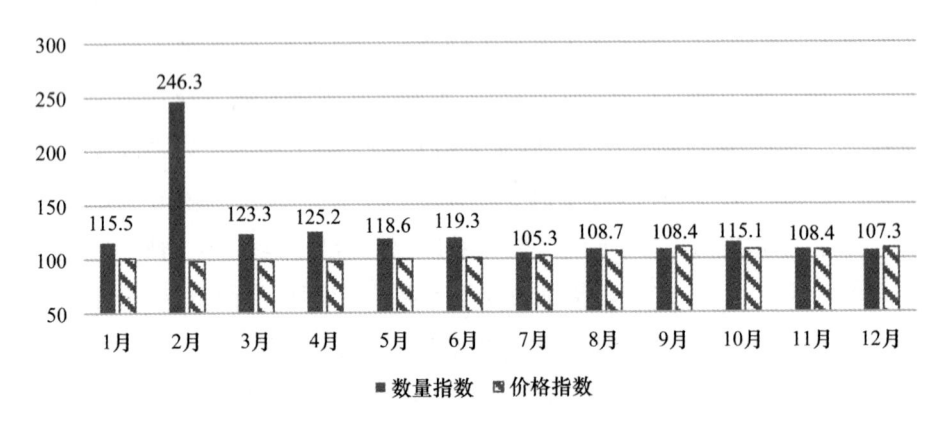

图3 2021年中国制造业出口贸易同比指数（上年同期=100）

资料来源：中国海关。

2021年下半年制造业的强势是支撑人民币强势的重要因素。

第四，中国更大的开放是支撑人民币强势的重要原因。依据商务部网站提供的数据，2021年中国吸引FDI达到1734.8亿美元，同比增长20.2%，与2019年相比，2020—2021年两年平均增长12.1%，高于全球平均水平6.4个百分点。中国金融资产吸引力上升也支撑了人民币的强势。更大的金融开放带来更多的国际投资者青睐中国资本市场，中国金融资产更多地被纳入国际投资组合。中国债券市场已经被国际三大指数全部纳入，依据Wind提供的数据，截至2021年12月，境外机构在中债的债券托管数量达到约3.66万亿元人民币。截至2022年1月25日，外资持股占A股流通市值的3.73%，与2021年4月接近4.20%的占比相比有所下降，比疫情前2019年年底的3.23%相比，上升了0.5个百分点，但持股市值增加了约1.06万亿元。

第五，还有一点值得关注。疫情下的中国制造在很大程度上担负起了全球制造"安全港"的角色，也会助推人民币升值。2020年中国是全球唯一实现正增长的大经济体，经济同比增长8.1%。疫情导致的全球供应链瓶颈冲击也影响了中国经济增长，但由于中国一般贸易占比的上升，政策在应对大宗商品价格和能源问题上及时精准，在一定程度上消化了全球供应链问题带来的冲击。目前全球供应链瓶颈冲击还在持续，依据纽约联储的一项研究，截至2021年12月，尽管与前两个月相比有轻微缓和，但全球供应链的压力指数仍然处于高位，达到了4.25（见图4）。

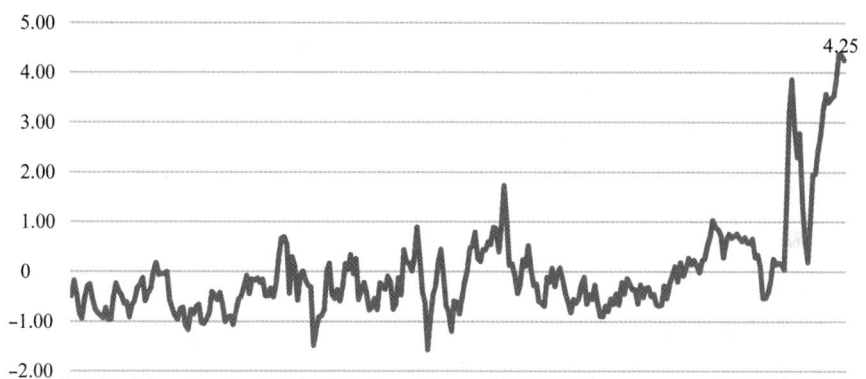

图4　全球供应链的压力指数

资料来源：NEW YORK FED，Economic Research。

人民币在全球外汇储备、交易中份额的提升证明了人民币逐步具备了避险货币的属性，货币的风险溢价可能下降了。在疫情反复冲击下，中国经济相对稳定的发展态势也促使国际投资者降低了投资人民币所要求的风险溢价，这也会导致人民币升值。

2020年10月27日，央行公告将陆续主动将人民币对美元中间价报价模型中的"逆周期因子"淡出使用。因此，这一轮人民币的如此强势是多种因素通过市场共同作用的结果。美联储货币政策调控框架转型，中国制造业的强势与充当了全球制造"安全港"的角色，以及中国金融加大开放提高了中国金融资产的吸引力等因素共同导致了人民币的市场化强势。

对美联储货币政策周期逆转的看法

1月30日

2022年1月26日，美联储公布了三个文件。三个文件各有侧重，其中两个文件涉及当下美联储货币政策的调整，一个涉及美联储长期目标和货币政策战略的再确认。这三个文件包括了美联储货币政策的短期调整和长期目标战略，是构成下一个评估期（5年）之前美联储货币政策行动的重要文件。两个关于货币政策周期逆转的文件，对于理解美联储未来货币政策调整的具体细则及变化（保持灵活性）是极其重要的。

文件1：美联储货币政策委员会的声明（Federal Reserve issues FOMC statement）。

这份文件有三个重点内容。一是延续2021年12月美联储联邦公开市场委员会（FOMC）的内容，美联储递减购债，预计在3月终止购债。这意味着美联储对冲新冠疫情冲击新一轮数量宽松（QE）货币政策周期在2022年3月正式结束。二是鉴于通胀率远高于2%，且劳动力市场强劲，委员会预计很快将适当提高联邦基金利率的目标区间。加息很快到来意味着美联储的货币政策由宽松周期正式进入紧缩周期。三是强调美国经济的发展路径仍然取决于病毒的传播过程。疫苗接种方面的进展和供应限制的缓解预计将支持经济活动和就业的持续增长以及通货膨胀的降低。经济前景的风险依然存在，包括新的病毒变种。这意味着进入货币政策收紧周期，货币政策收紧的力度和速度尚具有不确定性。

文件2：缩减美联储资产负债表的原则（Principles for Reducing the Size of the Federal Reserve's Balance Sheet）。

  FOMC认为，目前提供有关显著缩减美联储资产负债表规模的计划方法信息是合适的，并提出了六条原则。原则1：委员会将联邦基金利率目标范围的变化视为调整货币政策立场的主要手段。该原则重申利率是美联储货币政策的主要工具，QE不是常态化工具，价格调整仍然是美联储货币政策的关键。这似乎有淡化缩减资产负债表冲击的含义。结合上一轮缩表，缩表的周期长，但规模缩减幅度不足5000亿美元，而这一次需要显著缩减，美联储缩减的规模将会显著超过上一轮缩表的规模。原则2：该委员会将决定缩减美联储资产负债表规模的时机和步伐，以促进其最大限度的就业和价格稳定目标。委员会预计在提高联邦基金利率目标区间的过程开始以后，将开始缩减美联储的资产负债表规模。该原则强调了提高利率在前，缩表在后。至于说利率区间达到何种水平再开始缩表，并未提供进一步的信息。原则3：委员会打算以可预测的方式减少美联储的证券持有量，主要是通过调整从系统公开市场账户（SOMA）持有证券中收到的本金支付的再投资金额来实现。该原则明确指出了美联储缩表的路径，通过调整到期证券本金的再投资来缩减资产负债表。有两点需要注意：一是证券的本金，说明是证券的自然到期，并不包括未到期的证券，因此，美联储持有证券的期限结构就至关重要；二是这里用了"调整"（adjusting）一词，并未说明在证券到期后的本金是否完全不再用于再投资。原则4：随着时间的推移，该委员会打算在其充足的储备制度下，将证券持有量维持在有效实施货币政策所需的水平。该原则说明即使缩表，美联储仍将持有足够的证券，通过公开市场业务能够影响市场利率和流动性。原则5：从长期来看，该委员会打算在SOMA中主要持有美国国债，从而将美联储持有的证券对经济各部门信贷分配的影响降至最低。该原则明确指出了长期中MBS将会在美联储总资产中占据小的比例。截至2022年1月27日，美联储持有大约2.66万亿美元的MBS，持有国债大约5.72万亿美元，两项合计占美联储总资产的94.54%。疫情暴发前的2020年3月5日，美联储持有大约1.37万亿美元的MBS，持有国债大约2.50万亿美元，两项合计占美联储总资产的91.35%。因此，在未来的缩表中，MBS缩减的比例将大于国债缩减的比例，那么长期住房抵押贷款利率边际上升的速度可能会更快。如果进一步从规模上来说，由于MBS的规模高达2.66万亿美元，按照原则5，长期的缩表规模也许不会低于2万亿美元。原则6：委员会准备根据经济和金融发展调整其缩减资产负债表规模方法的任何细节。该原则说明美联储缩表的力度、速度和结构一切都是可变的。

文件3：FOMC重申"货币政策长期目标及其战略"（Federal Open Market Committee reaffirms its "Statement on Longer–Run Goals and Monetary Policy Strategy"）。

这是三份文件中最长期的一份文件，有几个要点如下。一是重申了2020年8月的货币政策新框架内容，强调弹性平均通胀目标制。明确指出了长期通胀目标以个人消费支出价格指数（PCE）的年度变化来衡量的2%的通胀率，强调以居民需求为导向，反映居民支出的物价水平，相对淡化了CPI和核心CPI。并继续指出在通胀率持续低于2%的时期之后，适当的货币政策可能会在一段时间内实现适度（moderately）高于2%的通胀率。二是重申利率是货币政策的主要工具，联邦基金利率目标范围的变化反映货币政策的立场（Stance）。三是委员会判断与长期最大就业和价格稳定一致的联邦基金利率水平相对于其历史平均水平有所下降。因此，联邦基金利率可能比过去更频繁地受到其有效下限的约束。因此，可以理解为即使加息，联邦基金目标利率区间的中枢是下降的。四是强调最大就业水平是一个基础广泛、包容性强的目标，无法直接衡量，而且随着时间的推移会发生变化，这主要是由于影响劳动力市场结构和动态的非货币因素，指定一个固定的就业目标是不合适的，委员会在进行这些评估时会考虑各种各样的指标。因此，就业指标的衡量不仅是失业率，还包括劳动参与率、不同类别的就业率等。五是明确提出大约每5年彻底审查一次货币政策策略、工具和沟通实践。这个类似于2021年6月8日欧洲央行正式公布的货币政策新框架的考评周期。这似乎也隐含了美联储弹性平均通胀目标制的期限是以 5 年为单位。六是强调了货币政策实现最大程度的就业和价格稳定依靠稳定的金融体系。因此，在金融体系出现系统性风险时，美联储的首要目标是维持金融系统的稳定。这也是 2020 年 3 月金融大动荡美联储干预金融市场运行、力求不发生金融系统流动性危机的依据。

从三个短期和长期文件的结合来看，目前由于经济需求比较强劲，通胀高企，控通胀成为美联储目标偏好，尽管通胀"超调"还会持续一段时间。依据 BEA 提供的数据，2021 年第四季度美国 GDP 环比年率为 6.9%（第三季度受到疫情影响比较低，为 2.3%），全年 GDP 增速 5.7%，创下了 1984 年以来的最高增速。2021 年 12 月失业率为 3.9%，PCE 高达 5.8%。拜登也多次喊话美联储，高通胀正在降低美国居民的购买力，对经济增长造成负面影响。在现实高通胀数据和政治压力下，鲍威尔终于"从鸽变鹰"，强调要防止通胀变得"根深蒂固"，并认为 2022 年此后每一次会议都有可能加息。

与以往公布货币政策声明之后的记者会相比，这一次鲍威尔并没有提供任何前瞻性的指引，对何时加息、加多少以及何时缩表、怎么缩，拒绝发表任何评论，而是采取了暂时让市场自我消化的策略。

鲍威尔不提供任何前瞻性指引，可能有两个主要原因，具体如下。首先，像 FOMC 货币政策申明中所阐述的，美国经济的发展路径仍然取决于病毒的传播过程，一切政策及其调整都具有不确定性。从美国经济 2021 年 12 月的数据看，有几点需要关注：一是服务业远没有恢复到疫情前水平；二是居民储蓄率已经低于疫情前水平；三是个人可支配收入环比增长 0.2%，个人消费支出环比下降 0.6%，其中一个重要原因是，工资上涨的速度不及物价上涨的速度，影响了美国居民的支出。同时，2021 年第四季度 GDP 环比年率增速 6.9% 中，私人库存增加贡献了 4.9 个百分点，疫情对 12 月美国经济的负面影响已经显现出来。其次，鲍威尔不认为美国会出现系统性的金融风险，因此，对美国股市的向下调整暂时并没有表现出任何关注。

总体上，美联储 1 月 26 日公布的文件明确了美联储货币政策周期的逆转时间。从2022年3月购债结束开始，美国货币政策正式进入收紧周期。货币政策收紧的力度和速度还是要看疫情的变化，如果到2022年3月，全球疫情大幅度下降，服务业得到快速修复，美联储货币政策收紧的力度和速度或许会更大、更快一些。

美联储这一次货币政策逆转是被动的，是在通胀"超调"1年之后（2021年3月美国PCE同比增长2.5%，超过2%的长期目标值），才开始货币政策周期的逆转，这届美联储对通胀的容忍度在历史上是罕见的。激进财政货币政策的成本是持续的通胀"超调"，收益是以通胀为抓手快速收敛了美国经济的产出缺口，促成了2021年美国经济增速达到5.7%（2020年为-3.4%，两年平均只有1.05%）以及失业率的快速下降（从2020年4月的14.7%下降至2021年12月的3.9%）。

美联储不给答案就是答案本身

2月17日

2022年2月16日美联储公布了1月25—26日的FOMC会议记录（Minutes of the Federal Open Market Committee，January 25–26, 2022），这篇20页的会议记录内容主要包括几个部分：国内公开市场业务授权，外汇市场操作授权，重申了1月25—26日公布的三个文件的讨论细节，等等。

关于货币政策的细节侧重于关于经济中的通胀和就业，但没有统一的结论，存在争议。会议记录强调了，鉴于通胀压力加剧和劳动力市场强劲，期望很快就可以提高联邦基金利率的目标范围，释放了3月可能加息的信号，但没有就加息力度和缩表问题给出任何进一步的细节。同时，会议记录强调了美国经济发展情况仍然取决于病毒传播过程，疫苗接种的进展和供应限制的缓解预计将支持经济活动和就业的持续增长以及减少通货膨胀。

这个会议记录没有超出市场的讨论与预期。换言之，记录没有提供任何关于美联储未来货币政策行动的新信息。市场普遍预期美联储有加速控通胀的表态，结果并没有。

美联储与市场的沟通一改20世纪80年代以来通胀目标制倡导的明确沟通方式，转而采取了一种模糊沟通的方式。

是美联储不自信吗？

答案也许不是。

我们可以清晰地看到，美联储这一次货币政策逆转是主动选择被动的，不是主动紧缩控制通胀，而是在通胀"超调"1年之后，才开始货币政策周期的逆转，3月才正式结束此轮QE。这届美联储对通胀的容忍度在历史上是罕见的，是美国货币政策的调控通胀方式的重大变化。

NBER最近有一项关于美国货币政策变化的研究，认为美联储的平均通胀目标制（AIT）新政策框架中采取模糊沟通是最佳选择，认为中央银行采取行动最佳选择是根据经济状况宣布不同的前景，模棱两可的沟通有助于央行获得信誉（Chengcheng Jia and Jing Cynthia Wu，2022）。

疫情冲击下的经济面临的不确定性很难预计。美联储和市场之间关于通胀理解存在差异，是因为美联储和市场投资者之间关于未来通胀的认知存在差异。在这种情况下，美联储货币政策的沟通发生了变化，美联储虽然强调与市场之间清晰的沟通很重要，但当所有人都对未来通胀的认知存在不确定性时，模糊性的沟通也许是最佳策略。

中国人民大学中国宏观经济论坛（CMF）2021年5月17—20日发布了《深度理解美联储货币政策新框架及其潜在的风险》的帖子，强调了美联储货币政策新框架是要在货币政策相机抉择与规则之间取得平衡，是一种务实的货币政策新框架，不再单边倾向于恪守货币政策规则或拥有货币政策的相机抉择权。新框架的重要目的是要打破美国过去十几年以来通胀预期顺周期反馈机制，走出低通胀环境下的"大停滞"周期。

美联储货币政策新框架下通胀控制的要点是通胀预期的反转，不仅仅是聚焦当前的通胀率。当前的通胀可以"超调"，甚至显著超过2%的长期通胀目标，货币政策逆转的首要结果或许是通胀预期的反转，鲍威尔强调的不要使通胀变得"根深蒂固"就是这个意思。目前美国的通胀可能还未见顶，这就要看美联储所讲的"疫苗接种的进展和供应限制的缓解预计将支持经济活动和就业的持续增长以及减少通货膨胀"到底可以到什么程度。

有一点我们依然强调，美联储应该会避免对通胀的过度反应，不会采取牺牲经济增长和就业以及对金融市场造成过大动荡的货币政策。

美联储不给答案就是答案本身。

美元货币体系新两难：
美国自身面临做多和做空美元的悖论？

2月21日

我们认为，美元货币体系运行方式已演进为"双高"模式：美国巨额的贸易逆差和巨额的对外投资负净头寸（做空美元）。国际投资者做多美元（或美元资产）和美国自己做空美元（通过出售美债以无风险利率借入资金）之间的耦合是当前美元货币体系能够循环运行的基础，由此可以预计后疫情时代世界经济金融格局重大变化的持续演进：贸易的逆全球化和金融的进一步全球化可能是长期并存的。为了平衡做多美元和做空美元的风险和收益，美国会通过外部再平衡战略来降低美国自己做空美元给美元货币体系带来的内生信用风险。这就是美元货币体系的新两难：美国自身面临做多和做空美元的两难选择。做多美元必须要求外部平衡，减少借入外部资金弥补贸易赤字，这会约束美国财政赤字扩张；做空美元要求持续供给安全资产（通过美国国债以无风险利率从国际借钱），最终会出现美国债务信用危机。

次贷危机和新冠疫情大流行两次大危机彻底改变了美元货币体系的运行方式，美元货币体系运行方式逐步演进为"双高"模式：美国巨额的贸易逆差和巨额的对外投资负净头寸。对外投资净头寸巨额的负值意味着美国从国际上借入了大量的美元到世界各地投资，这类似于证券市场上的融券业务，本质是做空机制。这个做空机制是通过出售安全资产（美国国债），以无风险利率借入外部资金来实现的。我们可以采用资产组合投资原理来简洁说明。国际投资者一般称美国国债为安全资产，是基于美国国家信用无风险资产。国际投资者持有大量的美国国债，依据美国财政部网站公布的数据，截至2021年12月，除美国以外的全球主要投资者持有美国国债接近7.74万亿美元（比2020年年底增加了0.67万亿美元）。这意味着国际投资者持有无风险资产（美国国债）+ 风险资产的多头组合；与之相对应的是，美国通过国债（安全资产）以无风险利率成本从全球借入了外部美元，美国持有的投资组合中无风险资产的权重是负值（借入的未来要偿还，成本是无风险利率，类似卖空），那么美国对外投资就可以投资到更多的风险资产中，获取更大的收益。在CAPM定价模型中，我们假定全球资本市场存在均衡，那么美国投资是通过借入（卖空）无风险资产，投资一个以上的市场组合，在承受更高风险的同时也获取了更高的收益。我们假定全球资本市场不存在均衡，但一定存在多条资本配置线（CAL），那么美国也同样在承受更高风险的同时获取了更高的收益，只不过不是单位风险获取最大收益率的理想均衡状态。

在上述投资组合逻辑下，美国要维持美元体系就有两个基本条件。

条件1：国际投资者对美元和美元资产保持多头，美元走弱的周期不能过长，不产生国际投资者长期做空美元的预期。一旦国际投资者形成长期做空美元的预期，减持美元或者美元资产，美国自己做空美元的空间就会被大幅度压缩，因为美国不能再从外部借入大量的美元。

从国际储备的变动情况看，美元在国际储备中比例的变化受到了美元强弱的影响。在强美元周期中，全球外汇储备中美元占比会上升。这很容易理解，国际投资者不愿意过多持有一个有长期贬值预期的货币作为储备货币。依据IMF（COFER）的数据，1995—2001年美元指数上升区间，美元外汇储备的占比有明显的上升，大约上升了10个百分点，美元在全球外汇储备中占比超过70%，高点达到71.51%。在2011年年底到2017年美元指数的上升期，美元储备占比大约上升了4.5个百分点，从61%左右上涨至65.5%左右。美元走强有利于提高美元在全球外汇储备中的占比，因为美元相对于美元指数货币篮子和其他货币更值钱了。

条件2：美国要维持自己做空美元（对外投资负净头寸）的正收益。

美国对外投资负净头寸并取得正收益是维持美国全球风险资本家的基本条件，否则会出现债务危机。道理很直接：借来的钱赚不到覆盖借钱成本的收益，甚至亏损，就是债务危机。这方面有不少的经典研究，这里不一一列举，我们可以用最新的数据做个简单说明。依据BEA（December 21，2021）公布的美国国际交易第二季度的校正后数据来看，2021年美国第二季度货物贸易赤字2696亿美元，但初次收入平衡（primary income balance）一项带来了388亿美元的顺差，主要包括股息、利息以及投资收益等。美国从全球借钱，然后全球投资，其收益可以抵补一部分经常账户逆差。

因此，对美国来说，想要的结果是：国际投资者倾向于做多美元（持有美元及美元资产正头寸），美国继续做空美元（持有对外投资负净头寸），赚取做空收益。国际投资者做多美元和美国自己做空美元之间的耦合是当前美元货币体系能够循环运行的基础。

要实现上述两个条件，对美国来说，必须完成的工作包括两项。

条件1要求美国国内资产的收益率保持在比较高的水平，从而无风险收益率也保持在比较高的水平，吸引国际投资者购买美国国债，或者当美国国债收益率低的时期，全球金融市场每过一段时间就出现避险情绪，发挥出美元作为避险资产的功能，美国国债被国际投资者持续持有。从这个视角看，美国国债倾向于全球地缘政治动荡。

条件2要求全球金融自由化，美国自身的和借来的美元可以到全世界投资，继续做全球的风险资本家。由此我们可以预计到后疫情时代世界经济金融格局重大变化的持续演进：贸易的逆全球化和金融的进一步全球化可能是长期并存的，而不是短期。美国希望通过逆全球化来降低贸易逆差，通过金融全球化来获取做空美元的收益。在这个过程中，美国会通过外部再平衡战略来降低美国自己做空美元给美元货币体系带来的内生风险。毕竟持续放大的外部不平衡最终会带来借贷信用和债务风险的重大问题。

至此，我们可以清晰看出美元货币体系新两难：美国自身面临做多和做空美元的悖论。做多美元必须要求外部平衡，减少借入资金弥补贸易赤字，但这会约束美国财政赤字扩张和美元体系扩张；做空美元要求持续供给安全资产（通过美国国债以无风险利率从国际借钱），美元体系进一步扩张，但最终会出现美国债务信用危机，弱化美元体系（目前美国国债突破30万亿美元，市场可交易的美国国债突破23万亿美元）。

在讲完美元体系新两难的逻辑之后，我们可以看一下上述逻辑背后具体的数据情况。

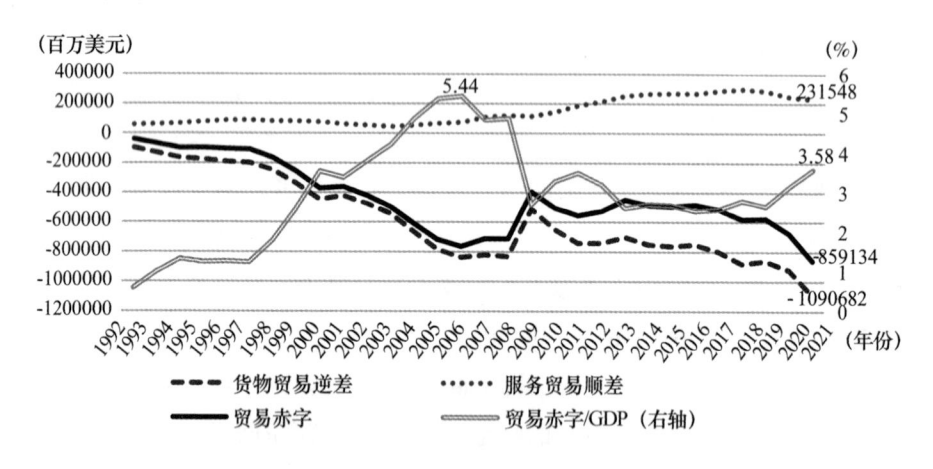

图1 美国经济对外贸易平衡的变化（百万美元）

资料来源：Federal Reserve Bank of St. Louis。

图1显示了1992年以来美国对外贸易平衡的变化。1992年美国对外贸易赤字仅为392.07亿美元，占当时GDP的0.59%。此后贸易逆差不断扩大，直到次贷危机前的2006年达到了7635.3亿美元，占当时美国GDP的5.44%。2007年次贷危机出现，美国国内总需求下降，进口减少，贸易赤字出现了明显的下降。相比2006年，2009年美国贸易赤字减少了3687.6亿美元，贸易赤字占GDP的比例由2006年的高点5.44%下降至2009年的2.69%。

2020年受新冠疫情冲击，美国采取了与次贷危机时期显著不同的宏观政策，重要的差异体现在财政政策方面。2020—2021年美国财政赤字总计高达6.1万亿美元，三次大规模的直接财政转移支付救助，美国居民收入增加，消费能力逐步释放，大规模进口导致美国货物贸易赤字在2021年突破1万亿美元，达到了创纪录的1.09万亿美元，全年贸易逆差高达8591.3亿美元，创历史新高。从贸易赤字占GDP的比例来看，没有突破2006年的高点，2021年贸易赤字占GDP的比例为3.58%。

贸易赤字总量的上涨，意味着美国需要从外部借入资金来弥补经常账户赤字。美国从外部大量借入资金供自己使用，也对外投资，导致美国对外投资净头寸变为负值，并在2008年之后迅速放大，2020年受疫情冲击之后，对外投资净头寸进一步急剧放大。次贷危机和新冠疫情大流行两次大冲击彻底改变了美元货币体系的运行方式：美国不再仅仅靠金融账户顺差来抵补经常账户逆差，而是靠对外投资净负头寸带来的对外投资收益抵补部分经常账户逆差。美元货币体系不再只赚取国际铸币税，还要从外部借钱赚取对外投资收益，成为全球风险资本家。

2007年年底，美国对外投资净头寸约为-1.28万亿美元，这意味着美国欠了全球1.28万亿美元的净债务，2008年年底净债务急剧上涨至3.99万亿美元，增加了2.71万亿美元。随着奥巴马在2008年10月的7000亿美元的《经济稳定紧急法案》和2009年2月的7870亿美元《美国复苏与再投资法案》，2010年年底美国对外净投资头寸降至-2.51万亿美元。此后，美国对外净投资负头寸不断放大，到新冠疫情暴发前的2019年年底达到了-11.23万亿美元。截至2021年第三季度，美国累计对外投资净头寸高达-16.07万亿美元，疫情冲击增加了-4.84万亿美元（见图2）。截至2021年第三季度，两次大危机冲击使得美国对外投资负净头寸增加了7.55万亿美元，约占美国对外投资净负头寸的一半，彻底改变了美元货币体系的运行方式。

因此，当下美元货币体系的运行方式是：对外贸易是大规模逆差、对外净投资是大规模的负头寸。一句话——美国既向全世界"借"货物，也向全世界"借"钱。

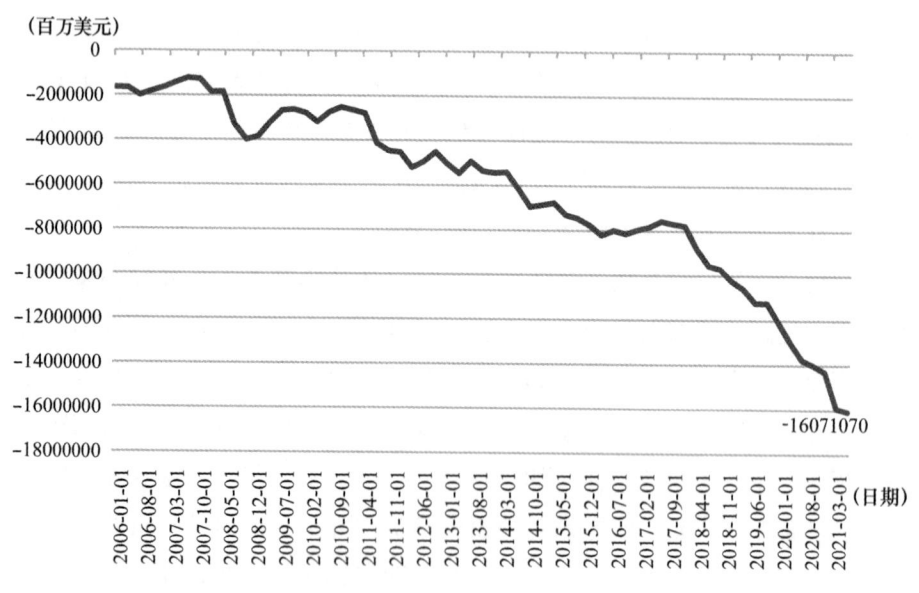

图2　美国对外投资净头寸

资料来源：BEA。

在固定汇率制度下，流动性与清偿性的特里芬"两难"是固定汇率制度崩溃的内生原因。在浮动汇率制度下，美元货币体系新两难是美国自己存在做多美元和做空美元之间的悖论：美国自己做多美元，要求美国减少贸易赤字，美元体系收缩；美国自己做空美元，要求贸易赤字放大，美元体系扩张。美国自己做多美元和做空美元之间的悖论提供了一种理解国际货币体系及其治理结构变化的新视角。

中美货币政策反向及其影响

2月22日

中美货币政策反向对中国经济金融的影响是目前关注的热点问题。自2022年以来，股市下跌是美联储货币政策外溢的表现之一。2022年中美利差持续收窄会给人民币贬值带来一定的压力，经济稳增长和制造业出口是汇率的稳定器，中国货币政策依然具有一定的自主性，美联储货币政策转向对中国经济金融带来的溢出风险可控。

一 疫情以来中美货币政策存在显著差异

自2020年新冠疫情冲击以来，中美货币政策存在显著差异。美国采取了激进宽松的货币政策来刺激经济修复。截至2022年2月10日，美联储总资产高达约8.88万亿美元，相比疫情前的2020年3月，美联储总资产扩张了约110%。依据BIS的数据，2020年3月美联储政策性利率水平一次性从1.625%下调至0.125%，至今一直维持在这一超低水平。中国央行总资产从2020年3月到2021年11月总资产增加幅度仅为8.3%。从中国央行政策性利率来看，2020年年初为4.15%，同年4月下降至3.85%，此后一直维持到2021年11月，截至目前进一步下降至3.70%。从广义货币M2来看，依据美联储的数据，2020—2021年美国经济中M2的增速分别为19.1%和16.3%；依据中国央行的数据，2020—2021年中国经济中M2的增速分别为10.1%和9.0%。

美联储通过大规模资产购买实施极度宽松的零利率政策，急剧提高金融市场的流动性来支持企业和家庭信贷的增长。中国央行坚持实施稳健的货币政策。2020年第四季度央行《货币政策执行报告》强调稳健的货币政策灵活适度、精准导向，坚持以总量政策适度、融资成本明显下降、支持实体经济三大确定性方向。2021年第四季度央行《货币政策执行报告》强调了货币政策体现了灵活精准、合理适度的要求，前瞻性、稳定性、针对性、有效性、自主性进一步提升。2021年年末普惠小微贷款和制造业中长期贷款余额同比增速分别达到27.3%和31.8%；全年企业贷款加权平均利率为4.61%，比2020年进一步下降0.1个百分点，比2019年下降0.69个百分点，创历史新低；宏观杠杆率为272.5%，比2021年年末下降7.7个百分点。疫情冲击下的中国货币政策体现了稳中求进的总基调，通过信贷推动经济结构转型和支持中小企业发展，并通过去杠杆防范和化解重大金融风险。

二 经济周期与通胀差异决定中美货币政策反向

由于疫情防控策略和经济面临境况的差异，中美货币政策采取了显著不同的方式。美国金融市场在2020年3月9日开启了熔断模式，十个交易日内熔断4次，美国三大股指下跌幅度超过30%，出现了全球性的金融大动荡，美联储随即开启了无上限宽松的货币政策。依据BEA的数据，2020年第二季度美国GDP年率深度下滑31.2%，2020年美国GDP同比下降3.4%，失业率在4月达到高点14.7%。持续激进的宽松政策刺激提高了美国居民收入，降低了失业率，促进了美国经济产出缺口的快速收敛。2021年美国GDP同比增长5.7%，2022年1月美国经济失业率下降至4.0%。

2020年8月，美联储修改了货币政策框架，采用了弹性平均通胀目标制，允许通胀"超调"，在一定时期内允许通胀超过长期通胀目标2%。

2021年3月,美国经济中消费者支出价格(PCE)超过2%,2021年12月同比增速达到5.8%,2022年1月美国经济中的CPI同比达到7.5%。美联储从渴求通胀、拥抱通胀、忍受通胀走到了担忧通胀,通胀已经成为美联储必须面对的迫切问题。通胀带来的实际工资下降会降低就业意愿,侵蚀美国居民的购买力,进一步加剧了美国社会的不平等。

中国经济2020年GDP同比增长2.3%,是全球中唯一保持正增长的大经济体。2021年GDP同比增长8.1%,城镇失业率基本保持在5%左右的水平,物价水平甚至处于偏低状态。2021年中国经济CPI同比上涨0.9%,涨幅比2020年回落了1.6个百分点。2021年12月中央经济工作会议指出,中国经济面临需求收缩、供给冲击和预期转弱的三重压力。

中美货币政策从显著差异走向反向操作是中美经济周期和通胀差异决定的。美联储面临的是宽松货币政策周期逆转,防止通胀失控;中国央行面临的是货币政策如何有效稳定宏观经济大盘,货币信用扩张和降低资金成本成为央行货币政策工具的操作目标。

三 中美货币政策反向带来的经济金融风险可控

中美是全球两个最大的经济体,货币政策都有自主性。在美元占主导的国际货币体系下,美联储货币政策逆转速度和力度将在很大程度上决定美国货币政策外溢性的程度,经济基本面不稳健的部分新兴经济体将面临利差变化等因素导致的资本外流和汇率贬值,甚至出现汇市动荡。

从中美利差来看,中美利差出现了明显的收窄迹象。扩信用、稳增长货币政策决定了中国央行的政策性利率应该不会出现上涨,而美联储3月加息是市场的普遍预期,不论美联储2022年加息多少个基点,中美政策性利差收窄是大概率事件。从疫情前后的中美政策性利差来看,依据BIS的数据,从2018年3月中美政策性利差收窄到2.8个百分点以内后,人民币经历了贬值,从1美元兑6.27元人民币一直贬值到2019年9月初的接近1美元兑7.18元人民币。2019年9月中美政策性利差在2.3个百分点左右。2020年5月下旬开始人民币进入了升值通道，这期间中美政策性利差再次扩大，基本维持在3.7个百分点左右。截至2022年1月大约维持在接近3.6个百分点。因此，从中美政策性利差来看，至少还有100个BP的缓冲空间。2018年12月至2019年7月中美政策性利差最小的时候为1.975个百分点。

从10年期国债收益率来看，目前国际金融市场已经消化了美联储3月加息的预期，美国10年期国债利率出现了很大的涨幅。2022年2月10日10年期美国国债收益率突破2%，达到了2.03%，2月11日回调至1.92%，而在2021年年底只有1.52%。中国10年期国债收益率相当稳定，2020年以来基本维持在2.5%—3.2%的区间。在2020年5月人民币进入明确的升值时期，5月底10年期美国国债收益率为0.65%，10年期中国国债收益率在2.7%左右，中美利差超过200个BP。10年期美国国债在2020年8月4日达到最低点0.52%，中美利差超过240个BP，助推了人民币的升值。自2022年以来，10年期中美国债收益率之差明显收窄，截至2022年2月11日中美利差保持在约87个BP，相比2018年5月人民币处于贬值压力时期的60个BP还有一定的空间。

从资本流动方面看，疫情以来，随着中国高质量开放的深入推进，经济增长保持全球领先，流入中国的国际资本数量是增加的。从直接投资流入来看，2020—2021年流入中国的FDI分别为1443.7亿美元和1734.8亿美元，FDI流入不断创新高。

2021年10月29日中国国债正式纳入富时世界国债指数（WGBI），基于政府信用的中国债券已被三大国际债券指数悉数纳入，表明中国债券市场的基础设施建设等已满足国际化市场的标准，能够引导国际债券配置资金进一步进入中国债券市场。依据中央结算公司统计数据，截至2022年1月，境外机构投资者持有的债券数量约3.73万亿元人民币，占债券市场托管面额比4.24%，这与2019年年底的3.0%相比有一定进步。在境外投资者托管的债券中，国债和政策性金融债占比超过85%，国际投资者对中国国家信用或者国家政策信用高度认同，中国债券市场是全球第二大债券市场，已成为国际投资者全球配置资产的重要标的。从流入股市的资金来看，依据 Wind 的数据，2019 年年底，外资持股约 1.56 万亿元人民币，占流通 A 股市值的 3.23%；2021 年 5 月底，外资持股占流通 A 股达到高点 4.20%，市值约 2.89 万亿元人民币；截至 2022 年 2 月 11 日，外资持有 A 股 2.53 万亿元人民币，占流通 A 股的 3.59%。

中国国债收益率具有更好的稳定性，中国国债收益率的波动区间明显小于美国国债收益率的波动区间。中国股市的整体估值水平处于可投资区间，截至 2022 年 2 月 14 日，上证指数的市盈率（TTM）在 13 倍左右。从 2021 年 10 月末开始到 2022 年 2 月 11 日，外资持有 A 股的市值和占比出现了下降，外资持有 A 股的市值减少了大约 3670 亿元人民币，占比下降了接近 0.5 个百分点，这与美国货币政策收紧预期有直接的关联。

从汇率来看，2021 年 5 月底至 2022 年 1 月底，美元指数大约上涨了 8.4%，人民币兑美元汇率基本没有变化。自 2022 年以来，在中美利差大幅度收窄情况下，人民币表现得相当强势，截至 2 月 12 日，人民币兑美元仅贬值了 0.22%。2021 年 6 月 15 日和 12 月 15 日央行两次上调金融机构外汇存款准备金率，从 5% 提高到 7%，再提高到 9%，收缩外汇市场的流动性，人民币还是表现得相当强势。基本原因是在美元供给过多的背景下，国际市场对人民币的需求增加了。美元和人民币双方流动性供给和需求差异决定了人民币走出了超越传统利率平价理论所预言的结论。疫情以来，国际市场对人民币需求增加。据 SWIFT（环球银行金融电信协会）公开的信息显示，在 2021 年 12 月人民币在国际支付中占比上涨至 2.7%，超过了日元的 2.58%，排名全球第 4 位。依据 IMF（COFER）的数据，2019 年年底至 2021 年第三季度全球新增外汇储备 8996.84 亿美元，而人民币在新增部分占比达到了 11.62%，排名第 3 位，国际市场对人民币的需求边际上出现了较为快速的增长。

更重要的是制造业的强势为中国带来了大规模的贸易顺差，支撑人民币的强势。依据中国海关提供的数据，2021 年中国贸易顺差 6764.3 亿美元。其中，一般贸易顺差3728.6亿美元，占贸易顺差的55.1%。疫情前的2019年，一般贸易顺差占贸易顺差（4219.3亿美元）的44.4%。对比2021年与疫情前的2019年，贸易顺差大幅度增加，一般贸易在顺差中占比上升了近11个百分点，说明中国出口产业链的形成更加侧重于国内，疫情冲击下的中国制造业展现出强劲的生产和出口能力。从中国海关给出的中国制造业出口数量月度同比指数来看，2021年呈现出强劲的态势。2021年8月之后的出口数量同比指数增长是相当大的，出口数量是在2020年增长10%或以上基础上的高增长，中国制造业出口"量价齐升"的局面成为支撑人民币汇率强势的重要原因。即使中美利差收窄，甚至部分短期资本外流，人民币汇率会面临贬值压力，稳增长的宏观政策和高质量发展的动能吸引力能够确保经济金融风险可控。

2022成为全球金融市场资产价格波动的大年

2月25日

我们认为，疫情反复、货币政策收紧和地缘政治军事冲突是决定2022国际金融市场投资者风险偏好的三大因素，从而决定了全球金融市场资产价格可能会出现三大特点：资产价格较大幅度的波动、资产价格涨跌互现、货币阶段性脱离经济基本面的价格波动，出现强者越强、弱者越弱的态势。总体上，不同类别的大类资产价格波动将显示出比较清晰的受到冲击逻辑：整体上风险资产价格下跌并可能出现迷失方向的现象；大宗商品价格上涨并出现较大波动；避险资产价格出现上涨和适度的波动。尽管出现了资产价格波动的三大特征，但2022年不会重演2020年全球金融大动荡，除非出现未预期的超级风险。

投资者风险偏好的变化是决定2022年全球金融市场资产价格变化的关键因素。在俄乌紧张局势升级之前，疫情反复和发达经济体货币政策周期逆转是影响投资者偏好的两大基础因素。近日，俄乌冲突的出现，使得影响国际投资者风险偏好的因素变为三个：疫情、货币政策收紧和地缘政治军事冲突。三大影响投资者风险偏好的因素决定了2022年成为国际金融市场资产价格波动的大年。

2022年国际金融市场面临的经济和政策基本面是：扩张性的财政政策缩减、货币政策开始收紧以及成本上涨导致全球经济复苏动力进一步放缓，全球疫情防控不平衡导致复苏的不平衡会进一步加重，全球范围内的供需错配问题将持续更长的时间，这就决定了对企业盈利的改善很难寄予更高的希望。

重要发达经济体货币政策周期逆转决定了国际金融市场利率呈现上扬态势，全球金融资产价格面临重新估值。

俄乌冲突决定了地缘政治的复杂性，短期难以解决，这会带来国际投资者避险情绪的上扬和波动，进一步遏制投资者的风险偏好，引发资产价格重估。当然，避险情绪也会导致无风险资产价格上涨，市场利率下行。货币政策周期逆转和避险情绪之间的对冲在很大程度上决定市场利率的变化方向和幅度。

特征1：资产价格较大幅度的波动。

2022年以来全球资产价格已经出现了较大幅度的波动。重要发达经济体货币政策周期逆转预期已经导致资产价格相当幅度的调整。截至2022年2月25日上午9时，依据Wind提供的数据，2022年以来美国三大股指道琼斯、纳斯达克和标普500指数分别下跌8.57%、13.88%和10.02%。欧洲股市中法国CAC40、德国DAX、意大利富时MIB以及欧元区STOXX50指数分别下跌8.84%、11.54%、9.03%和11.07%。无风险资产价格也出现了大幅度波动，整体表现是全球主要经济体10年期长期国债负收益率现象消失，1年期短期国债收益率中还存在负收益率的现象，比如1年期德国、法国和日本的国债。美国国债收益率普遍出现了较大的涨幅，10年期美国国债收益率从年初的1.5%左右上涨至接近2%；1年期美国国债收益率也突破了1%。

俄乌冲突带来的剧烈风险导致了俄罗斯股市出现了剧烈的下跌。2022年2月24日俄罗斯MOEX指数一天下挫33.28%，2022年年初至今下跌了45.66%。

特征2：资产价格会出现涨跌互现。

投资者风险偏好下降，导致2022年以来风险资产价格普遍下跌。避险情绪导致贵金属价格普遍出现了上涨。黄金、白银等贵金属2022年以来出现了4%—5%的涨幅。大宗商品在供需错配以及地缘冲突加剧所致的进一步供需错配的影响下，出现了显著的涨幅。2022年以来，ICE布油出现了

23.03%的涨幅，接近100美元/桶；WTI原油价格上涨了21.06%，突破90美元/桶。欧洲能源结构中1/4依赖天然气，而俄罗斯出口到欧洲的天然气占欧洲市场的40%，天然气价格将会出现暴涨。

特征3：货币将呈现出强者越强、弱者越弱的态势。

2022年以来，随着美国金融市场收益率的上扬，美元指数呈现出一定的上涨。2022年以来美元指数上涨了1.08%，人民币兑美元（CFETS）仅贬值了0.78%，而离岸人民币兑美元仅贬值了0.69%。欧元、英镑等兑美元贬值幅度都超过了1%。美元和人民币成为强势货币。人民币的强势是在中美货币政策周期反向的背景下出现的，更显示出强势。人民币兑欧元、英镑、日元均是升值的，人民币（CFETS）兑俄罗斯卢布升值超过17%。俄罗斯卢布兑美元、欧元等都出现了大幅度的贬值。

货币汇率的变化反映了投资者风险偏好的变化，重要货币的避险功能得以体现。在地缘冲突加剧的背景下，投资者避险情绪导致的汇率变动会使得汇率走势超越经济的基本面，出现阶段性脱离经济基本面的价格波动，这将导致汇率走势更加难以预测。货币强的经济体会带来资本流入，风险资产价格的估值调整将受到支撑。

在疫情、主要经济体货币政策逆转和地缘冲突加剧的三重冲击下，投资者的风险偏好会出现快速波动，从而导致不同类别的大类资产价格波动显示出比较清晰的受到冲击的逻辑：整体上风险资产价格下跌并可能出现迷失方向的现象；大宗商品价格上涨并出现较大波动；避险资产价格出现上涨和适度的波动。

由于国际金融市场资产价格不会出现"泥沙俱下"的局面，国际投资者总能找到对冲风险的大类资产和工具，在国际金融市场流动性依然充裕的支撑下，不会再现2020年全球金融大动荡。

大宗商品价格上涨、供需错配的恶化及错配期限延长会带来通胀的进一步走高，尤其是欧元区的通胀上涨动力可能会加强。欧元区货币政策逆转的时间也许比欧洲央行现在讲的要提前，也会在一定程度上影响美联储货币政策逆转速度和力度的变化，但影响应该不算大。

国际金融市场对俄乌冲突的反应

3月1日

俄乌冲突从2月24日开始，已经过去了大约一周。2月24日国际金融市场表现出了瞬间强烈的避险情绪。2月24日COMEX黄金价格当日摸高至1976.5美元/盎司，收盘于1905.4美元/盎司；伦敦金现当日摸高至1974.4美元/盎司，收盘于1903.8美元/盎司。随后几天黄金价格基本维持在1900—1910美元的相对高位。截至2022年3月1日下午4时20分，在美元指数上涨0.78%的背景下，2022年以来COMEX黄金价格和伦敦金现的价格分别上涨了4.5%左右，国际金融市场还是表现出了一定的避险情绪。

尽管俄罗斯和乌克兰的经济总量在全球中的占比约为2%，但在全球大宗商品供应链中具有比较重要的地位。石油、天然气和农产品是俄乌参与全球贸易的主要商品，具有国际竞争力。

美国和欧盟2月26日决定对俄采取五项制裁措施，包括将部分俄罗斯银行排除在SWIFT支付系统之外，并对俄罗斯央行实施限制措施，以防止俄罗斯配置国际储备削弱制裁措施造成的影响。有些经济体也对俄罗斯进行制裁或者禁止部分高技术商品贸易；还有领空飞行限制；等等。

军事冲突和限制措施使得大宗商品的国际供应链出现进一步紧张，在当前的通胀压力下，进一步推高了中长期通胀预期。依据美联储圣路易斯分行提供的数据可以看出，从2月24—28日的三个交易日，5年期国债隐含的中期通胀率再次突破3.1%（28日为3.11%），10年期国债隐含的长期通胀率再次突破2.6%（28日为2.62%）（见图1）。

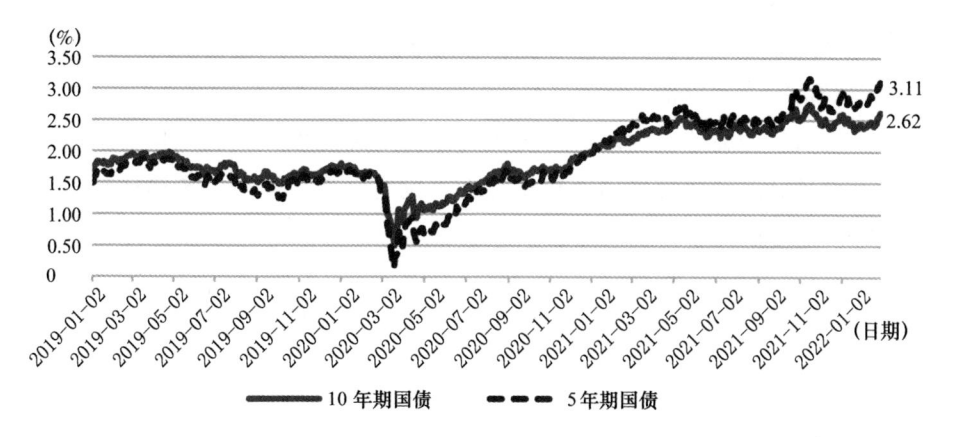

图 1　美国国债隐含的中长期预期通胀率

资料来源：Federal Reserve Bank of St. Louis, 5 and 10 - Year Breakeven Inflation Rate, Percent, Daily, Not Seasonally Adjusted。

从美国国债收益率来看，金融市场避险情绪是明显的。依据美国财政部网站公布的数据，10年期美债收益率从2022年2月23日的1.99%下降至28日的1.83%；2年期美债收益率从2月23日的1.58%下降至28日的1.44%；除了1个月国债收益率上涨了4个BP之外，1年及1年期以下的短期国债收益变动幅度相对比较平稳。

从汇率来说，美元、日元以及人民币表现出了不同程度的避险货币属性且都表现得比较强势。欧元与美元的汇率近几天表现也比较平稳。

从股市来看，俄罗斯股市在2022年2月24日大幅度下跌，2月25日出现较大反弹后，俄罗斯关闭了股市交易。全球其他国家和地区的主要股市并未出现下跌，反而出现了上涨。美国、欧洲一些重要股市、亚洲一些重要股市，比如中国的股市、日本股市、韩国股市等从2月24日至今基本是上涨的，上涨幅度存在差异。

黄金价格上涨、美债收益率下降是明确的避险定价方式，在避险情绪上扬的时候，全球主要经济体的股票价格上涨了。为什么会这样？一个可能的原因是：俄乌冲击给全球经济复苏带来了更大的不确定性，宏观政策对经济的支持预期导致了股价上涨。尤其是国际金融市场对美联储首次加息的力度和全年加息的次数预期似乎比之前要弱，所以导致了股市资产出现了避险情绪下的价格上涨。

由于俄乌冲突还在持续，如何演变存在不确定性，一些变量的影响还未充分体现，宏观政策如何变化也存在不确定性，风险资产价格能否避免出现较大幅度的调整，仍然需要密切关注。

避免对通胀过度反应还是美联储 3月会议的主基调?

3月7日

我们多次强调了美联储会尽力避免对通胀的过度反应,这是存在众多不确定性条件下的合意策略。本质上是美联储不会因为控制带有可能是非长期供给冲击性质的通胀而牺牲就业和经济增长,这可能会带来更高的通胀风险。美联储3月的会议大概率还是采取"走一步看一步",不太会采取"走一步看两步"的货币政策策略。

对美联储来说,当前的通胀具有双重含义。首先,当前的通胀不是美联储能够独自解决的;其次,当前美联储不会牺牲美国的就业和经济增长来严厉控制通胀。前者涉及通胀性质,通胀是如何产生的?后者涉及美国货币政策目标转型,即美联储货币政策新框架所赋予的货币政策新使命。

对于第一个含义,涉及通胀的性质。目前市场已经能够清晰地看到通胀的性质,是供给冲击和需求提升共同导致的。从美联储视角来看,美国此轮通胀也是超出预期的,鲍威尔在多次讲话中提及关于供应瓶颈冲击的时间超出了预期。美联储本来也是希望有通胀的,希望以通胀为抓手来提高就业和恢复经济增长,但没想到疫情反复对全球供应链造成的冲击持续推高了物价水平,供需错配导致物价水平上涨这么快。从需求来看,两年的零利率加上大规模的QE,尤其是货币化激进的财政政策,大规模提高了美国居民的收入,经济总需求得以扩张,经济产出基本恢复到疫情前的趋势水平。

在这样的通胀性质下,美联储对供给冲击导致的通胀能力是受限的,或者说,抑制总需求的货币政策对供给冲击导致的物价上涨作用是有限的。

对于第二个含义,涉及美联储对未来通胀预期的判断。2020年8月美联储货币政策弹性平均通胀目标制的新框架赋予了美联储足够的对通胀容忍度的空间。从2021年3月美国经济的通胀超过2%,至今已经有接近1年的时间,这届美联储对通胀"超调"的容忍度是罕见的。未来还要持续多久?目前的大多预期是2023年通胀会出现明显缓解,2022年全年依然会保持比较高的通胀水平。

疫情暴发以来,美联储实际决策更少采用了过于前瞻性的预期管理,决策依实际发生的数据为依据,主要原因就是经济面临着大的不确定性。除了疫情还继续存在不确定以外,2月24日俄乌冲突升级对全球大宗商品,尤其是能源、食品和部分金属的价格会产生向上的推力,因为俄罗斯、乌克兰在全球能源、部分食品等供应链上处于比较重要的位置,能源价格持续上涨会直接推高整个物价水平,食品等价格上涨会进一步带来结构性的物价上涨。因此,俄乌冲突升级和持续会在总量和结构上推高全球的物价水平。能源价格冲击能否影响以及在多大程度上影响美联储货币政策,要取决于能源价格冲击是一次性的还是持续的。如果俄乌冲突升级持续的时间过长,那么会影响美联储的货币政策。

从目前美国经济的就业来看,依据2022年3月4日美国劳工部公布的数据(Employment Situation Summary),2月非农就业总人数增加67.8万人,失业率微跌至3.8%,失业人数微跌至630万。新冠疫情之前的2020年2月失业率为3.5%,失业人数为570万。从工资来看,时薪在最近几个月大幅增长后,2月私营非农就业岗位上所有员工的平均小时收入为31.58美元,在2月轻微增长1%,薪资上涨放缓边际减缓了通胀压力。在过去12个月里,平均时薪增长率同比增长5.1%。因此,美国劳动力市场继续保持比较强劲的态势,基本接近充分就业目标。

3月3—4日鲍威尔在出席两院听证会时就货币政策调整发表了自己的

看法，总结起来一句话：3月加息25个基点+被动式缩减资产负债表。被动式缩减资产负债表表示美联储在持有的债券到期后收回的资金不会进行再投资，从而被动缩减资产负债表，而不是主动抛售美联储所持债券。同时表达了3月的货币政策应该不会有比较细致的缩表计划路线图。

加息25个基点和被动式缩表，说明了美联储尚不会对当下的较高通胀采取过度反应的措施。加息25个基点早已被国际金融市场消化，国际金融市场不会单独因为3月的加息导致剧烈动荡。美联储本意更想"拖死"通胀，但由于俄乌冲突的升级和持续，大宗商品尤其是原油价格出现了跳跃式上涨，通胀存在进一步加剧的风险。同时还要密切关注一个重要问题：全球供应链瓶颈会不会因为各种不确定性而持续恶化，一旦出现供应链破坏，供应链问题对物价的冲击将变得持久，通胀就变得更加难以控制，这或许会倒逼美联储在未来某个时点采取加快收紧货币政策来抑制通胀。因此，控快速上涨的通胀且不引发美国经济衰退成为美联储货币政策的新挑战。

在3月会议上，美联储大概率还是会采取"走一步看一步"，不太会采取"走一步看两步"的货币政策策略。

俄乌冲突加剧了世界经济面临的通胀冲击

3月9日

　　俄乌冲突加剧了世界经济面临的通胀冲击，2022年世界经济很难乐观，国际主要机构下调全球经济增长率应该是未来可见的事实。

　　目前，美国和欧元区的通胀水平出现了快速上涨，通胀已经成为美联储和欧洲央行需要直面的问题。依据美国劳工部公布的数据，2022年1月美国经济中CPI同比上涨7.5%，其中能源价格同比上涨27.0%，食品价格同比上涨7.0%，剔除能源和食品核心CPI同比上涨6.0%。在能源价格中，能源大宗商品价格同比上涨39.9%，天然气同比上涨40.0%，原油价格同比上涨46.5%，交通服务价格同比上涨5.6%。

　　依据ECB的数据，欧元区2022年1月的HICP为5.1%，其中权重占17.9%的住房、电力和天然气同比上涨11.9%，权重占14.5%的交通成本同比上涨9.4%。欧元区2月通胀率的预估值同比上涨5.8%，通胀持续上扬。

　　欧洲能源对俄罗斯的依存度高，欧盟进口天然气的约40%、进口原油的约30%来自俄罗斯。美国和欧元区通胀具有一定的相似性，除了经济总需求因素外，能源价格、食品价格和交通运输价格成为推动物价上涨的三大重要因素。

　　从美国的进出口价格指数变化来看，美国在进口通胀，也在输出通胀。美国出口价格指数涨幅大于进口价格指数涨幅，美国的贸易条件是改善的（见图1）。2021年美国总出口大约2.53万亿美元，推高了全球通胀水平。

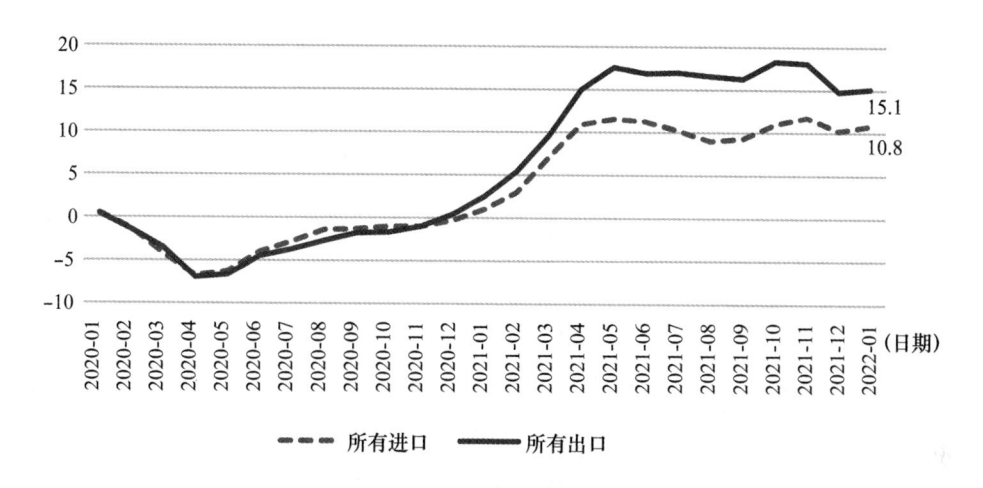

图1 美国进口价格和出口价格同比变化（%）

资料来源：Bureau of Labor Statistics, Import/Export Price Indexes。

自2月24日以来，随着俄乌冲突升级，全球大宗商品价格再次出现了显著上涨。依据EIA的数据，2022年3月4日WTI原油期货价格达到了115.68美元/桶，而在2月23日这一价格为92.10美元/桶。依据Wind的数据，以收盘价计，ICE布油期货价格从2月23日的93.42美元/桶上涨至3月7日的124.37美元/桶。欧洲天然气价格也出现了暴涨，荷兰所有权转让中心（TTF）基准天然气期货价格7日盘中涨幅达到60%。

依据FAO的数据，2022年2月全球食品价格指数持续上涨。2月价格指数高达140.7，比1月上涨了5.3，相比1年前上涨了24.1（见图2）。由于俄罗斯和乌克兰在全球能源、食品供应链上占有比较重要的位置，可以预计的是，冲突持续将导致国际大宗商品价格进一步上涨。

由于美欧等经济体不断升级对俄罗斯的制裁，全球好不容易出现的供应链压力缓解可能会再次出现逆转。依据纽约联储的一项研究，全球供应链压力指数在2021年12月达到高点4.50，到2022年2月下降至3.31，这一水平与2020年疫情暴发时3—5月的均值相当，全球供应链瓶颈问题依然比较严重。俄乌冲突持续会对全球供应链再次带来新的压力（见图3）。

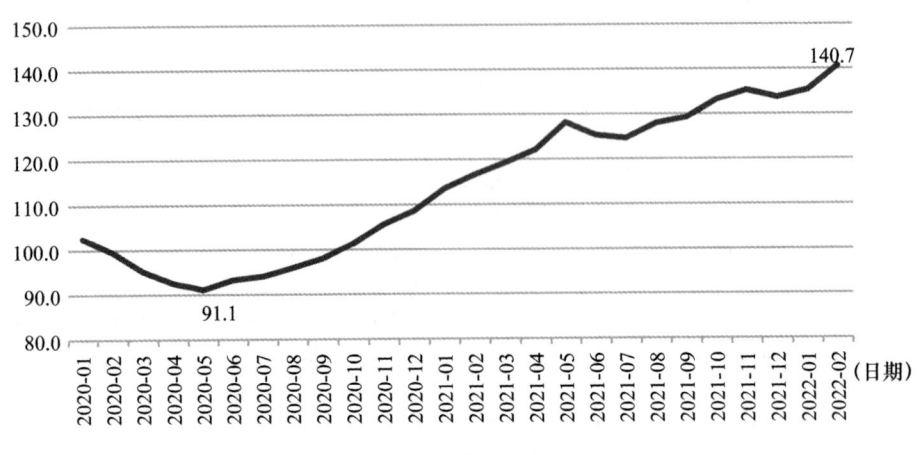

图2　全球食品价格指数（2014—2016＝100）

资料来源：FAO Food Price Index。

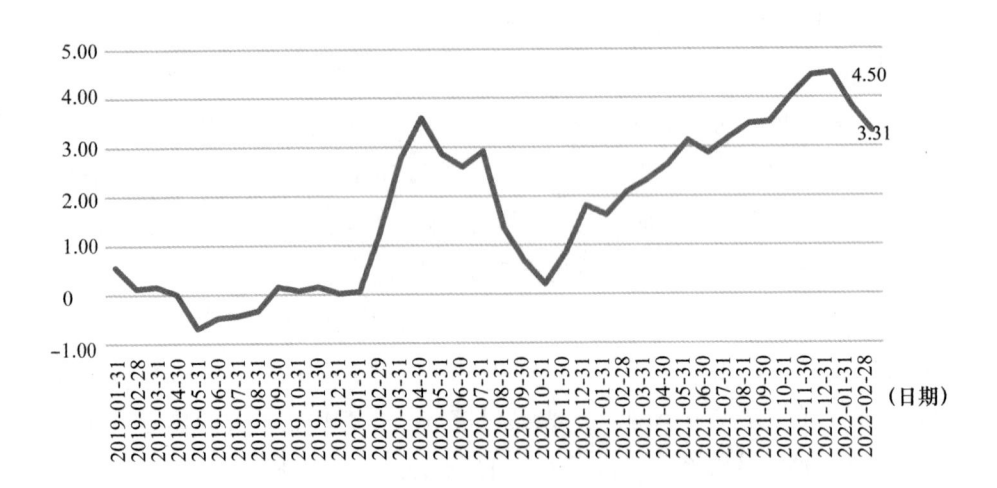

图3　全球供应链压力指数

资料来源：Gianluca Benigno, et al., Global Supply Chain Pressure Index: March 2022 Update, New York Fed。

可见，俄乌冲突在短期对世界经济的直接影响就是能源以及食品等大宗商品价格快速上涨，同时会加重全球供应链瓶颈，进一步推高物价。

俄乌冲突带来的动荡，国际金融市场出现了明显的避险情绪，VIX指数自2022年以来上涨了约117%，2月23日至3月7日VIX指数上涨了17.5%。依据美国财政部的数据，10年期美国国债收益率下降了21个BP，跌幅为10.6%，而1个月的美国国债收益率出现了剧烈上涨，从0.02%上涨至0.17%。避险情绪的上扬和持续会导致跨境资金流动失衡、外汇市场动荡、风险资产价格调整，金融市场的不合意波动对全球经济和贸易都会带来负面影响。

如果通胀持续高企，且持续时间过长，未来可能会出现美联储对通胀容忍度的改变，美联储货币政策收紧的力度和速度或再次成为世界经济面临的重大风险。俄乌冲突所致的结果之一是可能会打破欧元区原有的货币政策行动预期。俄乌冲突带来了全球避险情绪上扬，欧洲货币的汇率相对于美元出现了明显的贬值，这使得欧洲货币政策在物价方面面临新的问题：面临汇率贬值带来进口通胀的风险，而不仅仅是进口能源等大宗商品价格的上涨。从2月23日到3月7日几个交易日，欧元相对于美元已经贬值了4%，欧洲其他货币对美元也出现了短时间内的显著贬值。欧元区的经济修复状态尚未回到疫情前趋势，这使欧元区的货币政策陷于新的两难：通胀来得过快，而经济修复尚不够理想。

一句话——俄乌冲突进一步加剧了通胀冲击，2022年世界经济很难乐观。

国际金融市场处于剧烈波动的高风险期

3月11日

　　多个国际金融市场的信号表明，国际投资者的风险偏好已发生重大变化。这种变化并不是简单的由偏好风险走向厌恶风险，而是出现了风险偏好的极端演进：要么出现了特别激进的风险偏好，要么是风险厌恶。整个市场的风险溢价水平已经上升到略高于疫情前的水平。风险偏好的极端演进和风险溢价水平的整体上升，导致国际金融市场处于剧烈波动的高风险期，在这个阶段，欧美央行维持金融市场较为充足的流动性是避免出现过大流动性风险的关键。

　　截至2022年3月10日，在通胀冲击和俄乌冲突的背景下，VIX指数已经上涨了75.55%，同时VIX指数本身的波动性也很大。比如，受到乌克兰危机有所缓和迹象的影响，VIX指数3月9—10日下跌了13.95%。VIX指数上扬和VIX指数本身过大的波动性表明了国际金融市场投资者的风险偏好在发生急剧变化，导致资产价格往往出现"过山车"式的调整，但风险偏好的变化与2020年3月中下旬的全球金融大动荡有所不同，还不是流动性恐慌下的资产价格"泥沙俱下"式的下跌。

一　激进风险偏好的信号

　　激进的风险偏好体现在部分资产价格出现短期的暴涨暴跌。典型的案例是大宗商品中的原油以及伦敦交易所的"镍事件"。

依据 Wind 的数据，依收盘价计，截至 2022 年 3 月 8 日，ICE 布油和 NYMEX 原油价格分别达到 129.47 美元/桶和 124.77 美元/桶。受俄乌冲突有缓和迹象的影响，3 月 9 日一个交易日，ICE 布油和 NYMEX 原油价格分别跌至 112.51 美元/桶和 109.53 美元/桶，跌幅分别高达 12.09% 和 11.46%。从俄乌冲突爆发以来，2 月 23 日至 3 月 9 日 ICE 布油和 NYMEX 原油价格均上涨了约 18.8%。

真的是难以想象，2020 年 5 月国际金融市场原油期货价格底谷为 20 美元/桶左右，新冠疫情暴发前的 2020 年 2 月维持在 50—60 美元/桶的区间运行。因此，即使与疫情前的国际油价相比，今天的全球油价也已经上涨了大约一倍的水平。

油价为什么这么高？除了全球金融市场流动性充裕、经济总需求提升以及供给不足以外，俄乌冲突是引发原油新一轮价格上涨的原因。俄乌冲突爆发至今，以美国为首的北约等经济体对俄罗斯实施了史上最严厉的制裁，能源就是其中重要的菜单选项。2022 年 3 月 8 日，美国总统签署了禁止美国从俄罗斯进口能源的行政令。但欧洲短期很难做到，欧洲能源对俄罗斯能源的依赖程度高，长期欧洲会逐步摆脱对俄罗斯化石能源的依赖。这就导致了油价出现两种极端情况：一方面是国际金融市场原油期货价格大幅度上涨；另一方面是俄罗斯的油价由于买家的减少而出现了大幅度下降。在美欧各种严厉措施的制裁下，国际原油市场和俄罗斯原油市场出现了难以套利的市场分割。

另一个激进风险偏好的例子是金属镍的价格在多头的追逐下出现了短期暴涨。伦敦金属交易所（LME）3 月 8 日盘中涨幅一度超过 100%，突破 10 万美元/吨，创历史新高。3 月 7—8 日两个交易日价格上涨了 175%。脱离经济需求基本面的价格疯涨迫使 LME 暂停镍交易。主要原因是俄罗斯是世界第一的镍板出口国，2021 年占全球市场的大约 8%，而俄镍板是 LME 主要的镍交割品。在这样的剧烈价格波动下，做镍空头的交易商可能会受到重大损失，而做多的交易商则赚取大量的钱财。这种风险偏好的激进来自俄乌冲突后镍价格的炒作疯涨与逼空，一旦俄乌冲突未来缓解，镍价格会出现剧烈下跌，激进的风险偏好又会引发做空。为了避免出现激进风险偏好带来市场定价失真所致的风险，3月8日晚，LME紧急宣布暂停镍交易，并宣布取消所有在英国时间3月8日凌晨之后的镍交易。对于这种剧烈的、脱离基本面的异常价格交易，LME采取了非常规的措施，这对于稳定市场至关重要。

市场出现强烈的做多行为或者强烈的做空行为，都是激进风险偏好的表现，与每一根大阳线相伴的可能就是一根大阴线，市场多空快速转换的结果是总会有投资者"爆仓"。对于规模较小的交易品种来说，会出现各种非常规的价格波动，但对于大规模的交易品种来说，追加保证金会导致市场出现流动性紧缺，这对金融体系来说是危险的。

二 风险厌恶的信号

当市场出现风险厌恶时，避险资产受到追捧。截至2022年3月10日，2022年以来COMEX黄金价格出现了9.31%的涨幅，金价在3月7日突破2000美元/盎司，盘中一度达到2078.8美元/盎司的高点。

从美国国债来看，也受到了市场的追逐。10年期美国国债收益率从2月23日的1.99%下降至3月2日的1.72%，然后反复调整，截至3月10日又上涨至1.98%，主要是受到乌克兰愿意做出一些妥协来结束战争的影响，金融市场避险情绪出现了瞬间下降。

从美元指数来看，依据Wind数据，截至2022年3月10日，美元指数从2月23日的96.20上涨至98.52，3月7日美元指数盘中高点达到了99.2599，快触及100大关了。

人民币表现相当强势，美元兑人民币汇率（CFETS）从2月23日的1美元兑6.3178元人民币微跌至3月10日的1美元兑6.3216元人民币，这是在美元指数上涨了两个多点的情况下出现的，人民币显示出了一定程度的作为避险货币的功能。

除避险资产价格上涨以外,风险厌恶的另一个重要特征是风险资产价格的下跌。自2022年以来,全球股市在通胀冲击下就开始出现调整。2月24日爆发俄乌冲突后,加剧了全球部分股市的下跌。2022年年初至今,全球主要股市基本都是下跌的(见图1)。除了多伦多300指数上涨1.27%以外,其他股市出现了5%—35%不同程度的普跌。纳斯达克指数下跌幅度达到了16.08%。截至2月25日,2022年以来俄罗斯股市下跌了34.77%。

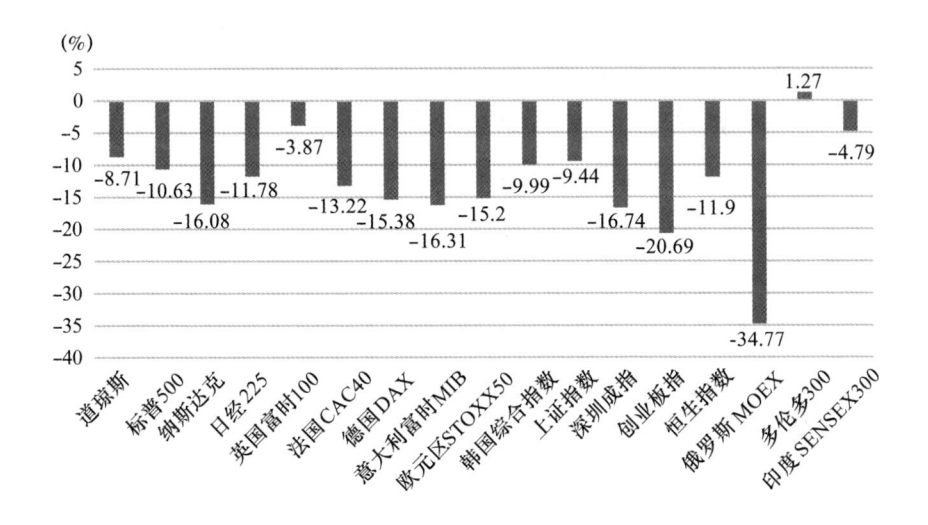

图1 2022年年初至今(截至3月11日上午8时20分)的跌幅

资料来源:Wind。

说明:俄罗斯股市的时间截至2月25日,此后股市关闭。

三 美国金融市场整体风险溢价信号:略高于疫情前水平

从ICE美国银行期权调整利差(OAS)来看,截至2022年3月8日,高收益指数期权调整利差为4.03%,公司指数期权调整利差为1.49%。这与2020年3月23日全球金融大动荡底谷时的10.87%和4.01%相比差距巨大，但已经超过了2019年年度的3.6%和1.01%（见图2）。

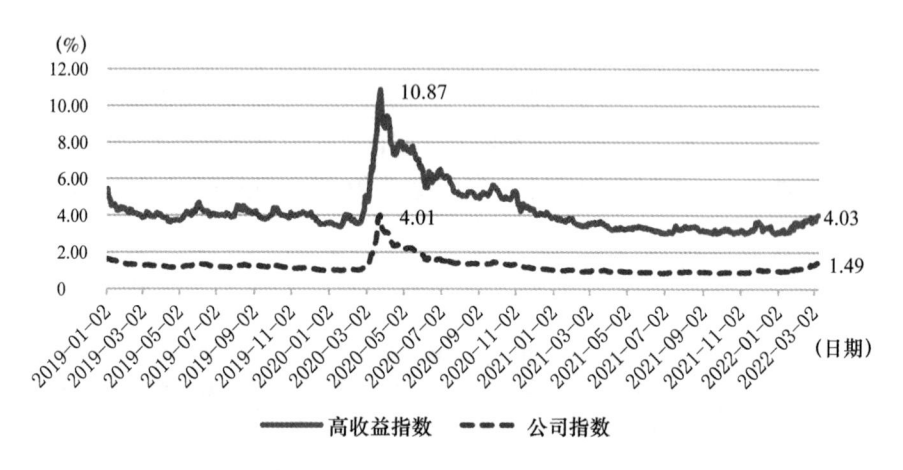

图2 ICE 美国银行期权调整利差（OAS）

资料来源：Federal Reserve Bank of St. Louis。

从穆迪 AAA 和 BAA 债券收益率与10年期美国国债收益率之差来看，截至2022年3月8日，穆迪 AAA 和 BAA 债券收益率与10年期美国国债收益率之差分别为1.55%和2.35%，和2019年全年的水平相差无几（见图3）。与2021年全年相比，投资者对风险溢价的要求明显提高，对风险的敏感性明显上升。

总体上，美国金融市场的风险溢价要略高于疫情前的水平。问题是，疫情前的2019年纽约联储的逆回购规模基本为零，而2022年以来（截至3月9日），纽约联储的逆回购规模日均基本维持在1.5万亿—1.6万亿美元的区间。风险溢价的上涨是在美国金融市场流动性依然充裕的背景下发生的。这就意味着金融市场整体投资者偏好已经发生了重要的变化，如果地缘冲突持续动荡，欧美央行对通胀又过度反应，全球风险资产价格将进入比较明确的向下调整期。

风险偏好的极端演进和风险溢价水平的提升，意味着国际金融市场处

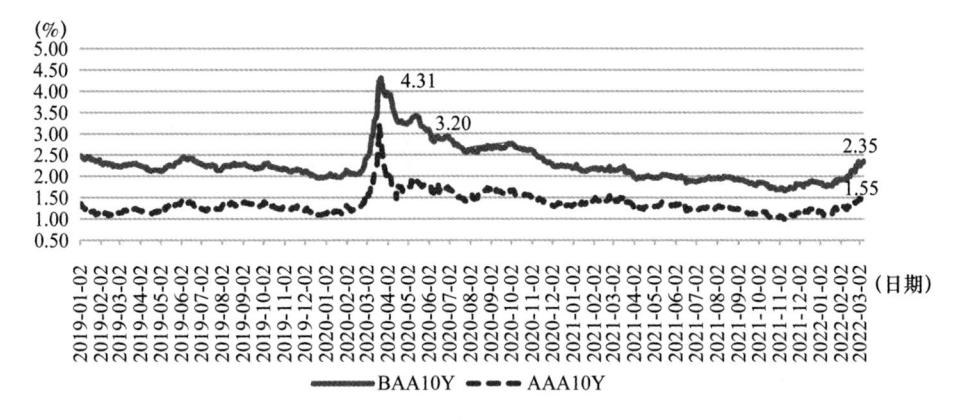

图3　穆迪 AAA 和 BAA 债券与 10 年期美国国债收益率之差

资料来源：Federal Reserve Bank of St. Louis。

于剧烈波动的高风险期，在这个阶段，欧美央行维持金融市场较为充足的流动性是避免市场出现过大流动性风险的关键。

欧洲央行努力避免对通胀的过度反应

3月14日

俄乌冲突使欧洲央行货币政策在通胀和金融稳定双目标的关系上加大了金融稳定的权重。欧洲央行继续提高充足的流动性是关键手段，努力避免出现对通胀的过度反应。

2022年3月，欧洲央行预测2022年欧元区GDP增速为3.7%，通胀率为5.1%，而到了2023年欧元区GDP增速为2.8%，通胀率在高基期背景下迅速下降至2.1%，基本接近欧元区货币政策目标中期通胀2%（ECB, Our monetary policy statement at a glance – March 2022）。用一句话来概括就是，欧洲央行认为欧元区2022年经济增长有力，通胀维持高位但会快速下降。在俄乌冲突的背景下，欧洲央行对欧元区的增长和通胀前景比市场想象得要乐观。

从通胀持续性的视角来看，欧洲央行认为通胀不会是持续的，甚至可以认为通胀问题在欧洲央行眼中重要，但其更重视提供流动性来维持金融系统的稳定性。在3月10日的货币政策决议中（Monetary policy decisions, March 10, 2022）认为俄乌冲突是欧洲的分水岭，欧洲央行将确保平稳的流动性条件，并实施欧盟和欧洲各国政府决定对俄罗斯的制裁，并将采取一切必要行动，以履行欧洲央行追求价格稳定和维护金融稳定的使命。

欧元区2月的通胀率（HICP）预测值为5.8%。欧洲央行的货币政策对这样的高通胀并未表现出过度反应。在流动性提供上，欧洲央行理事会在2022年3月10日修订了其未来几个月的购买计划（APP），月净购买额将在4月达到400亿欧元，5月达到300亿欧元，6月达到200亿欧元。2022年第三季度净购买量的校准将取决于数据，并反映其对前景不断变化的评估。如果即将到来的数据支持即使在净资产购买结束后中期通胀前景也不会减弱的预期，理事会将在第三季度结束净购买。如果中期通胀前景发生变化，融资条件与实现2%目标的进一步进展不一致，理事会随时准备修改其净资产购买计划的规模和/或期限。同时，理事会还打算在其开始提高欧洲央行关键利率之日后的一段较长时间内，继续对购买的到期证券本金进行全额再投资，并且在任何情况下只要有必要就保持有利的流动性条件和充足的货币宽松。

关于流行病紧急购买计划（PEPP），2022年第一季度，欧洲央行的PEPP净购买的速度会低于上一个季度，并将在2022年3月底停止PEPP下的净资产购买。但欧洲央行打算根据PEPP购买的到期证券的本金再投资，至少到2024年年底。在任何情况下，未来PEPP投资组合将采用滚动管理，以避免干扰适当的货币政策立场。灵活性将仍然是货币政策的一个要素。特别是，如果与疫情有关的市场重新分裂，PEPP再投资可以在任何时候跨时间、资产类别和管辖区灵活调整。

欧洲央行三大利率，主要再融资业务利率、边际贷款和存款便利利率将分别保持在0、0.25%和-0.50%不变。

对于俄乌冲突对欧元区的影响，欧洲央行认为带来了高度不确定的环境，并可能对欧元区金融市场产生不利影响的区域溢出风险，理事会决定将欧元体系中央银行回购贷款（EUREP）延长至2023年1月15日。EU-REP将继续补充为非欧元区央行提供常规欧元流动性的安排，在欧元区以外的市场出现可能对欧洲央行货币政策顺利传导产生不利的影响时，解决可能的欧元流动性需求。可见，提供流动性防止金融市场出现大的风险是欧洲央行当下极其重要的工作。

总体上，欧洲央行努力避免对通胀的过度反应。APP和PEPP依然保持了足够的灵活性，这种灵活性体现在明确指出，即使2022年会逐步终止资产购买，但到期证券本金的再投资也保证了欧洲央行未来相当长一段时间不会采取通过资产购买方式的变化来缩表。

俄乌冲突使得欧洲央行货币政策在通胀和金融稳定双目标的关系上加大了金融稳定的权重。欧洲央行认为，继续提高充足的流动性是关键手段，努力避免出现对通胀的过度反应。

美元货币体系国际投资者面临的选择"两难"

3月16日

美元货币体系第一个两难是特里芬两难。美元国际货币体系存在内生的不稳定性：美元货币体系的稳定取决于美元的稳定，美元的稳定要求美国保持国际收支平衡，不能超发货币为经常账户赤字融资，而全球流动性以及清偿能力又取决于美国通过贸易逆差输出美元。特里芬两难指出了金本位崩溃的内在逻辑：要保持清偿性美国无力维持美元与黄金之间的固定兑换关系。

美元货币体系第二个两难是其他经济体在美元升值与贬值上存在"选择两难"，我们称为国际投资者面临的选择"两难"。在美元贬值时期，对美国有大量贸易盈余的经济体并不希望看到美元受到剧烈冲击，美元大幅度贬值，美元外汇储备就会大规模缩水，本币大幅度升值导致出口下降，就业下降，经济增速下降，而有大量美元债务的经济体美元贬值则会减轻美元债务压力。可见，美元贬值对于持有美元资产和债务的国际投资者来说，意见是不一致的。在美元升值时期，美元大幅度升值，虽然外汇储备升值，但央行资产负债表会出现"估值效应"导致资产负债不平衡，以美元计价的资产和以本币计价的负债之间会出现显著的价值重估差距；美元升值导致本币贬值，鼓励出口，但资本外流引发汇市动荡，甚至可能会演进为金融动荡，直接影响就业和经济增长。其他经济体在美元币值上的"选择两难"是美元货币体系下全球不平衡逐步累积的结果，是全球面临的事实。

因此，美元体系本身的"特里芬两难"是美元体系设计自身存在的问题；其他经济体的"选择两难"是其他经济体无奈选择的问题。如果世界尚未出现一种能够替代美元的计价、交易和储备国际货币，美元作为关键的国际货币还会延续。

作为关键的国际货币，那么美国是如何稳定美元币值的呢？关于美元币值的稳定，从历史上来看，金本位崩溃后，美国也希望维持美元的稳定，从而维持和强化美元货币体系为美国带来的特权利益。1971年8月15日尼克松关闭"黄金窗口"后，1971年12月西方十国开始决定以美元而不是黄金为基础来重建固定汇率制，即"史密森体系"，该体系调整了美元价格，由原来的1盎司黄金35美元调整到38美元；调整了汇率波动范围，非储备货币对美元的波动允许幅度由布雷顿森林体系下的±1%调整为±2.25%。史密森谈判中还有一项重要内容，就是美国要求马克和日元一次性较大幅度升值以降低美国的贸易赤字。

1973年由于中东战争爆发导致的油价暴涨，西方主要经济体开始实施浮动汇率来遏制通胀，1976年的《牙买加协议》，事后确认了浮动汇率制度成为正式的多边协议。

固定汇率制度崩溃后，美元与黄金脱钩，美元需要寻找美元的定价"锚"，美元指数应运而生。美元开始用选择性的货币来给自己的币值定价，并希望有稳定的币值，美元指数也因此成为全球金融市场上美元对其他货币的金融汇率。1973年3月，美元用6种主要货币编制了美元指数（定期100），目前可以查到的美元指数可以追溯到1971年年初。由于经济滞胀等原因，1978年10月，美元对主要西方货币的汇率跌至历史最低点，美元贬值引发了西方主要货币市场的动荡，出现了浮动汇率制度以来的首次美元货币危机。美国要求其他经济体干预外汇市场支持美元，但美元从1977年年底开始贬值了大约1年的时间。1979年10月美联储主席沃尔克宣布提高利率反通货膨胀，美元进入1980年至1985年2月的长达近5年的升值通道，美元贬值危机得以彻底解除，但强势美元带来了大规模的贸易赤字，这才有了1985年的"广场协议"，日元被迫大幅度升值，降低日本对美国的贸易顺差。1987年2月西方七国达成了卢浮宫协议，美国认为美元应该稳定在"现行水平上下"，卢浮宫协议采取了通过干预美元机制来对美元汇率实施定量约束：在狭窄的波动边界±2.5%内可以自愿干预，在较宽的波动边界±5%的范围内实施强制性国际协调政策。

从上述简要回顾可以看出，美国为了维护美元体系的稳定，要么在贸易出现大规模赤字时要求其他重要贸易伙伴的货币升值（史密森协议、广场协议），要么在美元出现贬值危机时要求其他经济体干预外汇市场维持美元稳定（卢浮宫协议）。

1999年欧元出现后，国际货币体系再也没有出现过关于美元汇率应该在何种区间波动，或者说稳定美元汇率的国际协议。在稳定美元币值上，1987年的卢浮宫协议应该是到目前为止历史上最后一个多国维护美元汇率稳定的协议。即使在2008年3月美元指数多次触及71的历史低点时（见图1），也没有出现过集体干预美元外汇市场的协议，更多的是次贷危机使国际社会意识到美元货币体系存在巨大的风险，要改革国际货币体系。次贷危机爆发后，为了应对全球经济金融复杂的形势，在美国倡议下，G20提升为领导人峰会，成为重要的全球治理平台。

除联合干预外汇市场以外，美国维持美元币值还有其他方法。美国把IMF在1977年4月29日通过的一项旨在避免操纵汇率、维持国际货币体系的决议作为维护美元币值稳定的工具：其他经济体维持币值低估，将增加美国赤字，美元供给增加，美元存在长期贬值压力。美国财政部依据反补贴调查法案，使用全球汇率评估框架（GERAF）在实际贸易加权基础上评估了占全球经济活动90%以上的50多个主要经济体的汇率估值。GERAF的汇率估值来自其对这些经济体的中期经常账户余额的估计，这些估计符合经济基本面和适当政策（Treasury Framework for Assessing Currency Undervaluation Summary），最新版本从2020年4月6日开始实施。从1989年开始，美国财政部每年发布美国主要贸易伙伴的宏观经济与汇率政策，每年1—2期不等，试图通过贴"汇率操纵"标签来对贸易伙伴的汇率施加压力。如果"汇率操纵"不灵，就采用贸易摩擦，比如单方面采用关税壁垒等措施

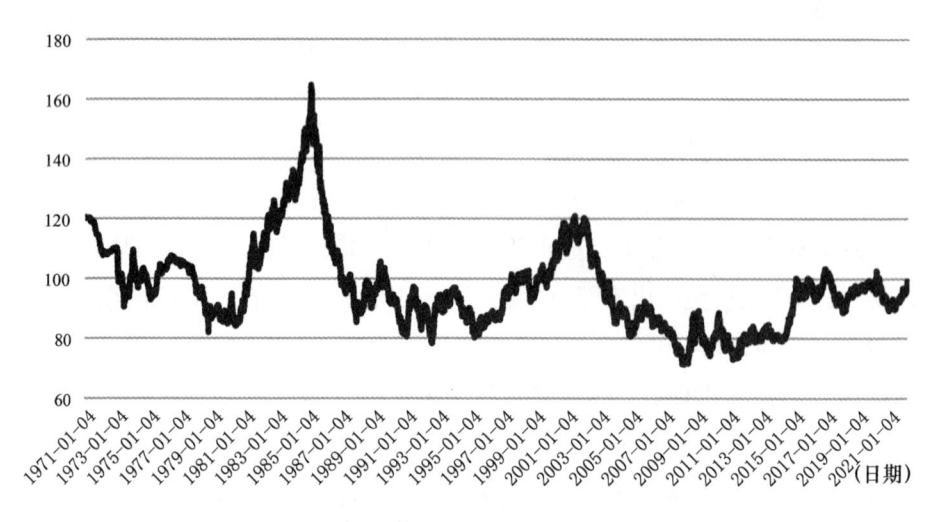

图 1　美元指数的历史走势

资料来源：Wind，美元指数以收盘价计。

来试图降低美国的对外贸易逆差。

美联储还通过与协议央行进行货币互换，这也是改善市场流动性、稳定货币汇率的一种重要措施，尤其是在金融动荡或者危机时出现美元流动性不足，货币互换成为一种重要的美元汇率稳定工具。比如，次贷危机时期的 2008 年第四季度美联储为多家央行提供了高达 5500 亿美元的货币互换；2020 年全球金融大动荡时期（3—7 月）美联储为多家央行提供了接近上限 4500 亿美元的货币互换，以稳定美元的流动性和价格。

美元主要靠美国财政部的"汇率操纵"和美联储的货币互换来稳定美元汇率，当然利率的变化是影响美元指数走势的关键变量，尽管不是在每个加息周期都出现美元升值。

其他经济体在美元升值和贬值选择上的"两难"，根本原因还是其他经济体的货币在保持稳定时还寻找不到可以替代美元的"名义锚"。金本位的失败意味着不可能使用大宗商品这一价格剧烈波动的商品作为货币定价的"名义锚"，更何况美元指数是影响大宗商品价格变动的重要变量。

为了对冲美元汇率变动带来的风险，国际金融市场上存在大量的美元利率衍生工具。正是由于美元资产的相对高流动性，为汇率风险管理提供了平台，也同时创造了大量的汇率波动风险。

其他经济体在美元升值和贬值选择上的"两难"，本质上是目前尚没有一种货币能在国际市场上与美元抗衡，当前国际投资者在市场上还寻找不到能够替代美元的货币来进行国际业务的风险管理。因此，其他经济体在美元贬值和升值上的选择"两难"是一种无奈的选择，这种选择"两难"会随着世界经济多极化发展趋势的深化而逐步得到改善。

美联储:从就业优先走向通胀优先

3月17日

美联储进入加息周期,美联储就业优先的货币政策让位于通胀优先的货币政策。但充分就业依然是美联储货币政策的根本考量,通胀既是目标,也是促进充分就业的手段。2022年美国经济增速预测的大幅度回落与联邦基金利率的大幅度上涨相对应,但失业率预测依然保持在历史最低3.5%的水平,美联储认为在快速加息的同时不会引发美国经济衰退。

2022年3月16日,美联储货币政策委员会就美国当前的经济形势给出了判断,认为美国经济活动和就业指标继续加强。近几个月来就业增长强劲,失业率显著下降。通货膨胀仍然居高不下,反映出与疫情相关的供需失衡、能源价格上涨和更大的价格压力。俄乌冲突正在造成巨大的人力和经济困难,对美国经济的影响高度不确定,但在近期内(in the near term)相关事件可能会对通胀造成额外的上行压力,并对经济活动造成压力(Federal Reserve issues FOMC statement)。

与2022年1月26日的Federal Reserve issues FOMC statement表述存在重大差异之处在于:1月26日的表述强调了新冠疫情对美国经济的影响,"经济的发展路径仍然取决于病毒的传播过程",但这次的表述只有两处涉及疫情,一个是前面的与疫情相关的供需失衡导致通胀压力;另一个是在货币政策声明的最后提到,评估货币政策将考虑广泛的信息,包括公共卫生、劳动力市场状况、通胀压力和通胀预期以及金融和国际发展。

总体上,从这次的货币政策声明和上一次货币政策声明的对照来看,有三个显著差异。第一，美联储完成了就业优先的货币政策，正式转向控通胀的货币政策。第二，俄乌冲突在近期会对美国通胀产生额外的上涨压力，但在中长期具有高度不确定性，这是新增因素。第三，显著淡化了疫情对美国经济的影响。

因此，通胀的压力使美联储决定将联邦基金利率的目标范围提高到1/4%至1/2%，并预计目标范围的持续提高将是适当的。此外，委员会预计将在即将召开的会议上开始减持美国国债、机构债务和机构抵押贷款支持证券。在声明中并未提及具体的细节。

在同时公布的经济预测中，美联储对美国经济参数进行了大幅度修正。2022年经济增速由2021年12月的4.0%大幅度下调至2.8%，其他年份预测不变；2022年PCE由2021年12月的2.6%大幅度上调至4.3%，2023—2024年有小幅上调；2022年核心PCE由2021年12月的2.7%大幅度上调至4.1%，2023—2024年有小幅上调；2022年政策性利率水平由2021年12月的0.9%大幅度上调至1.9%，2023—2024年也有较大幅度的上调；唯一几乎不变预测的参数是失业率，基本维持在3.5%（见表1）。

表1　　美国经济主要数据和政策性利率水平预测　　（单位：%）

	预测时间	2022年	2023年	2024年	长期
实际GDP	2021年12月	4.0	2.2	2.0	1.8
	2022年3月	2.8	2.2	2.0	1.8
失业率	2021年12月	3.5	3.5	3.5	4
	2022年3月	3.5	3.5	3.6	4
PCE	2021年12月	2.6	2.3	2.1	2
	2022年3月	4.3	2.7	2.3	2
核心PCE	2021年12月	2.7	2.3	2.1	
	2022年3月	4.1	2.6	2.3	
联邦基金利率	2021年12月	0.9	1.6	2.1	2.5
	2022年3月	1.9	2.8	2.8	2.4

注：预测中值。

资料来源：美联储，Summary of Economic Projections，March 16, 2022。

表1的数据给出了美联储货币政策取向的重要信息。充分就业是货币政策的根本考量，通胀既是目标，也是促进充分就业的手段。从2020年新冠疫情冲击以来，美联储采取了就业优先的货币政策，允许通胀持续"超调"，以通胀为抓手，实现了美国就业市场的强劲状态，2022年2月，3.8%的失业率低于长期目标4.0%。

与2021年12月的预测相比，2022年联邦基金利率大幅度提升与美国经济预测大幅度下降是对应的。2022年联邦基金利率的目标值为1.9%，这意味着2022年全年每一次的会议都有加息。按照每次25个基点的加息力度，这需要总计7次加息才能完成。按照鲍威尔的话来说，年内会有缩表，相当于一次加息，那么全年大约有6次加息和一次缩表。

从美国劳动力就业市场的情况来看，就业市场的活动水平持续上涨，就业市场动能出现了边际递减，但2022年2月仍保持在0.67的水平，这说明美国劳动力就业市场的活动水平还将持续上涨，美联储把2022—2023年失业率预测值定在3.5%。

从历史数据来看，依据美联储圣路易斯分行的数据，2010—2019年10年美国经济实际GDP增速的简单年度均值为2.3%，失业率年度均值为6.4%，只是在2019年年度失业率达到低点3.7%。而2022年美联储在2.8%的经济增速条件下，需要保持3.5%的失业率。美联储认为，在经济增长高于长期潜在水平时，失业率就应该维持在长期失业率4%的水平以下。

如果按照美联储2022年联邦基金利率1.9%的目标值，这一轮加息周期的速度将是很快的，这与欧洲央行近期货币政策形成了鲜明对照。值得关注的是，美联储的货币政策申明没有提及金融稳定，这就是说美联储认为加息以及缩表会带来资本回流，可以保证美国金融市场足够的流动性，不出现流动性冲击？这对其他金融市场来说，并不是好消息。

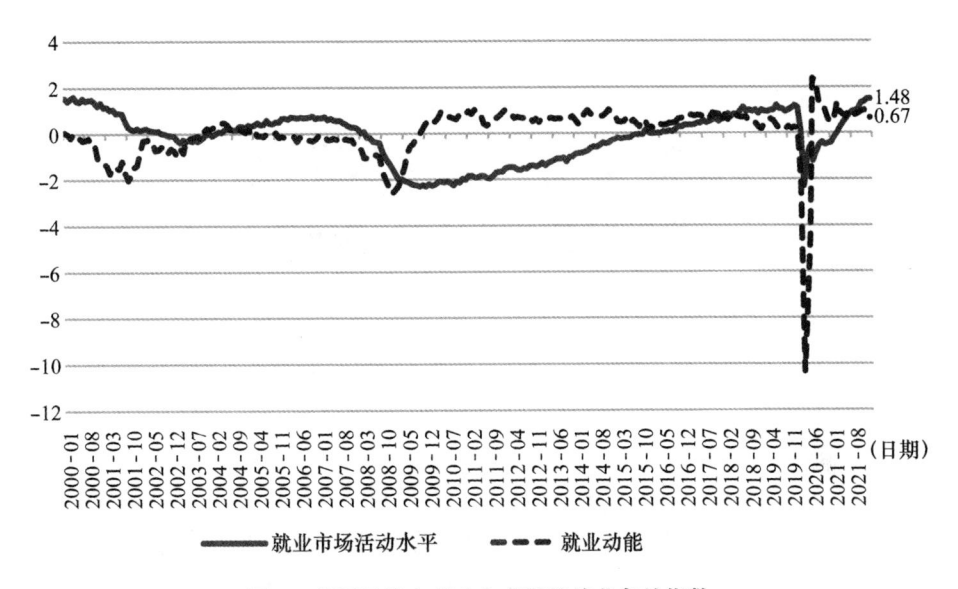

图1 美国经济中劳动力市场的就业条件指数

资料来源：Kansas City Fed Labor Market Conditions Indicators (LMCI).

以松"扬名"的鲍威尔应不会成为以紧"留名"的沃克尔

3月21日

美国经济面临通胀持续高企的压力,能源价格成为价格上涨的重要推手,美国经济中的通胀冲击似乎出现了20世纪70—80年代的影子,市场出现了这样的预期:沃克尔时刻可能会重现。我们认为,以松"扬名"的鲍威尔应该不会成为以紧"留名"的沃克尔。

1914年成立的美联储至今,有两任美联储主席是独特的:一位是以紧"留名"的保罗·沃克尔;1979—1987年两任美联储主席。沃克尔任期下的美联储采取了美国历史上最紧的货币政策,抗击由于两次中东战争导致国际市场油价上涨超过10倍带来原油冲击性通胀,历史上也称为"滞胀"。在控制了美国经济的通胀之后,1987年沃克尔拒绝了继续担任第三任美联储主席的邀请,随后在普林斯顿大学任教,在美联储的历史上留下了"通胀斗士"的美誉。

另一位就是现任美联储主席杰罗姆·鲍威尔,2018年任美联储主席,首任四年期满后,目前在连任的第二个任期,任期至2026年1月。鲍威尔首个任期下的美联储采取了美国历史上最宽松的货币政策,采用了零利率+无上限宽松的货币政策,抗击新冠疫情对美国经济和金融市场带来的巨大负面冲击。

从货币政策来看,沃克尔是紧到极致,鲍威尔是松到极致。两位独特的美联储主席都是其所在的美国经济特殊历史环境塑造出来的，也在很大程度上体现了两位美联储主席个人专业素养对货币政策应对巨大冲击应该起到何种作用的理解。

图1给出了1960年以来美国经济中的通胀和联邦基金利率水平的变化。以PCE衡量的通胀率同比最高点是1980年3月的11.6%（1974年10月也为11.6%），联邦基金利率最高点是1981年6月的19.10%。在沃克尔的两个任期内，联邦基金利率水平的月度均值维持在近11%的水平，以PCE衡量的通胀水平从高点同比增长11.6%下降至1987年年初的同比增长1.6%。沃克尔死磕通胀，维持政策性利率的高压态势，美国经济终于摆脱了高通胀环境。这为后来联邦基金利率下降，促进美国经济增长起到了重要的作用，以至于沃克尔的继任者格林斯潘赞誉他为"过去二十年里美国经济活力之父"。从这个历史视角看，格林斯潘的运气是好的。

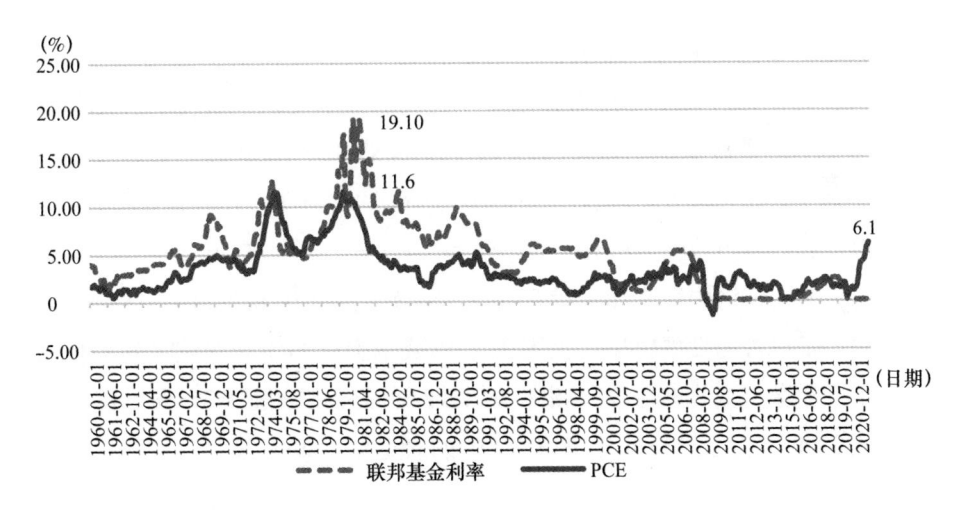

图1 美国经济中的通胀和联邦基金利率水平

资料来源：Federal Reserve Bank of St. Louis.

2018年鲍威尔接任耶伦成为美联储主席时，美联储处于上一轮加息周期的尾部，在其任期期间，美联储加息了大约1个百分点，联邦基金利率高点在2.4%左右。直到2019年下半年美国经济出现下行压力时，美联储再次降息，一直降到疫情前2020年2月的1.58%。由于疫情暴发，2020年3月联邦基金利率平均水平快速下降至0.65%，到4月急剧下降至0.05%，开启了鲍威尔的零利率时期。2020年4月至2022年2月联邦基金月度均值为0.08%，直到2022年3月首次宣布加息25个基点。鲍威尔的零利率时期持续了23个月，大约两年的时间。

美国次贷危机时期的零利率政策从2008年年底一直持续到2015年11月，这期间联邦基金月度平均利率为0.13%。这其间美联储扩表了大约2.22万亿美元。而2020年3月5日至2022年3月16日美联储扩表了大约4.71万亿美元，美联储总资产从约4.24万亿美元"爆表"至约8.95万亿美元。

无论从都是零利率政策的联邦基金利率水平来看，还是从美联储总资产扩张速度和幅度来看，伯南克时期的美联储在货币政策的宽松力度和速度上都远不及现在鲍威尔领导下的美联储。

从名义和实际GDP年度增速来看，沃克尔时期美国经济受到国际原油市场的冲击是很严重的。1978年美国经济名义GDP增速高达13%，实际GDP增速5.5%，为了控制通胀，美国经济在1980年和1982年出现了明显的衰退，实际GDP增速分别为-0.3%和-1.8%。到1987年沃克尔任期最后一年，美国经济中名义和实际GDP增速分别为6.0%和3.5%，美国经济基本进入了正常的发展轨道（见图2）。鲍威尔上任两年后遇到了新冠疫情大冲击，金融市场出现了大动荡；2020年美国经济增速-3.4%，深度衰退，比2009年美国经济同比下降2.0%的衰退幅度要大很多，这也是美联储采取激进宽松货币政策的原因。

2021年美国经济名义GDP增速10.1%，实际GDP增速5.7%，通胀压力是明显的。2022年以来，美国经济中高通胀压力持续，2月CPI达到了7.9%，1月PCE达到6.1%，通胀可能还未见顶。

美国经济目前的通胀与沃克尔时期有类似之处，以原油为代表的能源价格上涨是通胀的重要推手。也存在不同之处，沃克尔时期的通胀伴随着

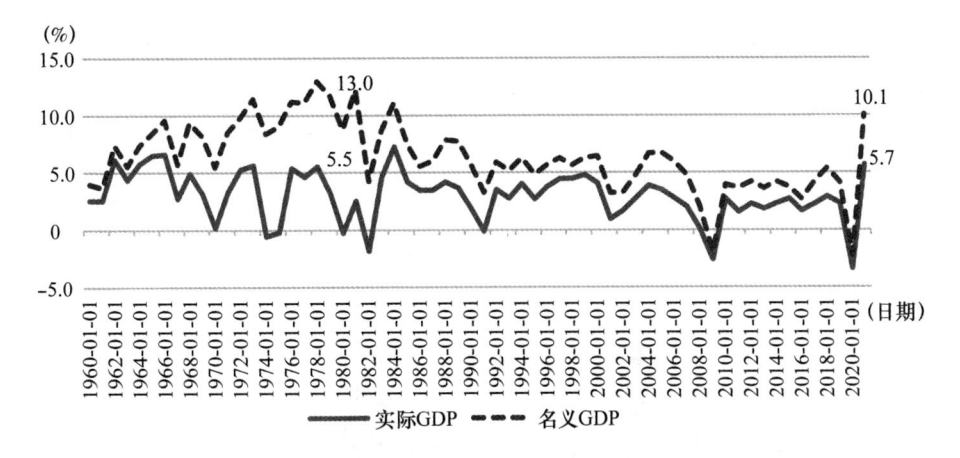

图2　美国经济中的名义GDP和实际GDP同比增速

资料来源：Federal Reserve Bank of St. Louis.

明显的经济衰退，现在的通胀伴随的是美国劳动力市场的强劲修复，经济总需求依然处于比较好的状态。更重要的是，现在美国经济中的工资—物价螺旋机制与沃克尔时期相比存在很大的灵活性和弹性，现在的美国劳动力就业市场工会主导下的实际工资刚性已经被打破，工资—物价螺旋机制不一定能成为持续刚性推动美国经济通胀的因素。美国劳动力就业市场的工资水平会随着劳动参与率和经济状况的改变而改变。

从劳动生产率和单位劳动成本来看，工资—物价螺旋机制具有很大的弹性。图3显示了美国劳动力市场的紧俏状况，单位劳动成本2020—2021年年度增长率明显高于疫情前2019年的水平，年度增速分别达到了4.5%和3.5%。小时薪酬2020—2021年保持了名义7%和5.4%的同比增长，但小时实际薪酬的增速从2020年5.7%下降至2021年的0.7%，这一水平要明显低于疫情前2019年的水平。工作时间2020—2021年两年平均为-0.6%，明显低于疫情前2019年的水平，存在吸收劳动力进一步降低失业率的空间。产出水平2021—2022年两年平均为1.33%，低于疫情前2019年的水平。劳动生产率2020—2021年两年保持了正增长，年度增速分别为2.4%和1.9%，两年平均为2.15%，略高于疫情前2019年2.1%的增速。图3说明了物价上涨推高了名义工资水平，但实际工资刚性并不强，2021年小时实际薪酬同比增长只有0.7%，较2020年的5.7%有大幅度下降。2020—2021年的小时薪酬大幅度上涨与疫情冲击下的劳动参与率下降，以及经济需求提升需要更多的劳动力有直接关系。

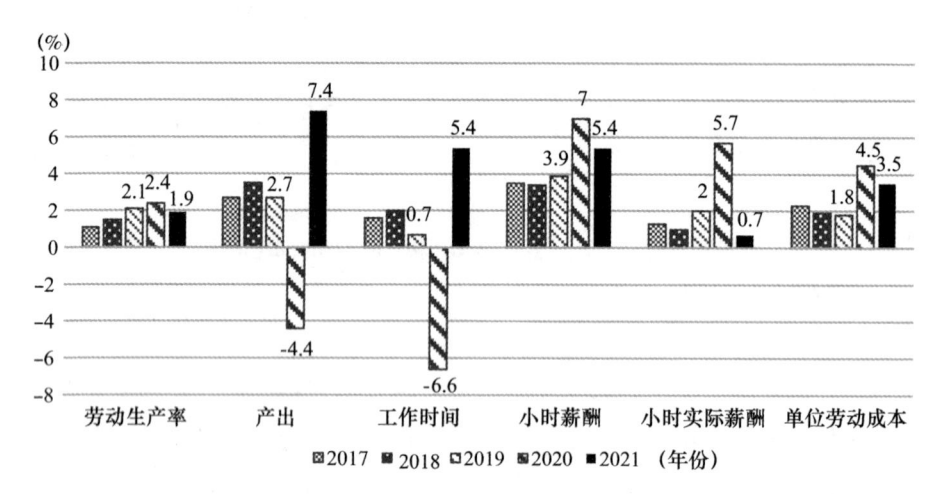

图3 美国经济中非农部门劳动生产率及相关变量的变化（年度平均变化）

资料来源：美国劳工部，Table C1. Labor productivity growth and related measures – annual average changes；2017 – 2021。

由于俄乌冲突还在持续，这可能会进一步推动国际大宗商品价格的上涨，尤其是化石能源价格还会推动物价上涨。我们也需要关注，今天美国能源的自给能力已经发生了根本性的变化，页岩油等技术的创新导致今天的美国是全球能源出口国，而在20世纪的"滞胀"时期，美国是全球能源的净进口国。今天的美国能源产量对全球能源价格是具备一定影响力的。同时，我们也要看到今天的通胀具有多重性质，不是一个简单的以原油为代表的能源冲击，而是包含了多种因素，长期和短期因素相互交织。疫情以及自然灾害导致农产品价格上涨；全球绿色转型带来金属价格的上涨；等等。可见，除了经济总需求拉动和流动性充裕以外，疫情、自然天气、绿色转型、地缘政治冲突等因素综合冲击了当前的物价水平，推高了通胀。

既然通胀是综合因素所致的结果，在并非所有因素都是严格刚性的条件下，那可能就有平衡和回旋的余地；既然通胀是综合因素所致的结果，那可能就不是单纯依靠货币政策来解决的，否则急剧紧缩货币的成本巨大。在这个逻辑下，美联储不会加息到显著伤害美国经济总需求，从而使美国经济较快速进入衰退周期的境地。如此，美国经济中此轮高通胀的压力还会持续相对比较长的时间。

如果上述逻辑成立，那么，以松"扬名"的鲍威尔应该不会成为以紧"留名"的沃克尔。

美联储:未来3年内将通货膨胀率降低至近2%

3月22日

2022年3月21日，美联储网站上公布了鲍威尔的"Restoring Price Stability"一文，该文指出，美国经济中的通货膨胀前景已明显恶化，但鲍威尔相信已经采取的这些政策措施和即将采取的政策措施将有助于在未来3年内将通货膨胀率降低至近2%。

鲍威尔发表的这篇关于"恢复价格稳定"的演讲，进一步明确了未来一段时间控通胀成为美联储的第一要务。从公布的演讲稿来看，主要包括以下几个关键内容。

1. 承认预测存在显著偏差。

对于美联储2021年与2022年3月的预测之间存在显著差异，鲍威尔认为，一个重要部分是预测者普遍低估了供给侧摩擦的严重性和持续性，供给摩擦与强劲的需求（尤其是耐用品需求）相结合时会产生出人意料的高通胀，并认为美国2022年的通胀前景甚至在俄乌冲突之前就已经显著恶化。

2. 放弃短期供应链改善带来价格缓解的假定，要直面解决通胀问题。

尽管包括联邦公开市场委员会参与者在内的许多人士一直预测，随着疫苗普及后经济开始恢复正常，通货膨胀将在2021年下半年降温，预期供应方面的损害将开始愈合。但事实上与新冠病毒相关的供应中断缓解的时间和范围仍高度不确定。因此，在美联储制定政策时，将着眼于这些问题的实际进展，而不是假设短期内供应方面出现重大缓解。

3. 美国劳动力市场非常紧张，工资会推动物价上涨。

主要原因是疫情导致的劳动参与率与之前相比还有差距，且与疫情前相比，今天有更多的职位空缺没有填补，每个找工作的人都有创纪录的1.7个职位空缺。每月有创纪录的人辞职，通常是为了换一份薪水更高的工作。名义工资的增长速度是几十年来最快的，低工资和从事生产的工人工资增长最快。鲍威尔认为，目前3.8%的失业率高于疫情前水平，但劳动力市场如此紧张，一个解释是自然失业率可能会暂时提高，但随着时间的推移，可能预计与疫情影响就业的因素会逐渐消失，从而减轻就业市场的压力。

4. 俄乌冲突给世界经济和美国经济带来了显著不确定性。

俄罗斯是世界上最大的大宗商品生产国之一，乌克兰也是几种大宗商品的主要生产国，俄乌冲突除了对全球石油和大宗商品价格上涨产生直接影响外，还可能会抑制海外经济活动，进一步扰乱供应链，从而对美国经济产生溢出效应。

5. 2022年将会多次加息，并开始缩表。

到2022年年底，美联储的联邦基金利率中值为1.9%，高于2023年的长期正常估计值。委员会预计在即将召开的会议上开始缩减资产负债表规模。鲍威尔相信这些政策措施和即将采取的政策措施将有助于在未来3年内将通货膨胀率降低近2%。

6. 鲍威尔对美国经济"软着陆"持乐观态度。

鲍威尔认为，紧缩货币政策带来美国经济"软着陆"现象，在美国货币史上相对常见。美国现在的处境比20世纪70年代石油价格冲击要好得多，石油冲击往往会影响美国经济的产出，但冲击效应远低于20世纪70年代。因此，鲍威尔认为美国经济可以实现"软着陆"，通胀下降，失业率保持稳定。关于货币政策作用机制，鲍威尔认为，货币政策通常被认为是一种钝器（blunt instrument），无法达到外科手术般的精确性，但美国今天的经济非常强劲，完全有能力应对更紧缩的货币政策。

鲍威尔这篇"恢复价格稳定"的演讲，意味着美联储从疫情以来走过了渴望通胀、拥抱通胀、忐忑通胀的阶段，终于走到了害怕通胀的阶段。

从不等待供应链缓解来看待当前美国经济的通胀，在就业市场非常强劲、非常紧张的背景下，美联储下一次会议的加息也许不再是 25 个基点？

美国金融条件已经快速收紧，市场信号进入难以识别期

3月24日

美国金融市场条件已经快速收紧，流动性依然充裕。风险溢价并未显著提高，表明投资者风险偏好并未出现明显恶化，国债收益率期限溢价的快速收窄，甚至倒挂，使得金融市场出现了紧缩货币所致经济衰退的弱信号。流动性充裕、风险偏好没有明显恶化和部分倒挂的收益率曲线使得美国金融市场信号进入难以识别期，投资者可能会没有方向感，在多种因素的共同作用下，信号难以识别期或将持续。

在货币政策紧缩预期的引导下，至今美联储仅加息25个基点，从2022年3月17日开始，美联储联邦基金利率上调至0.33%（0.25%＋0.08%），美国金融市场的金融条件指数已经超过疫情前水平，金融市场运行环境相对疫情前已经有所收紧；尽管金融市场流动性依然充裕，而风险溢价基本恢复到疫情前的水平。只有足够投资者风险偏好支撑，未来风险资产价格才能避免出现较大级别调整的风险。

截至2022年3月11日的一周，美国金融条件指数为－0.35082，已经超过疫情前水平。尤其是2022年以来，从年初的－0.60614出现了快速上升。2022年年初的金融条件水平与疫情前2020年年初的水平大致相当，目前的金融条件指数已经明显高于2016—2019年的水平。因此，此轮美国经济宽松的金融条件基本已经结束（见图1）。

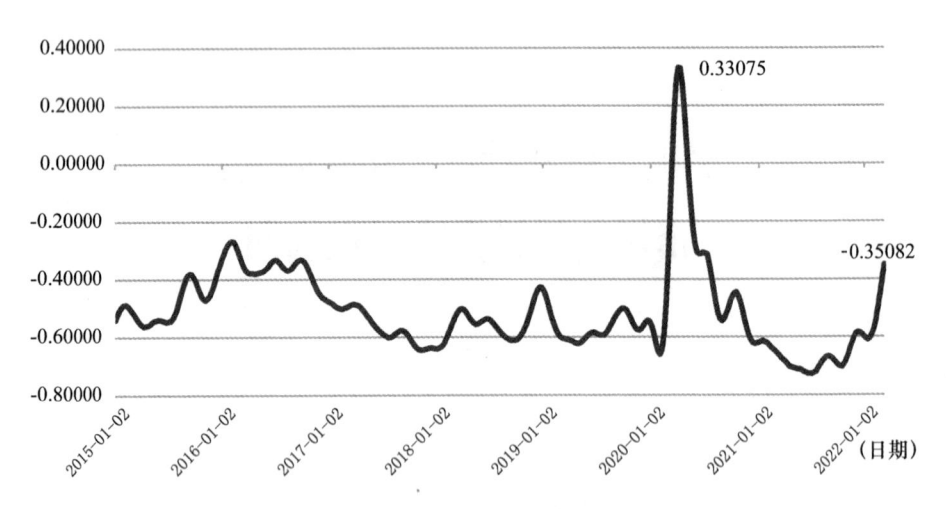

图1 美国经济中的金融条件指数

资料来源：Federal Reserve Bank of St. Louis，Chicago Fed National Financial Conditions Index，Index，Weekly，Not Seasonally Adjusted。

从金融市场流动性来看，纽约联储3月23日逆回购规模高达1.803万亿美元，处于历史第二高位，仅次于2021年12月31日1.905万亿美元的历史最高水平。2022年以来，纽约联储的逆回购规模基本保持在1.5万亿美元以上，美国金融市场的流动性是充裕的。

从风险溢价情况来看，整个金融市场风险溢价水平已经恢复到疫情前水平。依据美联储圣路易斯分行的数据，从美国高收益指数期权调整利差来看，截至2022年3月22日为3.70%，低于疫情前2018—2019年两年的日均3.85%和4.01%，但考虑到3月15日曾达到2022年以来的高点4.21%，因此，可以认为，高收益债券的风险溢价水平与疫情前相比相差不大。美国金融市场高风险的溢价水平比欧元区要低。3月22日欧元区高收益指数期权调整利差至4.22%，要明显高于疫情前2018—2019年两年的日均3.66%和3.84%，一个重要原因是俄乌冲突推高了欧元的风险溢价水平。

从穆迪AAA和BAA公司债券的风险溢价水平来看，今年以来也出现了一些变化。2022年年初，穆迪AAA和BAA公司债券的风险溢价水平分别为1.16%和1.82%，3月22日两者分别为1.14%和2.14%。在3月中旬开始，两者出现了一个明显的下降，主要原因可能是俄乌冲突谈判带来了风险溢价水平的下降。

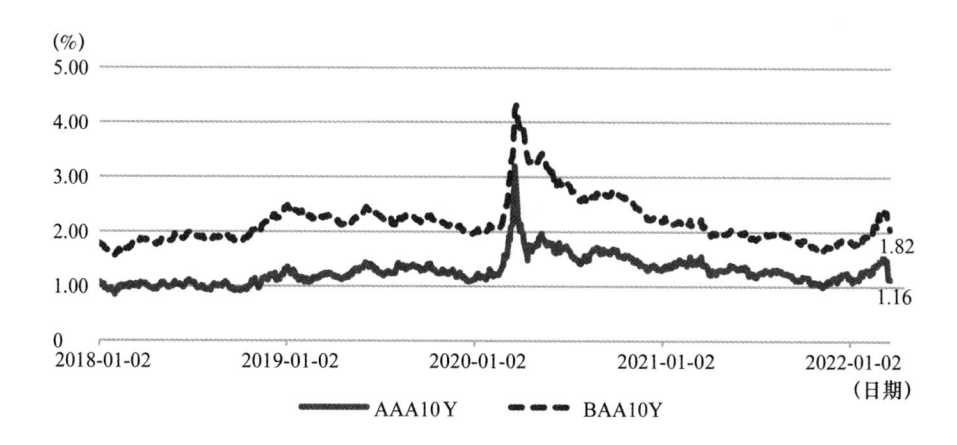

图2　穆迪不同级别债券的风险溢价水平

资料来源：Federal Reserve Bank of St. Louis，Moody's Seasoned Aaa and Baa Corporate Bond Yield Relative to Yield on 10 – Year Treasury Constant Maturity，Percent，Daily，Not Seasonally Adjusted.

从美国国债市场的收益率来看，美国国债市场已经对美联储的紧缩预期产生了强烈的反应，甚至存在过度反应的倾向。依据美国财政部网站公布的数据，10年期美国国债收益率从2022年年初的1.63%上升至3月23日的2.32%，上涨了69个BP；2年期美国国债收益率从年初的0.78%上升至3月23日的2.13%，上涨了135个BP；1年期美国国债收益率从年初的0.40%上升至3月23日的1.52%，上涨了112个BP。美国国债长短期利差出现了急剧收窄，5年期、7年期国债与10年期国债收益率出现了倒挂，以至于市场出现了美联储加息会导致美国经济衰退的预期信号。

目前，美国金融市场信号进入了这种难以识别的时期，这是多种因素共同作用的结果。首先，美联储控通胀的速度和力度是否会引发美国经济失速，市场出现这种担心是正常的；其次，俄乌冲突何时结束，战争风险溢价的估值市场也很难给出判断；最后，全球疫情依然具有不确定性，那么对全球供应链的冲击也具有不确定性。

在这样的背景下，金融市场投资者可能会没有方向感，其行为表现出来的各种价格信号也因此进入难以识别期，这种信号难以识别期可能会持续一段时间。

避免风险资产价格大幅度下跌
美国经济才有可能实现"软着陆"

3月29日

  我们认为：美联储控通胀面临两个周期：金融周期和经济周期。次贷危机以来的不少研究表明，美国金融周期领先经济周期，避免金融周期大幅度向下调整，才有可能避免经济周期向下大幅度调整，美国经济才有可能实现"软着陆"。美联储面临"两难"：控通胀同时要求避免风险资产价格大幅度下跌。美联储每一步的紧缩工作都需要反复提前与市场充分沟通，避免市场出现过度反应。既不低估，也不高估美联储实现控通胀和经济"软着陆"两大目标的决心和可能性。

  最近一段时间以来，不同期限美债收益率走势平坦化，甚至部分期限结构的美债收益率出现了"倒挂"现象，市场出现了美联储货币紧缩会把美国经济拖入衰退的预期。对此，鲍威尔上周给出了一个极简的回应：你们看走眼了。当然，鲍威尔也不是每次都对，近期他承认对通胀判断出现了显著偏差就是一个例子。

  在3月22日的"恢复价格稳定"的演讲中，鲍威尔认为，石油冲击对美国经济产出的冲击效应远低于20世纪70年代，并认为美国经济非常强劲，完全有能力应对更紧缩的货币政策，可以实现"软着陆"：通胀下降，失业率保持稳定。

  对冲疫情的激进刺激政策带来了美国经济的快速修复，2021年美国实际 GDP 同比增长 5.7%。在 2022 年 3 月 16 日美联储的预测中，2022 年美国 GDP 增速 2.8%，PCE 同比增幅 4.3%，2023 年美国 GDP 增速 2.2%，PCE 同比增幅 2.7%，2024 年美国 GDP 增速 2.0%，PCE 同比增幅 2.3%。按照这一预测，2024 年美国经济增速高于长期潜在增速 1.8%，通胀率接近长期通胀目标值 2%，而 2022—2024 年失业率维持在 3.5% 左右，美国经济确实出现美联储预测中的"软着陆"。

从财政政策来看，依据美国国会预算办公室（CBO）2021 年 7 月的预测，2022—2024 年美国财政预算赤字分别为 1.15 万亿美元、0.78 万亿美元和 0.83 万亿美元。相对于 2020 年和 2021 年 3.13 万亿美元和 3.00 万亿美元的财政赤字大幅度消减。2022—2024 年美国经济不可能再指望财政政策发力，财政政策常态化和货币政策收紧构成了美国宏观经济政策的基本面，也因此决定了美国企业的整体盈利能力基本不可能超过 2021 年。

那么，摆在美联储面前的问题很直接：在美国经济高度金融化的今天，加息控通胀，不要引起美国经济衰退，其实就是不要首先引起金融风险资产价格大幅度下跌，金融周期不能先行大幅下挫。风险资产价格是未来现金流的贴现，风险资产价格大幅度下挫之后，基本会引发美国经济的衰退。

上述问题包括两个方面。首先，加息周期中风险资产价格是否一定下跌？答案是不一定。其次，加息周期是否一定引致风险资产价格的大幅度下跌？答案是有可能。

从历史上看，加息周期的过程中美股表现往往令人吃惊，但一旦加息突破临界值，美国风险资产价格暴跌带来的就是经济衰退，金融周期领先经济周期大幅下挫。

我们依据美联储联邦基金利率由最低走到最高，把 1954 年以来美联储联邦基金利率的变化大致划分为 9 次加息周期，在加息周期中，加息不一定导致风险资产价格下跌（见图 1）。加息幅度最大的一次是 1977—1981 年，美联储加息了 1783 个 BP，联邦基金利率在 1981 年 1 月初曾经达到 22% 的历史高点。这是美国历史上的沃克尔时期，当时美国经济面临着原油冲击的高通胀，1980年3月以PCE衡量的通胀率同比最高达到了近12%。

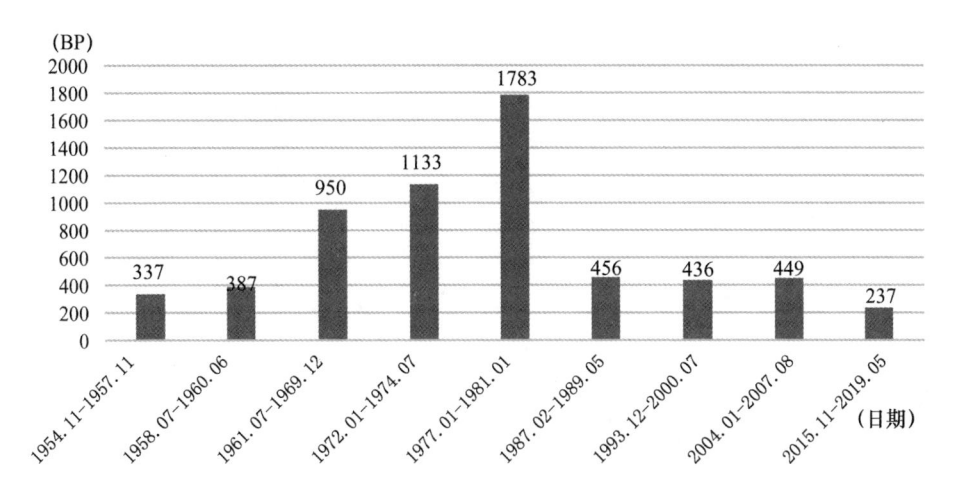

图1 联邦基金利率不同加息周期的最大利差

资料来源：美联储。

从标普500指数的表现来看，在9次加息周期中，只有1972年1月到1974年7月的加息周期中标普500指数出现了15.4%的跌幅。其中，1977年1月至1981年1月期间，标普500指数上涨了27.4%。标普500指数上涨最大的一次发生在1993年年底至2000年中这一时期，标普500指数涨幅高达214.8%。从联邦基金利率低谷到高峰的9次升息过程中，美股出现了8次上涨（见图2）。

但加息周期很可能会刺破风险资产泡沫，即使随后美联储并不处于加息周期，甚至处于降息周期，美股下跌的幅度也是惊人的。典型之一是2000年纳斯达克泡沫的破灭。1993—2000年加息周期，联邦基金利率从1993年12月7日的2.67%一直上升到2000年7月4日的7.03%。在加息的过程中，从2000年3月开始，纳斯达克指数开始调整下跌，直到泡沫破灭，纳斯达克指数此轮下跌了超过75%，一直到2012年10月才触底；同期的标普500指数也下跌了大约49%，出现了深度下跌，引发了2001年美国经济衰退。

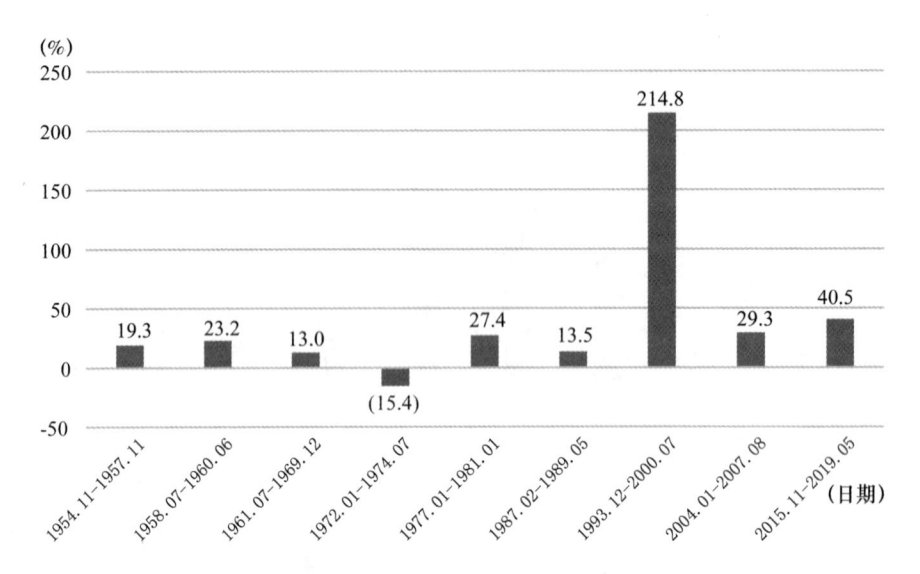

图 2　美联储加息周期中标普 500 指数的涨跌幅

资料来源：Wind。

典型之二是 2004—2007 年的加息周期后的次贷危机。联邦基金利率从 2004 年 1 月 6 日的 0.92% 上升至 2007 年 8 月 9 日的 5.41%，刺破了美国房地产泡沫，引爆了 2008 年的次贷危机，持续了 14 个月，标普 500 指数从 2007 年 12 月开始向下调整，美国三大股指均出现了约 55% 的跌幅。直到 2009 年 2 月奥巴马经济刺激法案出台，同年 3 月上旬，标普 500 指数才触底反弹，美国经济在 2009 年也出现了深度衰退。

每一轮加息周期中是否一定引发经济衰退，答案也是不确定的。依据 BEA 提供的数据，从 1954 年以来美国经济发生衰退年份的 GDP 增长来看，2015—2019 年和 1987—1989 年的加息周期中美国经济没有出现衰退，其他的衰退年份都在加息周期末端或发生在加息周期结束后。比如，1960 年、1970 年等。1991 年的经济衰退与"9·11"事件直接相关，并不处在美联储的加息周期中（见图 3）。

从美国股市对经济的影响来看，在 1998 年 2 月，标普 500 指数站上

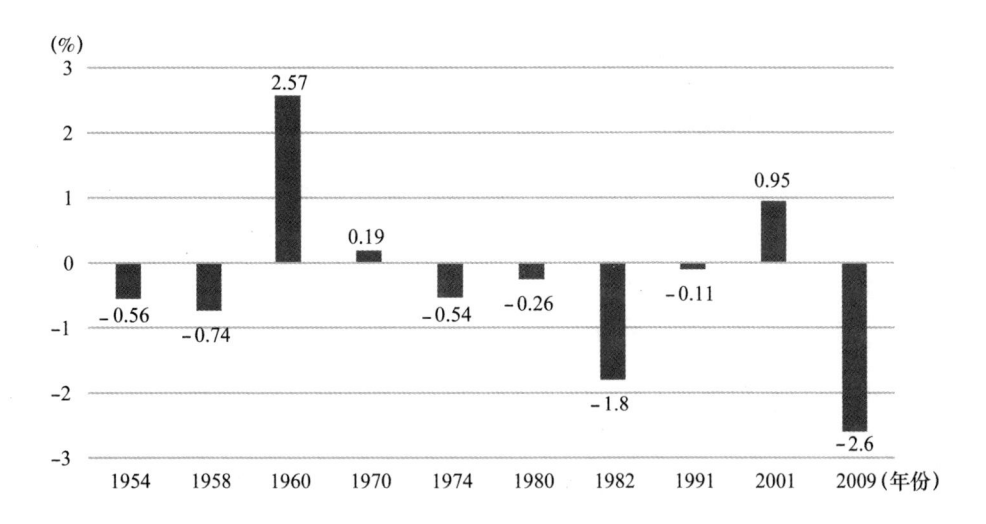

图3 美国经济衰退年份实际GDP增速

资料来源：BEA。

1000点，股市对美国经济的影响逐步变得显著。次贷危机后，美国股市经历了10年的牛市，美国股市市值也出现了大幅度增长。尤其是从2018年以来，美国股市市值涨幅惊人。依据Wind提供的年底数据，2018年美国股市市值36.79万亿美元（低于2017年41.31万亿美元），2019—2021年美国股市市值分别达到了46.56万亿美元、55.86万亿美元和68.92万亿美元。2022年3月25日也高达64.86万亿美元。2021年年底美国股市市值大约是美国GDP的3倍！

房地产市场对美国经济影响巨大。美联储委员Waller近期对美国火热的房地产市场发表了自己的看法（Governor Christopher J. Waller, The Red Hot Housing Market: the Role of Policy and Implications for Housing Affordability, March 24, 2022）。他认为房地产对GDP的贡献相当大，既包括住房投资，也包括住房服务方面的消费支出。房地产对通货膨胀也很重要，住房服务占个人消费支出价格指数的15%左右。根据Zillow房屋价值指数，自疫情开始以来，美国房价累计上涨了35%。这一增长速度比前五年快得多，甚至比21世纪初期房地产繁荣时期还要快。对于房价的急剧持续上涨是否会对金融稳定构成风险。他的简短回答是：与21世纪初期的房地产泡沫和崩盘不同，最近的增长似乎是由实质性供求支撑的，而不是过度杠杆、宽松的承销标准或金融投机支撑的。与21世纪初期相比，抵押贷款借款人的资产负债表更为强劲，他们比上一次房地产低迷时期更能应对房价下跌。今天的大银行比20年前有了更大的恢复力，在2021年的压力测试中（严重的全球衰退，其中包括房价下跌超过20%），即使在承受了4700多亿美元的损失后，最大的银行也可以将资本充足率保持在最低要求的两倍以上。

由于住房成本持续上升，住房在家庭预算中的比例会越来越大。1972—1973年普通家庭在租金或估算租金上的支出占总支出的24%；这一比例在20世纪80年代末上升到27%，在2019年上升到35%，2022年的份额还会更大。随着住房成本在通胀中所占的比重越来越大，房地产市场的变化是美联储货币政策立场变化的重要考量因素。

依据美联储2019年的调查，美国经济中非金融类企业金融资产大约占总资产的44%，在金融资产中，房地产占比大约70%，股票资产大约占11%。在最低收入50%的家庭中，金融资产占总财富的比例大约为8.5%；在中间收入40%的家庭中，金融资产占总财富的比例大约为12%；在高收入9%的家庭中，金融资产占总财富的比例大约为22.7%；在最高收入1%的家庭中，金融资产占总财富的比例大约为36.5%。

因此，股市和房市在美国经济中具有重要的地位，金融资产是美国企业和家庭资产负债表中的重要组成部分，美国经济中的投资上涨以及居民消费强劲与美国金融市场风险资产价格上涨有直接的关系，也因此与美国劳动力市场就业的强劲有直接关系。避免风险资产价格大幅度下跌，避免金融周期过度下行引导经济周期过度下行是美联储此轮控通胀过程中的核心关切。

鲍威尔2020年3月一战成名。美联储卖出了人类历史上迄今最大的一张看跌期权，挡住了10个交易日4次熔断，并没有爆发金融市场流动性危机。现在，美联储面临的是控通胀并实现美国经济"软着陆"。即使是金融市场杠杆下降，家庭资产负债表比较健康，但风险资产大幅度的下跌带来金融财富损失效应的冲击是巨大的。

从美联储 3 月 17 日开始加息来看，美股表现良好，收窄了年初至今的跌幅，这仅仅只是开始。美联储只有避免紧缩周期带来的风险资产价格大幅度下跌，才有可能实现控通胀和美国经济"软着陆"两大目标。

既不低估，也不高估美联储实现控通胀和经济"软着陆"两大目标的决心和可能性。

布雷顿森林体系Ⅲ:石器时代的构想?

4月2日

布雷顿森林体系事后确认了美元货币体系,一直到1971年,全球是固定汇率制度。1971年美国关闭黄金窗口后,尽管有过短暂的史密森协议试图维持固定汇率制度,但最终固定汇率制瓦解。1973年之后,全球浮动汇率制占主导,到1976年牙买加协议事后确认了全球进入浮动汇率时代,布雷顿森林体系Ⅰ终结。

直到2003年,Dooley、Folkerts-Landau和Garbe提出了全球不平衡的DFG模型——布雷顿森林体系Ⅱ,其基本含义是:新兴发展中外围国家(主要是亚洲国家)采取币值低估并盯住美元实施出口导向型的发展战略以促进经济增长和就业,并通过吸收FDI来提高资源配置效率,同时使用美元储备来干预外汇市场维持币值低估;国际货币中心国家(美国)使用外围国家大量的美元储备进行低成本融资,同时从FDI的高回报率中获取收益,并享受来自外围国家价格低廉的消费品。美元依靠货币信用作为外汇储备维持该体系的运转。

2022年Zoltan Pozsar认为,全球正在进入布雷顿森林体系Ⅲ,即以黄金和大宗商品为支撑的国际货币体系,全球重回"商品货币"时代。该提法引起了近期的不少热议。以美元为代表的"内部货币"(Inside Money)为信用的布雷顿森林体系Ⅱ正在塌陷,以黄金和大宗商品为代表的"外部货币"(Outside Money)支撑的物本位正在兴起,由于高通胀,美国和欧盟发行的货币和债券不再被信任,黄金和大宗商品资源才具有更底层的信用。

乍一看，觉得 Zoltan Pozsar 的观点有道理。因为国际货币体系的根本是要寻找到货币价格的"锚"，浮动汇率制度已经宣告了没有固定汇率制下黄金作为美元定价"锚"的机制，货币的价格"锚"是相对而言的。

再一看，Zoltan Pozsar 布雷顿森林体系Ⅲ是重回物本位。夸张一点理解，就是重回石器时代的物物交换。你有一只羊，你可以在集市上换到一把石头做的斧头，彼此的交换是非盈利交换。如果你所在地的集市没有石头做的斧头，你需要背着那只羊翻山越岭到其他集市上去寻找，并做交换。

为了跨越时空限制，扩大物品种类之间的交换，人类从偶然的物物交换，到扩大的物物交换，再到一般等价物作为媒介来进行交换，货币作为一般等价物的特殊商品由此产生，这是马克思关于货币起源和本质的经典模型。

货币出现后，人类发展至今，货币为媒介的交换是最基本的交换形式，物物交换基本陨落。现代社会下，国际贸易也存在易货贸易，尤其是在出现金融经济危机时，易货贸易常作为稳定双方价值交换预期的一种方式。但不是全球交易的主流，仅仅可以作为一个时期的现象来看待。

从国际货币体系的演进来看，关键是货币的定价"锚"，稳定的币值是货币体系的基石。金本位被历史证明是不行的，古典的休谟机制在金本位的实践中也没有成功过，原因在于：经济体系不可能永远被黄金这种具有随机产量的商品约束，且每一个经济体都有囤积黄金扩大货币来刺激经济的意愿。金本位崩溃后，央行发行货币再也不需要黄金的支撑，黄金的货币属性下降，黄金更多作为一种投资工具，希望起到保值增值的作用。

大宗商品应该不可能成为最重要的底层信用，原因很直接：大宗商品受经济周期的影响巨大，本身用货币衡量的价格波动幅度是巨大的。怎么可能用一个波动性巨大的商品去作为世界货币的底层信用？更何况，人类使用的能源结构在不断变化，今天是油气煤能源，明天可能是氢能源，后天又是什么呢？不可否认，最主要能源采取哪种货币定价，会提高这种货币在全球的影响力。但这不是用能源给货币定价，而是货币给能源定价，能源应该不可能成为一般等价物。那样的话，我们做国际贸易，首先得背着一桶油，然后再去贸易。

  国际货币体系确实面临寻"锚"难题。浮动汇率制度下就没有绝对的价格"锚"，只有货币之间的相对定价"锚"。美元指数是目前影响力最大的相对定价"锚"，美元用 6 种货币给自己相对定价。随着经济多极化发展，货币也会逐步多极化，更有可能的是全球形成几种主要货币，国际金融市场采取更多的货币来编制一个货币指数，类似于现在的美元指数，需要改变指数构成，或者在国际金融市场上出现具有与美元指数竞争力的货币指数。这是一个长期的过程。

  重回"商品货币"时代，是石器时代的构想。

欧盟对俄罗斯的五轮制裁：要走向全面脱钩？

4月7日

从2月23日到4月5日，欧盟对俄罗斯密集出台了五轮制裁。依据欧盟网站上公布的Timeline – EU restrictive measures against Russia over Ukraine，五轮制裁的主要内容如下。

第一轮制裁：2022年2月23日。主要内容包括：1. 针对俄罗斯国家杜马351名成员和另外27人的定向制裁；2. 对与顿涅茨克州和卢甘斯克州非政府控制区经济关系的限制；3. 对俄罗斯进入欧盟资本和金融市场及服务的限制。

第二轮制裁：2022年2月25日。主要内容包括以下几点。1. 个人制裁。冻结俄罗斯总统和外交部部长的资产，对支持俄罗斯承认乌克兰顿涅茨克州和卢甘斯克州两个非政府控制区为独立实体的俄罗斯联邦国家安全委员会成员实施限制性措施，制裁还将扩大到俄罗斯国家杜马的其余成员。2. 经济制裁。金融制裁包括进一步扩大了现有的金融限制，切断俄罗斯进入最重要资本市场的渠道。禁止俄罗斯国有实体的股份在欧盟交易场所上市和提供服务。禁止接受俄罗斯国民或居民超过一定价值的存款，禁止欧盟中央证券托管机构持有俄罗斯客户的账户，以及向俄罗斯客户出售欧元计价证券，大幅限制俄罗斯向欧盟的资金流入。这些制裁将针对70%的俄罗斯银行市场和关键国有企业，包括国防领域。欧盟还采取措施防止俄罗斯精英的财富藏在欧洲的避风港。3. 能源部门制裁。欧盟将禁止向俄罗斯出售、供应、转让或出口炼油领域的特定商品和技术，并将对提供相关服务施加限制。4. 运输部门制裁。欧盟对航空和航天行业的货物和技术实施了出口禁令，并禁止提供与这些货物和技术有关的保险、再保险和维修服务。欧盟还将禁止提供相关的技术和财政援助。禁止向俄罗斯航空公司出售所有飞机、零部件和设备，俄罗斯目前3/4的商用飞机在欧盟、美国和加拿大建造。5. 科技部门制裁。欧盟对军民两用商品和技术出口施加了进一步的限制，并对某些商品和技术出口施加了限制，包括半导体和尖端技术等产品。6. 签证政策。外交官、其他俄罗斯官员和商界人士将不再能够受益于签证便利条款，这一决定不会影响普通俄罗斯公民，该决定自通过之日起生效。

第三轮制裁：2022年2月28日。主要内容包括以下几点。1. 禁止与俄罗斯中央银行进行交易。2. 提供5亿欧元的一揽子支持计划，为乌克兰武装部队提供装备和物资。3. 禁止俄罗斯航空公司飞越欧盟领空和进入欧盟机场。4. 对另外26人和一个实体的新制裁。同时在3月2日出台了Third package of sanctions：SWIFT ban for seven Russian banks（2 March），将七家俄罗斯银行排除在SWIFT之外。这七家银行分别是Otkritie银行、Novikombank银行、Promsvyazbank银行、Rossiya银行、Sovcombank银行、Vnesheconomobank银行（VEB）和VTB银行。此外，欧盟还禁止投资、参与或以其他方式为俄罗斯直接投资基金共同资助的未来项目捐款，禁止向俄罗斯或俄罗斯境内的任何自然人或法人或实体出售、供应、转让或出口欧元纸币。

第四轮制裁：2022年3月15日。主要内容包括以下几点。1. 禁止与俄罗斯某些国有企业进行的所有交易。2. 禁止向任何俄罗斯个人或实体提供信用评级服务。3. 禁止在俄罗斯能源部门进行新的投资。4. 扩大与俄罗斯国防和工业基地有关的人员名单，对这些人员实施了更严格的出口限制，包括可能有助于俄罗斯提高国防和安全部门技术水平的军民两用货物和技术。5. 对钢铁和奢侈品实施了贸易限制。6. 对另外15名个人和9个实体的制裁。

第五轮制裁：2022年4月5日。主要内容包括以下几点。1. 禁止从俄罗斯进口煤炭（每年价值40亿欧元）。2. 全面禁止俄罗斯四家主要银行的交易，其中包括俄罗斯第二大银行VTB，这四家银行占俄罗斯银行业23%的市场份额。3. 禁止俄罗斯船只和俄罗斯运营的船只进入欧盟港口，某些豁免将涵盖农业和食品、人道主义援助以及能源等必需品。此外，将提议禁止俄罗斯和白俄罗斯的道路运输运营商，这项禁令将极大地限制俄罗斯工业获取关键商品的选择。4. 进一步有针对性地实施价值100亿欧元的出口禁令，包括量子计算机和先进半导体，但也包括敏感机械和运输设备。5. 具体的新进口禁令价值55亿欧元，切断俄罗斯及其寡头对木材、水泥、海鲜和白酒等产品的资金流。6. 采取一些非常有针对性的措施，比如欧盟全面禁止俄罗斯公司参与成员国的公共采购，或者排除对俄罗斯公共机构的所有财政支持，无论是欧洲的还是国家的，防止欧洲的税收以任何形式流向俄罗斯。

俄乌冲突是欧盟和俄罗斯关系的分水岭。欧盟对俄罗斯的五轮制裁逐步升级，制裁内容体现了全方位对俄罗斯的经济金融和技术封锁，包括对俄罗斯重点个人的财富冻结和资金使用，把俄罗斯基本排除在欧盟经济体制外。依据俄罗斯海关和俄罗斯央行的数据，2021年欧盟占据了俄罗斯出口市场的38%、进口市场的32%。依据俄罗斯央行提供的数据，截至2021年6月底，俄罗斯吸引FDI存量的58%来自欧盟，对外直接投资的68%流向欧盟；俄罗斯银行业接近50%的资产和负债来自欧盟。欧盟严厉的制裁对俄罗斯经济、金融会产生重大负面冲击。

依据欧洲央行网站提供的信息，2022年3月欧洲的能源价格同比涨幅高达45%。在欧洲通胀存在上升的压力下，欧盟禁止从俄罗斯进口煤炭，大幅度减少俄罗斯的石油和天然气进口，禁止投资和出口俄罗斯能源行业。欧盟一方面面临能源短缺和能源价格冲击，另一方面需要加大对俄罗斯的能源制裁。欧盟在石化能源上与俄罗斯脱钩是大概率事件。

将俄罗斯部分银行排除在SWIFT系统外，禁止与俄罗斯央行交易，禁止与俄罗斯国有企业交易，禁止为俄罗斯提供融资、评级、企业上市等服务，欧盟与俄罗斯存在金融脱钩的风险。

禁止向俄罗斯出售先进技术和特定技术，欧盟与俄罗斯存在技术脱钩的风险。

禁止领空商业飞行和禁止俄罗斯船只和俄罗斯运营的船只进入欧盟港口，在贸易运输上进行地理分割。全面禁止俄罗斯公司参与成员国的公共采购，将俄罗斯公司排除在欧盟公共市场之外。

欧盟不断升级对俄罗斯的经济金融、技术制裁，欧盟和俄罗斯的经济金融关系存在断裂风险。世界市场将出现政治冲突所致的市场分割，加剧全球供应链的紧张状态，加快全球产业链的重构，这将进一步推高全球通胀并延长通胀的持续性。

如此下去，欧盟和俄罗斯之间的关系将是：近在眼前，但又远在天边。这是全球化的不幸。

对美元指数再次站上 100 的看法

4 月 12 日

  我们认为，近期美债收益率的上涨主要是实际利率上涨所致，也是推动美元走强的主因。由于美联储刚开始加息并计划缩表，美国与美元指数中经济体货币政策周期的非同步性导致美元走强的态势具有一定的持续性，美元指数高位持续运行将对其他金融市场产生持续的压力。

  依据 Wind 提供的数据，北京时间 2022 年 4 月 12 日上午美元指数再次站上 100，这是自 2020 年 5 月 16 日美元指数走下 100 以后首次突破 100。截至 4 月 12 日上午，2022 年以来美元指数上涨了 4.23%。

  美元指数上涨对应的是美元指数中主要货币的贬值，2022 年以来欧元兑美元贬值了约 4.4%；日元对美元贬值了约 9.0%，日元出现了较大幅度的贬值；英镑兑美元贬值了约 3.8%；瑞郎对美元贬值了 2.2%；只有加元和美元之间的汇率基本保持不变。

  美元升值的主要原因是美国相对于美元指数中经济体经济修复得要强劲一些，尤其是美国劳动力就业市场要好于美元指数中其他货币经济体的劳动力就业市场。同时，通胀压力导致美联储货币政策进入了明确的紧缩周期。加元之所以没有兑美元贬值，是因为加拿大央行的紧缩时间比美联储要早。

  从近期美元指数上涨来看，美元指数出现了快速上涨，2022 年 2 月初以来上涨了 5%，4 月以来涨幅达到了 2.3%。美元指数走强的基本原因是美国货币政策相对于美元指数中经济体货币政策收紧速度和力度的预期要强烈一些。美国经济中近期实际利率的上扬是最基本的证据。

依据美联储圣路易斯分行提供的数据，4月11日10年期美国保本国债隐含的通胀率为2.91%，自2022年2月23日突破2.5%以来，连续处于高位。依据美国财政部网站公布的数据，4月11日10年期美国国债收益率为2.79%，经济实际利率水平为-0.12%，实际利率接近转正（见图1）。图1显示，自3月中旬以来，实际利率出现了陡峭式上涨。3月中旬开始至今，通胀预期并没有大变化，基本维持在2.9%左右，10年期美国国债收益率从3月10日至4月11日上涨了81个BP，其中76个BP是由实际利率上涨推动的。

图1 10年期美国国债隐含的实际利率

资料来源：Federal Reserve Bank of St. Louis, Market Yield on U. S. Treasury Securities at 10 – Year Constant Maturity, Percent, Daily, Not Seasonally Adjusted; 10 – Year Breakeven Inflation Rate, Percent, Daily, Not Seasonally Adjusted.

从2月初至今的情况看，10年期美国国债收益率上涨了98个BP，其中实际利率贡献了50个BP，预期通胀率贡献了48个BP。因此，可以认为近期美元指数走强主要是美国经济的实际利率上涨所致。

此轮实际利率上涨与图1中显示的2020年3月金融大动荡时期实际利率的"跳升"是完全不同的。在金融大动荡时期，避险情绪推动了美国国债收益率的大幅度下挫，相比较金融大动荡前，美国国债收益率下挫了大约60个BP，但通胀预期急剧下跌了超过1个百分点，从而出现了实际利率的"跳升"，并不代表经济需求的走强。

从最近一段时间来看，美国金融市场目前并未出现显著的恐慌情绪，VIX指数（CBOE波动率）3月23日收盘23.57，而在4月11日收盘24.37，涨幅不大。4月11日出现了大幅度上涨，涨幅高达15.17%（主要原因是俄乌冲突情绪影响）。截至4月11日，2022年以来VIX指数上涨了41.52%。

从2022年3月23日以来的金价表现也看出这个时期避险情绪并不浓厚，因此，近期美债收益率的上涨主要是实际利率上涨所致，这是推动美国国债收益率上涨的主要因素，也是导致美元走强的主因。

当然，在目前通胀持续明显高于10年期美国国债预期的通胀率时，市场可能会抛售10年期TIPS债券，从而导致10年期美国国债收益率上扬，推高名义收益率，这可能也是推高美债收益率的一个原因。

从央行美元货币互换来看，依据纽约联储的数据，目前只有欧洲央行4月7日交割了2.325亿美元的货币互换，期限7天（4月14日到期），利率0.60%。依据纽约联储的数据，4月8日的逆回购规模依然高达1.75万亿美元。因此，相对于离岸市场，美国金融市场流动性依然充裕，这也是美联储计划通过缩表收缩市场流动性的重要依据。离岸市场美元流动性远不及美国金融市场也是导致美元走强的一个原因。

美联储联邦基金利率目前维持在0.33%的水平，加息的步伐刚开始。欧洲央行目前认为欧元区尚未出现工资—物价螺旋机制的信号，通胀压力也会导致欧洲央行在2022年进入紧缩周期，但紧缩步伐要明显慢于美联储。日本央行还在渴求通胀、宽松政策会继续，对日元较大幅度的贬值采取了有意忽视的态度。

考虑到美联储 2022 年的多次加息和缩表，美国与美元指数中经济体货币政策周期的非同步性，美元走强的态势具有一定的持续性，美元指数高位持续运行将对其他金融市场产生持续的压力。

美债收益率上涨走出了美联储控通胀的第一步

4月14日

我们认为，美联储多次加息预期的影响，美债收益率出现了显著上涨，走出了美联储控通胀的第一步。但美国金融条件依然宽松，可以预计未来美国金融市场流动性会逐步收紧，风险溢价补偿也会逐步上升，通过收紧金融条件抑制投资和消费，给高通胀降温。

先看三组最近的物价以及就业信息数据。

数据1：依据美国劳工部2022年3月的通胀数据，经过季节调整后的美国经济中CPI环比增幅1.2%，未经过季节调整的CPI同比增长8.5%。核心CPI同比增长6.5%。对比2月CPI同比增长7.9%，核心CPI同比增长6.4%来看，3月CPI持续上涨，核心CPI涨幅放缓。

数据2：依据美国劳工部2022年4月7日Unemployment Insurance Weekly Claims Report公布的信息，在截至4月2日的一周内，经季节性调整的首次申领失业救济金人数为16.6万人，比上周的修订水平减少了5000人。

数据3：依据美国劳工部2022年4月13日公布的信息，3月PPI同比上涨11.2%，剔除食品能源的PPI同比上涨10.0%。其中，货物、食品和能源PPI同比上涨15.7%、16.2%和36.7%，运输和仓储PPI同比上涨5.5%。

上面3组数据大体有两个含义：第一，美国经济中高通胀是需求拉动和供给冲击双重因素所致；第二，CPI持续上涨而核心CPI涨幅放缓说明经济需求是美国通胀继续上扬的重要因素。当然这里面也包括了供应摩擦所致的物价上涨。

再看下面这组关于通胀和金融条件指数的对照信息。

图1显示了1971年以来的金融条件指数和美国经济中的CPI对照情况，可以看出，在通胀走高的情况下，美联储控制通胀都会显著收紧金融条件。在20世纪90年代之前，金融条件收紧和控通胀之间的关系是清晰的。2008年下半年和2020年3月美国金融条件指数"跳升"是金融市场流动性不足所致，2008年是次贷危机，2020年3月是全球金融大动荡，这是两个特殊时期，金融条件指数突然走高与控通胀无关。

图1　美国经济中的通胀CPI与金融条件指数

资料来源：Federal Reserve Bank of St. Louis.

2000年、2012年前后，美国经济中通胀上扬也伴随着金融条件的收紧。例外的情况是次贷危机之前，从2002年年末到2007年10月，美国经济通胀明显超过2%，但金融条件处于宽松状态（负值），最终次贷危机爆发，金融条件急剧收紧。2013年加息预期也导致了金融条件的收紧，2015年年末美联储开始加息，由于通胀较低，基本在2%或者以下，加息幅度和力度有限，美国经济经历了长达十年的低通胀、低增长的"大停滞"周期。

从目前的情况看，2022年1—3月美国金融条件指数分别为-0.60、-0.50和-0.39，金融条件依然处于宽松状态，这也是维持美国风险资产价格处于高位运行的重要条件，但美国经济中的通胀率出现了快速上涨，通胀处于40年来的最高位。对照金融条件指数和美国经济中的通胀率，目前美债收益率的上涨是美国金融条件收紧的一部分，金融条件收紧明显落后于通胀的上扬。

从2022年1月12日芝加哥储备银行对金融条件指数的说明来看，105个金融指标主要包括利率上扬、流动性收紧以及风险偏好下降三个部分。利率上扬包括联邦基金利率、长期利率等，这可能会带来美元汇率走强；流动性收紧包括货币供应和金融市场主要产品的市场深度等；风险偏好下降主要体现在各种利差的扩大，以反映风险偏好补偿的变化。

从目前美国金融市场的情况来看，联邦基金利率只有0.33%，维持在低位，但加息预期导致市场收益率出现了大幅度攀升，表现在美国中长期国债市场收益率出现显著上涨。目前10年期美国国债收益率在2.7%左右，应该说已经提前部分消化了美联储2022年多次加息的预期，未来依然有上涨甚至突破3%的可能性。

目前美国金融市场流动性依然充裕，依据纽约联储的数据，今年以来逆回购规模基本保持在1.5万亿美元及以上，4月13日仍然高达约1.816万亿美元。

从美国金融市场的风险偏好来看，依据美联储圣路易斯分行的数据，ICE BofA美国高收益指数期权互换调整利差2022年以来在扩大，截至4月12日达到3.75%，年初至今上涨了70个BP，与疫情暴发前的2020年2月的数据基本一致。2022年以来ICE BofA美国公司指数期权调整利差也上涨了28个BP，4月12日为1.25%，比疫情暴发前的2020年2月的数据要高出20个BP左右的水平。

由于美国金融市场充裕的流动性和10年期美国国债收益率较大幅度上涨，2022年以来穆迪AAA公司债券的收益率相对于10年期美国国债收益率下降了13个BP，而穆迪BAA公司债券的收益率相对于美国国债收益率只上涨了约1个BP。从风险溢价来看，整个市场的风险溢价尚未出现实质性的扩大，这与10年期美国国债收益率短期可能存在的过度上涨有关。

从美元走势来看，由于美元指数中主要经济体货币政策收紧预期不及美联储，美元指数上涨，并且会持续一段时间，考虑到欧元区的货币政策，至少在2022年第二季度美元指数应该是比较强的。美元走强有助于缓和美国经济的通胀上涨压力。2022年1—2月美国进口价格指数同比涨幅分别为10.7%和10.9%，其中燃料进口价格指数同比涨幅为58.8%和53.0%，同比连续4个月下降，非燃料进口价格指数同比涨幅为6.8%和7.2%（见图2）。这就是说，在全球供给冲击大背景下，美元走强也只能缓和美国进口物价水平的上涨幅度。

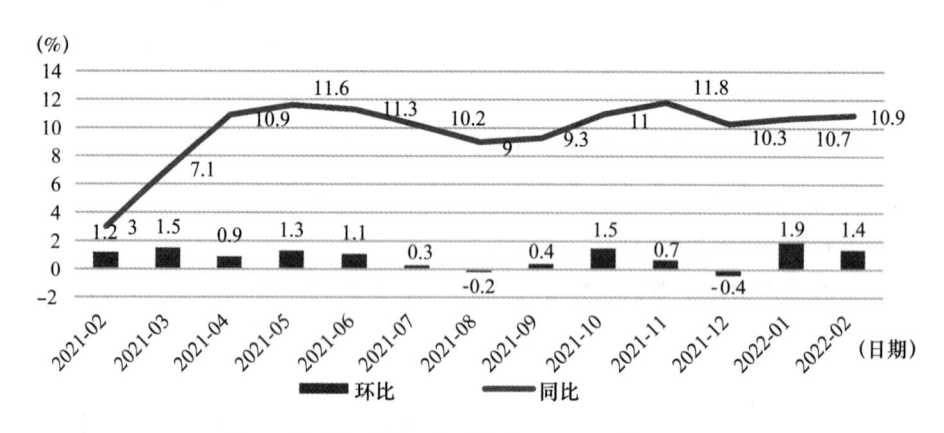

图2　美国经济进口价格指数环比和同比增长率

资料来源：美国劳工部，U. S. Import and Export Price Indexes – February 2022。

2022年3月美国通胀率是否见顶，具有一定的概率，尚待观察。由于基数效应和近期原油等大宗商品有一定的回调，通胀见顶似乎应该不会太远，但美国经济中通胀压力将会持续比较长的时间。美联储希望在控通胀的同时实现美国经济的"软着陆"，且疫情和地缘政治冲突所致供给冲击持续的时间具有不确定性，决定了美国通胀会持续比较久。

除了加强生产供给、降低供给摩擦之外（这基本在美联储能力之外），美联储控通胀主要依靠货币政策抑制需求，这需要收紧金融条件，增加投资、消费的融资成本。

从目前美国金融市场的情况来看，除了美国国债收益率有过度反应嫌疑——出现显著上涨之外，市场流动性、风险溢价补偿均没有出现实质性的变化。可以预计，未来美国金融市场流动性会逐步收紧，风险溢价补偿也会逐步上涨，通过金融条件收紧来抑制投资和消费，给美国的高通胀降温。

从这个视角来看，美债收益率上涨走出了美联储控通胀的第一步。

第二季度美联储或将集中释放控通胀的政策信息

4月19日

  美联储顽固坚持就业优先的货币政策，要等到通胀基本见顶后才释放比较明晰的控通胀政策信息，2022年第二季度美联储或将集中释放控通胀的政策信息。美联储将通过降低总需求、降低通胀预期来降低目前的高通胀。如何适当分离出供给冲击的通胀部分是美联储货币政策期望实现美国经济"软着陆"需要重点考虑的。

  2022年第二季度或是美联储集中释放控通胀政策信息的时间窗口。

  2022年第二季度美国经济中的通胀大概率已经见顶。主要原因有两个，具体如下。一是基数效应。2021年3月美国经济PCE首次超过2%，达到2.5%，4—6月PCE同比增幅分别达到了3.6%、4.0%和4.0%。2021年第二季度通胀基数已经比较高了。二是高通胀下居民购买能力会逐步减弱。工资上涨不会持续超过通胀上涨，这是基本的商业运行规律。但疫情以来资产价格的大幅度上涨导致居民财富增加，财富效应可以一定程度上支撑消费。同时，财政转移支付带来美国居民储蓄率在不同时间段出现了跳跃式上涨，增加的储蓄能够支撑较为强劲的消费持续一段时间。

  除非有一种难以预计的情况出现：全球大宗商品价格（包括食品价格）出现持续大涨，就会延迟美国通胀见顶的时间。这要取决于全球新冠病毒变异所致的疫情变化，以及地缘军事冲突的演进情况。

2022年3月美国经济失业率为3.6%，对比疫情之前的失业率水平，3.6%的失业率基本接近美国经济的自然失业率水平。但疫情导致了劳动力市场参与方式的变化，全球范围内总体上都存在劳动参与率低于疫情前和工作时间低于疫情前的情况。依据国际劳工组织给出的数据（ILO, The leading source of labour statistics），在15—64岁的劳动力统计中，2021年第四季度全球劳动参与率相比2019年下降了1.5个百分点，发达经济体下降了0.7个百分点；劳动力工作时间相比疫情前下降了3.2%，其中高收入经济体下降了2.4%。从美国情况看，依据BEA的数据，2022年3月美国经济的劳动参与率为62.4%，相比疫情前2020年1—2月的63.4%下降了1个百分点。2021年第四季度非农业所有雇员工作时间同比下降6.9%（年率），远高于疫情前2019年第四季度同比下降-0.4%（年率）。考虑到劳动参与率下降和工作时间缩短，美国经济的真实失业率要高于3.6%。

从通胀来看，目前的通胀水平处于40年来的高位。依据美国劳工部的数据，3月未经过季节调整的CPI同比增幅为8.5%，核心CPI同比增幅为6.5%。依据BEA的数据，2月美国经济中PCE同比增幅也高达6.4%。

从最近纽约联储的调查数据来看，截至2022年4月9日的一周，每周经济指数（WEI）为4.41%，是2022年以来的最低值，2022年年初为5.72%。

4月9日这一周的下降（相对于4月2日这一周的最终估计数）是由于零售额、税收预扣、消费者信心下降（相对于2021年同期）和燃料销售（相对于2021年同期）的下降，以及首次失业保险申领人数的上升。

从纽约联储2022年4月11日公布的居民通胀预期调查来看，1年通胀预期中值从2月的6.0%上升至3月的6.6%，创新高，而3年通胀预期中值从2月的3.8%略微下降至3月的3.7%，相比2021年9—10月4.2%的通胀预期来说，已经有一定幅度的下降（见图1）。

从美国国债收益率隐含的通胀率来看，10年期保本国债隐含的长期通胀率近一周在2.8%左右，较2022年3月接近2.9%左右的长期通胀预期有

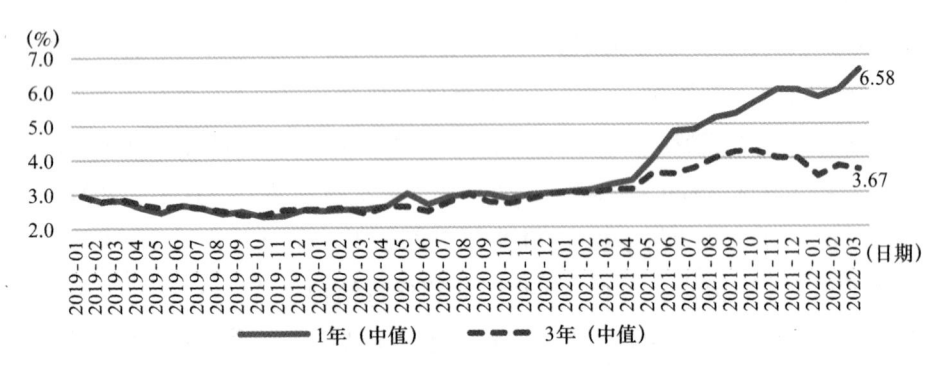

图1 美联储纽约分行调查的消费者通胀预期变化

资料来源：Survey of Consumer Expectations, Federal Reserve Bank of New York。

一点下降，5年期保本国债隐含的中期通胀率近一周在3.2%左右，较3月3.5%左右的水平也有一定的下降。

美国经济中的通胀状态是当前高、未来中长期走低。

这一轮美联储释放控通胀信息的方式发生了重大变化：不是提前管理通胀或者通胀预期，而是顽固地坚持就业优先的货币政策，要等到通胀基本见顶后才释放比较明晰的控通胀政策信息。

在高通胀大概率见顶的背景下，美联储要使通胀不要变得根深蒂固，侵蚀居民购买力并带来社会财富进一步的分化，美联储确实需要有比较明确的控通胀政策信息降低总需求，并降低通胀预期。如何适当分离出供给冲击的通胀部分是美联储货币政策期望实现美国经济"软着陆"需要重点考虑的。

目前美国经济中通胀预期走势已经和次贷危机之后的"大停滞"周期完全不同。现在是短期高、未来低，不再是短期低、未来也低。要降低当前的通胀，这意味着只要在短期通胀有看得见的下降，那么中长期通胀预期会进一步下降。

依据这个逻辑，未来美国经济中短期利率上涨的幅度与长期利率（10年期美国国债收益率）上涨之间将呈现出不对称性的变化。联邦基金利率

2022年会有大幅上涨，10年期美国国债收益率在长期通胀预期减缓的作用下，在当前2.8%左右基础上应该难以有大幅度的上涨。

为了实现短期通胀看得见的下降和中长期通胀预期的下降，2022年第二季度美联储应该会集中释放控通胀的政策信息。如此，2022年5—6月是明确美联储货币政策全年变化最重要的时间窗口。

外汇储备稳健发挥了中国对外经济金融关系稳定器的作用

4月20日

2006年，中国首次超越日本，成为全球最大的外汇储备国，外汇储备稳健发挥了中国对外经济金融关系稳定器的作用。相比2021年年底，截至2022年3月底，中国外汇储备出现了一定程度的下降，这是跨境资金流动和外汇储备投资组合币值估值等多种因素导致的。稳增长的决心和政策取向、跨境资金流动及外汇市场的总体平稳运行说明了当前外汇储备的波动是正常的。

一 多种因素导致了外汇储备一定程度的下降

2022年1—3月中国外汇储备出现了3连降，1月底中国外汇储备规模为32216亿美元，比2021年年底下降了285亿美元，降幅为0.88%；2022年2月底中国外汇储备规模为32138亿美元，比1月底下降了78亿美元，降幅为0.24%；2022年3月底中国外汇储备规模为31880亿美元，较2月末下降258亿美元，降幅为0.8%。中国外汇储备的3连降引起了市场的担心：由于资本流出或者由于储备资产结构性组合估值影响会引起中国外汇储备的持续降低。

当前世界局势复杂演变，全球新冠疫情仍在蔓延，国际金融市场的波动性也明显加大；国内疫情近期多发，经济面临需求收缩、供给冲击和预期转弱的三重压力，市场出现这样的担心可以理解，但尚不足虑。依据IMF（COFER）的数据，截至2021年第四季度全球已分配的外汇储备总量约为12.05万亿美元，以2021年年底中国持有的外汇储备数量来看，中国持有全球外汇储备总额的近27%，即使以2022年3月底的外汇储备数据来看，中国也持有2021年年底全球外汇储备总额的约26.5%。2022年1—3月中国外汇储备总计减少了约622亿美元，相对2021年年底的外汇储备规模下降了1.91%，出现了一定程度的下降。国际市场上对人民币的需求稳步上升，截至2021年第四季度，外国持有3361.05亿美元的人民币作为外汇储备货币，人民币占全球外汇储备总额的2.79%，创历史新高。在人民币作为国际储备货币不断上升的态势下，中国外汇储备出现了不足2%的减少不会带来金融市场的风险。中国是全球最大的外汇储备国，外汇储备依然稳健发挥着中国对外经济金融关系稳定器的作用。

中国外汇储备减少主要的原因是部分发达经济体货币政策紧缩、地缘政治局势动荡以及新冠疫情等多种因素的影响。2022年以来，国际金融市场上主要经济体的债券等金融资产价格总体下跌，外汇资产组合投资估值受到影响。另外，2022年以来美元指数出现了上涨，外汇储备以美元为计价货币，非美元货币组合投资折算成美元后金额会出现减少。受到资产价格变化与货币换算等因素综合作用，中国外汇储备规模出现了一定程度的下降。当然，近期资本市场上规模不大的资金外流也在一定程度上减少了外汇储备的数量。

二 跨境资金流动和外汇市场运行总体平稳

从中国对外贸易情况来看，依据商务部的数据，按美元计值，2022年1—2月中国国际货物和服务贸易出口5734亿美元，进口4989亿美元，顺差745亿美元。从直接投资来看，2022年1—2月实际使用外资金额378.6亿美元，同比增长45.2%；2022年1—2月非金融类企业对外直接投资为157.8亿美元，同比增长2.7%。可见，直接投资依然呈现出比较大的净流入，数量达到220.8亿美元。

从短期跨境资金流动来看，2022年以来中国股票市场指数出现了一定程度的下跌。依据Wind的数据，截至2022年4月8日，上证指数2022年以来下跌了10.66%，深圳成指下降了19.51%，外资持股市值比例也同时出现了下降。2021年年底，外资持有中国股市A股流通市值的比例约为3.75%，2022年3月底下降至3.40%。其中，2021年年底外资通过陆股通（包括沪股通和深股通）持有中国股市A股流通市值的约3.66%，2022年3月底下降至3.40%；QFII/RQFII在2021年年底持有中国股市A股流通市值的约0.09%，2022年3月底下降至0.0004%，仅持有约2.63亿元人民币的A股，这期间通过QFII/RQFII渠道的外资减持A股的市值约670亿元人民币。从债券市场来看，依据中央结算公司的数据，截至2022年3月底，银行间债券市场上境外机构持有的债券余额为3.568万亿元人民币，占银行间债券市场规模的约4.16%，占所有统计市场的3.98%；2021年年底银行间债券市场上境外机构持有的债券余额为3.683万亿元人民币，占银行间债券市场规模的约4.41%，占所有统计市场的4.22%。因此，从短期跨境资本流动来看，2021年年底至2022年3月末，除了通过QFII/RQFII渠道的外资大幅度减持了中国股票资产之外，通过陆股通渠道的外资和进入债券市场的外资出现了小幅度的下降。由于QFII/RQFII占进入股市的比例很小，2021年年底也不足A股流通市值的0.1%，跨境资金流动整体保持了平稳。

从外汇市场来看，2022年以来中国外汇市场运行总体平稳。国家外汇管理局近期公布的数据显示，1月银行结售汇顺差278亿美元，2月银行结售汇顺差42亿美元。1—2月结汇率为62.4%，同比下降3.2个百分点；售汇率为61%，同比下降0.5个百分点，与2021年月均水平相差不大，外汇市场主体结汇和购汇意愿基本保持稳定。外汇市场平稳也体现出人民币汇率的稳定，截至 2022 年 4 月 8 日，2022 年以来美元指数上涨了 4.03%，同期人民币（CFETS）兑美元升值 0.13%，离岸人民币兑美元仅贬值了 0.07%，人民币汇率非常稳健，并体现出了强势货币的特征。

从中国对外债务来看，国家外汇管理局的数据显示，2021 年年底中国全口径（含本外币）外债余额为 27466 亿美元，本币外债余额占中国全口径外债余额的比重为 45%，本币外债占比提升有利于降低中国外债的币种错配风险，这也是人民币国际化提升的结果。2021 年中国外债负债率（外债余额与国内生产总值之比）为 15.5%，债务率（外债余额与贸易出口收入之比）为 77.3%，偿债率（外债还本付息额与贸易出口收入之比）为 5.9%，短期外债与外汇储备的比例为 44.5%，上述四个指标均在国际公认的安全线（安全线分别为 20%、100%、20% 和 100%）以内，中国外债风险总体可控。

三　稳增长的决心决定了中国经济基本面良好

从国内经济基本面来看，政府制定 2022 年经济增长目标为 5.5%。这是一个具有挑战性的目标数据，充分体现了中国政府稳增长的决心。2022 年以来国内疫情多发，中国坚持了"动态清零"的疫情防控政策，体现了人民至上、生命至上的价值追求。疫情防控不可避免对商业活动产生影响，对供应链、产业链、消费和投资产生影响，给经济带来下行压力，但只有疫情防控取得重大成果，国家才能集中精力发展经济，才能稳定宏观经济大盘。

国家统计局公布的 2022 年 1—2 月数据显示，中国主要生产需求指标增长加快，稳增长政策效应开始显现，经济内生动力在持续恢复。由于近期国内多地出现聚集性疫情，国际地缘政治不稳定性骤然加大，对中国企业生产经营活动产生了一定的影响。2022 年 3 月制造业采购经理指数、非制造业商务活动指数和综合 PMI 产出指数分别为 49.5%、48.4% 和 48.8%，低于 2 月 0.7 个、3.2 个和 2.4 个百分点，三大指数均降至临界值 50 以下，显示经济总体景气水平有所回落。目前国际国内环境有些突发因素超出预期，经济运行面临更大的不确定性和挑战。中央明确提出了贯彻新发展理念，推动高质量发展，要统筹疫情防控和经济社会发展，着力稳增长，主要通过稳就业、稳物价保持经济运行在合理区间。我们可以看到多部门协同发力支持市场主体，尤其是加大对中小微企业的帮扶。做好农资保供稳价，保障粮食安全、保障能源供应、保障物流畅通维护产业链和供应链稳定。用改革的举措、创新的办法促进消费和有效投资，保持宏观经济在合理区间内运行，稳增长的决心是坚定的。

四 科学客观研判外部形势助力外汇储备稳定

以国内大循环为主体、国内国际双循环相互促进的新发展格局要求我们必须科学客观研判外部形势的变化，畅通外部循环，助力形成更高质量的国内大循环。目前主要发达经济体处于高通胀的压力下，货币政策进入了紧缩周期，货币政策紧缩的速度和力度都存在不确定性，导致全球资本流动存在不确定性，可能会给全球金融市场造成持续性扰动甚至冲击。地缘政治不稳定性还在持续，全球供应链和产业链在短期将承受更大的压力，能源和粮食等全球大宗商品的价格存在持续上涨压力。全球新冠疫情仍在蔓延，新冠病毒的变异加大了疫情防控的难度和不确定性，这会进一步导致全球供应链和产业链出现新的困难，世界经济复苏变缓，并面临着更大的不确定性。

2020 年全球疫情暴发以来，中国在科学客观研判外部形势的基础上，坚持"以我为主"的宏观政策，货币政策不搞"大水漫灌"，财政积极有为，宏观政策强调精准作为，中国连续两年经济增长全球领先。对外贸易的高增速、更高质量的开放和跨境资金流动平稳运行，中国的外汇储备也从 2019 年年底的 31079 亿美元上升至 2021 年年底的 32502 亿美元。尽管

2022 年 3 个月以来外汇储备出现了由于币值估算等导致的一定程度的下降，但是属于正常波动范围。只要坚定不移推动高质量发展，坚持稳中求进工作总基调，中国经济韧性强、潜力足、长期向好的基本面没有改变，这将为跨境资本流动和外汇市场平稳运行提高保障，为外汇储备规模总体稳定提供有力支撑。中国外汇储备将继续发挥调节国际收支、稳定汇率、提高外部融资能力和抗击外部金融风险冲击的作用，继续稳健发挥中国对外经济金融关系稳定器的作用。

近期人民币较快速顺"市"贬值是疫情风险的正常释放

4月24日

4月18—22日美元指数上涨了约0.6%，人民币兑美元贬值了约2.0%，出现了超短期中较为快速的贬值，4个交易日的贬值幅度几乎构成了2022年以来人民币兑美元所有的贬值幅度。贬值的幅度和贬值的时间相比，似乎有"超调"迹象。

中美货币政策周期错位导致的利差缩小甚至倒挂会带来人民币一定的贬值压力，但这不是近期人民币较快速贬值的主因。近期人民币较快速顺"市"贬值主要是疫情风险的正常释放在外汇市场上的表现。变异毒株引起的疫情给中国经济生产和流通以及金融市场带来了冲击，市场预期未来一段时间经济有进一步下行压力，贸易顺差会减少，这是引起人民币近期较快速贬值的主因。而资本逐利性在跨境市场相对收益率变化的背景下，证券投资类资本短期外流直接助推了人民币贬值，人民币疫情汇率周期尚未结束。

从中长期来看，中国跨境资本流动整体运行平稳可控。随着此轮疫情防控推进和疫情好转，经济生产和流通恢复，人民币贬值态势会得到明显改善。要关注离岸市场人民币汇率出现了比在岸市场人民币汇率更多贬值的现象，要避免离岸市场汇率变动对在岸市场汇率预期造成不合意的扰动。

截至4月22日，依据Wind数据，2022年以来人民币（CFETS）兑美元贬值了 2.02%，美元指数 2022 年上涨了 5.37%。相对美元指数的较大幅度升值来说，人民币的表现依然稳健。

2021 年 12 月 31 日人民币兑美元收盘价 6.3730 元人民币，2022 年 3 月 31 日人民币兑美元收盘价 6.3433 元人民币，这三个月人民币兑美元汇率略有升值，升值幅度约 0.47%，而在这其间美元指数从 95.9701 上涨至 98.3618，美元指数上涨了约 2.5%。这就是说，截至 3 月底，2022 年以来美元指数上涨了 2.5%，人民币兑美元还升值了 0.47%。

4 月以来，人民币兑美元出现了一定幅度的贬值。相对于 3 月 31 日的收盘数据，截至 4 月 22 日，人民币兑美元贬值了约 2.5%，这其间美元指数升值了约 2.8%，美元升值的幅度大于人民币贬值的幅度。以 4 月 18 日的开盘价到 4 月 22 日的收盘价来计算，这其间美元指数上涨了约 0.6%，人民币兑美元贬值了约 2.0%。在此期间人民币兑美元贬值幅度明显大于美元升值幅度，出现了超短期中较为快速的贬值，贬值的幅度和贬值的时间相比，似乎有"超调"迹象。

为什么这 4 个交易日人民币出现了约 2% 的贬值？

从中美利差来看，截至 3 月 31 日，2022 年以来中美 10 年期国债利差出现了明显收窄。2021 年 12 月 31 日两者利差 126 个 BP，2022 年 3 月 31 日两者利差约 47 个 BP，但这其间人民币兑美元汇率升值了 0.47%。进入 4 月后，中美利差再次出现收窄，并出现了利差"倒挂"。4 月 11 日，10 年期美国国债收益率为 2.79%，超过了当日 10 年期中国国债收益率 2.768%。4 月 1—22 日 10 年期美国国债收益率从 2.39% 上涨至 2.90%；4 月 18—22 日从 2.85% 上涨至 2.90%。4 月 1—22 日 10 年期中国国债收益率从 2.7743% 上涨至 2.8409%；4 月 18—22 日从 2.8107% 上涨至 2.8409%。4 月 18—22 日 10 年期美国国债收益率只上涨了 5 个 BP，10 年期中国国债收益率也上涨了 3 个 BP，两者变动差距并不大，但这其间人民币兑美元贬值了约 2%，4 个交易日的贬值幅度几乎构成了 2022 年以来人民币兑美元所有的贬值幅度。

可以看出，相对于过去来说，中美利差对人民币汇率变动的影响程度已经明显下降。这很容易理解：靠利差稳定汇率的只能体现靠投资收益吸引外资流入，并稳定汇率，更好的汇率稳定方法是健康的经济基本面和稳定的发展预期。中美利差对人民币汇率变动影响变小，是好事，体现了过去几年中国经济数据给了国际投资者稳定健康发展的预期，这是人民币汇率能够在中美国债收益率逐步趋平的背景下依然保持稳健的基础。

4月18日国家统计局公布了中国经济2022年第一季度GDP增长4.8%，这个数据和原有预期相比存在差距，主要原因是全国多地在3月出现了新一轮病毒变异所致的疫情，导致1—3月部分数据相比1—2月有明显下滑。比如消费从1—2月同比增长6.7%下滑至1—3月同比增长3.3%；比如房地产开发投资从1—2月同比增长3.7%下降到1—3月的0.7%。

IMF（WEO，April）4月19日公布了2022年中国GDP预测增速4.4%，这与我们全年5.5%的目标增速有较大差异，导致市场对经济增长的预期受到了影响。其实，放在目前全球经济增长的现状下来看，中国经济第一季度4.8%的增速依然是不错的，是可接受的。按照IMF的预测数据，2022年全球经济增长预计为3.6%，中国经济增速与全球经济增速之差有所缩小，这也降低了市场预期。但预测的条件未来都会发生变化，尤其是疫情以来不同阶段关于经济增速预测值出现较大调整幅度是常态，因为不确定因素增加了。

因此，可以认为，4月18日以来的人民币出现极短期的较快速贬值，主要是疫情冲击及其冲击的预期所致，也可能是市场对4月18日数据公布之后预期的反应。疫情对中国经济增长带来的不确定性导致了有关贸易顺差缩小和证券资本外流风险等在外汇市场上释放，最终表现出人民币在4个交易日出现了2%的贬值。

从离岸市场来看，剔除在岸和离岸交易日的差异，截至2022年4月22日，在2020年以来总计559个交易中，离岸人民币汇率值高于在岸人民币汇率值的交易日数量为301个，占比53.8%，说明2020年全球新冠疫情暴发以来，离岸市场对在岸市场汇率的影响基本是双向波动的。2022年以来的72个交易日中，80.6%的交易中离岸人民币汇率值高于在岸人民币汇率值，说明了离岸市场存在引导在岸人民币贬值的传导机制。离岸市场资本流动更频繁，敏感性更高，在预期变化的作用下，往往会出现极短期的市场过度反应，导致定价偏离，这是需要关注的。

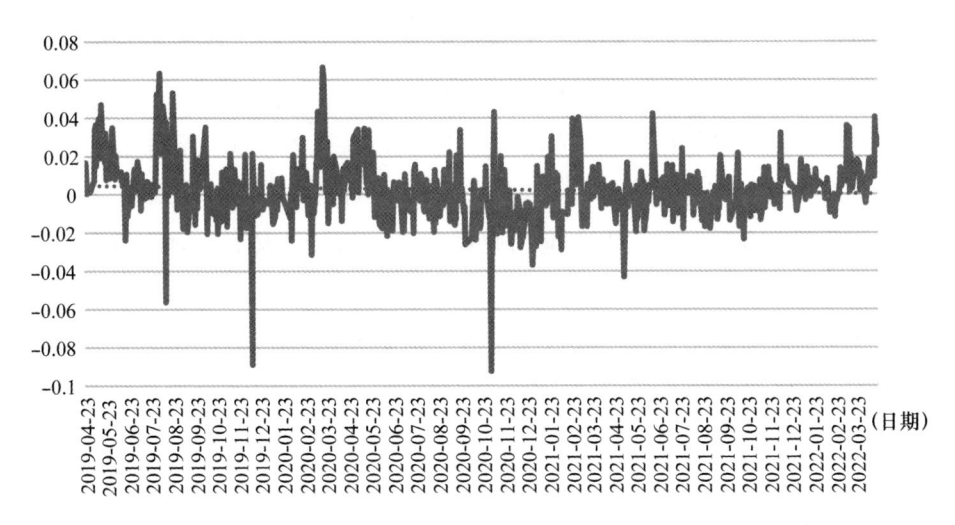

图1 近3年以来人民币离岸和在岸汇差（1美元 = X 人民币）

资料来源：Wind.

从短期跨境投资来说，金融市场上收益率差的变化是影响货币币值变动的重要因素，但放在中长期视角下，经济基本面是决定汇率变动的基础。

2022年3月以来，在美联储紧缩预期的作用下，美元指数持续高位运行。4月22日美元指数收盘101.1211，这离2020年3月下旬金融大动荡时期的高点不远（2020年3月23日收盘价为102.4528）。你很难想象，美联储总资产扩张了110%，美元还能走强，其中的原因在于美元指数作为一个金融指数，代表了目前全球主导货币体系这样一个利益集团，只要美元指数中的货币不强，美元指数就走强。目前，欧元区控通胀的货币政策滞后于美联储控通胀的货币政策。截至4月22日，2022年以来欧元兑美元贬值了5%。美元指数构成中占比排在第二位的日元（占比13.6%），2022年以来日元兑美元贬值11.63%。日本央行依旧在宽松，还在渴求适度通胀，不要通缩，最近还在购买长期债券，基本忽视日元贬值。此外，英镑2022年以来贬值了5.1%，瑞郎也贬值了接近5%。可见，美元走强并不是美联储自身能够完全控制的，是受到美元指数中货币经济体的政策周期共同作用的。

2020年10月27日，中国外汇交易中心发布公告称，会陆续主动将人民币对美元中间价报价模型中的"逆周期因子"淡出使用，这就是说市场自己决定人民币汇率的变化。放在全球主要货币2022年以来兑美元的贬值幅度来看，人民币贬值幅度不大，属于正常波动。由于疫情尚未结束，防控任务艰巨，需要出台更大力度的政策来支持市场主体，增强市场信心，防止主要经济指标出现进一步下滑，稳定预期。

近期，人民币顺"市"较为快速的贬值是疫情风险的正常释放，稳住了经济，汇率自然稳。

非"鹰"也非"鸽"：美联储"成功"诱导了市场？

5月5日

　　加息50个基点，公布未来几个月的缩表方案，美联储5月4日集中释放了这次的紧缩信息。美国股市和债市对加息和缩表方案的解读是积极的。之所以如此，是美联储自己创造出了让市场解读偏"鸽"的氛围，避免了金融市场对紧缩的过度反应。从这个视角来看，美联储这次的紧缩方案非"鹰"也非"鸽"，美联储或许"成功"地诱导了市场。

　　美联储一方面控通胀，另一方面要实现经济"软着陆"，货币政策就需要避免对通胀的过度反应。

　　美国目前通胀很高了，3月CPI同比增长8.5%，PCE同比增长6.6%。

　　美国此轮的通胀是中长期的。2021年3月美国经济通胀超过2%，2022年3月美国经济CPI同比增长8.5%，PCE同比增长6.6%，美联储允许通胀"超调"13个月才开始首次加息。2022年3月21日鲍威尔在"Restoring Price Stability"（March 21, 2022）一文中认为，美联储采取的政策措施将有助于在未来3年内将通货膨胀率降低至近2%，美国经济此轮通胀是中长期的。

　　在上述背景下，美联储需要向市场清晰传递控通胀的决心，但通胀不可能立即控下来，因为要"软着陆"，可以压制劳工市场的需求，但不能导致失业率有明显上涨。

　　让市场觉得这次紧缩政策非"鹰"也非"鸽"，成为美联储货币政策紧缩的主基调。

5月4日美联储集中公布了本次加息和未来几个月的缩表方案。美联储决定将联邦基金利率的目标范围提高到3/4%至1%，并预计目标范围的持续提高将是适当的（Federal Reserve issues FOMC statement, May 4, 2022）。从6月1日开始减少其持有的美国国债、机构债务和机构抵押贷款支持证券。具体方案：对于美国国债，上限最初将设定为每月300亿美元，三个月后将增至每月600亿美元。对于机构债务和机构抵押贷款支持证券，上限最初将设定为每月175亿美元，三个月后将增至每月350亿美元（Plans for Reducing the Size of the Federal Reserve's Balance Sheet, May 4, 2022）。

美联储公布方案后，美国股市尾盘快速拉升，美国三大股指大涨。依据Wind数据，5月4日道琼斯指数、纳斯达克指数和标普500指数分别上涨2.81%、3.19%和2.99%。依据美国财政部网站的数据，10年期美国国债下跌4个BP，5月从3日的2.97%下降至4日的2.93%。

美国股市和债市对此次加息和缩表方案的解读是积极的。之所以如此，是美联储自己创造出了让市场解读偏"鸽"的氛围。在此次加息之前，美联储有些官员多次释放可能会采取加息75个基点的信息，创造出"激进"的紧缩氛围，市场在忐忑中等待并消化。鲍威尔排除了加息75个基点的可能性，结果加息50个基点，这让市场感到"舒适"。事实上，这是2000年以来美联储首次采取一次性加息50个基点。从过去22年的历史对照来看，一次加息50个基点控制目前严重的高通胀是向市场传递美联储控通胀的态度，单次力度并不小。

目前，美联储控通胀面临两个周期：金融周期和经济周期。美国金融周期领先经济周期，避免金融周期大幅度向下调整，才有可能避免经济周期向下大幅度调整，美国经济才有可能实现"软着陆"。所以美联储每一步的紧缩工作都需要反复提前与市场充分沟通，避免市场出现过度反应，最好是市场反应不足，慢慢消化。

先通过美联储官员释放严厉的信息预期，然后人为创造出事后实际行动与预期有反差，即使是力度较大的紧缩，市场经历预期消化后也认为可以接受，短期金融资产市场就避免了对加息和缩表紧缩过度反应造成的下挫，反而报之以积极的回应。

　　长期市场可能还是会重新定价美联储的紧缩力度。美联储这一次或许"成功"地诱导了市场，市场认为紧缩方案非"鹰"也非"鸽"。

高通胀下强美元触及22年以来高位，或将持续冲击数月

5月6日

由于美元指数中经济体的经济状况普遍弱于美国，美元指数中除了日本和瑞士通胀较低外，欧元区、英国、加拿大和瑞典3月通胀都在6%以上。未来一段时间，美联储紧缩力度要高于美元指数中其他经济体央行紧缩力度，美联储紧缩速度会快于美元指数中其他经济体央行紧缩速度。同时，由于本币贬值，国际投资者购买美债成本上涨，国际投资组合减持美债的行为会进一步推高美债收益率。两者导致美元指数有进一步走强的可能性，这会导致全球金融市场，尤其是外汇市场持续承压。

2021年5月下旬开始，美元指数开始上涨。以收盘价计，美元指数从大约90一直上涨至5月4日高点103.61，超过2020年3月19日金融大动荡时期高点102.6881，也超过了上一轮美联储加息周期中2016年12月20日高点103.3035，是2003年以来美元指数触及的高位。

从2021年3月开始美国经济CPI同比增幅超过2%（为2.7%），2021年5月CPI同比增幅达到4.9%，随后至今的美国经济CPI同比增幅均在5%以上，2022年3月美国经济CPI同比增幅高达8.5%。

美元走出了高通胀下的强美元轨迹。

从货币政策角度来看，美国通胀走高，美联储应该加息。美联储加息，利率上扬，原理上美元会走强。但从过去几十年通胀、联邦基金利率和美

元指数的走势来看，并不能完全吻合，甚至有时候会出现与上述逻辑完全不一样的走势。

1. 美国历史上的通胀、加息与美元指数。

首先看美国历史上的通胀与加息。考虑到美元指数从1971年之后才有，图1显示了1971年以来美国经济中的通胀、联邦基金利率和美元指数的月度变化情况。在次贷危机之前，可以清晰地看出，通胀及通胀预期持续上涨美联储均会加息遏制通胀。在1971—1974年、1977—1980年、1987—1989年、1999—2000年以及2004—2007年五个加息周期中，都是通胀超过2%或者显著超过2%时加息，加息时点都是滞后于通胀超过2%的时点。这与次贷危机之前，流行于20世纪80年代的货币政策通胀目标制有密切的关系。货币政策只要盯住通胀，依靠传统菲利普斯曲线作用机制影响产出和就业。1992年出现的最著名的货币政策规则——泰勒规则是这个时期的产物，联邦基金利率盯住通胀缺口和产出缺口。其他的多类货币政策规则，比如通胀规则、名义收入规则等，都强调了政策性利率对通胀做出反应。

次贷危机之后，情况发生了变化。2015年年末美联储开启了加息周期，利率从0.12%一直加到2019年4—7月的2.4%左右。这个时期的通胀并不高。2015年12月CPI同比增幅只有0.6%，只有在2017年之后某些月份CPI同比增幅超过2%，最高CPI同比增长率发生在2018年的7月，同比增幅2.9%。次贷危机之后的十年，被学者称为"大平庸"周期——低增长、低通胀和低利率相伴的周期。通胀不高美联储也加息，主要原因是美联储要摆脱实际利率下限（ELB）带来的非对称风险，在下一次衰退到来之前，货币政策有足够的降息空间去应对。从2020年突如其来的疫情冲击来看，美联储才有降息的空间去刺激经济。

新冠疫情之后，情况再次发生变化，这一次和疫情之前完全不同。这一次是等到通胀高到难以忍受，通胀即将见顶时才开始加息。这应该是截至目前美联储历史上对通胀容忍度最高的时期，因为美联储坚持了就业优先的货币政策，对通胀采取了极大的容忍度。美国通胀从2021年3月就突破2%（达到2.7%），一直等到2022年3月通胀率（CPI）达到8.5%才开始首次加息，3月联邦基金利率只有0.20%，这在美联储的历史上是没有的，以至于市场普遍认为美联储加息曲线落后于市场通胀曲线（见图1）。

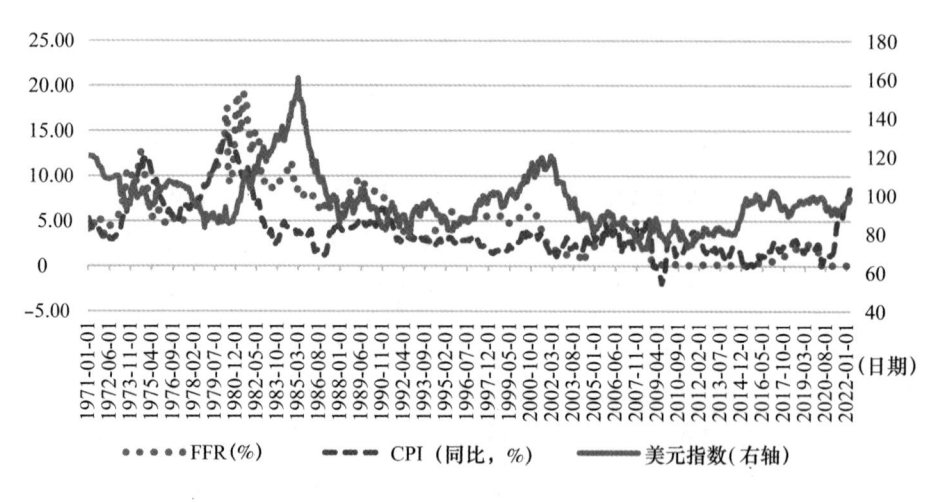

图1 美国经济中的通胀、联邦基金利率与美元指数

资料来源：Federal Reserve Bank of St. Louis。

其次，历史上的加息周期与美元周期强弱并没有明确的关系。换言之，美联储加息周期不一定能够决定美元强弱周期。在美联储历史上4次加息周期中，美元指数是下降的。1971年3月到1973年9月，联邦基金利率从3.71%上升至10.78%，但美元指数从120.17下降到94.79；1977年1月到1980年4月，联邦基金利率从4.61%上升至17.61%，但美元指数从105.54下降到88.11；1987年2月到1989年9月，联邦基金利率从6.1%上升至9.02%，但美元指数从99.26下降到98.47；2004年1月到2007年7月，联邦基金利率从1.00%上升至6.26%，美元指数从87.2下降到80.81。也存在美联储加息周期中美元指数走强的。1999年1月到2000年7月，联邦基金利率从4.631%上升至6.54%，美元指数从96.08上升到109.61；2015年11月到2019年4月，联邦基金利率从4.631%上升至6.54%，美元指数从96.08上升到109.61。

美联储通过加息不一定能够影响美元走强，主要原因是看美元指数中6

个经济体的经济状况,美元指数代表了一个国际货币利益集团,美元强弱是相对的。如果美元指数中其他经济体的经济状况弱,美联储不加息,美元也会走强。典型的是发生在克林顿时期,1994—1998年前后美联储并不处于加息周期中,但美元指数出现了20%左右的涨幅,因为这个时期美国经济状况明显好于美元指数中其他经济的状况。

2. 当前美国经济中的通胀、加息与美元指数。

当前美国经济处于高通胀压力之下,连续加息是大概率事件。按照美联储官员的表述,2022年年底要加至中性利率水平(2.4%左右),加息的空间很大。可以认为,加息以及加息预期是美元指数走强的重要原因。除了美联储紧缩外,美元指数中经济体紧缩周期滞后或者依然宽松也是导致美元走强的重要原因。美元走强是美联储加息和美元指数中主要经济体货币政策紧缩滞后于美联储共同导致的。

从美元指数中经济体来看,也有已经开始紧缩的经济体。英国2022年3月通胀率(CPI)同比增长7.0%,政策性利率为0.75%,与疫情前政策性利率水平持平。加拿大2022年3月通胀率(CPI)同比增长6.7%,政策性利率已经从2022年1月的0.25%,经过3月2日加息25个基点,4月13日加息50个基点,目前维持在1%的水平,离疫情前1.75%的水平还有一定的差距。欧洲央行从2016年3月开始至今政策性利率一直为0%,欧元2022年3月的通胀率(HICP)为7.5%。日本央行从2016年开始至今政策性利率为-0.1%,至今未变。2022年3月日本居民消费价格指数(CPI)同比上涨1.2%,除去生鲜食品后的核心CPI同比上涨0.8%。瑞典从2015年2月至2019年年底实施政策性负利率,2020年开始政策性利率一直为0%,直到5月4日政策性利率提高至0.25%。2022年3月瑞典固定利率消费者价格指数(CPIF)同比增长6.1%。瑞士从2015年2月至今政策性利率一直保持在-0.75%。3月瑞士通胀率(CPI)同比上涨2.4%。

在美元指数经济体中,日本物价低,货币政策继续宽松;瑞士通胀率不高,货币政策一段时间不会紧缩。按照疫情前政策性利率水平来看,英国、加拿大、瑞典货币政策加息的空间有限。目前关注的就是欧洲央行何时采取紧缩政策。欧元区2021年GDP增速5.4%（2020年基数低，为-6.4%），是20世纪70年代以来的最高增速，但两年平均增速依然是负值。按照欧洲央行近期的表态，欧洲央行追求中期2%的通胀目标，尽管目前通胀率高企，但尚未看见工资—物价螺旋机制，欧洲央行可能要等到6月才会完全停止购债宽松政策（APP），并在2022年下半年紧缩货币政策。

3. 高通胀下的强美元将对全球金融市场带来持续冲击。

由于美国经济劳工市场比较强劲，已经出现了工资—物价螺旋机制。依据BEA提供的数据，2022年第一季度GDP来看，尽管环比折年率-1.4%，（基数高，2021年第四季度年率6.9%），但主要是进出口拖累所致，第一季度进口同比增速高达11.7%，未经过季节调整的GDP同比增速达到4.3%。3月个人可支配收入按照年率计算高达约18.52万亿美元。第一季度私人投资年率高达9.6%，维持在高位。消费以及进口的增长表明美国经济内需比较旺盛，在当前的态势下，通胀具有持续高位的基础，决定了美联储接下来会连续紧缩货币政策。

从长期来说，物价决定币值。从美元指数经济体中的物价水平来看，除了日本和瑞士物价水平不高以外，其他经济体通胀都处在高位，这决定了美元指数走强的时间可能会比较长。

短期美联储接下来的加息幅度（缩表类似于加息）将决定美国利率和美元指数中经济体利率之差会进一步扩大，美元指数还有进一步走强的基础（见图2）。

从国际金融市场投资组合行为调整来说，由于汇率不是欧元区和日本等经济体的货币政策目标，欧元和日元的贬值，尤其是日元大幅度贬值会导致日本减少美债持有，因为美债收益率的上涨无法抵补日元兑美元汇率的损失，增加了日本购买美债的成本，近期日本减持了一定数量的美债。如果市场未来继续抛售美债，这将进一步推高美债收益率，导致美元走强。

把美元走强的逻辑反过来看，美元持续走强会导致三个结果：一是美债购买者成本增加，减少或者减持美债会进一步推高美债收益率；二是主要货币相对于美元贬值会增加进口成本，进口通胀；三是资金回流美国，

——— 美欧10年期债券收益利差　　- - - 美元指数（右轴）

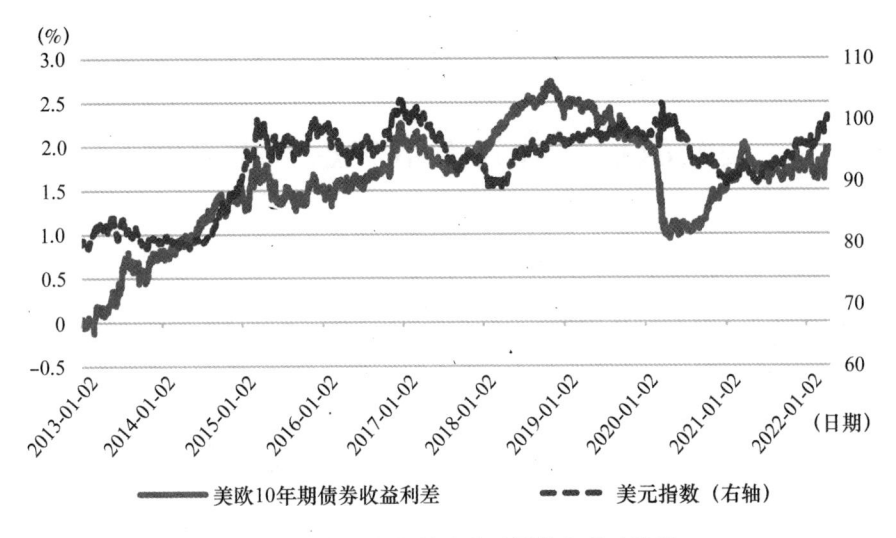

图 2　美欧 10 年期债券收益利差和美元指数

资料来源：Wind。剔除了交易时间不一致的交易日数据。

给全球其他金融市场造成压力，尤其是外汇市场将持续承压。截至5月4日，2022年以来，欧元、日元、英镑、加元、瑞郎对美元贬值幅度达到约7.4%、13.0%、7.6%、1.3%和7.6%。

总体来看，此轮高通胀下的强美元可能会持续冲击数月。

美欧激进宏观政策本身是一场豪赌

5月9日

2020年疫情暴发以来,已经有两年多时间。在过去两年多的时间里,新冠疫情冲击显著改变了以美欧为代表的发达经济体宏观政策。时至今日,我们可以从事后观察的三大现象来简要总结一下。

现象1:就业是优先的。

依据BEA的数据,2020年1—2月,美国经济失业率为3.5%。疫情暴发后,2020年4月美国经济失业率14.7%,随后一直下降,截至2022年3—4月失业率3.6%,基本恢复到疫情前水平,这与美联储坚持就业优先的货币政策直接相关。

依据ECB的数据,2020年3月,欧元区经济失业率为7.2%,是2020年1—3月的最低值。疫情暴发后,2020年8月欧元区经济失业率达到最高的8.6%,随后下降。截至2022年3月失业率6.8%,欧元区失业率低于疫情前水平。与疫情冲击导致美国经济失业率"跳升"情况存在巨大差异,疫情没有导致欧元区失业率出现大幅上涨,这与欧元区的社会就业政策有关,即使企业关闭,员工可以通过休假计划保留工作。

现象2:通胀没有不超标的。

依据BEA的数据,2020年1—2月美国经济PCE同比增长1.8%—1.9%。2020年4月最低,同比上涨0.41%。物价随后上涨,2021年3月超过2%,达到2.5%。截至2022年3月PCE同比上涨高达6.6%。

依据ECB的数据,2020年2月,欧元区经济中HICP同比上涨1.2%。

疫情暴发后，2020年9—12月HICP同比上涨-0.3%，达到最低值。随后上涨，2021年7月超过2%，达到2.2%。截至2022年4月，HICP高达7.5%。从走势来说，美欧通胀有一个共同的特点，物价上涨的速度很快，且允许通胀"超调"的时间比较长。

现象3：安全资产没有不大幅扩张的。

依据美国财政部网站的数据，疫情暴发前2020年2月底美国政府债务总量约23.4万亿美元，2022年2月4日突破30万亿美元，2022年5月5日美国政府债务总量高达30.4万亿美元，债务上限不断扩大。2020—2021年两年美国财政赤字规模大约6.1万亿美元，意味着这个时期美国政府债券增加了约6万亿美元。

依据ECB网站的数据，2020年第一季度欧元区政府债务/GDP为85.6%，财政赤字/GDP为1.22%，此后每一个季度的财政赤字/GDP都出现了上涨。截至2021年第四季度，政府债务/GDP为95.6%，财政赤字/GDP为5.11%。政府债务占GDP的比例上涨了10个百分点，财政赤字/GDP上涨了近4个百分点。欧元区重要经济体德国2020—2021年财政赤字/GDP分别为4.3%和3.7%；法国2020—2021年财政赤字/GDP分别为8.9%和6.5%。财政赤字率上涨需要通过发行政府债券来融资。欧元区各国政府债券规模也出现了大规模的上涨。

一般意义上，以政府信用背书的债券可以称为金融市场上的安全资产，当然具有相对性，毕竟欧债危机才过去10年。

上述三大现象，彼此之间有明确的关联性，政府赤字是为了刺激经济需求，推高物价水平，提升就业。最终想要的结果是：推高经济的实际利率水平，并希望能够稳定一个周期。

首先，我们看到这一次美联储的就业优先货币政策和物价上涨的结果是美国名义GDP和实际GDP差距很大。依据BEA的数据，2021年美国名义GDP增长10.1%，实际GDP增长5.7%。图1显示了1948年以来美国经济中名义GDP和实际GDP的同比增速，除了美国经济衰退年份之外（大多与地缘政治冲突有关或者与各种危机有关，比如20世纪80年代滞胀，1991

年海湾战争，2008年次贷危机，2020年全球新冠疫情；等等），其余年份通胀高，名义GDP高，实际GDP也比较高。次贷危机之后的"大停滞"周期，名义GDP增速不高，实际GDP增速也不高。2010—2019年简单年均名义GDP增速4%，实际GDP增速2.3%，出现了所谓的菲利普斯曲线扁平化问题。

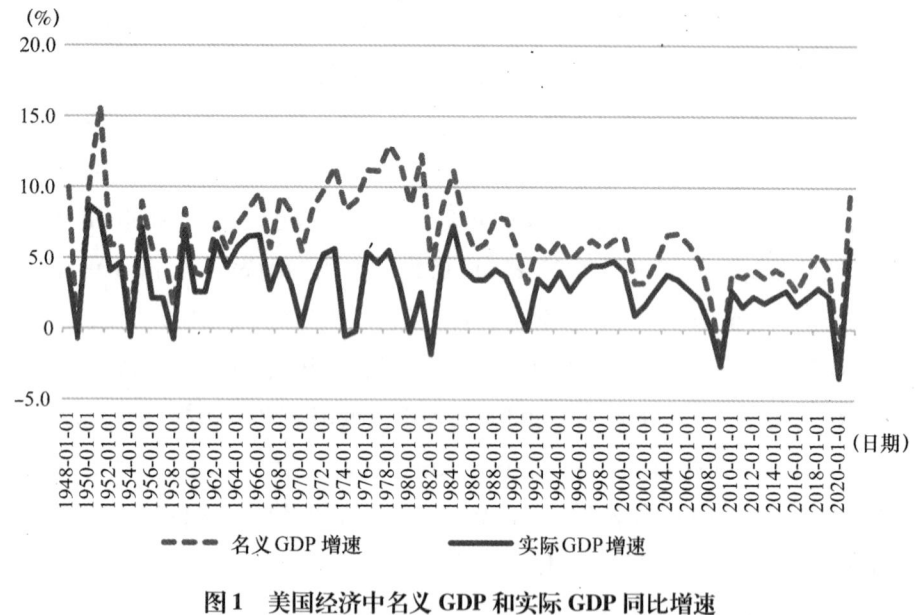

图1 美国经济中名义GDP和实际GDP同比增速

资料来源：BEA。

疫情冲击导致了失业率快速跳升，美联储要实施就业优先的货币政策，首先需要企业愿意雇用工人，如果产品市场价格不上涨，企业无利可图，就不会扩大岗位需求；其次，产品价格要涨，居民必须消费，美国经济70%以上需要居民消费来支撑，所以搞财政赤字货币化，大规模发放失业救助金，提高居民需求。但由于菲利普斯曲线扁平化的趋势，需要通胀足够高企业才有足够的利润，才能拉动更多的就业，因此需要重构菲利普斯曲线。这可能是美联储允许通胀持续"超调"的核心原因。

再次，大规模发债会降低债券价格，提高债券市场的收益率。当经济逐步逼近产出缺口时，长期债券收益率上涨，在通胀预期仍然比较高的情况下，实际利率为负值。当经济修复基本弥补产出缺口时，控制通胀预期，实际利率会转正。因此，在逐步恢复充分就业的态势下，债券收益率上涨提高了自然利率水平。

最后，政策性利率上扬控通胀，直到零利率下限（ZLB）不具有约束力，这样货币政策会创造出空间以应对下一次的衰退。

因此，美欧激进的货币政策是存在巨大风险的。如果加息控通胀导致经济快速衰退，那么货币政策又会在尚未加息到中性利率水平时，再次降息刺激就业和经济，但空间就变得有限了。

疫情以来，欧美宏观政策逻辑简单粗暴：财政赤字货币化刺激需求，拉高物价，在物价上涨中企业销售产品的利润增加，拉动更多的就业，允许通胀持续"超调"，直到充分就业。然后控通胀，在维持增长的同时，实际利率转正，摆脱零利率下限约束所致的非对称风险，为下一次衰退创造出货币政策空间。但如果经济因为货币政策紧缩出现衰退，无法实现"软着陆"，那么经济将面临更严峻的形势。

近期美联储加息50个基点，较市场的有些激进紧缩预期相对温和，同时公布了未来几个月的缩表规模，截至2022年年底，缩表规模可达4275亿美元，按照这个速度1年内的缩表规模可达1万亿美元。美联储也是希望能顺利过渡到常态化的货币政策，并获取常态化货币政策的空间。从这个视角来看，现代货币理论（MMT）这一次在较大程度上将被证伪。

美欧激进宏观政策本身是一场豪赌。

全球产业链的新态势与中国发展

5月11日

一 世界从超级全球化时代步入慢化全球化时代

20世纪90年代经济全球化进程的显著特点是，以跨国公司为载体的全球产业链定位、生产布局和销售网络的兴起，成为主导经济全球化的核心力量，产业"外包"成为发达经济体产业链演变的关键词，跨国公司低成本逐利推动了全球产业的成本分工格局，信息技术的快速进步使得产品的研发、生产、管理和风控等能够打破地域限制约束，而运输成本的下降使得跨国公司生产产品的全球低成本套利策略得以有条件实施和完成，全球经济成为"驳船经济学"[①]。来自国际上的跨国公司通过技术外溢、供应商本地化等生产经营方式拓展和促进了国内产业链和价值链的形成。产业链的全球化促进了贸易导向型增长模式进入新发展时期，全球货物与服务贸易成为世界经济增长的发动机。在过去20年里，那些设法提高在全球价值链里的参与程度和提高出口产品中国内增加值的国家人均GDP平均增长3.4%；那些仅仅提高全球价值链的参与度而没有升级国内价值链的国家人

---

① Palley, T. I., 2011, Explaining Global Financial Imbalance: A Critique of the Saving Glut and Reserve Currency Hypotheses, IMK, *Working Paper*, No. 13.

均 GDP 平均仅增加了 2.2%[①]。

依据 IMF（WEO）的数据，2008 年国际金融危机之前，1990—2007 年全球货物与服务贸易简单年均同比增长 7.0%，远远高于世界经济简单年均增速 3.7%。国际金融危机爆发后，全球需求疲软，全球贸易增速大幅下滑。2008—2009 年两年平均 –3.9%，低于全球两年经济增速 1.1%。随着部分重要经济体推出了反危机措施，世界经济和贸易恢复了增长，但 2010—2018 年简单平均增速只有 5.0%，这一时期全球 GDP 增速为 3.8%。2019 年全球货物与服务贸易增速只有 0.91%，而全球经济增速为 2.8%。2020 年突如其来的新冠疫情对世界经济造成了严重冲击，时至今日，疫情仍未彻底消散。2020—2021 年全球货物和服务贸易两年平均增速仅为 0.3%，同期全球经济增速大约为 1.0%。可见，2008 年以来世界贸易增速出现了骤然降低，基于产业链的全球价值链（GVC）贸易增长出现了停滞，甚至下滑。尤其是 2018 年以来的全球贸易摩擦，叠加突如其来的新冠疫情冲击，全球贸易增长几乎陷于停顿。依据 WTO 的预测，2022 年全球贸易增长 4.7%，将再次超过全球经济预测增速 4.1%，世界贸易在曲折中艰难前行，全球化已经从超级全球化步入慢化（slowbalization）全球化时代。

从贸易视角来看，全球价值链参与率可以用间接贸易（indirect trading）在总出口中的份额来衡量[②]；从生产视角来看，全球价值链参与率可以用未完成出口的国内增加值在总增加值中所占的份额来衡量[③]。依据 WTO（2021a）的研究，从 1995 年到 2008 年，随着跨国公司产业链的全球定位和

[①] 联合国贸易和发展会议组织：《全球价值链与发展：全球经济中的投资和增值贸易》，2013 年，http://unctad.org/。

[②] Borin, A., and M. Mancini, 2019, "Measuring What Matters in Global Value Chains and Value Added Trade", *Policy Research Working Paper*, No. 8804, Washington, D. C.: World Bank.

[③] Wang Z., S. Wei, X. Yu, and K. Zhu, 2017, Measures of Participation in Global Value Chains and Global Business Cycles, *NBER Working Paper*, No. 23222.

布局，全球价值链的快速扩张导致了参与率的快速上涨，以贸易为基础的全球价值链参与率从35.2%上升到46.1%，以生产为基础的参与率从9.6%上升到14.2%。全球金融危机后，供应链的回流导致了全球价值链急剧而暂时的下降，并在2010年出现了反弹。此后一直保持在大致平稳的状态。新冠疫情对全球价值链参与率造成了一定的负面影响，但基本与2010年以来普遍出现的疲软趋势相一致。截至2020年年底，全球贸易价值链参与率为44.4%，全球生产价值链参与率为12.1%。

依据WTO①的研究，从全球出口来看，2000—2010年全球出口增长率年均8.7%，间接出口年均增长率9.7%，而2010—2019年全球出口增长率年均3.7%，间接出口年均增长3.8%。在慢化的全球化时代，间接贸易增长率虽然大幅度下降，但依然保持在略高于全球出口增长率的水平，这说明全球产业分工依然具有比较刚性的优势。从世界前五大价值链出口国的间接贸易增长率来看，德国、美国、中国、荷兰和法国2000—2010年间接出口贸易增速分别为9.8%、5.2%、20%、11.1%和4.2%，2010—2019年分别为4.5%、5.9%、4.6%、5.7%和4.0%，间接出口增长率整体上出现了明显下降。与此同时，我们看到经济体量较小的发展中经济体正在快速融入全球产业链和价值链。2010—2019年柬埔寨、老挝、越南间接贸易年均增长率达到了17.1%、16.5%和14.3%。这些经济体的劳动力成本相对低，成本比较优势引起了全球产业链的迁移和重新布局，印证了跨国公司全球产业链的布局逻辑正在发生变化，更多的劳动密集型产业被部分转移到发展中国家。全球产业链的迁移及其演进揭示了全球经济产业链的相互依存性，以及企业对全球价值链的依赖性，而间接出口增速的下降代表着产业链演进体现出更精细的专业化发展方向以及生产地域的重新分割。

---

① WTO, 2021a, Global Value chain Development Report, 2021.

二 慢化全球化时代产业链的新态势

自 2008 年国际金融危机以来,全球贸易增长缓慢,全球价值链的扩张陷入停滞,贸易主导型增长模式受到了严峻挑战,大国之间的冲突可能导致了全球价值链的缩减或分割(World Bank,2020)[①]。依据 WTO 的数据,自 2009 年开始监测积累的未解除的限制措施以来,进口限制措施从 2009 年开始增长,2018 年贸易摩擦升级后,出现了显著增长。截至 2020 年年底,约 8.6% 的世界进口受到 2009 年以来实施的进口限制的影响(见图 1)。截至 2021 年 10 月中旬,有效进口限制量约为 1.5 万亿美元,占世界进口总额的 8.7% 左右。

全球贸易增速骤减和全球价值链参与率的回调,尤其是贸易冲突和疫情冲击,暴露出全球部分产业链以及供应链环节上的脆弱性,世界各国出于安全和竞争的考虑,产业链本土化、区域化的趋势正在加速替代产业链的全球化,产业链的迁移、调整和重构将成为后疫情时代全球化的显著特点。地缘政治的大国竞争,引发了新一轮的技术竞赛,掌握核心技术、抢占技术制高点成为产业链安全和占据竞争有利位置的关键。与此同时,疫情冲击下的新技术变革,加速了全球产业链出现超越传统的以生产为基础的产业链态势,服务贸易,尤其是数字贸易成为全球产业链演进的新趋势。

(一)产业链的区域化和本土化

WTO 作为提供自由和非歧视贸易体制的唯一多边机构,是不可或缺的核心国际机构之一,WTO "协商一致"的决策机制在多边规则制定和市场

---

① World Bank, 2020, World Development Report 2020: *Trading for Development in the Age of Global Value Chains*, Washington, D. C. : World Bank.

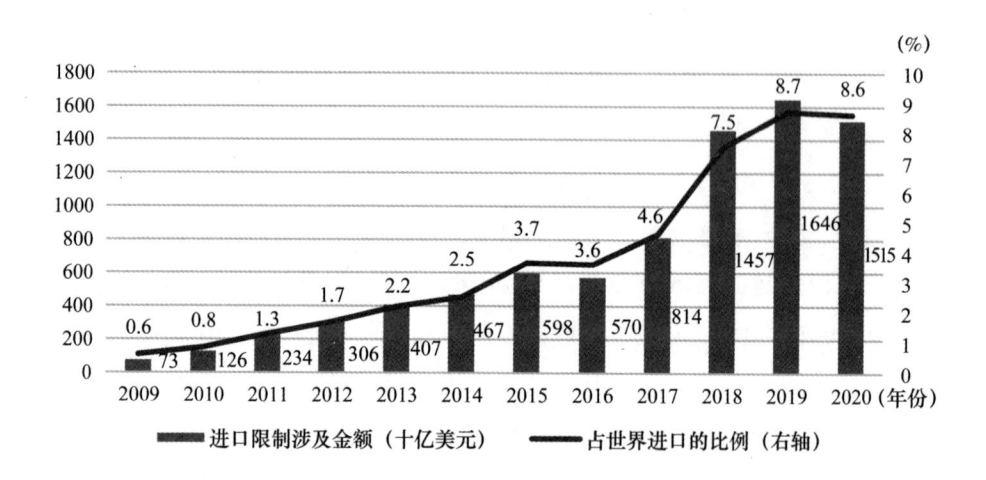

图1 2009—2020年货物进口限制措施累计贸易覆盖率

资料来源：WTO, Overview of Developments in the International Trading Environment, 22 November, 2021。

准入谈判上步履维艰，美国是利用一票否决权最多的国家，美国用单边主义强调美国利益。尤其是2017年特朗普当选美国总统后，提出"美国优先"的对外政策，"疯狂退群"，对世界多边主义框架造成了严重破坏，对国际经济运行的秩序和可预见性带来了重大不确定性，全球化遭遇逆流。2021年拜登当选美国总统后，尽管口号上反对贸易战，维护多边贸易协定，但世界经贸秩序并未出现好转，反而进一步加剧了地缘政治和经贸关系的紧张。尤其是疫情冲击以来，全球治理缺乏共识、缺乏有效的制度协调，疫情给全球产业链造成了巨大的冲击。依据WTO-IMF COVID-19 Vaccine Trade Tracker提供的数据，截至2021年年底，全球高收入经济体疫苗接种率75.4%，中低收入和低收入经济体疫苗接种率只有49.5%和34.5%。即使是关于疫苗出口方面，出口限制继续阻碍了疫苗生产，并造成供应商交付时间的不确定性（WTO，2021b）[①]。疫苗接种差异、疫情防控策略及水平的差异导致了全球产业链部分断裂、供应链出现瓶颈，推高了全球的物价水平，为世界经济持续复苏带来了重大不确定性。

同时，自 2018 年中美经贸摩擦以来，部分发达经济体不顾全球产业成本分工的规律，执意强化竞争，大规模限制关键技术和产品的出口，尤其是通过限制"卡脖子"技术出口等来恶意竞争，进一步对全球产业链的安全性造成了负面冲击。关税战再次成为贸易摩擦的重要手段，与一个在没有全球产业链和价值链贸易的同等贸易体系相比，在一个有全球产业链和价值链贸易的贸易体系中，提高关税的成本将更大，涉及的产业链更长。更高的关税，尤其是贸易战，可能会促使企业缩短产业链或以其他方式重塑其全球产业链和供应链。近期的一项研究表明，参与全球产业链和价值链的企业，贸易商遭受冲击时脆弱性增加，但产业链在国内则提高了它们应对疫情冲击的能力。[②]

在这样的背景下，产业链的安全性成为各个经济体参与全球分工与贸易需要考虑的重要问题，涉及民生以及国家命脉的战略产业的重要性显著提升，产业链的本土化和区域化成为现实的选择。从中长期来看，产业链的迁移和重构将提速，全球产业链的布局逻辑已发生变化，未来部分产业将考虑纵向整合以缩短供应链条，本土化区域化的产业链和供应链将加速形成。产业链的本土化趋势并不意味着产业链完全本土化。区域化和本土化趋势是要求在关键的产业链上有安全性，在区域分工协作可控的条件下，通过区域化在周边建立起比较完善的产业链，在产业链的环节上依然可以实现供应商的全球化和多元化。2018 年 12 月 30 日生效的《全面与进步跨太平洋伙伴关系协定》（CPTPP）、2020 年 7 月 1 日生效的《美墨加三国协议》、2022 年 1 月 1 日正式生效的《区域全面经济伙伴关系协定》（RCEP），

[①] WTO, 2021b, Indicative List of Trade – Related Bottlenecks and Trade – Facilitating Measures on Critical Products to Combat COVID – 19, October 8, 2021.

[②] Espitia, Alvaro et al., Pandemic Trade: COVID – 19, Remote Work and Global Value Chains, WTO, *Policy Research Working Paper*, No. 9508.

都是 2018 年全球贸易冲突以来出现的重要的区域化或者跨区域化的经济关系协议，基于区域化基础之上的全球化格局正在加速形成，产业链的区域化和本土化正在成为现实。

（二）产业链的关键技术自主化

全球竞争的关键是技术竞争。当今世界正经历新一轮大变革、大调整，大国战略博弈全面加剧，国际体系和国际秩序正在深度调整，世界经济发展面临的新挑战层出不穷，不确定不稳定因素明显增多，疫情冲击更是加速了百年未有之大变局的演进，如何确保并提升在全球经济和分工中的位置成为所有经济体面临的新挑战。

美国商务部在 2019 年出台了约束 14 类制造业高技术产品的出口，以确保美国在先进制造业上的竞争优势。Lovely 和 Yang[①] 的研究表明 "301 关税条款" 实际上是用 20 世纪的贸易壁垒应对 21 世纪内嵌知识（knowledge - embodying）的贸易链，会打击跨国技术供应链，对全球技术链的重构产生一定的影响。同时，美国使用大规模减税来吸引美国制造业的回流，对现有的全球产业链和价值链也会产生一定的冲击。

以美国为首的部分发达经济体严格限制对中国的高技术出口。自特朗普政府时期开始，美国明显加大对中国高新技术产业和企业的打压力度，拜登政府延续了上一届政府的做法，利用实体清单、芯片禁令等手段不断对中国企业进行单方面制裁。2021 年 12 月 16 日，美国财政部将 8 家中国企业列入 "中国军工企业" 投资黑名单，美国商务部将中国军事科学院、军事医学研究院等 25 个实体列入限制出口的名单。截至目前，160 多家中国企业被美国政府列入实体名单。与此同时，美国还通过 "拉小圈子" 来

---

① Lovely Mary, E. and Yang Liang, 2018, Revised Tariffs Against China Hit Non‑Chinese Supply Chains Even Harder, Peterson Institute of International Economics, *Charts*, June 18.

限制对华高新技术的出口，打压中国高新技术企业。2021年6月9日，美国通过了《2021年美国创新和竞争法案》，2022年2月4日，美国众议院通过一项法案，将对科学研发领域投资数千亿美元，支持美国国内制造业的发展，将先进的半导体制造业带回美国，追求美国在制造业、创新等方面保持领先位置。

其他发达经济体的再工业化会对全球产业链、价值链产生影响。发达国家正在大力推行"升级版"的制造业战略，比如德国的"工业4.0"、日本的"工业价值链"等，通过加大财政预算用于创新制造工艺、尖端材料等领域的研发等。主要发达经济体纷纷围绕制造业核心技术、顶尖人才、标准规范等加大发展力度，试图在新一轮全球科技和产业博弈中掌握主动权，开启了全球技术创新高强度竞争的发展态势，这将直接推动全球产业链分工格局发生深远的变化。

在超级全球化时代，通过FDI带来的技术转移和产品交换过程中有关生产技术知识外溢是参与全球价值链提高经济增长的两大渠道（WTO，2008）[①]，但随着发达经济体对技术的惜售和封锁日益加强，尤其是对以半导体为代表的核心技术领域的严格控制更加严峻。继美国发布法案鼓励芯片本土化生产之后，2月8日欧盟也发布了芯片法案，扩大欧盟在全球芯片市场份额，到2030年产能达到全球的20%。"芯"之痛已经成为部分发展中经济体产业升级中必须攻克的难题。

因此，关键技术的自主化是确保产业链安全、推进产业持续升级的根本。后疫情时代，全球竞争只会越来越激烈，唯有加大创新、自主创新关键技术才能确保自身产业链的安全性。

（三）服务业产业链的发展成为新趋势

随着全球价值链越来越多地从传统制造流程转向服务和其他无形资产，

---

① WTO, 2008, World Trade Report 2008, *Trade in a Globalizing World*, Washington, D. C.: World Bank.

全球价值链在发生根本性转变。数字化是这一转变的主导因素，新冠病毒大流行正加速这一转变。WTO 在《全球价值链发展报告》（2021）中探讨了这种超越生产价值链的转变，显示了服务价值链的崛起如何为产业链的发展提供了一条新途径。贸易保护主义、地缘政治紧张局势以及新冠病毒破坏了全球产业链和价值链的稳定，迫使产业链在全球地理位置上进行重组，而服务业的发展将在全球产业链重构上占据重要的位置，成为超越生产价值链的产业链发展新趋势。

从历史上看，离岸外包业务经常与制造业有关，制造业外包也推动了服务业的全球化。跨国公司通过离岸外包寻求低成本效益，公司将其非核心业务流程外包给专业的第三方服务提供商，后者再将其劳动密集型业务离岸到劳动力成本较低的发展中国家。当然，大型跨国公司也将其劳动密集型服务业直接离岸，通过设立"全球内部中心"来提高成本优势[1]，出现了服务业驱动形成的全球产业链。印度和菲律宾是典型的例子，印度和菲律宾都在出口加工区和 IT 园区进行了大量投资，为服务价值链的形成提供了必要的环境和条件。

服务业在全球产业链和价值链中扮演着许多重要角色。服务业不仅仅是中间投入，而且已经深入产业价值创造的活动中、渗透到产品的具体生产过程中。跨国公司向其全球附属公司投入的包括软件、品牌、设计、运营流程以及其他知识产权等无形资产都是创造产品价值的来源，特别是随着生产性服务业加快发展，服务业对于公司更好地参与全球贸易、更好地在全球产业链和价值链上抢占优势位置具有重要作用。

服务业除了在贸易增值中起到重要作用之外，还提高了下游制造业企业的生产率。跨境服务交易带来的金融、通信和运输服务的改善促进了全球价值链的改善，提高了下游制造企业的生产率，并将比较优势模式转向

---

[1] UNCTAD（United Nations Conference on Trade and Development），2014，*Information Economy Report* 2012：*The Software Industry and Developing Countries*，Geneva.

了这些服务的密集型部门。① 数字、信息技术服务业的创新有效地降低了新冠病毒对生产经营的影响。数字信息技术对冲了新冠疫情带来的负面贸易效应，尽管新冠疫情冲击涉及的行业非常广泛，但在整个疫情期间，更适合远程工作的部门收缩较少。②

数字经济已经成为全球新一轮增长的重要引擎。依据 WTO③ 数字治理与全球贸易论坛提供的数据，全球金融危机以来的十多年里，全球 100 多个国家制定了"新产业政策""工业 4.0""数字转型"等计划。这些计划中的核心主题是鼓励技术升级、数字化生产和数字创新，处于各个发展阶段的国家都有支持创新和数字转型的政策。

三 全球产业链新态势下的中国发展

中国自 2001 年加入 WTO 以来，在全球产业链中的分工地位越发重要。中国利用自身的优势建立了全产业链体系，成为全球供应链中的关键一环，新冠疫情冲击凸显了中国产业链的韧性和强大。目前全球政治经济格局正处于旧秩序遭遇冲击而新秩序尚未建立之际，中美之间政治经济关系变化以及新冠疫情的冲击，使全球化面临巨大挑战。而中国进入了新发展阶段，对经济的高质量发展提出了新的要求。内外因素交织凸显了中国贯彻新发展理念，对于加快形成以国内大循环为主体、国内国际双循环相互促进新发展格局的迫切性和重要性。

---

① Heuser, C. and Mattoo, A., 2017, Services Trade and Global Value Chains, WTO, *Policy Research Working Paper*, No. 8126.

② Espitia, Alvaro; Mattoo, Aaditya; Rocha, Nadia; Ruta, Michele; Winkler, Deborah, 2021, Pandemic Trade: Covid–19, Remote Work and Global Value Chains, WTO, *Policy Research Working Paper*, No. 9508.

③ WTO, 2022, Data Governance and International Trade, Trade Dialogues Lecture/Webinar Series, January, 31.

我们要充分认识到，过去几十年全球产业链和价值链的形成是市场力量决定的，全球产业链的结构是全球企业共同参与的结果。贸易摩擦会降低全球贸易量，降低总需求，可能会对全球生产模式产生影响，但贸易摩擦带来的生产错位将导致额外的效率、就业损失，我们有充分的理由相信，全球企业可能不会按照发起贸易摩擦的国家那样希望或预期的方式做出反应。因此，从长期来看，贸易摩擦会在一定程度上冲击既有的全球产业链和价值链体系，但产业链和价值链的变迁最终将取决于经济体技术与成本的全球竞赛，取决于市场力量。一项采用30年覆盖100多个国家面板数据集的经验证据表明，要素禀赋、地理位置、政治稳定、自由贸易政策、外国直接投资流入以及国内工业能力在决定参与全球产业链和价值链方面非常重要。与传统出口相比，这些因素对全球产业链和价值链参与的影响程度更大。[①] 欧洲央行的一项调查研究也表明技术进步、运输和通信成本的降低以及消除政治和经济障碍是推动全球产业链和价值链形成的重要因素。[②]

新一轮科技革命和产业变革带来的新陈代谢和激烈竞争前所未有，特别是新冠疫情对全球产业链、供应链的部分环节形成冲击，这促使我们在双循环新发展格局思想的指导下，从更多维度出发来审视中国参与全球产业链的重构。

（一）牢牢把握住创新这个"牛鼻子"，掌握创新主动权

双循环的核心是创新驱动，要以技术创新引领产业链的重新布局。世界知识产权组织发布的《2017年世界知识产权报告：全球价值链中的无形资本》显示，全球销售制成品近1/3的价值源于品牌、外观设计和技术等

---

① Fernandes, Ana; Kee, Hiau Looi; Winkler, Deborah, 2020, Determinants of Global Value Chain Participation: Cross - Country Evidence, WTO, *Policy Research Working Paper*, No. 9197.

② Amador João and Cabral Sónia, Global Value Chains Surveying Drivers and Measures, ECB, *Working Paper series*, No. 1739, 2014.

无形资本。中国虽然专利申请数量居世界首位,但是关键技术和核心技术专利较少,中国企业每年要交纳大量的知识产权许可费。由于长期以来中国主要是通过合同制造、外包代工、组装、贴牌生产等方式嵌入全球产业链和供应链,融入全球生产、贸易、流通网络中。未来中国启动知识产权国家战略,更大力度进军核心技术专利,在全球布局创新链,推进和提升中国在全球产业链中的位置。

经过长期坚持不懈的努力,中国在科技创新上获得了越来越多的全球认可。世界知识产权组织发布的《2021年全球创新指数报告》显示,中国的科技创新能力在132个经济体中的排名上升至第12位,是排名最高的中等收入经济体,也是世界上进步最快的国家之一。依据国家统计局的数据,2021年中国全社会研究与试验发展(R&D)经费投入为27864亿元人民币,占GDP之比达到2.44%,已接近OECD国家疫情前2.47%的平均水平。中国在核心技术价值链和绿色技术价值链上双双发力,中国经济正在加速形成创新驱动型的增长模式,这是中国重构产业链、推动高质量发展的根本措施。

(二)支持多边主义贸易体制,积极发展区域和跨区域贸易合作

中国秉承开放包容、厉行法治、协商合作的多边主义原则,倡导构建相互尊重、公平正义、合作共赢的新型国际关系。几十年的改革开放历程表明,中国是世界经贸秩序践行者、维护者和建设者,中国经济的增长为世界经济作出了重大的贡献。自2002年以来,中国对世界经济增长的平均贡献率接近30%,成为世界经济增长的动力源和稳定器。2021年中国进出口首次突破6万亿美元,达到6.05万亿美元,创历史新高。商务部的数据显示,中国"入世"20年,向42个最不发达国家97%的税目提供免关税待遇,成为最不发达国家最大的出口市场,中国市场吸收了最不发达国家25%的出口。2021年7月,商务部宣布在上海和北京等五大城市率先开展

国际消费中心城市培养建设，让中国市场成为世界的市场、共享的市场。

中国的发展也得益于世界。自贸试验区作为中国改革开放的试验田，建设数量已达21个，形成了覆盖东西南北中的试点格局。依据商务部的数据，2013年自贸区推出第一张外资准入负面清单，经过多次修订，特别管理措施由2013年190项压减至2021年的27项。1988年中国利用外资首次突破100亿美元，2010年首次突破1000亿美元，成为全球吸引外资的重要场所。1983—2021年中国吸引FDI的总量达到2.33万亿美元。外资成为中国经济增长和出口的重要力量，自1997年以来，外资进出口占据了中国经济进出口总量的约一半。同时，在竞争中，外资积极推进和提高了中国企业的技术进步。2021年11月24日刘鹤副总理在《人民日报》上撰文《必须实现高质量发展》，强调了外资企业对实现高质量发展非常重要，要鼓励引进更具竞争力的产品、技术和服务，在更高水平竞争中创造价值，实现互利共赢[1]。世界银行的一项研究也表明，跨国公司在过去30年中推动了全球价值链的显著崛起，因为它们将生产流程分解，并在全球范围内传播其网络，国内企业通过投资、合作或贸易向跨国公司学习，从参与全球价值链中受益匪浅。[2]

依据商务部网站的信息，在跨国或跨区域合作上，中国目前已经签订21个自贸区协议，10个正在谈判的自贸区，8个正在研究的自贸区。2022年1月1日，《区域全面经济伙伴关系协定》（RCEP）正式生效，2021年9月16日中国正式提出申请加入《全面与进步跨太平洋伙伴关系协定》（CPTPP）。中国在多边框架下，融入区域和跨区域产业链的步伐越来越快。中国坚定的开放与稳定的政策预期确保了投资和贸易模式的稳定性，有利于提高产业链的稳定性和安全性。

---

[1] 刘鹤：《必须实现高质量发展》，《人民日报》2021年11月24日。
[2] Qiang, Christine Zhenwei; Liu, Yan; Steenbergen, Victor, 2021, *An Investment Perspective on Global Value Chains*, Washington, D. C.：World Bank.

（三）进一步夯实、提高中国产业链的既有优势

疫情以来，中国制造业出口的高增速进一步擦亮了中国制造这张世界性名片。从制造业产值来看，2010年中国就已经成为世界第一制造大国。目前中国制造业增加值占全球制造业增加值的约30%，全球供应链越发依赖中国的产业链。

国内市场和营商环境的快速提升，提高了国内外产业链的相互促成。市场规模对全球价值链参与的影响在很大程度上是通过与国内产业的联系来调节的，制造业规模较大的市场具有更大的全球价值链参与的特点，这突出了国内供应商参与全球价值链的重要性（World Bank，2020）。中国制造业具有国内大市场的有力支撑，国内大市场更加畅通，有利于促进制造业全球产业链的形成。

中国劳动力教育素质差异大，这是中国能够形成低端技术到高端技术全产业链的基本支撑。2020年疫情暴发以来，中国制造向世界展示了中国产业链的完整性和韧性，可以向世界提供全技术链的产品，这是中国制造业既有的优势，要牢牢把握住制造业的创新与发展是推动中国经济高质量增长的基础性力量，政策要大力支持发展制造业。同时，国家应加大对中小企业的扶持力度，保市场主体，就是保就业、保产业链，这也是以国内大市场循环为主体的重要基础。

（四）继续推动共建"一带一路"高质量发展

第十四个五年规划和2035年远景目标纲要中明确指出，推动共建"一带一路"高质量发展。依据中国商务部的数据，2013—2020年，中国与"一带一路"沿线国家货物贸易总量累计超过9万亿美元，累计直接投资额约1400亿美元，累计承包工程完成营业额6400亿美元，沿线国家在华累计投资额约600亿美元。"一带一路"倡议赢得了世界的尊重，也积极拓展了

全球产业链。全球价值链应该更具包容性，需要克服中小企业的参与限制，并为低收入发展中国家提供便利，通过建立一个多年计划，以扩大和升级必要的基础设施建设，提高所有国家的能力，有助于在全球范围内加强更包容和可持续的增长和发展。世界银行的一项研究表明，中国提出的"一带一路"倡议，通过建立健全"一带一路"金融合作网络，推动金融基础设施互联互通，支持多边和各国金融机构共同参与投融资，产业链的区域范围从一个国家或地区发展到了全球范围，形成了全球范围内的产业链（Cusolito, et al., 2016）[1]。经济合作与发展组织和世界银行集团2015年10月向G20贸易部部长提交的包容性全球价值链报告，以促进更具包容性的全球价值链的形成。高质量共建"一带一路"顺应了各国民众渴望共享发展机遇、创造美好生活的强烈愿望，不断充实了人类命运共同体的内涵，日益成为完善全球治理的新平台，也成为全球产业链持续、稳定向前发展的典范。

---

[1] Cusolito, Ana Paula; Safadi, Raed; Taglioni, Daria, 2016, *Inclusive Global Value Chains: Policy Options for Small and Medium Enterprises and Low–Income Countries. Directions in Development—Trade*, Washington, D. C.: World Bank.

美元指数有可能触及110，
货币集体贬值属正常现象

5月16日

依据Wind数据，截至5月15日，美元指数2022年以来上涨了8.84%。美元指数中经济体欧元、日元、英镑、加元和瑞郎兑美元分别贬值了8.40%、12.27%、9.36%、2.00%和9.88%。美元指数中经济体货币兑美元集体贬值。

在上一轮美元加息的升值周期中，我们看到了类似的现象。从2014年5月到2015年3月差不多11个月，美元指数从80左右上涨至100，大约上涨了20%。欧元大约贬值21%、日元大约贬值22%、英镑大约贬值11%、加元大约贬值18%、瑞郎大约贬值10%。

同时，我们观察到一个现象：2007年次贷危机爆发后，一直到2011年下半年，美元兑美元指数中经济体的货币在这个阶段达到低值。2011年之后，美元兑美元指数中经济体的货币再也没有触及次贷危机时期的低点。换言之，从2011年之后，美元一直呈现出走强的趋势，差不多走出了10年的强美元周期。

从2008年之后，美国进入了长达10多年的"大停滞"周期，美元指数还能保持强势，不得不说，"大停滞"基本是发达经济体的共同周期。是美元指数中的经济体实力太弱了，并不是美国经济有多好，才导致了强美元周期。

这一轮美元指数上涨差不多从2021年5月开始，从大约90上涨至目前的104.5左右，大约1年时间升值了16%。5月13日盘中高点曾经突破105。从美元指数中经济体目前面临的货币政策选择来看，美元指数有可能触及110。

从欧元来看，欧元区经济面临两大挑战：俄乌冲突对欧洲经济造成的巨大负面冲击和通胀高企。前一个问题是政治问题，后一个问题是经济问题，但政治问题加剧了经济问题。欧洲央行面临着外部政治冲突和内部通胀的双重压力。从欧盟出台的五轮制裁以及还在酝酿的第六轮制裁来看，欧盟与俄罗斯全面"脱钩"是大概率事件。欧元区目前失业率6.8%，低于疫情前的水平，4月通胀率（HICP）同比上涨高达7.5%。欧元区的通胀压力主要来源于进口能源价格冲击，欧元区尚未出现工资—物价螺旋机制。欧元区的货币政策对于"进口通胀"作用尽管有限，但剔除能源和食品以外的商品和服务价格目前以每年3.5%的速度增长，这是疫情冲击前欧元区历史上平均价格的两倍多，通胀压力迫使欧洲央行开始讨论货币政策正常化的问题。

欧洲央行行长Christine Lagarde近期发表了"Challenges along Europe's road"（May 11，2022）的演讲，对于欧元区货币政策做了一个前瞻性的表态。认为在过去不到一年的时间里，经济形势发生了显著变化。需求异乎寻常的快速反弹与供应惊人的缓慢复苏同时出现，这导致了短缺和供应链中断，导致能源、食品和工业品通胀飙升。并认为俄乌冲突加剧了通胀的所有主要驱动因素，作为典型的供给冲击增加了经济不确定性，使得货币政策面临的形势更加复杂，因为在短期内，通胀和增长正朝着相反的方向发展。

在这样的环境中，Lagarde认为承诺和灵活性是关键。鉴于通胀可能在一段时间内保持高位，欧洲央行致力于价格稳定的行动对于锚定通胀预期和遏制第二轮通胀效应至关重要。一旦各种供应冲击过去，这将有助于确保通胀率回到2%。同时，面对增长的不确定性，渐进主义和灵活性仍然很重要，货币政策调整速度将是渐进的。并预计在2022年第三季度初得出终止资产购买计划下的净购买的结论,首次加息将在净资产购买结束后一段时间进行。

从结束净资产购买和加息时点来看,欧元区货币政策将滞后美联储6个月及以上,同时欧元区采取的货币政策将是渐进的。

从日元的情况来看,从2021年年初至今,日元贬值了大约30%。日本央行并未就日元大幅度贬值而采取行动。重要原因是日本通胀率尚不高,市场普遍预期4月CPI在2%左右。日本面临的问题是,如果没有工资和物价的普遍上涨,当能源价格上涨放缓时,日本经济中的基础通胀是无法持续的,日本央行目前并未改变继续宽松的货币政策,政策性利率 -0.1%。

英国和加拿大已经进入了紧缩周期,英国政策性利率水平为0.75%,与疫情前持平;加拿大政策性利率为1%,低于疫情前的1.75%。瑞典目前是零利率,疫情前是负利率;瑞士疫情前后政策性利率一直维持在 -0.75%。从加息角度来看,这几个经济体未来即使加息,加息的幅度应该不会超过美联储此轮加息的幅度。

由于美元指数的编制只包括了以上6种货币,这是一个全球货币金融利益集团指数。从直接影响渠道来看,美联储紧缩的力度和速度均超过美元指数中经济体紧缩力度和速度。这种相对性决定了美元指数依然有进一步走强的基础。毕竟美联储加息刚刚开始,国际金融市场并没有来得及完全消化美联储未公布的加息和缩表方案。

在美元指数持续上涨通道中,全球货币集体贬值属于正常现象。

中国出口要尽力分享这个阶段的海外通胀溢价

5月20日

2020年中国经济出口是"量价齐升"。2021年主要靠数量效应（海外需求上涨），价格效应弱化（进口价格指数高于出口价格指数），贸易条件恶化。2022年前3个月，商品进出口价格指数基本保持平衡，贸易条件改善，但数量效应弱化。

2022年国际大宗商品价格将处于高位运行，但海外通胀也处于高位，整体贸易条件相对平衡，贸易条件要明显好于2021年。因此，要通过优化防疫举措，尽力快速恢复生产和流通，提升出口，才能最大程度分享这个阶段的海外通胀溢价。

2020年疫情暴发以来，2020年3月之前中国出口数量同比指数均在100以下，出口数量指数4月触及100.5，5月只有93.5。随着疫情防控取得重大成果，复工复产快速推进，从6月开始，出口数量指数持续上涨。2021年4月之后，出口数量指数开始下降，一直到2022年2月下降至93.2（2月由于春节因素），2022年3月保持在101.6（见图1）。

从出口数量指数同比来看，逻辑很清晰：2020年5月之后的快速复工复产，海外发达经济体正受到疫情冲击，生产能力没有得到释放。同时，海外发达经济体大规模的财政货币政策刺激了需求，中国商品的出口出现了显著增长。随着海外疫情政策的变化，海外生产能力得到了逐步恢复。比如，美国工业生产总指数从2020年2月的101.3迅速下降到4月的84.2，随后逐步上涨，直到2021年7月才基本接近2020年2月的水平。2022年4

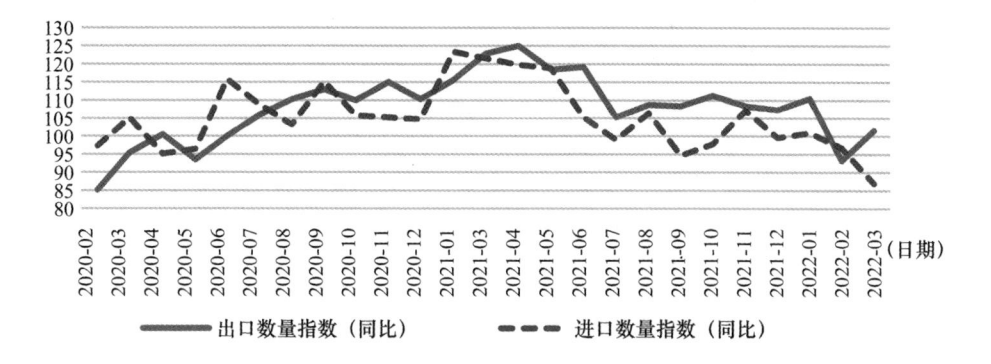

图1 中国经济出口和进口商品贸易指数

说明：由于2020年2月没有月度数据，从1—2月的数据来看，基数低，2021年2月出口数量同比指数高达244.6，进口价格指数109，图中没有显示。

资料来源：中国海关。

月这一指数达到了105.6，超过疫情前2019年的月度均值大约3个百分点。欧洲的经济修复速度要明显慢于美国经济的修复速度。因此，2020年6月之后一直到2022年1月，中国经济出口数量效应是很明显的。进口数量指数的变化与出口数量指数的变化趋势基本相同，但在2022年2月之后出现了明显的反差，2022年3月出口数量指数为101.6，进口数量指数只有86.9，内需出现了明显收缩。

从疫情以来中国出口的价格指数来看，其变化与数量指数趋势基本相反。2020年6月中国出口价格指数为104.3，随后下降，直到2021年5月之后才一直在100以上。这说明了这个时期中国出口主要是靠数量效应，价格效应作用弱化。主要原因是主要发达经济体2020年经济深度衰退，物价水平低，但进口价格指数更低，主要是大宗商品价格持续暴跌。对比之下，2020年的贸易条件是改善的。美国在2021年3月之后，欧元区在2021年7月之后通胀率才开始突破2%。因此在2021年的年中之后，中国经济中出口的价格指数一直在100以上，出口开始具有明显的价格效应（见图2）。

从进口价格指数来看，在2021年2月之前，进口价格指数基本都在

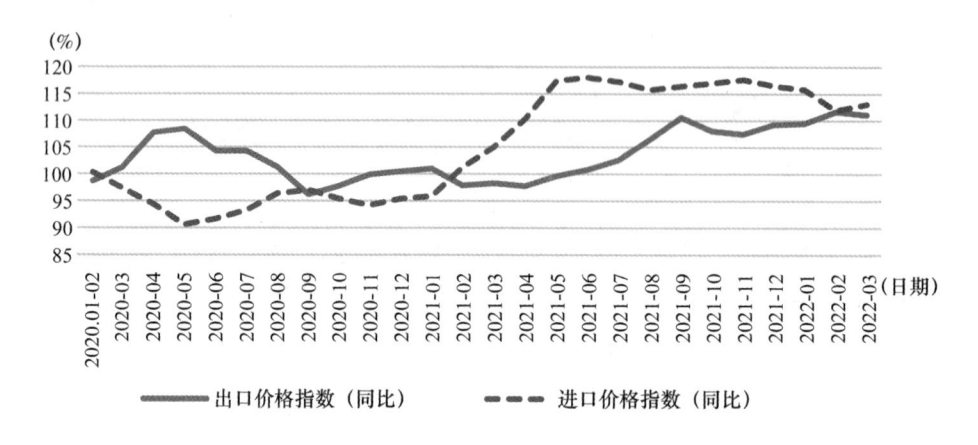

图 2　中国经济出口和进口商品贸易指数

资料来源：中华人民共和国海关总署。

100以下。2021年2月之后，商品贸易进口价格指数快速上涨，主要原因是2021年2月以来国际市场大宗商品价格出现了持续上涨。依据美国EIA的数据，2021年1月末，WTI原油价格大约在52美元/桶，此后一路上涨，到2022年3月基本维持在110美元/桶。国际大宗商品价格暴涨，导致中国商品贸易进口价格指数持续位于高位运行（见图2）。依据商务部网站的数据，2022年1—3月进口原油12785.0万吨，进口金额81208.8百万美元（2021年1—3月进口原油13919.3万吨，进口金额58249.4百万美元），1—3月进口原油数量同比下降8.1%，金额上涨39.4%。1—3月天然气数量进口下降了5.1%，进口金额上涨了68.7%（达到10306.2百万美元）。1—3月煤及褐煤进口数量同比下降24.2%，进口金额上涨69.7%（4821.2百万美元）。1—3月成品油进口数量同比增加了6.8%，进口金额上涨了46.7%（3340.0百万美元）。2022年1—3月中国经济进口额6579.78亿美元，原油、天然气、煤炭和成品油四项的进口金额占比达到了11.7%。

从整个2021年商品贸易进出口贸易价格指数来看，中国对外贸易条件是恶化的，商品贸易进口价格指数远高于商品贸易出口价格指数。贸易条件的恶化对实际收入有重要影响，由于进口价格指数过高，消耗了过多的资金，导致更少的资源可以分配到消费和资本形成，最终会造成实际收入损失。

从2022年1—3月的情况来看，由于海外通胀不断创新高，中国商品贸易出口价格指数和进口价格指数都保持在高位，贸易条件相对于2021年有明显改善。换言之，中国出口开始分享海外通胀溢价。

从2022年4月的进出口数据来看，由于新冠疫情在国内多点频发，生产流通受到了明显影响，4月出口增速出现了明显下滑。以美元计价，4月出口同比增长3.9%，进口同比增长持平；以人民币计价，出口同比增长1.9%，进口同比增长-2.0%。以美元计价，1—4月出口累计同比增长12.5%，进口同比增长7.1%；以人民币计价，1—4月出口累计同比增长10.3%，进口同比增长5.0%。整体上，2022年1—4月进出口额高达1.976万亿美元，商品贸易顺差高达2129.3亿美元，还是维持在比较高的位置。

依据商务部的数据，2021年中国商品贸易顺差6768.59亿美元，创年度历史新高。2020年商品贸易顺差5239.9亿美元，次于2015年的5939.04亿美元，排在年度贸易盈余第3位。这就是说，新冠疫情暴发以来，2020—2021年两年的贸易顺差在20世纪80年代以来30多年的对外贸易年度顺差中排在年度第1位和第3位。

2020年中国经济增速2.3%，是全球大经济体中唯一保持正增长的经济体；2021年中国经济GDP增速8.1%，全球领先。在这个背景下，2020—2021年中国商品对外贸易巨额出口的阶段性特征变化很清晰：2020年中国经济出口主要是依靠数量效应（国内复工复产快，海外生产能力不足），价格效应也发挥了重要作用（出口价格指数基本高于进口价格指数），2020年中国经济的出口是"量价齐升"。2021年主要靠数量效应（海外需求上涨），价格效应弱化（进口价格指数高于出口价格指数），贸易条件恶化。2022年前3个月商品进出口价格指数基本保持平衡，贸易条件较2021年明显改善，出口主要是靠数量效应，但数量效应出现了弱化。

2022年国际大宗商品价格将持续处于高位，但海外通胀也处于高位，整体贸易条件相对平衡。从贸易条件视角看，2022年中国贸易条件应该要好于2021年。

2022年，国家应尽力快速恢复生产和流通，提升出口，尽最大努力分享这个阶段的海外通胀溢价。

问题清晰市场有点慌乱：金融市场看不清未来

5 月 26 日

美欧激进的刺激政策和疫情所致的供给冲击导致了通胀的快速攀升，地缘政治冲突成为进一步推高通胀的接力棒。通胀问题是清晰的，但市场是慌乱的，因为市场看不清未来。市场看不清未来的原因是：短期，市场看不清美联储货币政策紧缩的速度和力度，或者说看不清美联储紧缩政策的底；中长期，市场看不清疫情以及地缘政治冲突引发的对产业链和供应链安全"过度"追逐的底。尤其是当经济问题政治化后，对全球产业链和供应链扰乱的成本难以计算。"双底"不清，国际金融市场慌乱不止。

国际金融市场当前面临的问题很清晰：通胀太高。金融市场表现得有点慌乱：风险资产价格较大幅度下挫，避险情绪开始上扬。

目前美国经济通胀 CPI 超过 8%，PCE 接近 7%，均是 40 年以来的高位。美联储必须紧缩货币政策以应对高通胀，防止通胀不断侵蚀居民和企业的实际支出能力。

2022 年以来，美国股市出现了较大程度的跌幅。截至 5 月 24 日，道琼斯指数下跌 12.14%、标普 500 指数下跌 17.30%、纳斯达克指数下跌 28.00%。纳斯达克指数已经出现了较为深度的下跌，衰退性交易显现。

截至 5 月 24 日，VIX 指数 2022 年以来上涨了 65.30%，全球恐慌情绪上扬。

高通胀的来源是什么？有三个主要原因：一是美国过于激进的刺激政策导致产出缺口快速收敛，经济总需求上扬拉动了物价上涨；二是疫情所致的供应链瓶颈等问题，供给冲击推高了供给成本（包括运输成本）和物价水平；三是俄乌冲突升级导致以能源为代表的大宗商品（包括食品）价格暴涨，带来了显著的供给冲击，进一步推高了物价水平。

俄乌冲突既是欧盟和俄罗斯关系重构的分水岭，也是全球地缘政治关系重构的分水岭。欧洲能源和俄罗斯能源大概率会出现"硬脱钩"，出现能源供应链"脱钩"。从欧盟对俄罗斯的五轮制裁以及在酝酿讨论的对俄罗斯能源禁运问题，欧盟政治利益压倒了经济利益，即使付出高成本也要和俄罗斯能源强行"脱钩"。能源替代与能源转型的成本决定了以能源为代表的大宗商品价格会持续在高位运行。

疫情带来产业链内部化和区域化的安全重构，以及全球地缘政治关系重构将带来的出于政治目的的全球产业链重构，都将在中长期推高通胀。各种贸易投资规则的重构，强调供应链弹性，本质上就是部分产业链的"脱钩"与重构。

在上述动荡的背景下，就出现了问题清晰但市场有点慌乱的结果，因为市场看不清未来。市场看不清未来，可以进一步区分为看不清的短期因素和看不清的中长期因素。

看不清的短期因素：市场看不清美联储货币政策紧缩的速度和力度，或者说美联储紧缩政策的底。

因为这一轮的通胀因素极其复杂，影响通胀的需求和供给因素相互交织。当地缘政治冲突成为影响通胀的重要接力棒后，能否减缓政治冲突对通胀的影响存在高度的不确定性。同时疫情以及对产业链安全"过度"追逐所致的成本上涨对通胀的影响也存在不确定性。在这样的背景下，市场预期"滞胀"风险上升。美联储本身由于采取了货币政策新框架，强调长期通胀率2%，对于通胀率何时回到2%并没有把握。换言之，长期平均通胀率2%本身就代表了短期通胀率目标存在明显的模糊性，当下阶段的通胀"超调"已经说明了这一点。美联储同时希望经济"软着陆"，那么采取何种速度和力度来紧缩货币政策？美联储自己也给不出具体的答案，因为影响通胀的不确定性因素有点多。如果要在2022年把通胀控制下来，货币政策的力度必须要足够大，必须牺牲经济总需求，这又会提高失业率。所以我们可以看到关于美联储加息的顶部是不清晰的，中性利率水平的估判也存在很大差异，可以从2%到3.5%。结果只能是高调紧缩货币政策控通胀，实际上是走一步看一步。

看不清的中长期因素：对所谓经济安全的"过度"追逐。

疫情终会过去，疫情引发的供应链和产业链问题或可以修复，但地缘政治冲突带来的人为断链难以修复。因此，即使疫情消散，全球产业链和供应链也很难回到从前，会有一定的变化。

疫情开始只是带来了公共卫生产业链的安全问题，随着疫情的持续，波及其他产品产业链的安全，全球部分产品的产业链开始缩短，以追求产业链的安全。2018年以来，美国持续强化全球竞争，高科技领域的产业链安全问题凸显，技术封锁、技术贸易限制等措施推高了全球经济成本。俄乌冲突升级更是直接显化了经济问题政治化的趋势。美国对外经济贸易政策充满了政治气氛，恶意竞争下的对高技术产业链安全和供应链安全的"过度"追逐，市场也看不清"安全"的底在哪里，这将导致巨大的调整成本，包括部分产业链重构和市场销售的成本，这会对公司盈余产生难以估算的影响。

美联储紧缩政策的底和对经济安全"过度"追逐的底，国际金融市场都看不清楚。"双底"不清楚，意味着资产价格贴现的分子部分和分母部分都不清楚，市场不会有明确的方向，只能在有点慌乱中反复调整。

这种令国际金融市场投资者难受的调整可能会持续比较长的时间，会使2022年成为国际金融市场资产价格波动的大年。直到美联储紧缩政策的底和对经济安全追逐的底逐步清晰化，国际金融市场才会选择明确的方向。"双底"不清，国际金融市场慌乱不止。

美联储:瘦身版"滞胀"也是宏观政策的失败?

5月30日

中长期通胀预期下降说明美国通胀或许已经见顶,随着经济开放,服务业的价格将主导推动美国物价的上涨。美联储会进一步通过金融条件紧缩来抑制消费和信贷,降低物价水平,并使得货币政策逐步体现出流动性与利率相匹配的常态化货币政策。但由于物价呈现出明显的供给冲击特征,美联储应该不会为了降物价而使经济紧缩到"滞"的水平,美联储对通胀的容忍度是比较高的。鲍威尔眼中的美国经济"软着陆"意味着即使是瘦身版的"滞胀"也是美国宏观政策的失败。

美国激进的宏观政策本身是一场豪赌。2020—2021年美国财政赤字大约为6.1万亿美元,美联储资产负债表扩张1倍以上,从2020年3月5日的约4.24万亿美元"爆表"至2022年5月26日的约8.91万亿美元。2020—2021年美国实际GDP增速分别为−3.4%和5.7%,两年平均不足1.1%。目前失业率为3.6%,基本恢复到疫情前水平。通胀率(PCE)已经连续14个月超过2%,2022年4月达到6.6%。

按照美联储2022年3月16日经济预测的中值数据,2022年美国经济上涨2.8%,PCE同比上涨4.3%;2023年GDP增速2.2%,PCE同比上涨2.7%。因此,美联储眼中希望2022年美国经济是适度增长,但通胀较高,并没有明确的"滞胀"。

考虑到美联储经济预测的区间,2022年美国经济增速区间为2.1%—3.3%,物价水平(PCE)同比上涨3.7%—5.5%。考虑最差的情形,2022

年美国经济增速2.1%，PCE通胀同比上涨5.5%，在这种最差情况下，美国经济通胀较高、经济增速较低。与20世纪80年代的"滞胀"相比，充其量也难以够得上瘦身版的"滞胀"。因为实际GDP增速依然达到了2.1%，尽管通胀水平较高。依据BEA提供的数据，1974—1975年美国实际GDP增速分别为-0.5%和-0.2%，名义GDP增速分别为8.4%和9.0%；1980年和1982年美国实际GDP同比增速为-0.3%和-1.8%，名义GDP增速分别为8.8%和4.3%。按照目前的预测，与20世纪70—80年代的"滞胀"差距甚大。

图1显示了最近一年以来美联储对2022年美国经济核心指标的预测。预测变化最大的是物价水平，2022年3月预测的物价水平几乎是2021年3次预测的2倍，2021年12月预测2022年美国的通胀（PCE）为2.6%，2022年3月的预测就变为4.3%。GDP增速预测变化也比较大，2021年12月预测今年美国GDP增长4.0%，2022年3月的预测就变为2.8%，下降了1.2个百分点。预测差别比较小的是就业水平，2022年3月的预测与2021年年底的预测一致。在经济面临不确定性增加的情况下，美联储每一次的经济预测之间差距很大，不排除在接下来6月中旬的预测中，美联储会再次比较明显地调整预测结果。

从近期美国经济金融数据来看，美联储降通胀对通胀预期的引导起到了一定的作用。依据美联储圣路易斯分行提供的月度数据，2022年3—4月10年期保本国债隐含的通胀预期高达2.85%和2.88%，5月下降至2.69%（截至5月27日），较4月高点下降了0.2个百分点，基本接近2021年11月的水平。5年期保本国债隐含的通胀预期从3月高点3.41%下降至5月的3.03%（截至5月27日），长期通胀预期开始下行。从10年期国债指数债券隐含的实际利率来看，从5月10日的高点0.34%下降至5月26日的0.13%，这也说明近期市场预期美国经济增长动能在下降。2020年3月23日是全球金融大动荡的底谷，实际利率开始转为负值，一直到2022年4月29日才开始转正。美债收益率的下降是上周美股出现较大幅度反弹的重要原因。

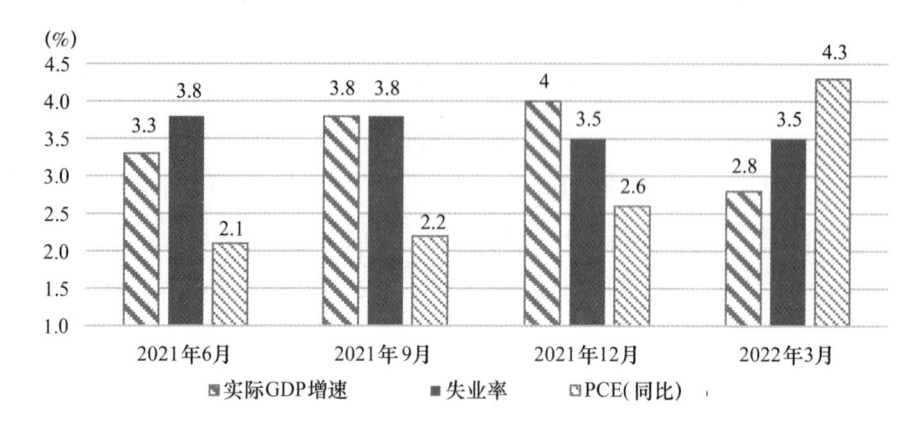

图 1　美联储近一年以来对 2022 年美国经济核心指标预测的变化

资料来源：美联储各期经济预测。

从短期一些美国经济指标来看，个人支出强劲，但未来支出增长的边际动能会下降。依据 BEA 的数据，4 月个人可支配收入环比增长 0.3%，个人消费支出环比增长 0.9%，对应了个人储蓄率从 3 月的 5.0% 进一步下降至 4.4%。这个储蓄率水平比疫情前 7%—8% 的储蓄率已经大幅度下降。近期工资上涨幅度不及物价上涨幅度，美国经济中消费实际增长的边际动能会逐步下降。

从 PCE 支出价格指数来看，4 月 PCE 价格指数环比上涨 0.2%，其中货物支出价格指数环比下降 0.2%，出现了首次负增长，而服务业价格指数环比增长 0.5%，依然保持着比较强劲的需求，这与疫情的再次开放有直接的关系。美国物价水平应该进入了物价上涨动能切换阶段：由货物价格主导推动物价上涨让位于服务业价格主导推动物价上涨的阶段。

依据纽约联储分行的数据，截至 5 月 21 日的一周，周经济指数（WEI）进一步从上一周的 4.22 下降至 3.52。5 月纽约联储分行制造业调查数据显示，制造业一般商业状况指数下跌 36 点，跌至 -11.6，主要是新订单减少和出货量出现了疫情以来的最快下降。这是一次性扰动还是趋势需要进一步观察。

从金融条件指数来看，2022年已经发生了明显的快速收紧趋势。依据美联储芝加哥分行的数据，美国金融条件指数2022年1月大约为-0.60，截至5月大约为-0.23。但整个市场流动性依然极其充裕，近期纽约联储的逆回购规模基本在2万亿美元左右，金融条件的收紧主要是市场利率上涨所致。美联储会进一步持续收紧金融条件来提高融资成本，降低总需求及价格水平。

由于金融条件持续收紧，金融市场风险溢价补偿已经超过疫情前水平，这会引起风险资产价格持续调整。ICE BofA期权调整利差（OAS）过去一年差不多1%，从2022年1月开始上涨，目前维持在1.4%—1.5%。

利率上扬、流动性充裕，表明美国紧缩货币政策在金融市场上继续表现为利率与流动性管理分离的特征。未来随着继续加息和缩表规模的扩大，利率与流动性分离管理的货币政策会逐步减弱，逐步恢复到流动性与利率相互匹配的常态化货币政策。

至此，可以简单总结一下：中长期通胀预期下降说明美国通胀或许已经见顶，随着经济开放，服务业的价格将主导推动美国物价的上涨。美联储会进一步通过金融条件紧缩来抑制消费和信贷，降低物价水平，并使得货币政策逐步体现出流动性与利率相匹配的常态化货币政策。但由于物价呈现出明显的供给冲击特征，美联储应该不会为了降物价而使经济紧缩到"滞"的水平，美联储对通胀的容忍度是比较高的。

美联储自己难以接受这个事实：拼到零利率无上限的宽松政策，大规模的财政赤字货币化，最后只换来了1—2年的增长，就进入了"滞胀"。可见，鲍威尔眼中的美国经济"软着陆"，意味着即使是瘦身版的"滞胀"也是美国宏观政策的失败。

欧洲央行:通胀更高但尚未进一步行动,因为更复杂

6月1日

欧洲央行货币政策面临着非正常时期货币正常化的难题。欧元区经济面临财政支持下降、居民实际可支配收入下降,以及对俄罗斯制裁带来的能源价格高企。欧元区5月HICP预估值高达8.1%,第一季度经济增长、就业和进出口数据良好,欧元区内部尚不存在过度需求。由于欧元区的通胀和美国的通胀来源存在显著差异:欧元区能源价格几乎贡献了价格上涨的50%。欧元区更可能使用财政资金来抵补能源价格上涨所致的成本,欧元区货币政策紧缩的力度和速度或不及美联储,并对中性利率的讨论不感兴趣,尚未进一步行动,欧洲央行面临的情况更复杂,在保持着对通胀极高的容忍度,避免激进紧缩所致"滞胀"。

2022年欧元区经济面临的基本情况主要包括以下几个方面。

一是整个欧盟财政赤字率将大幅度下降。依据最近的经济预测提供的数据(EU, Spring 2022 Economic Forecast),欧盟预计政府总赤字将从2021年占GDP的4.7%下降到2022年占GDP的3.6%,2023年赤字率进一步下降至2.5%,2023年整个欧盟的债务与GDP比例将降至GDP的85%,回归到2019年新冠疫情暴发前的水平。

二是家庭居民实际可支配收入下降和储蓄率下降。欧盟预计2022年工人人均薪酬将增长3.9%,HICP通胀率将达到6.8%的历史最高水平,家庭

实际可支配收入将下降2.8%。在高通胀导致购买力下降的背景下，家庭将其可支配收入的很大一部分用于消费，欧盟预计储蓄率将从2021年的17%下降到2022年的13.8%和2023年的12.5%，与2019年的水平大致相同。

三是居民家庭财务状况比较稳定。新冠疫情暴发后，欧元区居民财务杠杆有所上升，最近几个月欧元区债务与可支配收入的比率稳定在98%，名义收入增长保持稳定。但由于欧洲央行把利率压制在极低的水平，总利息支付/收入从2009年的大约5%下降至2021年年底的2%多一点，偿债成本达到创纪录的低点[ECB，May 2022，Financial Stability Review（FSR）]。

四是俄乌冲突后欧盟对俄罗斯制裁导致了能源等大宗商品价格大涨。5月4日欧盟主席冯德莱恩（von der Leyen）宣布了第六轮制裁（sixth package of EU sanctions against Russia），正式提议欧盟禁止进口俄罗斯石油，确保以有序的方式逐步淘汰俄罗斯石油，并计划2022年年底前禁止大部分来自俄罗斯的石油。目前，布伦特原油价格已经超过120美元/桶。

依据欧盟近期的预测，欧元区2022年实际GDP增长率预计为2022年的2.7%，2023年预期为2.3%，较上一次预测的2022年4.0%和2023年的2.7%有明显下降。欧元区2022年预测通货膨胀率为6.1%，2023年为2.7%。相比上一次预测的3.5%和1.7%大幅度上涨。因此，与俄乌冲突升级之前相比，最近的预测显示了：2022年欧元区经济增速下降，通胀上升。

依据欧盟5月17日发布的经过季节调整的数据，欧元区2022年第一季度GDP环比增长0.3%，同比增长5.1%，就业人数环比增长0.5%，同比增长2.6%。欧盟5月16日发布的进出口数据显示，2022年第一季度欧元区对世界其他地区的商品出口增至6667亿欧元，同比增长16.6%；进口增至7191亿欧元，同比增长39.7%。2022年第一季度欧元区贸易逆差524亿欧元，而2021年第一季度贸易盈余567亿欧元。2022年第一季度欧元区内部贸易增至6360亿欧元，同比增长24.4%。因此，从第一季度GDP、就业和进出口数据来看，欧元区经济表现还是不错的，但欧元区内部不存在过度需求。拉加德5月23日表示，欧元区的消费和投资仍低于疫情危机前的水平，甚至低于疫情危机前的趋势（The ECB Blog, Christine Lagarde, Monetary policy normalisation in the euro area）。

从5月31日发布的欧元区通胀估计值来看，5月欧元区HICP高达8.1%，较前3—4月的同比增幅7.4%上涨幅度进一步扩大。其中5月能源价格同比涨幅年率高达39.2%，较上个月同比37.5%的涨幅进一步上涨，近期的能源价格几乎贡献了价格上涨的50%。

表1　　　　　　　　欧元区通胀构成指标的变化

	权重(‰)	2021年5月	2021年12月	2022年1月	2022年2月	2022年3月	2022年4月	2022年5月
HICP	1000	2.0	5.0	5.1	5.9	7.4	7.4	8.1
食品、酒和烟草	208.9	0.5	3.2	3.5	4.2	5	6.3	7.5
能源	109.3	13.1	25.9	28.8	32.0	44.3	37.5	39.2
非能源工业品	265.2	0.7	2.9	2.1	3.1	3.4	3.8	4.2
服务业	416.7	1.1	2.4	2.3	2.5	2.7	3.3	3.5

注：每月数据分别是月度年率（%），5月的数据是估计值。
资料来源：Eurostat, Flash estimate, May 31, 2022。

整体上欧元区内部经济并未过热，仍处于经济修复的阶段，但地缘政治冲突升级导致能源价格大涨，导致欧元区的通胀不断创新高。欧元区紧缩货币政策控通胀面临着非常时期实施货币政策正常化的难题。欧洲央行对货币政策正常的理解也是很有意思，从近期欧洲央行行长及官员在网站公布的表述来看，大概有两点：（1）货币政策正常化不是一个预先确定的概念，在很大程度上取决于面临的环境及经济受到冲击的性质；（2）中性利率不太靠谱，随时会变化。换言之，欧洲央行不会设定目标利率水平。近期，欧洲央行行长Lagarde认为，渐进性、选择性和灵活性将是货币政策正常化过程中需要遵循的几个原则。要依据现实情况不断调整货币政策，而不是关于所谓中性利率在何种水平的学术辩论。

　　欧洲央行面临的通胀压力更高,但尚未进一步行动,欧洲央行面临的情况更复杂,在保持着对通胀极高的容忍度,避免激进紧缩所致"滞胀"。

遏制内生性持续高通胀：
美联储货币政策正常化要点

6月6日

美国的通胀来源于激进的财政冲击，避免财政冲击所致的外生通胀转变为工资—物价螺旋机制的内生性通胀是美联储货币政策考虑的核心。随着财政刺激的退出，财政冲击导致的通胀即使美联储不加息，通胀也会最终消退。

我们目前观察到的两个现象证明了美联储对通胀的基础逻辑：由激进的财政冲击通胀走向了工资—物价螺旋机制形成的通胀。现象1：市场大多吐槽了美联储反应滞后，因为这是财政冲击引起的通胀，是外生性通胀，财政冲击不具备持续性。现象2：美联储以通胀为抓手实现了就业优先的货币政策，但不能允许形成持续的工资—物价螺旋机制所致的内生性通胀。

就业优先让位于通胀优先，美联储以控通胀为目标，结束非常规货币政策周期回归正常化。同时，经济周期的变化需要美联储为下一次经济衰退周期创造出想要的货币政策刺激空间。

从通胀来说，美国正在经历40年以来的高通胀。4月美国经济通胀（PCE）从3月的同比涨幅6.6%下降至同比涨幅6.3%，一个重要原因是基数抬高，2021年3月和4月PCE同比增幅分别为2.5%和3.6%。4月通胀（PCE）价格指数环比还是上涨了0.2%，剔除能源食品的核心PCE环比上涨了0.3%。

依据美国劳工部的数据，美国5月新增就业岗位39万个，比冬季少了约1/3；工资增长虽然很高，但近几个月来一直在放缓。2022年第一季度，衡量劳动报酬（工资、薪金和福利）最全面的指标私人劳动者的就业成本指数比前4个季度增长了4.75%，这是31年以来的最大增长率，但通胀率（PCE）在2022年第一季度涨幅达到了6.3%，按实际价值计算，第一季度的劳动报酬比一年前下降了约1.5个百分点。5月平均时薪同比增长5.2%，应该也会低于5月的物价同比上涨幅度。

从就业和薪酬来看，近几个月的数据表明，实际收入下降会进一步刺激就业，提高劳动参与率，但由于失业率已经接近3.5%的历史低位，就业增长放缓是必然的结果。4月美国经济中失业保险为206亿美元（年率），已经明显低于疫情前270亿美元的水平（见图1）。

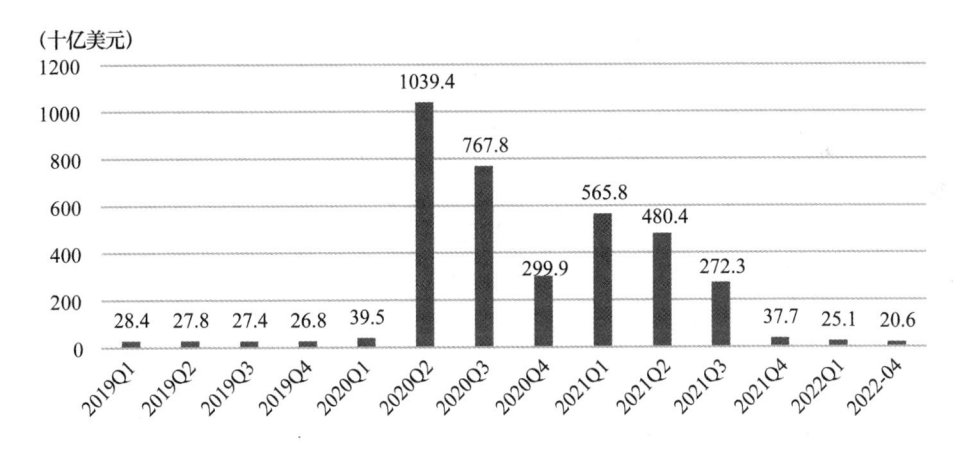

图1 美国经济中的失业保险（季度或者月度表达的年率）

资料来源：BEA。

从私人储蓄来看，2022年第一季度美国私人储蓄总量已经低于疫情前的水平，4月私人储蓄年率只有8153亿美元，比疫情前2019年的水平要低4000亿美元左右（见图2）。

(十亿美元)

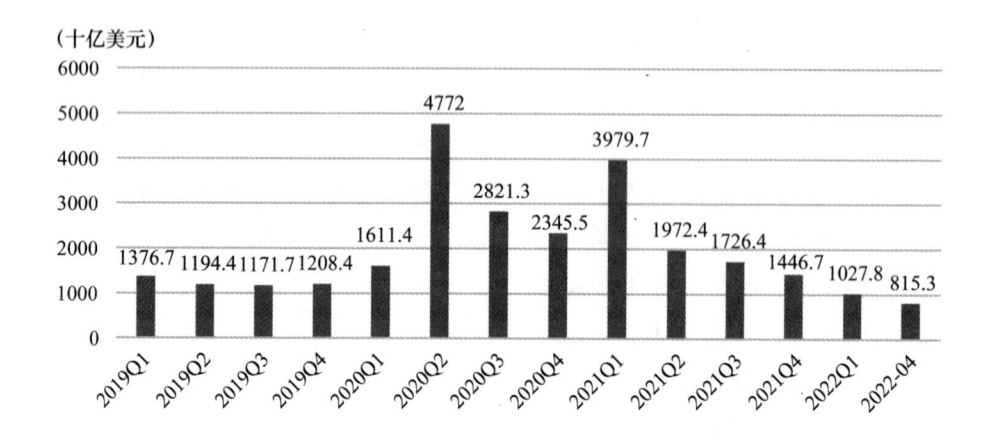

图2 美国经济中的私人储蓄（季度或者月度表达的年率）

资料来源：BEA。

因此，尽管美国4月实际零售额和工业生产增长超过预期，但随着私人储蓄快速下降、财政支持力度减弱，通胀高于名义工资上涨，美国经济的消费会逐步见顶，经济总需求会逐步回落。

图2显示了美国私人储蓄数量的变化。2020年第二季度美国经济中私人储蓄（年率）高达4.77万亿美元，2021年第一季度（年率）也接近4万亿美元。财政转移支付带来巨额储蓄支撑了美国居民的消费，2021年3月美国经济中物价（PCE）突破2%，此后开始快速上涨。依据BEA的数据，2020年第二季度私人转移支付高达5.63万亿美元（年率），2021年第一季度高达5.98万亿美元（年率），以年率计算，比疫情前几个季度的正常水平要高出2.5万亿—2.8万亿美元。

可见，美国的通胀来源于激进的财政冲击。随着财政退出，财政冲击导致的通胀即使美联储不加息，通胀也会最终消退。

这就是我们目前看到的两个现象：市场认为美联储反应滞后，因为这是财政冲击引起的通胀，是外生性通胀，财政冲击不具备持续性；美联储以通胀为抓手实现了就业优先的货币政策目标，但不能允许形成持续的工资—物价螺旋机制内生性的通胀。

在低失业率和高通胀率的组合下，美联储坚持收紧货币政策遏制高通胀是必然的选择。5月联邦基金利率为0.77%，6月开始3个月每月475亿美元的缩表，9月开始每个月增加一倍的缩表规模（但并无明确截止时间，美联储圣路易斯分行有个研究到2023年年底，缩表规模接近1.5万亿美元）。但美联储2022年是否一定要加息到2.5%以上，目前尚难以判断。美联储2022年3月经济预测计划给出的预计中值为1.9%，但范围在1.4%—3.1%。

这里提供一个疫情前的数据，2019年美国PCE同比涨幅1.6%，GDP增速2.6%，联邦基金利率1.55%，10年期国债收益率1.86%，10年期国债隐含的通胀预期1.74%。

如果要保持实际利率为正来控制通胀，美联储可能会做两个相关的工作：首先，严格控通胀的决心和措辞，降低市场对中长期通胀率的预期，如果未来一段时间中长期通胀预期能够降低到2.5%以下，那么就可以腾挪出正的利率空间，降低中长期债券收益率再次大幅攀升对金融市场造成估值冲击的风险；其次，加息、再加息，密切观察劳动力市场工资形成机制的变化，遏制形成持续性工资—物价螺旋机制的内生性通胀。只要内生性通胀压力逐步消失，美联储就会放慢紧缩步伐。

对于疫情所致供应链以及地缘政治冲突所致的大宗商品供给性价格冲击，美联储应该不会给予重点关注。只要没有滞，美联储就有紧缩的空间，胀的问题解决只是时间问题。内生性通胀压力的大小及可持续性，将在很大程度上决定美联储货币政策紧缩的力度和速度。

SDR篮子人民币权重上升，
人民币国际吸引力进一步增强

6月13日

2016年10月1日，人民币首次加入了特别提款权（SDR）货币篮子，成为全球五种主要货币的一员，这是人民币国际化里程碑式的事件。美元、欧元、人民币、日元和英镑在SDR的权重分别为41.73%、30.93%、10.92%、8.33%和8.09%。2022年5月11日，国际货币基金组织（IMF）完成了五年一次的SDR定值审查，维持现有篮子货币构成不变，并将人民币的权重由10.92%提高到12.28%。美元权重由41.73%上调至43.38%，欧元、日元和英镑的权重分别由30.93%、8.33%和8.09%下调至29.31%、7.59%和7.44%。新权重组成的SDR自2022年8月1日正式生效。

此次人民币顺利通过特别提款权审查，且权重进一步上升，反映了国际社会对中国改革开放和经济社会发展取得巨大成就的充分肯定，有助于进一步提升人民币作为国际储备货币的地位，增强人民币及人民币资产的国际吸引力。

SDR是IMF在1969年创建的一项国际储备资产，是在布雷顿森林体系固定汇率制度下作为补充国际储备资产而设立的，用于补充成员国的其他储备资产。1973年布雷顿森林体系崩溃，主要货币转向浮动汇率制度，减少了对SDR作为全球储备资产的依赖。尽管如此，SDR分配可以在提供流动性和补充成员国官方储备方面发挥积极作用。根据协议条款，IMF可以按照成员国在该组织中配额的比例，向参与 SDR 的成员国分配特别提款权。

SDR 不是一种货币，而是对 IMF 成员国自由使用货币的潜在索取权。特别提款权可以为成员国提供流动性，这种流动性通过一篮子货币来定义，SDR 篮子货币的构成就体现了哪些货币是全球最重要的货币。SDR 也不是对 IMF 的债权，而是可以按照市场汇率兑换这些重要的货币。因此，SDR 是 IMF 与成员国交易的会计单位，相当于一种账面资产，也被称为"纸黄金"，是各国国际储备中的稳定资产。

SDR 最初定义为相当于 0.888671 克黄金，当时相当于一美元。布雷顿森林体系崩溃后，SDR 被重新定义为一篮子货币。SDR 每五年审查一次，如果有必要可以提前审查，以确保篮子反映的货币在世界贸易和金融体系中的相对重要性。审查涉及 SDR 估值方法的关键要素包括：选择 SDR 篮子货币时使用的标准和指标，以及确定 SDR 篮子中每种货币金额使用的初始货币权重。SDR 篮子中的货币必须满足两个标准：出口标准和自由使用标准。如果一种货币发行人是 IMF 成员或包括 IMF 成员在内的货币联盟，并且是世界前五大出口国之一，则该货币符合出口标准。IMF 确定的"可自由使用"的货币，该货币必须广泛用于支付国际交易，并在主要交易所市场广泛交易。

截至 2022 年 4 月 30 日，IMF 总计发行了 660、698、906、854 单位的 SDR，其价值每天根据市场汇率确定。自 IMF 创建 SDR 以来，一共发行过五次 SDR。1970 年至 1972 年每年分期分配 93 亿特别提款权，1979—1981 年每年分期分配 121 亿特别提款权，2009 年 8 月 28 日分配了 1612 亿特别提款权，2009 年 9 月 9 日一次性特别分配 215 亿特别提款权，2021 年 8 月 23 日分配了 4565 亿特别提款权（约合 6500 亿美元），这是迄今为止最大的一次分配。

SDR 一旦被分配后，有相应的交易市场安排。SDR 主要是通过自愿贸易安排（VTA）协议在交易中交换为自由使用的货币。VTA 是 IMF 与 SDR 参与者或规定持有人之间的双边安排，其中 VTA 成员同意在一定范围内可以通过协议安排交易 SDR，许多不需要 SDR 支持的成员国可以使用 SDR 向低收入国家提供优惠融资。IMF 提供了利息计算方式，为成员国在 IMF 中有债权人地位的成员支付利息。每个星期 IMF 依据 SDR 篮子货币市场中短期政府债务工具代表性利率的加权平均值确定，下限为 5 个基点。人民币以中国国债三个月期限的基准收益率代表 SDR 篮子利率，美国、英国和日本以三个月期限国债利率代表 SDR 篮子利率，欧元区以 AA 级及以上评级的欧元区中央政府债券三个月期限的即期利率代表 SDR 篮子利率。

一种货币加入 SDR 篮子反映了一个经济体在全球贸易、货币外汇和金融体系方面的重要性。人民币在 SDR 篮子货币权重中的提高，一方面肯定了中国对外贸易和金融在全球影响力的提升，有助于进一步提高人民币作为储备货币的功能，推动深化国际货币体系的改革；另一方面也认同了人民币在支持、稳定和提升全球贸易和金融发展上的作用。IMF 提高人民币在 SDR 篮子货币中的权重，对中国和世界是双赢的选择。

依据海关总署提供的数据，2016 年中国进出口总额约为 3.69 万亿美元，2021 年进出口突破 6 万亿美元，达到约 6.05 万亿美元，成为全球最大的贸易国。依据 IMF（COFER）提供的数据，2016 年 10 月人民币加入 SDR 时，同年第四季度人民币占全球外汇储备的占比为 1.08%，到了 2021 年第四季度这一比例上升至 2.79%，居全球第五位。在 BIS 2019 年的全球外汇市场成交额调查数据中，人民币占比 2.16%，排名第八位，相比 2016 年的 2.0% 有小幅上升。人民币在外汇交易、债务证券以及国际银行业负债中的占比不高，变动不大。此次 SDR 篮子货币中人民币权重提高主要来源于商品和服务贸易出口占比和官方储备货币占比的上升。

中国对外贸易不断增长和金融持续开放提高了人民币的国际吸引力。人民币在 SDR 篮子货币权重的提升，最根本的原因还是中国经济在不断深化高质量的发展之路，推动了制造业的技术进步，提升中国制造在全球价值链上的地位，为出口创造了动力来源。特别是 2020 年全球疫情暴发以来，中国经济出口取得了显著增长，且绝大多数出口货物是工业制品。依据海关总署的数据，2020 年中国出口 2.59 万亿美元，工业制品占 95.5%；2021 年中国出口 3.36 万亿美元，工业制品占 95.8%。制造业发展推动中国出口持续增加是人民币在 SDR 篮子货币中权重提升的重要支撑。

从中国金融双向开放来看，近些年来取得了明显的进步，尤其是证券类短期资本双向流动态势活跃了许多。依据中央结算公司的数据，2016 年年初境外投资者持有人民币债券不到 7000 亿元人民币，2021 年年底境外机构持有银行间债券市场的债券余额达到 3.68 万亿人民币，占银行间债券市场规模的约 4.41%。依据 Wind 提供的数据，2016 年以来外资持有 A 股的市值占比逐年提升，2021 年年底外资持有中国股市 A 股流通市值的约 3.75%，市值接近 2.9 万亿元。尽管相对于发达经济体和部分新兴市场经济体境外投资者持有的比例还有差距，但相比过去，已经呈现出明显的增长态势。

人民币在 SDR 篮子货币权重中的上升，在肯定中国贸易和金融全球影响力提升的同时，也为下一个五年审核提供了进一步改革和发展的思考，人民币在跨境借贷、跨境证券和外汇交易市场上的占比提高，有助于进一步提升人民币在全球的影响力。

双循环新发展格局将推动国内消费大市场的不断拓展，通过技术创新和产业升级不断提升产业链安全，增强产业链的韧性，稳定和促进中国经济的出口能力，强化贸易大国和贸易强国的地位。中国将坚定不移地推动金融市场改革开放，大力发展国内资本市场，提供更多优质金融资产。中国将会进一步提高跨境资本开放程度，做好宏观审慎监管，走金融全球化之路。未来将会进一步加快简化境外投资者进入中国市场投资的程序，丰富可投资的资产准备，完善数据披露，持续改善营商环境，不断提升投资中国市场的便利性，为境外投资者投资中国市场创造更有利的环境，增强人民币和人民币资产的国际吸引力，进一步提高人民币国际化程度，使人民币逐步从国际货币成为国际通用货币。

启动价格限制机制成为欧元区
经济体控通胀的补充

6月16日

外生冲击的刚性通胀决定了欧洲央行通过紧缩货币政策降低总需求来控制通胀的空间。启动价格限制机制或者补贴类非市场化手段成为控通胀的补充，在这个特殊时期会增加欧洲央行货币政策的灵活性，降低欧元区经济落于"滞胀"的风险。

自1999年欧元正式出现而成立欧元区以来，欧元区从未遭遇过如此迅猛的通胀。2022年5月欧元区统一物价指数（HICP）预估同比增长8.1%，从2021年7月欧元区通胀率突破2%之后（7月同比增长2.2%），欧元区通胀一路飙升（见图1）。尽管欧洲央行看起来似乎很淡定，但欧元区的居民何时见过这样的通胀，其中的难过只有他们自知了。

从通胀来源来看，欧元区的通胀主要来源于能源和食品价格的大幅度上涨。从公布的数据来看，2022年3—4月欧元区通胀率同比增幅均为7.4%，我们以4月的通胀细目为例子作说明。从分类商品和服务价格上涨幅度来看，只有住房电力天然气和交通价格同比涨幅超过了通胀率。住房电力天然气和交通价格同比涨幅分别为15.9%和13.0%，两者的权重分别为17.9%和14.6%，大约占整个物价篮子权重的1/3。还有一项商品的价格涨幅和通胀率一致，食品饮料同比上涨7.4%，权重达到16.6%（见图2）。因此，物价涨幅高的住房电力天然气、交通和食品占了整个HICP篮子权重

启动价格限制机制成为欧元区经济体控通胀的补充 | **183**

图 1　欧元区通胀率的变化（HICP，同比）

资料来源：ECB。

的 49.1%，接近一半的权重。

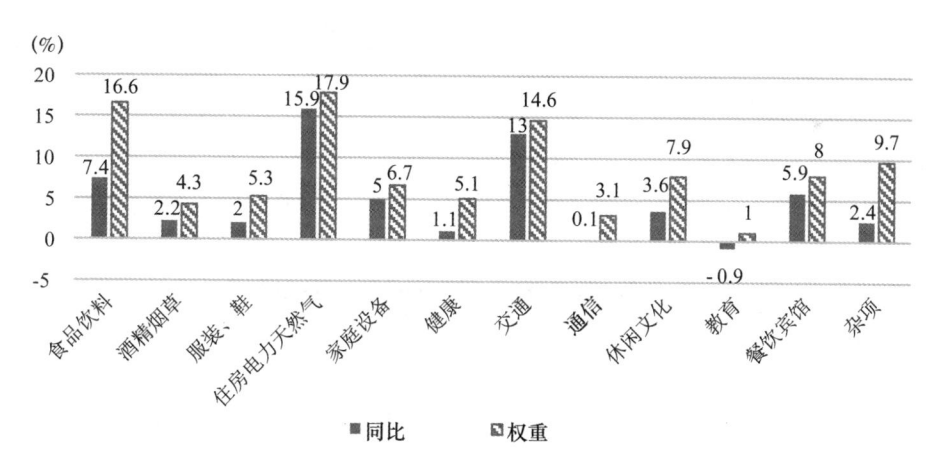

图 2　欧元区 2022 年 4 月通胀来源构成

资料来源：ECB。

这三项价格上涨的推力来自哪里？大致可以判断物价上涨的推力来源。住房一项主要来自疫情背景下低贷款利率推动了居民对住房的需求，导致住房价格上涨；电力天然气来自全球能源价格大幅度上涨，其中的原因既有经济总需求和宽裕流动性作用下的能源价格上涨，也有俄乌冲突所致的能源价格上涨，欧洲天然气40%依赖俄罗斯进口，欧盟对俄罗斯实施了六轮制裁，降低对俄罗斯的能源依赖，导致了能源价格持续上涨，并在高位运行。交通运输价格上涨主要来源于燃料成本上涨，再加上疫情冲击导致供应链断裂和运输人员费用上涨，欧洲货运司机的短缺反过来对供应链造成了不小的扰动。食品饮料价格上涨也具有普遍性。依据国际粮农组织（FAO）提供的数据，全球食品价格指数从2000年5月开始出现了显著上涨，到2022年3月达到了156.3。尽管3月以来有所下降，但一直维持在150以上的高位运行（见图3）。

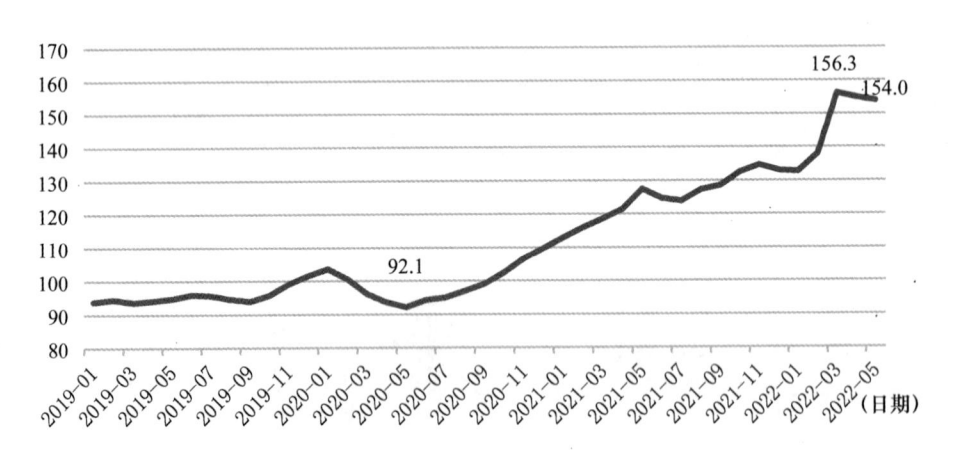

图3　全球食品价格指数（2014—2016＝100）

资料来源：FAO。

在这样迅猛的通胀态势下，欧元区经济面临的形势并不乐观。首先是经济修复没有足够好，还看不到工资—物价螺旋机制的形成。按照欧洲央行近期的研究，欧元区的消费和投资尚未恢复到疫情前的趋势水平，尽管6.8%的失业率低于疫情前的大约7.4%。

其次，欧元区居民债务水平较疫情前上涨了大约8个百分点，最近几个月欧元区债务总量与可支配收入的比率稳定在98%，如果利率上扬过快，居民债务成本支出将会增加。

最后，欧元区利率大幅度上涨，欧元区一直存在的金融市场分化问题就会凸显。目前欧元区各个经济体主权债务重新定价的风险明显上涨。欧元区各经济体主权债券市场一直存在分化，主权债券的利率差一直比较明显。近期由于美国国债收益率的快速上涨，欧洲债券收益率也出现大幅度上涨。截至6月14日，10年期AAA政府债券收益率上涨至1.75%，2022年1月底欧洲主权债券还是零利率（见图4）。欧洲政府评级等级稍差的政府债券收益率上涨更高，上周意大利和德国10年期国债收益率差已经突破2.2%，接近250个基点的临界值。意大利财政本身就存在很大困难，利率上涨将显著加重意大利的财政负担，除非欧洲央行继续加大购买意大利国债，否则甚至会出现违约的风险。因此，欧洲央行面临的现实问题就是，在停止PEPP后，未来可能会调整各国债券的再投资，要下场购买压制收益率上涨过快的主权债券，防止欧债危机重演。因此，美债收益率快速上涨及高位运行对全球金融市场都会带来破坏性的冲击。近期日本央行坚决下场购买10年期国债，把10年期国债收益率压制在0.25%的区间以下，减少美债收益率上涨带来的冲击就是例子。

可见，欧洲央行面临的控通胀与美联储面临的控通胀存在显著不同。一是经济恢复或者劳动力市场修复不及美国。二是通胀压力的来源存在差异，能源和食品价格对欧元区通胀的冲击力更大。

截至目前，欧盟对俄罗斯已经实施了六轮制裁，俄乌冲突的复杂性决定了欧盟和俄罗斯的关系很难被修复，俄乌冲突目前看不到缓和迹象，持续的时间存在不确定性。由于欧盟不断升级对俄罗斯的制裁，坚持走能源"脱俄化"道路，寻找替代能源短期难以解决能源短缺问题，而欧洲能源转型又需要很长的时间。在这种情况下，欧洲央行无力解决这种持久的供给冲击，并由于劳动力市场恢复不及预期，欧洲央行面临的情况更为复杂，可能需要保持对通胀极高的容忍度，避免激进紧缩所致的"滞胀"。

因此，欧洲央行在控通胀和稳增长之间的平衡空间不大。外生冲击的刚性通胀决定了欧洲央行通过降低总需求控通胀的空间。如果欧洲央行想要较快地控制通胀，同时又不要过于抑制经济总需求，那么欧元区重要的

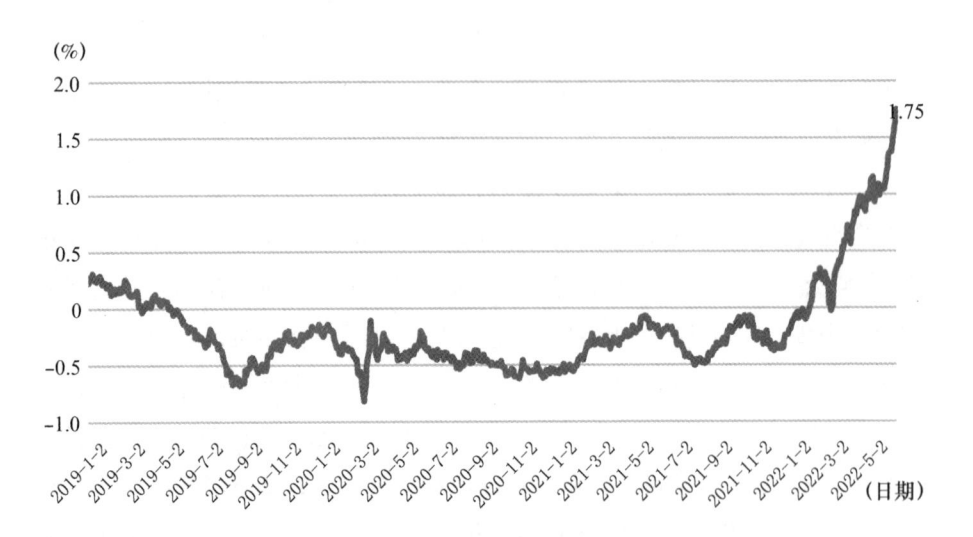

图4 欧元区10年期AAA政府债券收益率

资料来源：ECB。

经济体启动价格限制机制，采取类似特殊商品价格限制或者财政补贴之类的价格限制不失为一种选择。6月8日，欧盟委员会最终批准了西班牙和葡萄牙政府共同制定的应对能源价格上涨的价格限制机制；法国5月30日也承诺电价稳定；德国在6月也出台一系列措施以减轻民众和企业的能源价格负担，包括临时降低燃油的附加税、给就业者及家庭发放补助等。

启动价格限制机制或者补贴在这个特殊时期会降低通胀压力，增加欧洲央行货币政策的灵活性，扩大欧洲央行在控通胀和稳增长之间的平衡空间，降低欧元区经济落于"滞胀"的风险。

全球经济治理已进入动荡变革期

6月20日

新冠疫情可能存在的长期化风险将加剧全球经济治理的不平衡性。技术不足和融资困难导致低收入经济体的低疫苗接种率，增加了新冠病毒持续变异的风险；融资困难导致低收入经济体难以通过财政政策支持受到疫情冲击的企业和家庭。全球贫富差距可能会加大，进一步带来全球经济治理的不平衡。

俄乌冲突促使经济全球化格局深度快速演进。核心技术产业链和能源供应链重构是未来全球产业链供应链格局发生重构的焦点。产业链和供应链重构本身会带来动荡，而且重构又将在持续动荡的环境中进行，重构将随着地缘政治格局的演进而不断变化。全球产业链供应链重构成本既包括经济成本，也包括地缘政治成本，这一轮产业链和供应链重构必将是人类历史上成本昂贵的产业链和供应链重构，与20世纪90年代开启全球经济自由化时期的全球产业链供应链构建存在巨大差异。俄乌冲突进程中出现了一种极度不利于经济全球化治理的现象：稀缺资源或者公共资源都可以作为经济武器来互相伤害。国家或者经济体之间相互伤害的结果是，彼此之间的信任关系部分甚至完全破裂，动摇和破坏了全球多边主义赖以生存和发展的信任基础。

单边主义盛行下过于自我的政策导致全球宏观政策协调陷于困境。美欧过于自我的激进宏观政策，对通胀过高容忍度带来了通胀的猝不及防，其经济从央行"爆表"快速踏上了通胀"爆表"的荆棘之路。美联储政策性利率的大幅度上调和美国经济增速快速下降，将给全球经济增长和金融市场带来持续的动荡，其破坏力会逐步显现。

全球经济多极化意味着旧秩序内含的动荡会显化，有动荡就会有变革，变革是为了消除或者减少动荡。全球经济治理已进入动荡变革期。要减少冲突和动荡，只有坚持多边主义，理性寻求利益最大公约数，彼此看清无法承受的持续冲突和动荡的成本，降低逆全球化阶段的博弈强度和时长，直到主要经济体在全球经济金融领域能够预期，并且能够确认合理分享全球经济共同治理的显著收益时，全球经济治理才会出现有序的新时代。

世界经济多极化趋势不断深化本身就意味着全球经济治理格局会不断演进，既有秩序维护和新秩序形成之间必然产生摩擦和碰撞，全球经济治理变革是全球经济多极化的大势所趋。在这样的变革期，全球经济面临疫情反复、俄乌冲突以及高通胀的三重冲击，三重冲击之下的全球经济并未展现出真诚协调合作的治理格局，反而出现了种种不利于降低三重冲击的行为，加剧了全球经济动荡。由此，全球经济治理进入动荡变革期。

依据 2022 年 4 月 IMF（WEO）提供的数据（以市场汇率计算），从 21 世纪开始，2000 年全球经济总量的构成是发达经济体占全球 GDP 的 79%（比 1990 年上涨了 1 个百分点），2021 年发达经济体经济总量占全球经济总量的比例下降到 58%。与此同时，新兴和发展中经济体经济总量在全球的占比由 2000 年的 21% 提高到 2021 年的 42%。

从重要的区域和国别经济总量来看，欧盟经济总量占全球经济总量的比例从 2000 年的 21% 下降至 2021 年的 18%；欧元区经济总量从 2000 年的 19% 下降至 2021 年的 15%。2000 年新兴及发展中亚洲经济体经济总量只占全球总量的 7%，2021 年上升至 25%，占全球经济总量的 1/4，成长为全球经济重要的一极。从中美经济总量在全球的占比来看，2000 年中国经济总量占全球经济总量的大约 3.5%，2021 年上涨至约 18%，是全球第二大经济体；2000 年美国经济总量占全球经济总量的大约 30%，2021 年下降至约 24%，是全球经济总量最大的经济体。

可见，在过去 20 年的时间里，世界经济多极化发生了质的变化。全球经济基本形成了三大重要经济区：以美国为代表的北美经济区、以德法为代表的欧盟经济区和以中国为代表的亚洲经济区。2021年美国、中国和欧盟总计占据了全球经济总量的60%。

全球经济治理本应顺应经济多极化的趋势，以开放、坦诚的心态，塑造更加公平、公正的全球经济治理秩序。遗憾的是，全球经济治理并未朝着这一方向持续发展。2018年贸易摩擦以来，逆全球化行为盛行；2020年新冠疫情暴发以来，逆全球化行为加速，全球经济治理面临严峻的挑战。

一 疫情可能存在的长期化风险将加剧全球经济治理的不平衡性

早期疫情突发的剧烈冲击，在疫情防控物资不足或紧缺的背景下，全球出现了各种"大难来时各自飞"的不和谐行为。拦截疫情防控物资、禁止疫情防控物资出口等，全球化在疫情冲击下被人为撕裂。

随着疫情持续，疫情防控物资紧缺的情况得到改善。但新冠病毒不断变异，给全球卫生健康安全造成了巨大的损失。依据WHO的数据，截至2022年6月17日，全球近5.36亿人感染新冠病毒，大约占全球人口数量的6.8%，死亡人数超过631万。

疫苗作为抗击疫情的重要手段，但全球疫苗生产、进出口和接种率存在严重不平衡。依据WTO和IMF的数据（WTO – IMF COVID – 19 Vaccine Trade Tracker），截至2022年3月底，全球疫苗生产分布不均衡。中国是全球生产疫苗最多的经济体，生产10亿剂以上疫苗的经济体只有中国、欧盟、印度和美国，分别占全球的40.6%、24.5%、16.4%和10.3%，总计占到了全球生产的约92%。从出口来看，出口10亿剂以上疫苗的经济体只有欧盟和中国，分别占全球出口的39.7%和32.6%，欧盟、中国和美国的总计出口占到了全球的87.2%。从全球疫苗进口来看，中高收入和高收入国家进口了33.7亿剂的新冠疫苗，低收入经济体无法生产疫苗，但只进口了

3.5亿剂，每百人只有52.1剂，只有高收入经济体每百人进口剂量的57.4%。中低收入经济体大多没有疫苗生产能力，每百人进口剂量只有67.2剂，且人口高达约30亿人。

截至2022年3月底，从全球疫苗接种率情况看，低收入经济体的疫苗接种率只有12.0%，但人口有6.78亿人。中低收入经济体疫苗接种率也只有48.4%，人口29.94亿人。中高收入和高收入经济体疫苗接种率均超过70%，人口约41.7亿人。在疫苗生产、进出口不平衡的条件下，导致了全球疫苗接种率出现了巨大的差异。全球中低收入及以下的人口数量超过36.6亿人，疫苗接种率低，全球依靠疫苗接种来抗击新冠疫情的任务艰巨。

依据WHO 2022年6月17日（COVID-19 Vaccine Tracker and Landscape）提供的最新数据，全球临床使用的疫苗数量达到166种，临床前开发的疫苗数量高达198种。在临床使用的166种疫苗中，仅蛋白质亚单位疫苗（protein subunit）和RNA疫苗分别有54种和37种，占总数量的33%和22%。迄今为止，人类在应对新冠病毒上并没有出现特效药。

新冠疫情暴发后，全球经历了Alpha、Beta、Delta毒株的侵害，现在Omicron成为主要毒株。Omicron有极强的变异性，目前全球出现了该毒株的多种变异亚种，并引起群体感染，给疫情防控带来巨大的压力。新冠病毒未来如何变异，截至目前，流行病专家尚无法给出一致的看法。

WHO新冠大流行突发事件委员会每3个月召开一次会议，就新冠疫情应对问题向WHO及其会员国发布新建议。该委员会在最近的会议结果中认为新冠大流行继续构成"国际关注的突发公共卫生事件"。这就意味着对于未来疫情走势，新冠病毒仍可能会继续变异，人们可能会看到更多的变异毒株出现，新冠疫情可能具有长期性。

如果新冠病毒具有长期性，将引发一系列的后果。首先，WHO如何有效发挥作为全球公共卫生治理平台的作用面临严峻挑战。从新冠病毒溯源到防疫策略，在多边主义遭到破坏的背景下，疫情溯源防控意识形态化，WHO都很难有效协调发挥作用。其次，每个经济体享有自主安排适合本国或者本地区疫情防控策略的权力，由此引发的跨境经济治理也存在差异，跨境物资和人员流动上体现出多元化的安排，保障和提高全球产业链供应链的效率面临挑战。再次，由于低收入经济体在疫苗救助和融资进一步安排上存在严重的财政约束，低收入经济体疫情控制难度极大，也加大了全球疫情控制的难度。图1显示了72%低收入经济体的政府在进入国内市场融资、83%低收入经济体的政府在进入国际市场融资（外部融资）、94%低收入经济体的政府在获取国际援助上都存在限制，83%低收入经济体在关注自身的财政是否具备可持续性，财政压力很大。相比之下，高收入经济体的政府融资受到的融资约束要小很多。

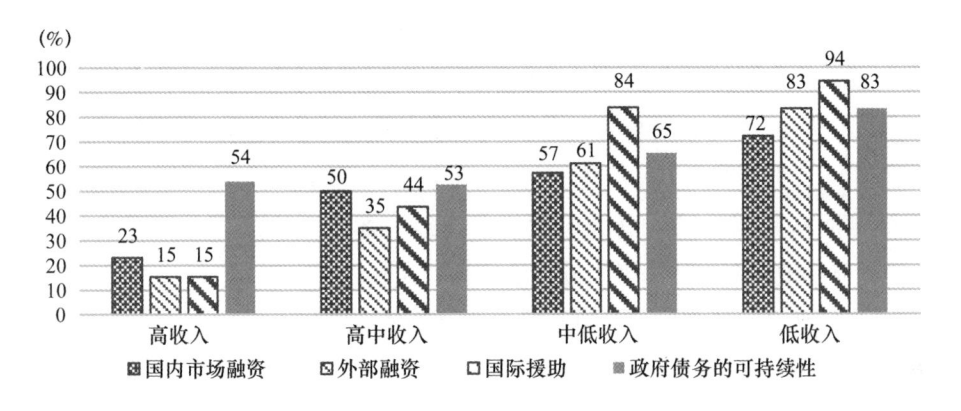

图1 应对疫情财政融资的约束限制

资料来源：World Bank, World Development Report 2022。

世界银行《2022世界发展报告》中的数据显示，仅2020年中低收入国家的平均总债务负担增加了约9个百分点，而前十年的平均年增长率仅为1.9个百分点。2020年低收入国家政府债务总债务/GDP达到了67%，超过了中低收入经济的61.4%。融资困难导致较低的疫苗接种率，增加了病毒持续变异的风险，新冠疫情对低收入经济体的冲击更为严峻；融资困难导致低收入经济体难以通过财政政策支持受到疫情冲击的企业和家庭，促进经济修复。全球贫富差距可能会加大，进一步带来全球经济治理的不平衡。

二 俄乌冲突促使经济全球化格局深度快速演进

从2022年2月下旬至今，俄乌冲突升级已经接近4个月的时间，目前尚看不到缓和的迹象，持续时间超出了预期，而且有愈演愈烈的风险。俄乌冲突改变了世界地缘政治格局，成为欧盟和俄罗斯关系的分水岭，激活了以美国为首的北约冷战思维，对俄罗斯实施了史上最严厉的制裁，竭力挤压俄罗斯的发展空间。

欧盟至今已经出台了六轮对俄罗斯的制裁，美国等国家也对俄罗斯实施制裁。俄罗斯被踢出SWIFT系统、俄罗斯央行约3000亿美元的资产被欧美冻结，欧盟切断了俄罗斯利用欧洲金融市场的融资渠道，欧洲正在逐步实施能源"脱俄化"，欧盟对俄罗斯实施领空、港口禁运，甚至文化交流也受到了严格限制。以欧美为代表的发达经济体正在实施多方面的"脱俄化"，促使俄罗斯经济金融与发达经济体"脱钩"。

面对恶劣的外部环境，俄罗斯也实施了各种反制措施。2022年3月初，俄罗斯政府批准了不友好国家和地区名单，名单包括美国、欧盟成员国、英国、乌克兰、日本和其他一些国家及地区。3月底俄罗斯总统签署与不友好国家和地区以卢布进行天然气贸易结算的总统令（自4月1日生效），俄罗斯依靠能源资源禀赋进行了有力的反制。针对西方国家冻结了部分俄罗斯的储备资产，作为回应，俄罗斯限制了向不友好国家汇出大额资金，包括限制资本流动、禁止外国投资者出售股票，禁止资金从俄罗斯金融系统中流出，等等。同时，俄罗斯政府取消向不友好国家支付专利，无须为非授权使用专利做出任何赔偿；所有俄罗斯企业与不友好国家企业进行交易时均需要联邦政府委员会批准，等等。

欧美制裁与俄罗斯反制的不断升级，俄乌冲突的持续将重塑全球地缘政治格局，经济全球化格局深度快速演进。俄罗斯是全球能源和农产品的重要出口国。俄罗斯天然气占全球已探明储量的28%，能源出口约占全球出口市场的12%。俄乌小麦和玉米出口占国际市场的25%和16%，葵花油占全球出口市场的56%（联合国，《2022中期世界经济形势与展望》）。同时，俄罗斯在镍等金属以及惰性气体市场上都具备有影响力的市场份额。

依据俄罗斯央行公布的数据，2021年出口总额为4898亿美元中，原油占1102亿美元，石油相关产品占687亿美元，管道天然气542亿美元，液化天然气76亿美元，能源出口合计占到俄罗斯出口的差不多50%。俄罗斯能源出口市场比较集中，能源出口中约2/3流向欧洲。根据欧盟统计局的数据，2021年欧盟对天然气进口的依赖度达到了83%。

俄乌冲突引发的美欧"脱俄化"和俄罗斯作为反制宣布不友好国家和地区名单，俄罗斯与发达经济体的关系基本脱钩，以及由此引发的次生问题也会随着时间推移显现。欧洲能源替代可能会逐步改变全球能源供需格局，中短期俄罗斯能源在全球的位置难以替代，俄罗斯在全球能源市场，尤其是天然气市场具有显著影响力。但从长期来看，随着欧洲能源转型，俄罗斯与美欧先进制造技术脱钩、金融脱钩，主要靠能源、矿产和粮食出口俄罗斯经济发展的潜力将受到制约，欧盟执意地"脱俄化"也将承受巨大的代价。

俄乌冲突升级之后，美国成为欧洲能源最大的供应商，卖能源赚钱。全球不少地区出于对自身安全的考虑，纷纷加大了军费预算，美国在全球兜售军火，卖军火赚钱。随着美欧等更先进武器在乌克兰战场上的展现，可能会挤压俄罗斯在全球的军工贸易，尤其是欧洲市场将会逐步出清俄罗斯的军工品，美国军工企业将赚取丰厚利润。

美欧对先进技术的封锁和惜售达到了空前水平，甚至组团防止先进技术的扩散，尤其是高端半导体技术，试图维持技术垄断。2021年5月，包括美国，欧洲，日本等地的64家企业宣布成立美国半导体联盟（SIAC），寻求国会拨款补贴，为《美国芯片制造法案》争取资金。由于组织是一个由半导体企业和半导体下游用户组成的联盟，几乎涵盖了整个半导体产业链，将对半导体技术的全球扩散造成显著的负面影响。由于任何一个经济体都不想受制于人，不想因为正常时期的产业链供应链最后变成了纷争时的"卡脖子"产业链供应链，全球产业链和供应链在相当程度上将发生重构的风险。

核心技术产业链和能源供应链格局的重构是未来全球产业链供应链发生重构的焦点。核心技术的自主性和能源安全将带来全球技术创新的竞赛和新能源产业的大发展。俄乌冲突凸显了只有在关键技术和能源上拥有自主性，才能拥有和夯实对外战略自主性的底气。疫情暴发以来，全球供应链压力指数逐步攀升，一年多时间持续处于高位，意味着全球对供应链的调整需求更加迫切。依据美联储纽约分行2022年5月公布的研究（Global Supply Chain Pressure Index），2022年5月全球供应链压力指数为2.90，相比2021年年底的高位4.38有所下降，但相比疫情暴发前2020年1月的0.06显著上涨，而且这一压力指数已经连续15个月处于2以上的高位，全球供应链压力指数处于高位可能还会持续比较长的时间。

核心技术产业链和能源供应链重构是未来全球产业链供应链格局发生重构的焦点。产业链和供应链重构本身会带来动荡，而且重构又将在持续动荡的环境中进行，重构将随着地缘政治格局的演进而不断变化。全球产业链供应链重构成本既包括经济成本，也包括地缘政治成本，这一轮产业链和供应链重构必将是人类历史上成本昂贵的产业链和供应链重构，与20世纪90年代开启全球经济自由化时期的全球产业链供应链构建存在巨大差异，会对全球经济增长造成持久的负面影响。

美国在全球不断地制造摩擦，多边主义遭到严重破坏。在重点经济区域，美国不顾区域已有的经济合作，试图通过破坏区域经济合作来获取利益。2022年5月美国推出的"印太经济框架"（IPEF），配合美国的"印太战略"，服务于美国的根本利益，执意单方面强化与中国的竞争。

俄乌冲突加剧了单边主义盛行，也凸显了全球公共金融设施的非安全性。全球支付系统可以关闭、外币资产可以冻结，美元主导、欧元跟随的国际货币体系的声誉刷新了国际市场的认知。各经济体为了获取安全的公共金融设施，全球支付结算体系是越来越多元化，还是借助金融科技创新构造全球统一结算清算平台？金融科技的创新是排他的，还是包容的？IMF

的管理者最近提出构建全球共同的数字支付平台无疑是一个值得关注的事件。这并不意味着游离于政府监管的金融科技创新可以成为全球交易计价、结算和支付的重要手段。任何基于数字技术创新出现的"市场货币"一旦影响到主权货币，并对主权货币地位造成明显冲击和扰动，其命运就是要么退出市场，要么被金融监管部门重新定义其功能。

"天秤币"由于冲击美元国际货币体系，夭折的结局是注定的。近一个月来，以"比特币"为代表的各种加密货币在美联储提高利率、紧缩流动性、收紧金融条件的背景下，出现了价格暴跌，价值急剧缩水。加密货币市场的剧烈动荡及萎缩或许是美联储或者欧洲央行乐意见到的，与主权货币"抢饭碗"是一件风险巨大且不可控的事情。尽管如此，各种数字货币的创新还是给主权货币以及全球货币体系带来了一定的冲击和扰动，也在促使货币体系改革，这会促使各国央行加强在数字货币上的沟通和协作，确认主权货币的国家属性及其公共属性。

2022年5月上旬，美国总统拜登签署了一项针对乌克兰的防御租借法案，西方在不断地向乌克兰提供所有必要的武器、弹药、装备和军事训练。从地缘政治格局视角来看，俄乌冲突逐步演进到谁也不愿意输、谁也输不起的局部烈性地缘政治冲突，有演变成持久战的风险，其结果将深度改变全球地缘政治格局，美国希望通过俄乌冲突的持续和升级达到欧洲更加依赖美国的地缘战略目的。美国通过卖能源、卖军火、组团控制核心技术和推行区域战略使得全球经济和金融治理更加动荡，全球化格局正在发生深度快速演进。

三 过于自我的政策导致全球宏观政策协调陷于困境

地缘政治冲突所致的能源、食品价格持续上涨无疑是导致发达经济体高通胀的原因，欧洲能源的"脱俄化"和全球重要能源供给者对能源高价格溢价的贪婪，导致全球能源价格居高不下，且还有进一步上涨的风险。

气候、地缘政治冲突以及疫情导致食品紧缺及食品价格上涨，导致全球30个左右的经济体出台了不同程度限制粮食出口的政策，进一步推高了全球食品价格。

但这一切不应该成为全球出现通胀压力的根源。如果我们追溯通胀来源，很容易看到欧美激进宏观政策刺激才是这一轮高通胀的起源。美欧为了应对疫情冲击，实施财政赤字货币化，激进的宏观政策毫无克制性，过于自我的政策导致其经济从央行"爆表"快速踏上了通胀"爆表"的荆棘之路。2020年3月初，美联储和欧洲央行总资产分别约为4.24万亿美元和4.69万亿欧元。截至2022年6月8日，美联储总资产约8.92万亿美元，持有美国政府债券高达约5.77万亿美元；2022年6月14日欧洲央行总资产8.82万亿欧元，持有欧洲发行的债券规模高达约5.12万亿欧元。美欧央行通过大规模购买政府债券或者以政府信用抵押的债券，向金融市场直接投放大量的流动性，执着于就业优先的货币政策，这是催生通胀的根源。

2020年8月27日，美联储公布货币政策目标新框架，把过去隐含2%的绝对通胀目标改为寻求实现长期平均2%通胀率的新目标。新框架意味着至少存在一个当通胀持续超过2%的阶段，美联储不会通过将通胀率推至目标水平以下来反向弥补高通胀期。美联储的内心是渴望适度通胀的，这也是对次贷危机以来"大停滞"反思的结果。美联储希望以通胀为抓手，突破菲利普斯曲线扁平化的约束，最大限度地促进美国经济的就业，降低失业率。2021年6月8日，欧洲央行也公布了货币政策新框架，与2003年货币政策框架相比，新框架采取了中期平均通胀目标制，欧洲央行将货币政策目标绝对通胀率2%修改为"中期内实现2%的通胀率"，允许通胀率阶段性高出2%，允许出现阶段性的通胀目标"超调"。全球最重要的两个国际货币的央行都修改了自己原有的货币政策框架，平均通胀目标制完成了对过去二十年来运行的绝对通胀目标制的替代，这为美欧货币政策的扩张提供了制度性的依据。

美欧央行如此"爆表"，大规模购买政府债券，实施财政赤字货币化，是仰仗其货币是国际通用货币。美元和欧元占全球外汇储备的80%，在国际贸易结算中占据了80%以上的比例。在这一轮扩表中，我们不断看到了美元货币体系的过度弹性，也见识到了欧元货币体系的过度弹性。美元主导、欧元跟随的国际货币体系在这一轮新冠疫情冲击中被美欧利用来获取全球资源发挥到了极致，这对全球其他经济体来说，是不公平的。

2022年5月美国通胀率同比涨幅达到8.6%，已经连续3个月通胀处于8%以上的高位，正在经历40年以来的高通胀。美联储在高通胀压力下将会不断提高政策性利率。6月16日美联储一次性加息75个基点，不排除7月再次较大幅度加息的可能性，尽管到2022年年底美联储的缩表规模预期比较稳定，但加息到什么水平要视通胀水平而定。美国的通胀来源于自身激进的财政和刺激政策，在就业优先的货币政策刺激下，失业率快速下降至目前的3.6%，劳工市场的紧张形成了工资—物价螺旋机制，导致了物价持续在高位运行。即使是美联储自己也不能较好地预期通胀的变化，可以看到鲍威尔常说供应链瓶颈对物价的冲击超预期，叠加地缘政治冲突的不确定性，导致美联储每一次的通胀预测和经济增速预测差距甚大。

表1显示了短短半年时间里美联储3次有关美国经济核心指标和政策性利率的预测，差异之大令人惊讶，尤其是关于美国经济增速、通胀率和政策性利率的预测中值出现了巨大的调整，这一切缘于美联储坚持就业优先，对通胀采取高容忍度带来的猝不及防的高通胀。在通胀压力骤然变大后，美联储逐步意识到通胀问题的严重性，把2022年政策性利率从2021年年底预计的0.9%，2022年3月预计的1.9%上调至6月预计的3.4%。与此同时反向变化的就是，2022年美国经济增速从2021年年底预计的4.0%，2022年3月预计的2.8%进一步大幅度下调至6月预计的1.7%。

表1　　　　　　　美国经济主要数据和政策性利率水平预测

	预测时间	2022年	2023年	2024年	长期
实际 GDP（%）	2021年12月	4.0	2.2	2.0	1.8
	2022年3月	2.8	2.2	2.0	1.8
	2022年6月	1.7	1.7	1.9	1.8
失业率（%）	2021年12月	3.5	3.5	3.5	4.0
	2022年3月	3.5	3.5	3.6	4.0
	2022年6月	3.7	3.9	4.1	4.0
PCE（%）	2021年12月	2.6	2.3	2.1	2.0
	2022年3月	4.3	2.7	2.3	2.0
	2022年6月	5.2	2.6	2.2	2.0
核心PCE（%）	2021年12月	2.7	2.3	2.1	
	2022年3月	4.1	2.6	2.3	
	2022年6月	4.3	2.7	2.3	
联邦基金利率（%）	2021年12月	0.9	1.6	2.1	2.5
	2022年3月	1.9	2.8	2.8	2.4
	2022年6月	3.4	3.8	3.4	2.5

注：表中数据均为预测中值。

资料来源：美联储，Summary of Economic Projections 各期。

可以预计的是，美联储政策性利率的大幅度上涨和经济增速快速下降，将给全球经济增长和金融市场带来持续的动荡，其破坏力会逐步显现。

欧元区也在经历高通胀，5月HICP高达8.1%。欧元区的通胀与美国的通胀存在差异，欧洲经济中的消费、投资并未修复到疫情前水平，欧洲通胀在一定程度上是美国对外政策的外溢性所致。俄乌冲突升级以来，欧元区的通胀水平就出现了跳跃性的攀升。欧元区HICP从2022年1月的同比上涨5.1%快速上涨至5月同比上涨的8.1%，2022年3—4月能源价格上涨几乎贡献了欧元区通胀上涨的一半。当然，欧元区的通胀与欧洲央行大规模扩表、提供流动性刺激直接相关。截至2022年6月14日，欧洲央行总资产规模相比疫情前2020年3月初上涨了约88%，增加了4.13万亿欧元。由于欧元区通胀来源的差异，欧洲央行尚未采取紧缩性货币政策，但下半年进入紧缩是大概率事件。

日本的货币政策也完全立足于自身的经济诉求，在通胀水平约2%的情况下，日本央行认为日本的通胀不具备持续的劳动力市场支撑，因此坚持宽松的货币政策，无视日元的持续、较大幅度的贬值。近期，日本央行无限量下场购买中长期日本国债，把10年期国债收益率控制在0.25%的范围以内，用低利率继续刺激日本经济。日本央行的执意宽松，是否会导致日本债券市场出现流动性困难以及出现货币的竞争性贬值？

疫情至今，发达经济体的货币政策体现出两个显著特点：一是依靠自己的货币是国际货币，肆意扩表，实施财政赤字货币化，带来国际货币声誉的"比烂"，而不是"比优"；二是货币政策之间缺乏协调、各自为政，导致全球部分经济体外汇市场和金融市场出现了较大幅度的调整，带来了金融市场的动荡。

在当前的态势下，通胀具有持续高位的基础，决定了美联储接下来会连续紧缩货币政策。短期美联储接下来的加息幅度（缩表类似于加息）将决定美国利率和美元指数经济体利率之差会进一步扩大，美元指数还有进一步走强的基础。高通胀下的强美元将对全球金融市场产生持续的冲击。

美元指数2022年以来已经多次突破105的高位，对全球外汇市场造成了动荡。全球无风险利率的大幅度抬升，一方面导致风险资产价格的重估风险，目前全球股市的市值较高点已经下跌了超过30%，超过30万亿美元的股权账面财富消失，企业净值大幅度下降；另一方面导致债务风险凸显。比如，由于美国国债收益率快速攀升，欧洲主权债务市场收益率跟随出现快速攀升，欧元区10年期国债收益率从年初的零利率快速上涨至目前的1.8%左右，主权债务不健康的经济体，比如意大利，欧洲债务危机有重演的风险。

依据 IMF 2022 年 4 月（Fiscal Monitor，2022）提供的数据，2022 年全球低收入发展中国家政府总债务/GDP 相比 2019 年增加了 6.8 个百分点，同期净债务增加了 8.9 个百分点，IMF 认为部分接近债务困境的 60% 低收入国家将需要进行债务重组。

从跨境借贷来看，疫情暴发以来，依据 BIS 提供的全球流动性数据，相比疫情暴发前的 2019 年年底，截至 2021 年年底，两年时间里全球除美国以外的借款者新增借入了 1.31 万亿美元，全球欧元区以外的借款者新增借入了 0.68 万亿欧元。其中新兴市场新增借入 0.47 万亿美元，新增借入 570 亿欧元。全球利率上扬带来借款成本上升将增加借款者的还款压力，提高债务风险。一些经济基本面不够稳健的经济体，即使实施宏观审慎管理政策，也会不可避免地遭受到比较大的外部冲击。

俄乌冲突升级后，全球经济中出现了一种极度不利于全球化的现象：稀缺资源或者公共资源都可以作为经济武器来互相伤害。俄罗斯被排除在国际货币结算清算系统之外，本来货币清算和结算系统具有全球公共金融基础设施的属性；能源你有钱我也可以不卖给你。国家或者经济体之间相互伤害的结果是，彼此之间信任关系部分甚至完全破裂，动摇和破坏了全球多边主义赖以生存的信任基础。

多边主义遭到破坏、单边主义盛行的背景下，全球宏观政策的协调陷入困境。美联储的紧缩刚开始不久，由于美元是最重要的国际货币，美国是全球第一大经济体，美联储持续紧缩的货币政策具有显著的负面外溢性。一方面通过降低总需求，降低美国及全球的经济增长预期；另一方面将给全球金融市场造成持续的冲击或扰动。这一轮美联储紧缩性货币政策对全球经济金融造成的破坏力或将是巨大的，任何经济体都需要稳慎对待。

疫情反复、俄乌冲突以及高通胀三重冲击可能会持续比较长的时间，在全球经济金融多极化的发展趋势下，多极化也意味着原有秩序内含的冲突显化，原有的利益格局将会被打破，全球化格局面临重构的挑战。

全球经济治理已进入动荡变革期,有动荡就会有变革,变革是为了消除或者减少动荡;要减少冲突和动荡,只有坚持多边主义,理性寻求利益最大公约数,彼此看清无法承受的持续冲突和动荡的成本,降低逆全球化阶段的博弈强度和时长,直到主要经济体在全球经济金融领域能够预期,并且能够确认合理分享全球经济共同治理的显著收益时,全球经济治理才会出现有序的新时代。

新特里芬"两难":两种表述、一种含义

6月23日

特里芬"两难"是思考国际货币体系演变的基础性视角,特里芬"两难"也因为准确揭示了固定汇率制度崩溃的内在逻辑而扬名。特里芬"两难"也被称为流动性和清偿性两难:一方面美元要维持国际流动性不出现困难;另一方面要维持美元流动性不出现困难,会导致美元供给过多(国际贸易等增加对美元的需求),币值不稳定,又会导致美元与黄金固定兑换之间的清偿性困难。特里芬"两难"常被用来说明固定汇率制下美元作为全球储备货币所面临的问题,随着美元越来越多地被用作国际储备货币,美元数量超过了支持美元价值的黄金数量,便导致美元与黄金之间的固定汇兑价格不可持续。直白理解就是,美元数量增长的速度快于以美国为主的黄金总汇拥有的黄金增长速度,美元和黄金之间难以维持固定的平价关系。1971年时任美国总统的尼克松将美元与黄金脱钩,尼克松也因此"解决"了固定汇率制度下的特里芬"两难",布雷顿森林体系解体。

1971年之后,浮动汇率制在西方发达经济体兴起。由于国际货币体系的使用存在刚性(包括货币的网络效应、使用习惯、石油美元等),至今美元依然是主导性的国际货币,目前在全球外汇储备中占比接近60%,在全球支付货币中的份额约40%。在浮动汇率制下,美元由于缺乏绝对锚确定其价值,那么美元本身的信用将决定美元供给的上限。这实际上就是新特里芬"两难":美元流动性与美元信用之间的"两难"。一般意义上理解,信用包括违约信用和价格信用。一般情况下,国际市场对美债的违约信用

并不太关注，但在美国单边制裁的极端情形下可能会出现违约信用，其他经济体持有的美债资产被冻结，甚至被没收。当前国际市场关注的美元信用主要是美元的价格信用。这就是1971年开发出来的美元指数，美元用美元指数中的六种货币来给自己相对定价。

按照目前的国外研究文献，关于新特里芬"两难"有两种表述。一种是Pozsar提出来的，Pozsar眼中的新特里芬"两难"是指：美元短期债券太稀缺不够用，导致金融市场流动性不足；太多会不被信任，甚至被抛弃。Pozsar的研究视角很独特，该作者从美国机构现金池的剖析入手。机构现金池是指全球非金融公司和机构投资者（如资产管理公司、证券贷款人和养老基金）大型、集中管理的短期现金余额。这么多现金怎么办？需要在安全性、流动性和收益性之间寻求平衡，因此，机构现金池内生具有避免银行面临太多无担保风险的强烈倾向。短期美国政府债券或者政府担保的债券就是合意的资产选择。这种债券不能供给太少，短期政府担保工具的短缺，机构现金池就会追寻其他私人担保金融工具。这种债券也不能供给太多，太多导致债券价格会下跌，甚至会被抛售。因此，创造短期政府担保工具，并且可以把持有这种债券作为管理影子银行体系的宏观审慎工具，控制机构的流动性风险。

Pozsar的研究基于金融市场微观行为主体行为，是很重要的。国际金融市场上任何一种能被市场广泛使用的金融工具都是市场长期选择的结果。但其研究具有局限性，侧重于美国金融市场机构的数据研究，不一定能够表达全球对美债的需求状况。

Gourinchas、Rey和Sauzet提出了另一种新特里芬"两难"的表述，其基本观点是，随着新兴市场经济体的崛起，美国在全球产出中的份额以及它可以通过官方债务工具安全保证的全球产出份额必然会下降。随着美国产出在世界产出份额的不断缩小，美国不能无限期的成为世界安全资产的唯一供应者。这句话理解起来有两层意思。首先，美国国债是安全资产，全球安全资产不够，流动性不足会降低全球增长，这也被相关研究所证实。其次，美国在全球产出份额的不断下降，美国将没有能力提供全球所需要的足够安全资产。因此，这个版本的新特里芬"两难"是指：在经济多极化背景下，美国国债受制于其经济增长，有明确上限（就是债务/GDP 比例上限），不能全部满足全球对安全资产的需要。这个视角的新特里芬"两难"本质上也是指美债流动性提供与美债信用之间的"两难"。

依据 IMF 提供的数据（以市场汇率计算），2000 年美国 GDP 占全球的约 30%，2021 年下降至约 24%，尽管美国经济总量在上涨，但在全球经济中的占比明显下降。这就意味着基于债务/GDP 比例的风险管理框架确定了美国财政赤字的上限，也确定了美国政府债券数量的上限。尽管国际市场认为，美国国债违约的可能性几乎为零，但从 1971 年以来，美国国会已经上百次批准提高债务上限，美国政府财政赤字上限一再被扩大。提高债务上限的谈判是美国两党之间博弈的政治游戏，但国会中的博弈者都很清楚美国国债违约带来的灾难性后果，最终也会做出理智的选择。

由于美国国债是国际金融市场数额最大的安全资产，发债的背后就是印钞。因此，上述两种新特里芬"两难"的表述含义是一致的：美元流动性提供与美元信用之间存在"两难"。

差异在于：Pozsar 从微观视角研究了美国短期政府债券或者政府担保债券在机构现金池的流动性功能和信用功能；Gourinchas、Rey 和 Sauzet 则是从全球视角研究了美债上限，这种上限依然是信用约束。前者注重金融市场微观主体风险管理行为，后者侧重美国宏观风险管理框架的约束。从思考视角来看，两者有互补性。

新特里芬"两难"是浮动汇率制下全球经济多极化的产物，这也意味着国际货币体系已经进入相对快速的演进阶段。美国债务上限约束了美元提供全球安全资产的数量。由于金融全球化大趋势不会改变，在这种背景下，提供优质的安全资产将是一个国家货币国际化的重要筹码。而如何提供优质的安全资产是一项系统性工程，与之所有相关的制度设计都需要满足国际投资者期望的安全性、高流动性和收益性要求。

发挥债券市场融资功能
推动实体经济高质量发展

5月7日

当前，全球经济增长动能减弱，经济面临下行压力。2022年5月，联合国在《世界经济形势与展望》中预测2022年全球经济增速只有3.1%，而全球通胀率将上升至6.7%，是2010—2020年平均通胀率（2.9%）的两倍多。2022年6月，世界银行在《全球经济展望》中预测2022年全球经济增速只有2.9%，全球通胀率将同比增长7.8%。全球经济呈现出高通胀与低增长相伴的风险，外部需求萎缩和进口价格上涨为中国经济带来了负面溢出效应。

在国内方面，中国经济从2022年第一季度末开始下行压力明显加大，经济预期出现了一定程度下滑。2022年3—4月面临明显的下行压力。2022年5月数据显示，中国经济正在走出阶段性低谷，国民经济出现了恢复势头，其中制造业采购经理指数（PMI）环比上涨2.2%，非制造业PMI环比上涨5.9%，显示经济触底反弹态势；规模以上工业增加值比上月实际增长5.61%。然而，中国经济恢复的基础并不稳固，仍需要从供需两端发力，稳定宏观经济大盘。其中，加快提高资本市场融资效率，改善市场主体的融资环境，进一步依靠有效融资夯实经济恢复势头迫切且必要。

一　发挥债券市场的融资功能，提高有效融资效率

提高资本市场融资效率、为企业提供融资支持是稳定并提升投资的重要保障，也是促进企业创新、推动经济高质量发展的内在需求，而直接融资是提高资本市场融资效率的重要手段，债券市场需要发挥提高市场融资效率的示范带动作用。

（一）债券在直接融资中的重要性

过去十年，中国的利率水平稳中有降，在通胀预期较为稳定的背景下，提升有效融资是提振信心、稳增长的重要抓手。在通胀温和、利率下行的形势下，债券筹资的实际成本下降，发行债券成为市场主体比较青睐的筹资方式。2022年以来，银行间债券市场通过多项举措提供注册便利，对符合条件的成熟发行人采取一次注册、多次（多品种）发行，便利企业融资，提高了融资效率。

银行间债券市场积极支持水利、交通、物流等基础设施建设和重大项目融资，发挥了投资的牵引、带动作用。2022年上半年，银行间债券市场累计支持水利工程建设运营企业发行债务融资工具151.5亿元；支持顺丰等四家民营企业发行债务融资工具50亿元，用以补充物流营运资金和优化债务结构。这些债务融资有力促进了项目投资，形成了社会有效需求，发挥了纾困作用，是全社会有效融资的重要组成部分。

债券市场是重要的直接融资方式，可以强化市场与银行中介之间的竞争，增加有效融资。随着中国资本市场的不断发展和各种融资工具创新增多，银行信贷资金在社会融资规模中的占比已从2002年的91.9%下降至2021年的63.6%，以银行为主导的融资模式发生了相当大的改变。在债券市场中，企业债券融资在社会融资规模中的占比从2002年的1.8%上升至

2021年的10.5%，2015年企业债券融资在社会融资规模中的占比达到近年来的峰值19.08%，债券融资成本的显著下降带动债券市场当年发行规模较上年同期增长87.5%。

（二）债券融资是落实稳增长的现实选择

要落实各项稳增长政策，有效融资是基础。从财政收支来看，在一般公共预算方面，财政部数据显示，2022年1—5月全国一般公共预算收入86739亿元，扣除留抵退税因素后，增长29%，按自然口径计算下降10.1%。在全国政府性基金方面，2022年1—5月全国政府性基金预算收入21948亿元，同比下降26.1%。全年一般公共预算收入和全国政府性基金收入的缺口比较大，财政收支平衡压力较大。在此背景下，谋划增量政策工具，尤其是通过债券市场融资来弥补资金缺口成为现实选择。

2022年5月，国务院印发《扎实稳住经济的一揽子政策措施》，提出6个方面33项措施。其中提出督促指导银行间债券市场和交易所市场各基础设施全面梳理收费项目，对民营企业债券融资交易费用能免尽免。这进一步释放了明确支持民营企业的信号，债券市场将进一步发挥其有效融资作用。笔者认为，可以通过加大财政赤字、提前下达2023年专项债券额度等办法来解决部分资金缺口问题，继续发挥债券市场有效融资功能，支持国家稳增长的重大政策措施落地实施。要加快地方政府专项债券发行使用并扩大支持范围，着力促进稳增长、稳投资。财政部数据显示，截至2022年6月末，各地发行新增专项债券3.41万亿元，2022年用于项目建设的新增专项债券额度基本发行完毕。专项债券融资将及时发挥稳定宏观经济大盘、促进经济高质量发展的重要作用。

（三）强化债券市场纪律约束功能

债券市场是全社会信用塑造和管理的重要平台，债券市场信用纪律约束是债券市场健康发展的根本。资本市场的发展历史表明，一个发达的债券市场离不开纪律约束。债权人可以约束债券发行人按照合约发行债券，并按照发行计划书的项目规划合理科学配置债券融资，具有外部市场监督、约束功能。债券市场的市场纪律约束越强，债务人违约的可能性就越小，债券市场的运行就越健康。要持续通过严厉打击逃废债、加强信用担保机制建设等措施强化债务融资者的信用意识。此外，优质的信用评级公司和征信公司的发展为社会信用识别起到了重要的基础性作用，客观、公正的信用评级是债券市场风险等级分层的依据，是促进债券市场资金合理配置的引导信号，也是风险管理的重要工具。现代金融体系演进的逻辑表明，债券市场纪律约束功能是提高金融系统效率的重要手段。发达经济体具有发达的债券市场，根本原因在于其具备较强的纪律约束功能。

二 深化债券市场改革，促进经济高质量发展

逐步形成以国内大循环为主体、国内国际双循环相互促进的新发展格局，既是重塑中国国际合作和竞争新优势的战略抉择，也是实现经济高质量发展的内在要求。债券市场在促进"双循环"形成、推动经济高质量发展上大有可为。

（一）推动国债市场发展

国债是国内外投资者追求资产安全性、流动性和收益性平衡最重要的基础性资产。随着中国对外开放的深入，中国国债作为安全资产将受到国际投资者更多的青睐。中央结算公司的数据显示，截至2022年5月末，境外机构持有银行间债券的数量达到3.38万亿元，约占银行间债券市场总额的3.88%。从境外机构持有债券的结构来看，国债占70.76%，政策性银行债占26.51%，商业银行债券占1.28%，而地方政府债、企业债和信贷资产

支持证券三者合计占比为1.45%。由于政策性银行债也以国家信用为基础，因此，境外投资者投资中国债券市场以国家信用为基础的债券比例高达97.27%。境外机构青睐国债和政策性金融债，说明了境外机构对中国国家信用的高度认同。

国债是整个债券市场的底层资产，也是整个债券市场稳定运行的基石，对于提振国际资本市场信心、深化与国际金融市场的互联互通具有重要作用。

依靠创新驱动的中国经济保持了较高的增长率，保证了较高的投资回报率，这是吸引国际投资者的重要原因之一。过去数年，相较于实施低利率甚至负利率政策的发达经济体的国债，中国10年期国债显现出较高的投资价值。同时，中国国债收益率具有较强的稳定性。从市场运行来看，中国国债收益率的波动区间明显小于美国国债收益率的波动区间。发达经济体国债收益率波动区间较大。例如，自新冠疫情暴发以来，美国10年期国债收益率的波动区间为0.5%—3.4%，而中国10年期国债收益率的波动区间在2.6%—3.3%，波幅要小得多。

（二）推进债券市场对外开放

截至2021年10月底，基于政府信用的中国债券已被全球三大主流债券指数悉数纳入。建设更高水平开放型经济新体制有效推动了中国金融开放。多年来债券市场坚持渐进可控、平衡效率与安全的开放原则，注重顶层设计与统筹安排。债券市场在培育多元化的合格投资者队伍、夯实债券市场法治基础、加强监管协同、强化风险防控以及推进金融高水平对外开放等方面取得了长足进步。

近年来人民币国际化取得了积极进展。2016年10月，人民币加入特别提款权（SDR）时，当年第四季度人民币在全球外汇储备中的占比为1.08%；2021年第四季度这一比例上升至2.79%，居全球第五位。国际清算银行（BIS）发布的2019年全球外汇市场成交额调查数据显示，人民币占比为2.16%，排名第八，与2016年的2.0%相比，小幅上升；2022年5月11日，国际货币基金组织（IMF）执董会完成了五年一次的SDR定值审查，决定维持现有SDR篮子货币构成不变，并将人民币的权重由10.92%上调到12.28%，人民币在国际上获得了越来越多的认同。

从"双循环"来看，人民币国际化会增加国际投资者对人民币安全资产的需求，需要大力发展中国国债市场。在国内国际金融市场的资金循环模式上，国债是安全资产，是债券市场定价的稳定器。一国市场中能够替代主要国际货币的安全性资产越多，参与国际货币体系变革的基本筹码也就越多。一个高流动性、具有较稳定收益的国债市场对于进一步提高中国债券市场的国际吸引力和货币国际化程度至关重要。

中国债券市场已经成为中国资本市场的重要组成部分，提升了社会融资效率，加快了中国金融系统融资方式的改变，推动中国金融体系朝着银行间接融资和市场直接融资平衡发展的方向演进，有利于提高中国金融体系的效率。积极发挥债券市场的融资功能已经成为稳增长、推动中国经济高质量发展的有机组成部分。

再论高通胀下的强美元

7月7日

2022年5月6日，我们在中国人民大学中国宏观经济论坛（CMF）公众号上发表了《高通胀下强美元触及22年以来高位，或将持续冲击数月》一文。截至北京时间7月7日上午9时，美元指数再创新高，突破107，甚至有触及110大关的可能性。

美元指数为什么这么强？2020年3月中下旬全球金融大动荡时期美元指数最高位也就约102.8，那可是全球金融市场流动性危机一触即发的时刻。而现在，美联储总资产增加了4.5万亿美元，扩张了一倍多，美联储如此放水，美元还如此强势，美元指数连续3个月在100以上运行（见图1）。从历史上看，高通胀下的强美元也不多见。历史上美联储的加息周期与美元周期强弱并没有明确的关系，美联储加息周期不一定能够决定美元强弱周期，那么为了控制通胀的加息也不一定导致美元走强。但这一次，美元走出了明显的高通胀下的强美元轨迹。

2021年12月我们在《国际金融》上发表了《美元指数：国际货币体系利益格局的政治经济学》，阐述了美元指数作为美元对外代言人所代表的国际货币体系利益格局。在此基础上，2022年12月9日我们在CMF发表了《全面理解美元货币体系新框架》一文，为理解美元强弱提供了一个可选的框架性逻辑。

在我们的新框架中，理解美元强弱不仅需要理解美国的宏观政策（尤其是货币政策），还要理解美元指数这个全球货币金融利益集团中的其他6

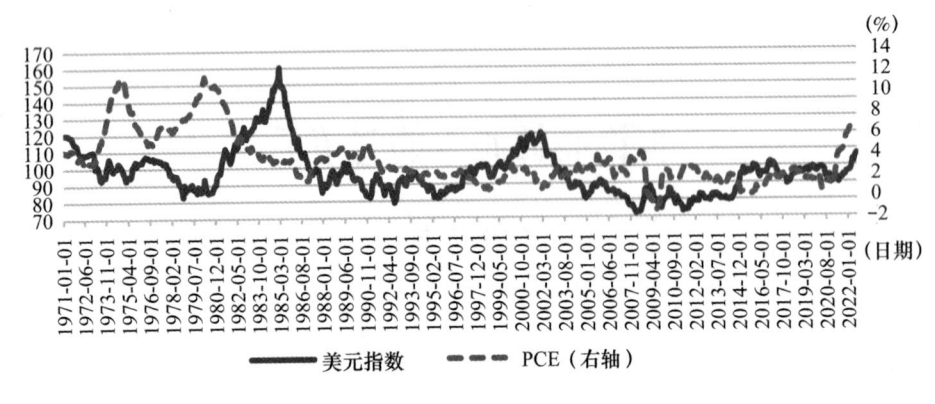

图1 美国经济中的通胀与美元指数

资料来源：美联储圣路易斯分行。

种货币。当然，由于欧元占据了57.6%的比重，在相当程度上理解欧元强弱是理解美元弱强的映像，反之亦然。目前欧元兑美元的汇率已经跌至近20年来的最低点，未来一段时间，欧元兑美元汇率跌破1的概率并不算小。

欧元区的投资和消费尽管没有达到疫情前的趋势水平，但也保持着恢复态势。2022年第一季度欧元区GDP同比增长5.4%，环比增长0.6%，是有点超出市场预期的，属于强劲增长，但欧元还是走软。为什么如此？大概有四大原因。

一是，欧元区货币政策紧缩的速度和力度明显慢于美联储货币政策紧缩的速度和力度。欧元区7月1日停止购债，市场预期7月加息25个基点，并预计9月可能加息50个基点，这与美联储已经3次加息相比存在差距。

二是，欧元区分割的金融市场导致了欧债利率上升存在更低的天花板效应。欧洲由于没有统一的财政政策，政府债券市场是分割的，但欧洲央行只有一个，存在欧洲央行紧缩对欧元区不同经济体政府债券市场冲击的不对称性。财政状况差的经济体，比如意大利、西班牙等政府债券收益率上扬的速度就会比德国政府债券收益率上扬的速度更快，过高的收益率导致意大利等经济体难以负担政府再筹资的相对高成本，主权债务违约风险就会表现出来。为了避免出现这种情况,欧洲央行就会通过下场购买特定经济体政府债券等手段来抑制国债收益率的上扬(目前欧洲央行没有公布具体的防止债券市场分割导致货币政策冲击不对称的新办法)。我们看到,在2022年6月16日欧元区AAA政府10年期债券收益率达到1.86%时,意大利等政府债券收益率就在3%以上。7月5日欧元区AAA政府10年期债券收益率下降至1.34%,这大概率是市场干预的结果,对于缓解欧洲政府债券成本至关重要,但也导致了欧元走弱和美元走强。

三是,欧洲通胀大概率还未见顶。欧元区5月HICP同比增幅突破8%,为8.1%;6月预估值8.6%。由于欧元区通胀来源与能源冲击更为紧密,欧盟能源"脱俄化"和劳动力市场低失业率两大基本因素决定了欧元区通胀大概率没有见顶,通胀达到2位数并非不可能。从石油等能源价格来看,近期出现了明显的回调,主要是受到全球经济减速和欧洲重新启用煤炭发电预期的影响,但目前还难以判断能源价格在波动中会出现明确的下行趋势。从劳动力市场来看,5月欧元区失业率6.6%,是欧元区成立以来的最低失业率。即使是工会雇员比例下降,雇员讨价还价能力变弱了些,劳动力市场工资刚性没有20世纪80年代那么强,但紧俏的劳动力市场依然会带来工资上涨。

四是,俄乌冲突的升级和持续,为理解美元走强提供了新的视角。从2022年2月下旬开始,俄乌冲突升级至今已有4个多月,冲突在持续扩大,目前还看不清这场冲突在何时、以何种方式结束。持续的冲突导致欧洲安全性在下降,欧元区经济体的安全溢价上升,或者说欧元的货币安全贴现率在上升,导致欧元处于弱势。与此同时,北约在扩大,最近瑞典和芬兰签署了加入北约组织议定书,欧洲在军事上更加依靠美国,这导致了美国的安全溢价下降,或者说美元的货币安全贴现率下降,也推高了美元。同时,美国作为军工复合体大卖军火,赚取了丰厚的利润,也有助于美元走强。

总体上来说,不是美元有多强,是因为美元指数中没有撑得起来的货币,彼此的相对性导致了美元走强。尤其是欧元的走弱是导致美元走强的重要原因，当然日本央行的持续宽松和收益率曲线管制导致日元持续贬值也强化了美元。正常时期经济金融政策决定短期汇率；特殊时期，安全溢价或者安全贴现是决定短期汇率的重要因素。从这个视角来看，要指望欧元走强来带动美元走软，欧盟的首要任务是尽快缓和并结束俄乌冲突，但美国应该不会答应。在这样的态势下，指望欧元走强带动美元走弱的概率也就大幅度下降。

高通胀下的强美元还会持续，对全球经济金融市场的冲击也会延续。

全球经济"滞胀"的风险可能降低

7月11日

"历史不会重复自己，但总是押着同样的韵脚。"20世纪70年代以美国为代表的西方主要经济体出现了"滞胀"，至今已过去半个世纪。当前西方主要经济体，尤其是美国经济再次面临"滞胀"的风险。20世纪的"滞胀"与当前世界经济面临的"滞胀"风险有哪些相似之处？又有哪些不同之处？我们可以获得哪些启示以降低世界经济当前面临的"滞胀"风险？

一 历史上的"滞胀"与当前的"滞胀"风险

20世纪70年代的"滞胀"主要源于原油价格的冲击，扩张性的政策也是助推通胀持续走高的重要因素。在1973年第一次石油危机之前，全球已经经历了几年不断上涨的通胀。1973年10月第4次中东战争爆发，国际油价从约3美元/桶上涨至10美元/桶。1978年年底伊朗政局发生了剧烈变化，石油产量骤降80%，油价1979年开始暴涨，从13美元/桶猛增至34美元/桶，导致了第二次石油危机。1980年9月"两伊战争爆发"，产油设施遭到破坏，原油供给减少，国际油价一度攀升至40美元/桶。从1973年到1980年国际油价上涨超过了10倍。与此同时，由于自然灾害等原因，导致全球粮食产量不足，全球粮价在1972—1974年上涨了约1.7倍，全球出现了粮食危机。原油和粮食价格大幅度上涨，全球出现了供给冲击型的通胀。

从货币政策来看，1968年年末美联储取消了黄金作为高能货币的作用，货币发行不再受到黄金约束，加速了1971年固定汇率制度的崩溃。整个20世纪70年代，美国采取扩张性的货币政策对抗经济衰退，形成工资—物价螺旋机制，推高了通胀。美国经济在1969—1970、1973—1975年出现了两次衰退，美联储下调利率来刺激经济，联邦基金利率从1969年8月的9.19%下降至1971年3月的3.71%；从1973年9月的10.78%下降至1975年年末的大约5%。依据IMF提供的数据，1970—1979年美国经济中M2简单平均增速9.5%，显著高于1960—1969年的7.5%。1972年年末美国总统尼克松取消了第二阶段的工资和物价管制，并宣布从1974年起取消美国资本对外流动的所有限制。美联储持续的扩大货币供给和刺激性财政政策直接带来了美国从南北战争以来最快的通胀。1972—1975年美国经济的通胀率（CPI）从3.1%上涨至9.2%。1973年全球通货膨胀率飙升至10.3%，并在1975年出现了全球性的经济衰退。在高通胀背景下，美联储面临经济两次衰退压力依然采取了刺激性的货币政策，使通胀变得根深蒂固。这导致了1980年美国经济在出现了第三次衰退时，逼迫美联储在1980年中期只能轻微下调利率，继续保持了高利率状态控通胀，这是历史上的沃克尔时期，控通胀几乎成为美联储唯一目标。全球经济在20世纪70年代平均每年增长4.1%，远低于60年代的5.5%和50年代的5.1%。高通胀和低增长相伴形成了20世纪70年代的全球性"滞胀"。

当前全球经济也面临着"滞胀"风险。联合国在2022年5月的《世界经济形势与展望》中预测2022年全球经济增速只有3.1%，全球通胀率上升至6.7%，是2010—2020年平均水平2.9%的两倍多。世界银行在2022年6月的《全球经济展望》中预测2022年全球经济增速只有2.9%，全球通胀率（预测中值）同比增幅将达到7.8%。其中，新兴市场和发展中经济体通胀同比增幅达到9.4%，而发达经济体通胀同比增幅为6.9%，是1982年以来的最高水平。全球经济呈现出高通胀与低增长相伴的"滞胀"风险。

二 当前"滞胀"风险：特征相似，但确有不同

当前全球经济"滞胀"风险与20世纪70年代"滞胀"的形成存在诸多相似之处。首先，2020年疫情冲击之后，全球主要发达经济体采取了激进的刺激政策，2020—2021年美国财政赤字高达6.12万亿美元，美国通过财政赤字货币化提高居民消费能力，推动物价上涨。在全球经济复苏需求拉动下，国际金融市场充裕的流动性导致了大宗商品价格快速上涨。其次，美联储就业优先的货币政策导致美国就业市场劳动力紧缺，形成了工资—物价螺旋机制。再次，俄乌冲突升级助推能源价格和食品价格进一步上涨。俄罗斯和乌克兰在部分国际大宗商品市场上具有重要地位，两国合计占全球小麦和石油产量的10%以上，占世界天然气产量的20%以上。此外，俄罗斯还提供用于制造飞机、汽车和计算机芯片的金属。冲突已经扰乱了全球能源和粮食供应链，持续的冲突给全球大宗商品市场前景带来很大的不确定性。

当然，两次"滞胀"也存在不同之处。第一，2020年全球暴发新冠疫情，疫情的反复导致全球出现供应链瓶颈，推高了物价水平。美联储纽约分行的数据显示，2020年年初全球供应链压力指数只有0.06，疫情暴发后上涨至4月的3.36；此后随着大封锁的逐步解禁，压力指数快速下降至10月的0.13。但由于新冠病毒变异导致新一轮疫情扩散，全球供应链压力指数快速上涨至2021年12月的高点4.38。2022年以来，随着疫情防控的进展，全球供应链压力指数有所下降，5月这一指数下降至2.90，但仍然显著高于疫情前的水平。疫情也导致交通运输成本大幅度上涨，目前波罗的海干散货指数（BDI）是疫情前的3倍，疫情等因素导致缺"芯"、缺"柜"等问题，持续推动物价上涨。第二，截至目前，全球大宗商品的价格上涨幅度远不及20世纪70年代的上涨幅度，物价上涨的范围也相对小些。2022年6月世界银行《全球经济展望》中的数据显示，1979—1980年全球和美

国的核心通胀率高达15.3%和11.1%，而2022年1—4月全球和美国的核心通胀率为2.8%和6.3%。第三，长期通胀预期并未脱锚。在过去几十年中，全球通胀率一直是下降的。全球通胀率从1974年的16.9%下降至2019年的2.3%。发达经济体的通胀率从1974年的15.3%下降至2019年的1.3%，而新兴市场和发展中经济体的通胀率则从17.5%下降到2.6%。物价长期下降的趋势压低了投资者对未来长期通胀的预期，这也是目前美国10年期国债收益率隐含的长期通胀率仍处于2.8%左右的原因之一，目前1年期和5—10年期的通胀预期水平大约是1980年年初的1/2和1/3。第四，财政刺激退出力度较大。20世纪60年代和70年代的特点是扩张性财政政策，相比之下，随着2021—2022年疫情财政救助的退出，发达经济体财政政策将进入收紧期。第五，美元并未出现贬值，反而出现了高通胀下的强美元态势。由于美欧等货币政策周期不一致导致了美元走强，这有助于降低全球的物价水平，而整个70年代美元贬值成为常态，推高了全球物价水平。

三　努力降低全球"滞胀"风险

疫情冲击后2020年全球经济深度下滑，受巨大的财政和货币政策刺激，2021年全球经济增长5.7%，世界银行预计2022年全球经济增长2.9%，略高于疫情前2019年全球经济2.6%的增长率。美联储6月预测2022年美国经济增长1.7%，略低于长期潜在增速1.8%，而通胀率（PCE）高达5.3%，显著高于长期通胀目标2%。从增长和通胀水平来看，全球经济存在降低"滞胀"风险的可能性。

第一，全球重要央行将价格稳定作为货币政策的首要目标是控制通胀及通胀预期的关键。这与20世纪70年代央行担心经济衰退，在通胀压力下依然采取宽松货币政策的情形不同。目前美联储已经进入明确的紧缩周期，并认为目前美国劳动力市场只有3.6%的失业率，能够承受更大的紧缩力度。欧洲央行预计从2022年7月开始进入加息周期。全球部分发达经济体以及新兴经济体均已经进入加息控通胀阶段。同时，全球绝大多数新兴市场和发展中经济体的央行都在寻求并实施维持汇率稳定，或实施稳定通胀预期的汇率制度，避免出现美联储加息周期中的竞争性贬值，这对于抑制全球通胀并有效降低全球通胀预期至关重要。

第二，全球经济对于能源的依赖度大幅度下降。自20世纪70年代以来，全球GDP的能源强度大幅下降。2020年全球能源强度大约为1970—1980年均值的60%。同时，能源进口国采取了包括能源转型等在内的措施来降低能源冲击带来的脆弱性。

第三，劳动力市场结构发生了很大的变化。20世纪70年代工会组织是工资谈判的重要力量，物价上涨就要求名义工资上涨，带来了工资—物价螺旋机制持续推高通胀。世界银行2022年6月《全球经济展望》中的数据显示，1976—1980年美国、英国和德国的年度工资平均增长11%、14.6%和7.6%，而2021年分别下降为9.3%、7.0%和3.8%。依据OECD的一项研究，2020年雇员集体谈判能力和工会覆盖率分别只有1980年的60.5%和27.5%，美欧劳动力市场具有更灵活性的工资定价机制决定了工资—物价螺旋机制不再具有很强的刚性。

第四，这一轮的通胀结构存在差异，存在抑制局部价格上涨的措施。目前在美欧的通胀中，交通运输涨幅居前。一方面是能源价格上涨，另一方面是疫情冲击导致供应链断裂和运输人员工资上涨。对于能源价格和交通运输价格上涨，欧盟重要经济体，如德国、法国启动价格限制机制（承诺电价稳定）或者企业、家庭补贴来减缓通胀压力。

第五，新兴经济体提高了控风险的能力。新兴经济体积累了跨境资本流动宏观审慎管理的经验，这有助于降低美联储加息周期中汇率出现无序贬值波动的风险。为了降低债务风险爆发，防止出现信贷紧缩，政府在采取支持措施向企业提供贷款，通过贷款担保和延期付款来解决企业的流动性约束，这有助于稳定增长并防范金融体系的系统性风险。

第六，部分新兴经济体可以使用抑制价格上涨的临时措施。为了防止经济出现下滑，依靠大宗商品进口的新兴市场和发展中经济体在控通胀的同时，可以采取价格限制或特定目标的补贴。对受到疫情冲击的特殊群体补贴应该具有明确的期限，避免中长期对市场价格机制运行产生负面影响。政策措施的发力点要着重提高生产力和解决供应链问题，中长期用提高生产率的办法来有效降低未来的通胀压力。

当前，全球经济要避免重蹈20世纪70年代的覆辙，必须要降低全球大宗商品市场的持续动荡，持续降低贸易保护主义和地缘政治冲突风险，继续发挥经济全球化在降低物价水平中的作用。只有全球大宗商品价格、疫情以及人为冲突导致的供应链问题得到有效缓解，货币政策才能更加有效地锚定通胀预期，控制好通胀，并不过度抑制经济复苏的动能，才能避免出现经济"硬着陆"，降低全球出现"滞胀"的风险。

未来全球支付体系变革的方向

7 月 12 日

据美国消费者新闻与商业频道（CNBC）2022 年 6 月 23 日报道，IMF 总裁格奥尔基耶娃与第一副总裁吉塔·戈皮纳特（Gita Gopinath）以及战略、政策和审查部门负责人锡兰·帕萨巴席欧格鲁（Ceyla Pazarbasioglu）22 日联合发文，文章建议"各国共同开发一个全球公共数字平台——一个具有明确规则的新支付基础设施——这样每个人都可以以最小的成本、最大的速度安全地转账。它还可以连接各种形式的货币，包括央行数字货币"。国际货币基金组织的评估指出，当前国际汇款支付的平均成本为 6.3%，这意味着每年中介机构都拿走了本应属于低收入家庭的高达 450 亿美元的资金。利用金融科技帮助全球弱势群体，推动跨境支付的现代化，有助于提高全球支付体系的效率，推动全球包容性的经济增长。

从全球支付体系的演变来看，发达经济体金融化发展处于领先状态，社会信用和支付体系建设较早，主要发达经济体在开发建设国内支付体系的基础上，随着经济全球化的发展逐步演进成国际支付体系，对世界经济的运行产生了重要的影响。目前全球重要的支付系统大多属于发达经济体，并处于国际金融中心的位置。比如，纽约清算所协会拥有的美元银行同业支付系统（CHIPS）、欧洲央行拥有的欧元支付系统（TARGET）以及英国清算组织拥有的英镑支付系统（CHAPS），上述重要的国际支付系统分别在纽约、法兰克福和伦敦。2015 年中国人民币跨境支付系统（CIPS）正式上线运营，成为重要的全球支付系统之一。可见，全球重要的央行基本都开发了自己货币的跨境支付系统，便利国际贸易投资的结算和清算支付。但在全球支付报文系统中，存在一家独大的环球银行间金融电信网络系统（SWIFT）。1973年5月，美国、欧洲等15个国家的239家银行共同成立了SWIFT，总部设在欧洲的比利时。经过几年建设开发工作，1977年SWIFT推出了即时通讯服务，取代了当时广泛使用的电传技术，为银行间信息传递提供高效、可靠和低廉的电讯通道，但其本身并不包括结算和清算功能，而是通过提供标准化的统一报文信息格式，提供结算和清算所需要的通讯服务。经过40多年的发展，目前SWIFT的报文传送平台覆盖了全球200多个国家的超1万家银行、证券机构以及其他用户，支持全球90多个国家和地区跨境交易的实时支付。

SWIFT由欧盟主导，但由于美元的全球霸权以及强大的金融实力，SWIFT需要纽约的美元支付系统（CHIPS）支撑，SWIFT的美元交易信息报送无法脱离美国纽约清算所银行同业支付系统（CHIPS）而单独存在。因此，美国拥有相当大的影响力和控制权，可以视为欧美共同掌控的全球金融基础设施。"9·11"事件之后，以反恐为由，美国逐渐掌控了SWIFT的主导权，依靠这种权力，美国已经先后把多个经济体踢出SWIFT，使这些经济体隔绝于全球金融支付体系，严重影响了这些经济体参与经济全球化的权益。SWIFT成为美欧制裁他国的重要金融工具，这种行为已经脱离了SWIFT保持中立的初衷，导致其公信力下降。

只有SWIFT会员的系统才能与SWIFT平台链接，通过接受跨境交易结算和清算的报文信息，并通过银行账户来处理。用户需要在银行开设账户，境外银行需要在境内代理行、境外清算行开设账户，跨境结算和清算信息不能涵盖非会员以及没有银行账户的跨境交易者。同时，会员机构处理跨境交易信息并不能做到实时支付，现有的国际支付系统依然存在速度慢、费用高的问题。

IMF总裁等呼吁各国共同开发一个全球公共数字平台，以更低的成本、更快捷的方式用于各国之间的交易结算和清算，具有现实意义。开发建设这样一个全球数字平台，顺应了数字技术革命的潮流，也顺应了数字货币的兴起和发展。但作为一个能够连接各种货币，包括央行数字货币的平台，这是一个极其复杂庞大的系统工程，涉及一系列关键问题的处理和解决。

首先，如何最大限度保证全球公共数字平台的参与者数量。开发建设全球数字平台是全球支付系统的制度供给，这个制度供给有多少需求？全球目前重要的国际货币提供方是否有兴趣参与决定了平台的发展空间和存在的必要性。技术不能替代信用，重要的国际货币使用哪个平台将决定该平台的国际价值。

其次，如何确定平台的治理结构。全球公共数字平台必须保证平台中性，不能成为全球重要国际货币制裁他人的工具。设计出保证平台中性的治理结构，才能确保平台中性，才能有助于全球经济包容性增长和发展。

再次，如何协调现有的国际支付体系。数字货币不需要与相关的银行账户绑定，数字货币会改变分布在全球各地、各时区代理行及清算行为基础的跨境国际支付格局，打破现有的国际支付利益格局。开发建设全球公共数字平台将在很大程度上动摇现有国际货币体系的支付系统，全球支付系统重构遇到的阻力将是巨大的。

最后，如何确保数字钱包的安全性和隐私性。全球公共数字平台与现有的国际结算和清算体系最大的差异在于不需要通过银行账户来实现支付，数字货币不需要与相关的银行账户绑定，只需要通过数字钱包。各国对于数字货币的监管规则尚在探索之中，更谈不上有全球统一的规则；各国对于各种形式的数字货币（比如基于区块链技术的加密币）的态度也不一致。在这种情况下，全球公共数字平台如何确保数字钱包的安全性和隐私性并不容易。

共同开发一个全球公共数字平台是一个美好的设想，也是应用现代数字技术构建一个公平、公正、安全的全球支付体系的建设性意见，可能成为未来全球支付体系变革的努力方向。在当前的国际货币体系利益格局和数字货币尚处于发展初期阶段的背景下，这样的呼吁具有现实意义，也具有前瞻性。打破现有国际货币支付体系利益格局，需要全球大部分经济体意识到现有国际支付体系的弊端，对全球共同数字平台有明显的需求意愿，并集体逐步改变依赖现有支付系统的刚性习惯，开发建设全球公共数字平台才会进入实质性阶段。

欧元兑美元触及平价：历史的轮回

7月13日

  2022年7月12日欧元兑美元汇率盘中接近欧元美元平价（1欧元=1美元）。7月7日中国宏观经济论坛（CMF）《再论高通胀下的强美元》一文指出了未来一段时间欧元兑美元汇率跌破1的概率并不小。欧元兑美元汇率跌破1并不是国际金融市场上的一件小事。因为这是近20年来当今世界第二大国际货币兑第一大国际货币之间的汇率，欧元走软意味着欧元货币体系在与美元货币体系的市场较量中暂时处于下风，这对未来国际货币体系的演进都会有或多或少的影响。

  欧元走软的镜像是美元走强。截至北京时间7月13日上午9时，依据Wind的数据，美元指数突破108.2，2022年以来美元指数上涨了12.8%，欧元兑美元贬值了约11.8%，日元兑美元贬值了约19%，英镑兑美元贬值了约12.2%，高通胀下的强美元持续对国际金融、外汇市场造成了明显的冲击。

  从目前美元持续升值和欧元持续贬值的事实来看，美欧也许都是"愉快"的，这就导致了欧洲央行在目前的汇率水平下，不太可能强制干预欧元外汇市场。全球在实施浮动汇率制度之后，美国一直坚持宏观政策立足于国内经济状况，基本不会因为外部环境而改变自己的宏观政策。美国的"愉快"主要体现在强美元符合当下美国国内经济控通胀的要求，以及在全球货币体系进入动荡变革期掌握美元相对价值的主动权。而欧元区的"愉快"主要体现在欧元走软有利于提振欧元区的出口（欧元区经济恢复得并不算好），同时可以防止货币政策紧缩所致利率上扬导致的欧洲主权债务危机风险的上升。欧元的诞生是带着短板而来的，欧洲区只有统一的央行和货币政策，但缺乏统一的财政政策，欧元区经济体分散的财政政策决定了欧元区只要有经济体财政债务出现问题，就会反映到整个欧元区的主权债务市场上，次贷危机后的欧债危机过去的并不久远。从这个视角就可以理解，欧元走软是欧元区债务风险及经济面临风险的释放。当然，欧元区缺乏统一财政政策以及分割的主权债券市场是欧元区的痛，未来欧元区一定会在这个领域出台相应的具体办法来缓和，甚至解决这一问题，否则一旦受到外部的显著冲击，欧元区的这种痛又会再次发作。

自 2002 年 7 月欧元成为欧元区唯一合法货币以来，这次的现象可以视为第二次欧元兑美元出现平价。尽管目前欧元兑美元仍未触及欧元的历史低点，但欧元币值基本回到了欧元成为欧元区唯一合法货币的原点。2002 年 7 月至 2008 年 8 月，欧元走出了兑美元的强势升值周期，曾在 2008 年 7 月出现过 1 欧元接近 1.6 美元的历史峰值。次贷危机的爆发也引爆了欧债危机，欧元开启了贬值周期，从 1 欧元兑 1.6 美元的峰值贬值到目前的 1 欧元几乎是兑 1 美元的状态。

由于汇率决定的理论极其复杂，没有一个大一统的框架可以解释。我们需要结合汇率决定的重要理论和复杂的现实来看待当前的欧元平价。

从短期来看，套利行为决定汇率变化。目前由于美联储货币紧缩的力度和速度均高于欧洲央行的货币政策的紧缩力度和速度，导致美欧利差扩大，这是决定欧元走软的利差因素。欧元区 10 年期 AAA 政府债券的收益率从 6 月中旬的 1.8% 左右下降到目前的 1.3% 左右，而美国 10 年期政府债券的收益率从 6 月中旬的 3.3% 左右下降到目前的 3% 左右，美欧利差是扩大的。这种利差扩大符合欧元需要贬值的实际，也满足了欧元区降低主权债务风险爆发的意愿。

从中长期来看，经济基本面决定汇率。目前欧元区经济恢复还达不到疫情前的水平，这与美国经济恢复存在一定的差距。

从特殊因素来看，俄乌冲突导致全球避险情绪上扬，2022 年以来 VIX

上涨了52%，美元作为避险货币的属性得以发挥。同时，过去作为避险货币的日元由于不断贬值，基本丧失了避险属性。由于日本央行坚持宽松不动摇，日元兑美元大幅度贬值，日元兑美元汇率跌至1998年8月以来的最低位，达到1美元兑换超过137日元的水平。竞争性的避险货币减少也相对突出了美元的货币避险属性。在强美元以及美欧限制进口俄罗斯黄金的背景下，俄罗斯黄金基本失去欧美市场，黄金的避险功能也出现了下降。依据Wind数据，2022年以来COMEX黄金价格下跌了约5.7%。

从政策可信度来看，市场或许开始怀疑欧洲央行控通胀的承诺。由于欧洲的通胀与地缘政治冲突导致的能源价格高位运行过于紧密，在欧元区经济恢复尚不够好的背景下，国际市场投资者有理由质疑欧洲央行控通胀的承诺。目前，欧元区6月通胀率（HICP）预估值高达8.6%，应该还未见顶。尤其是俄乌冲突目前并未出现缓和迹象，这对于欧洲央行控通胀来说，是痛苦的。美联储采取了较大幅度的加息，美国经济目前的通胀处在高位，但中长期通胀预期控制得不错。依据美联储圣路易斯分行提供的数据，5年期保本美国国债隐含的中期通胀率从3月下旬的约3.6%下降至7月12日的2.5%；10年期保本美国国债隐含的长期通胀率从4月下旬的大约3%下降至7月12日的2.32%。在美联储加息和缩表的紧缩政策下，美国经济中的中长期通胀预期出现了显著下降，中长期通胀预期并未脱锚。

最后，我们再次回到美元指数。美国经济也面临滞胀风险，不是美元有多强，而是美元的相对定价锚欧元、日元、加元等更弱。美元及美元指数中的货币计价的金融资产及衍生品在国际金融市场上占据了明显主导地位，基本左右了国际金融市场的货币定价，读懂了美元指数，在很大程度上就读懂了国际货币体系利益格局的政治经济学。美元相对定价锚太弱是导致美元走强的直接原因。

2002年7月，当欧元成为欧元区唯一的合法货币时，欧元兑美元的汇率基本接近1欧元=1美元的平价。20年过去了，今天的欧元再次触及欧元美元平价，这是国际金融市场上重要货币兑换历史的一个轮回。

对 2022 年以来人民币金融汇率与贸易汇率背离的看法

7 月 21 日

2022 年以来，人民币兑美元金融汇率贬值了约 6%，但人民币名义有效汇率指数（CFETS 等）却升值了，人民币金融汇率与贸易汇率出现了背离。考虑到购买力平价偏离，BIS 广义人民币实际有效汇率贬值了近 4%，这是中国物价相对稳定的结果。保持物价稳定是 2022 年下半年中国经济工作的基础。只有物价稳定，宏观政策发力才有空间；只有物价稳定，人民币贬值才能成为出口的有利因素。

截至 7 月 20 日，2022 年以来美元指数约升值了 11.5%，而人民币兑美元（CFETS）大约贬值了约 6%，人民币汇率保持了相当的稳健性。截至 7 月 15 日，CFETS、BIS 和 SDR 人民币汇率指数分别升值了 1.34%、2.53% 和 1.52%。人民币兑美元双边汇率（金融汇率）和人民币一篮子货币汇率（贸易汇率）出现了明显的背离。人民币兑美元贬值并没有导致人民币名义有效汇率（一篮子货币汇率）贬值，反而出现了升值。

在 2020 年全球金融大动荡之后，人民币金融汇率与贸易汇率也出现过小背离。2020 年 5 月 28 日 CMF 上发表了《人民币贸易汇率与金融汇率的小背离》，只是 2022 年以来人民币贸易汇率和金融汇率背离的时间相对长，幅度也相对大一些。而且，我们判断这种背离可能还要持续相当一段时间，这对中国经济的出口来说，是一个负面因素。

人民币汇率制度是保持一篮子货币稳定，在保持一篮子货币稳定的基础上倒推出人民币兑美元的双边汇率（金融汇率）就有可能出现相对大一些的波动幅度。在一篮子货币定价机制下，由于篮子货币中有货币兑美元的贬值幅度较大，通过套算换算过来的人民币兑这些货币就是升值的，结果导致人民币兑美元是贬值的，人民币一篮子货币汇率还是升值的。

2022年以来，高通胀的持续压力迫使美联储采取了力度较大的紧缩政策，美元指数中欧元占比57.6%。欧元区货币政策到目前为止仅仅是停止购债，欧元区经济控通胀面临的因素更为复杂，导致欧元区货币政策收紧显著落后于美联储。同时，美元指数中的日元占比13.6%，日本继续实施宽松的货币政策。可见，美元相对定价锚中占比81.2%的货币走软，直接导致了美元走出了高通胀下的强美元轨迹。美元指数中所有货币2022年以来兑美元都出现了不同程度的贬值，尤其是日元和欧元、英镑的跌幅是比较大的，都超过了10%（见图1）。

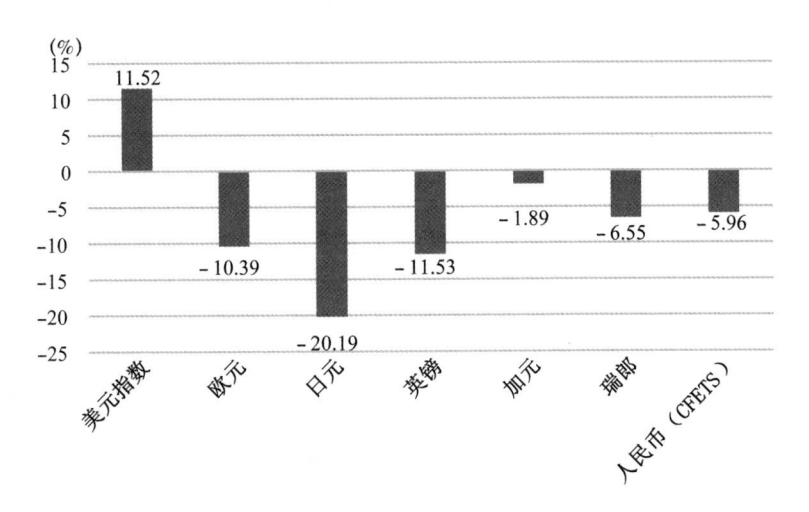

图1 美元指数、美元指数中货币以及人民币汇率的变动幅度

资料来源：Wind。截止时间7月21日上午9:30。

在美元指数中，中国的贸易伙伴欧元区、日本和英国，其货币兑美元的贬值幅度显著超过了人民币兑美元的贬值幅度，换算过来导致人民币兑欧元、日元以及英镑是升值的。当然，中国贸易伙伴的数量远超过美国及美元指数中经济体的数量，即使按照 CFETS 篮子来看，也有 24 种货币，而在 BIS 人民币汇率指数的广义货币篮子中，有 40 种货币。在强美元走势下，篮子中很多新兴经济体货币兑美元贬值幅度超过人民币兑美元贬值幅度，导致人民币兑这些货币是升值的。结果就出现了人民币兑美元是贬值的（目前美元在 CFETS 篮子中的占比为 18.79%），但一篮子货币指数（CFETS）是升值的。这一点在 SDR 人民币汇率指数的升值上看得更为清楚，由于欧元、日元和英镑兑美元的贬值幅度要显著高于人民币兑美元的贬值幅度，导致了 2022 年以来人民币兑美元贬值，但 SDR 人民币汇率指数是升值的。

如果采用 BIS 广义的名义有效汇率来看，人民币 2022 年以来没有变化（见图 2）。这就是说，从广义名义有效汇率指数来看，人民币兑美元贬值了近 6%，但名义有效汇率不变。这就是说，在 BIS 广义货币篮子的货币权重下，人民币兑美元的贬值被人民币兑其他货币的升值恰好对冲了。

图 2 也显示了巴西、俄罗斯的广义名义有效汇率出现了较大幅度的升值，巴西雷亚尔兑美元出现升值的主要原因是——为了控制通胀大幅度持续加息。2022 年 6 月巴西通胀了达到 11.89%，巴西央行基准利率目前高达 13.25%，利差扩大导致资本套利流入，推动了巴西货币的升值。此外，由于国际市场上大宗商品价格上升，巴西作为大宗商品出口大国受益，也助推了巴西货币的强势。尽管从 6 月开始，雷亚尔兑美元开始贬值，但相对于 2021 年年底，雷亚尔兑美元还是升值的。俄罗斯主要是采用了天然气美元结算，并开始管制资本外流，卢布开始显著升值，导致了俄罗斯广义名义有效汇率升值了 37.8%，这对俄罗斯的出口来说，无疑是显著负面因素。

如果购买力平价发生了偏离，我们进一步从实际有效汇率指数来看，就会发现，人民币兑美元贬值近 6%，得到了实际有效汇率贬值近 4% 的结

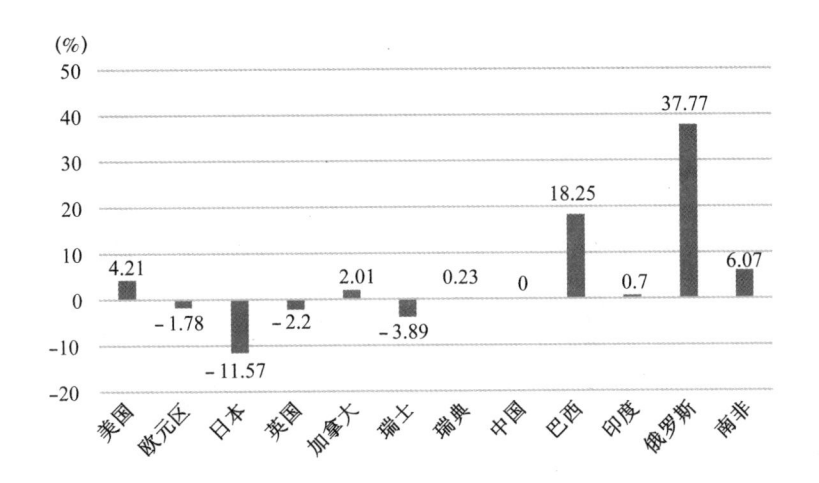

图 2　美国、美元指数经济体以及金砖五国名义有效汇率的变化

说明：样本时间是 2022 年 6 月相对于 2021 年 12 月的变化率（以下同）。

资料来源：BIS effective exchange rate, Nominal, Broad Indices, Monthly averages；2010 = 100。

果（见图 3），这对中国经济出口来说是利好因素。当然，美元指数中大多数货币的实际有效汇率指数都是下降的，这些经济体的商品相对于美国的商品来说，在国际市场上更具有价格竞争优势，这也是美国贸易逆差 2022 年以来高位运行的原因之一，2022 年 1—5 月美国货物贸易逆差高达 5550.2 亿美元。

虽然美元指数中经济体都是实际有效汇率贬值，但情况大不一样。比如，欧元区就比较难受，因为欧元兑美元贬值超过 10%，但只得到了实际有效汇率贬值 1.8%，原因在于欧元区的通胀太高了，6 月欧元区通胀率（HICP）高达 8.6%，高物价降低了欧洲商品在全球市场上的竞争力。而俄罗斯实际有效汇率升值了 45.4%，主要是俄罗斯通胀率更高，6 月通胀率高达 15.9%，过高的物价加上货币的升值将对俄罗斯出口产生显著的负面影响。

至此，我们看待人民币金融汇率和贸易汇率之间的背离，我们就会发现，人民币兑美元贬值即使带来了名义有效汇率的升值，但实际有效汇率

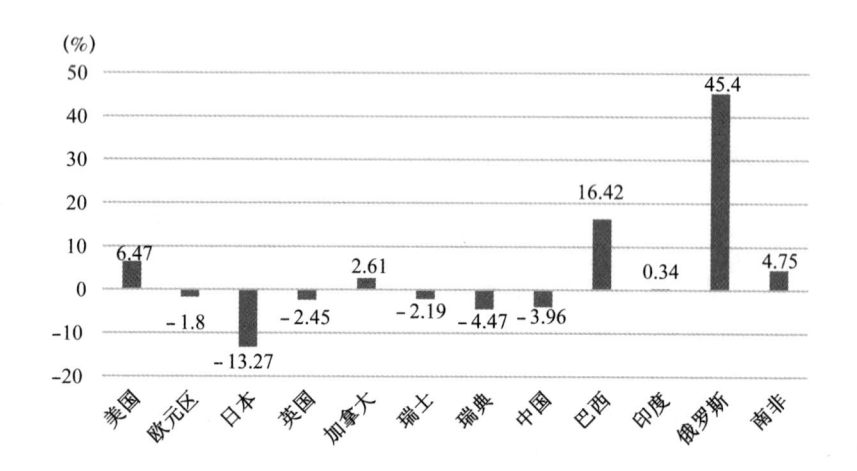

图3 美国、美元指数经济体以及金砖五国实际有效汇率的变化

资料来源：BIS effective exchange rate, Real (CPI - based), Broad Indices, Monthly averages; 2010 = 100。

依然是贬值的，这直接得益于中国物价水平控制得好。2022年6月中国经济中CPI同比上涨2.5%，2022年上半年同比上涨只有1.7%，这是导致人民币对美元贬值依然有利于出口的重要原因。

保持物价稳定是2022年下半年中国经济工作的基础。只有物价稳定，宏观政策发力才有空间；只有物价稳定，人民币贬值才能成为出口的有利因素。

欧元或难现往日荣光

7 月 25 日

  欧元是政治一体化超越经济一体化的产物，五大原因决定了欧元或难现往日荣光，但不能否认欧元是成功的。(1) 统一的货币政策与分散的财政政策并存，导致了欧元区主权债务市场分割，欧元区成员的"搭便车"行为难以杜绝。(2) 经济一体化不能保证欧元区成员国经济潜在产出增长率的一致性，导致成员国自然利率水平存在差异，由此而来的风险溢价也存在显著差异，对风险的敏感性和承受力也因此不同，容易引发主权债务风险。(3) 从欧元和美元的币值竞争来看，长期视角下只有欧元区经济产出缺口比美国经济产出缺口之差为正，且比较大的时候，欧元相对于美元才会有相对的强势，这样大缺口差的趋势欧元区经济很难维持。(4) 俄乌冲突提高了欧元区经济发展前景不及美国经济发展前景的风险。(5) 欧洲央行近期推出的反金融碎片化的新工具（TPI）难以彻底根除欧元区统一货币政策和分散财政政策内生的风险。

  1999 年 1 月 1 日采用欧元的欧洲联盟国家实行了统一的货币政策，2002 年 7 月欧元成为欧元区的合法货币，2002 年第二季度欧元在全球外汇储备中的比例为 21.39%。截至 2022 年第一季度，欧元在全球外汇储备中的比例下降至 20.06%（见图 1）。20 年过去了，欧元在全球外汇储备中的占比下降了 1.3 个百分点。依据 IMF（WEO）的数据，2002 年欧元经济总量占全球经济总量 20.6%，而 2021 年欧元区经济总量占全球经济总量下降至 15.1%，下降了 5.5 个百分点。总体上，在全球经济多极化的趋势下，欧元依然是成功的。

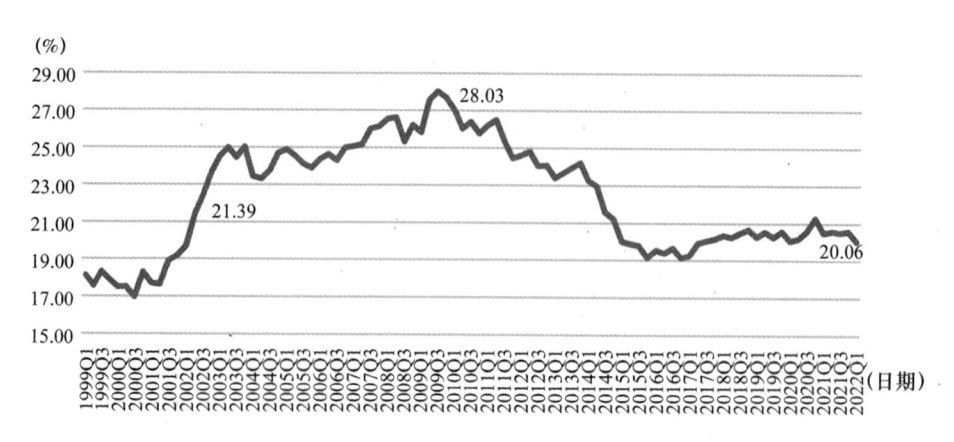

图1 欧元在国际外汇储备中的比例

资料来源：IMF, Currency Composition of Official Foreign Exchange Reserves (COFER)。

欧元的出现是国际货币体系历史上的重大事件，对全球经济、金融和贸易都产生了显著影响。从1971年"维纳方案"，到1999年欧元在欧盟各成员国范围内正式发行，再到2002年正式成为欧元区的合法货币，经历了30多年的努力，终于实现了欧元区统一货币的设想。从2023年1月1日起克罗地亚将使用欧元，成为欧元集团的第20个成员国。

欧元作为国际储备货币在2009年第三季度达到峰值，占比28.03%，离30%差约2个百分点，2008年欧元区经济总量也达到了美国经济总量的95.8%（以市场汇率计算），欧元成为美元货币体系的重要挑战者（当时美元占全球外汇储备的61.57%）。未来的欧元能重现往日的荣光吗？

我们的判断是：未来的欧元或难现往日荣光。欧元作为美元货币体系"潜在挑战者"的身份在未来多年或难以改变。

欧元是政治一体化超越了经济一体化的产物，这导致了欧元在实际运行中存在一些难以克服的天生缺陷，这种天生的缺陷可以用制度设计来减轻其缺陷的程度，但难以根除。

第一，统一的货币政策与分散的财政政策并存，导致了欧元区主权债务市场分割，欧元区成员的"搭便车"行为难以杜绝。

作为欧元之父的蒙代尔在《最优货币区理论：回顾与展望》（载《蒙代尔经济学文集》第五卷，向松祚译，中国金融出版社2003年版）中系统讨论了加入统一货币区的支持和反对观点。从欧元之痛来看，核心的问题是统一的货币政策与分散的财政政策并存，导致了主权债务市场的分割。尽管1993年欧洲联盟条约（Treaty on European Union），也称马斯特里赫特条约生效，区内各国都必须将财政赤字控制在GDP的3%以下，各成员国必须将国债/GDP的占比保持在60%以下，并作为其他欧盟国家加入欧元区必须达到的重要标准，来约束政府债务风险。但在实践中很难被执行，这也是欧元区难以经受利率上扬带来的主权债务风险压力，次贷危机之后的欧债危机以及现在欧洲主权债务市场分割存在的类似风险，都是统一货币与分散金融市场内生的风险。

这种内生的风险体现在：如果成员国财政赤字困难，可以通过债务市场为财政融资，成员国的政府融资会提升市场利率水平，但这种利率上升的成本是由整个欧元区成员来共同承担的，这种"搭便车"行为导致了债务压力大的成员国具有强烈的融资偏好，会导致欧元区整体的主权债务风险上升。

我们以疫情暴发以来的财政赤字做一个说明。依据欧盟最近经过季节调整的统计数据（Eurostat, First quarter of 2022），2020年第一季度，欧元区财政赤字占GDP的2.9%，但比利时、西班牙、法国、立陶宛和马耳他的财政赤字占GDP的比例分别为6.4%、5.4%、6.2%、5.8%和8.5%，均显著超过了3%。疫情暴发之后，从2020年第二季度到2021年第四季度，欧元区财政赤字占GDP的比例都是超过3%的，尤其是2020年第二季度欧元区财政赤字占GDP的比例达到了12.0%。这种情况在2008年年末到2013年第二季度也出现过，整个欧元区财政赤字/GDP超过了3%，2009—2011年就出现过欧债危机。2022年第一季度，欧元区财政赤字/GDP重回3%以下，为2.3%。但比利时、西班牙、法国、立陶宛和马耳他的财政赤字/GDP均显著超过了3%。

从政府债务总量来看，2022年第一季度，欧元区政府债务存量接近12万亿欧元，占欧元区GDP的95.6%，较2021年第四季度轻微下降了0.1个百分点。从债务存量最高的希腊来看，2022年第一季度末，希腊政府债务占GDP的比例达到189.3%，而意大利也达到了152.6%，希腊和意大利存在明显的政府债务风险。葡萄牙、西班牙、法国和比利时分别为127.0%、117.7%、114.4%和107.9%，均超过了100%，政府债务风险也是不小。

因此，无论是从欧元区年度财政赤字/GDP来看，还是债务总量/GDP来看，2008年次贷危机和2020年新冠疫情两次大的冲击都导致了欧元区年度财政赤字/GDP整体上超过了3%，而债务总量超过60%更是常态，这说明马斯特里赫特条约规定的欧元区成员国的财政纪律在遇到大的冲击时很容易被突破。

第二，经济一体化不能保证欧元区成员国经济潜在产出增长率的一致性，导致成员国自然利率水平存在差异，由此而来的风险溢价也存在显著差异，对利率风险的敏感性和承受力也因此不同。

目前欧元区19个成员国由于资源禀赋与技术等因素存在差异，经济潜在产出水平明显不同。依据欧盟统计局关于欧元区实际GDP增长率的数据，2010—2021年欧元区实际GDP年均增长率为1.08%，而希腊、西班牙、意大利、葡萄牙的实际GDP年均增长率分别为-1.79%、0.41%、0.03%和0.43%，只有爱尔兰从次贷危机后的PIIGS五国中脱颖而出，从2014年之后开启了强劲的增长模式，2014—2021年实际GDP年均增长率高达9.71%。

欧元区各成员国之间经济增长率存在显著差异的事实，说明各成员的经济潜在产出率存在显著差异，那么经济中的自然利率水平也因此存在显著差异。这就是说，欧元区各成员国用自然利率表达的均衡利率是不同的。由于货币政策是统一的，那么欧洲央行调整三大政策性利率（边际借贷便利利率、主要再融资利率和存款便利利率）对成员国金融市场的利率冲击是不一致的。结果，欧元区各成员国政府债券市场收益率一致存在显著差异，市场投资者常用意大利和德国主权债务利差作为检测主权债务市场的一个风险指标。2020年7月1日至2022年7月22日,德国10年期国债市场日收益率的均值为2.082%,而同期意大利10年期国债市场日收益率的均值为3.335%,前者只有后者的62.4%。这也就是说,同为欧元区的成员国,德国的无风险利率大约只有意大利的六成多一点。仅以10年期国债为例,意大利政府债务的筹资成本是德国政府债务筹资成本的1.6倍,这就导致了意大利国债对利率上扬所致的风险要比德国国债敏感得多。

第三,从欧元和美元的币值竞争来看,长期视角下只有欧元区经济产出缺口比美国经济产出缺口之差为正,且比较大的时候,欧元相对于美元才会有相对的强势,这样大缺口差的趋势欧元区经济很难维持。

欧元区产出缺口与美国经济产出缺口大于零意味着欧元区的经济状况要好于美国经济状况。在2008年7月中旬之前,欧元兑美元基本是升值的。其中,2008年4月22日欧元兑美元盘中曾经达到过历史的峰值1.5998,接近1欧元兑换1.6美元。在雷曼2008年9月15日申请破产的前夕,始于2007年年初的次贷危机开始发酵,对欧元区市场的流动性开始产生显著的影响,在雷曼申请破产保护的当天,欧洲央行就宣布向商业银行系统注资300亿欧元,这是自2007年下半年全球金融市场出现危机以来欧洲央行首次干预金融市场。从2009年年底开始,欧债危机开始出现,一直到2011年7月的欧洲峰会就希腊救助问题进一步达成共识,欧债危机得以缓和。但后续欧洲央行为了缓解流动性问题,在2014—2016年也进行了大规模的扩表,欧元区经济才摆脱了2012—2013年连续2年的负增长,步入相对正常的正增长轨道。

次贷危机之后,欧元区经济产出缺口与美国经济产出缺口之差是正值,而且还是扩大的,主要原因是美国经济产出缺口非常大。依据IMF(WEO)的数据,2010—2011年美国经济产出缺口为-6.5个百分点,所以欧元兑美元的汇率还保持在相对高位。在2011年之后,欧元区产出缺口与美国经济产出缺口之差一路下行,欧元兑美元也开始走软,整体上呈现出比较长期的下行态势(见图2)。

图2中欧元区经济产出缺口与美国经济产出缺口之差与欧元兑美元汇率

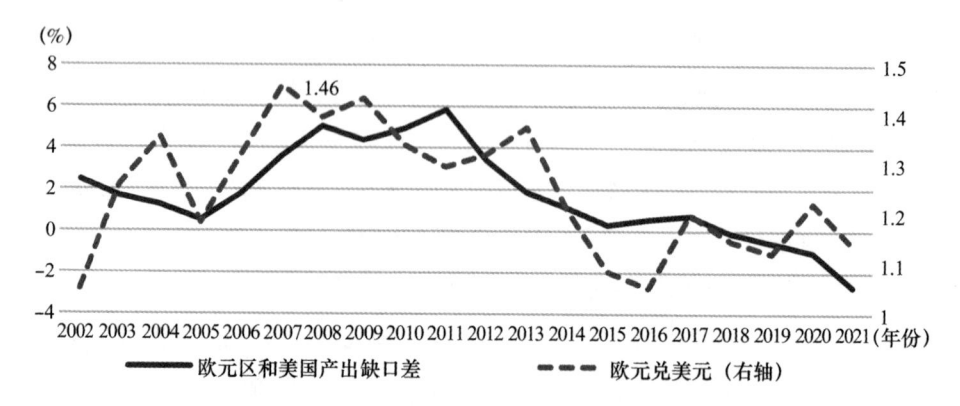

图 2 欧元区和美国产出缺口差和欧元兑美元汇率

资料来源：产出缺口数据来自 IMF（WEO，April，2022），欧元兑美元的年度汇率来自 Wind。

的相关系数高达 0.65。这就是说，欧元区经济相对于美国经济处于足够好的时期，欧元是相对强势的，但这种强势保持对于两者的缺口差有一个明显的阈值。图 2 观察到欧元区经济产出缺口与美国经济产出缺口之差达到 1 个百分点之上时，欧元兑美元汇率基本能够维持在 1 欧元兑 1.2 美元及以上的水平。这与 2010—2021 年欧元区经济年度平均增速只有 1.03% 和同期美国年度平均经济增速 1.95% 有些耦合，两者年度平均经济增速之差接近 1 个百分点。这就是说，在欧元区经济产出缺口接近零时，美国经济产出缺口必须保持在 -1.0% 及更高的负产出缺口，中长期欧元兑美元能够维持在 1 欧元兑 1.2 美元及以上比较强势的位置。

简言之，欧元区经济平均增长率 1%，美国经济平均增长率 2%，欧元区经济处于潜在产出水平时，美国经济产出缺口必须是 -1%，两者的经济产出增长率才能保持一致。由于美欧金融市场高度一体化，这就是两者金融市场的收益率（自然利率水平）达到了基本一致，欧元兑美元基本能够维持在 1 欧元兑 1.2 美元的水平。

当然，上述结论只是通过长期数据观察后一个很粗略的判断，但这一判断与过去 20 年欧元区和美国经济相对状况以及欧元兑美元的汇率走势大致吻合。

第四，俄乌冲突提高了欧元区经济发展前景存在不及美国经济发展前景的风险。

依据IMF（WEO）的数据，以市场汇率计算的当前价格来看，2002年欧元成为欧元区合法货币的时候，欧元区经济总量是美国经济总量的65.7%，峰值出现在2008年，这一年欧元区经济总量达到了美国经济总量的95.8%，欧元区经济总量接近美国经济总量，欧元兑美元汇率也在这一年达到历史峰值1欧元兑约1.6美元，并在2009年第三季度欧元占全球外汇储备突破28%。2008年之后，欧元区经济总量相对于美国经济总量基本是下降的，虽然中间有所波动，2021年欧元区经济总量占美国经济总量大约63.1%，基本重新回到欧元2002年成为欧元区合法货币时期的水平。按照IMF的预测，2022—2023年这一比例进一步下降至57%多一点。在高通胀背景下的强美元作用下，欧元区经济总量相对于美国经济总量进一步萎缩。

2022年2月下旬，俄乌冲突成为欧盟和俄罗斯关系的分水岭，也成为全球地缘政治格局大变化的导火线。截至7月15日，欧盟对俄罗斯实施了六轮制裁，涵盖经济、金融、交通、文化等领域，范围广，力度大。欧洲"脱俄化"的决心很大，在能源严重依赖俄罗斯的情况下，依然咬着牙制裁。

欧洲的能源替代、产业链和供应链的重构都否定了全球化分工的经济成本原则，政治成本最终都会体现在欧盟的经济成本之中。欧洲自身的能源转型是长期目标，欧洲的能源问题解决不好，欧洲经济很难步入平稳发展轨道，这会显著影响欧洲经济增长前景。

同时，俄乌冲突重新激活了北约，欧洲多个国家扩大国防支出预算，欧洲在军事上更加依靠美国，美国作为军工复合体在国际军工市场上赚取大量的钱财，欧洲的军事需求也帮助了美国的经济增长。欧元区在与美国的经济竞争上，俄乌冲突增加了美国的筹码，这不利于欧元区与美国的经济竞争。

第五，欧洲央行近期推出的反金融碎片化新工具——传导保护工具（TPI）难以彻底根除欧元区统一货币政策和分散财政政策的内生风险。

2022年7月21日欧洲央行在三大政策性利率提高50个基点控通胀的同时，推出了反金融碎片化工具——传导保护工具（Transmission Protection Instrument，TPI）。TPI主要是为了消除对整个欧元区货币政策传导构成严重威胁的不必要、无序的金融市场环境，将确保欧洲央行货币政策立场在所有欧元区国家顺利传递，使得欧洲央行能够履行其价格稳定的任务。

具体来说，在满足既定标准的前提下，欧元体系将能够通过二级市场购买在融资条件恶化的司法管辖区发行的证券，购买不受事前额度限制。TPI购买将集中于期限在1—10年之间的公共部门证券（由中央和地区政府以及欧洲央行定义机构发行的有价债务证券）。如果合适可以考虑购买私营部门证券。当然，欧洲央行下场购买证券将需要满足标准，为此，欧洲央行理事会将考虑一份累积标准清单，以评估欧元体系根据TPI进行购买的管辖区是否追求稳健和可持续的财政及宏观经济政策。这些标准将成为理事会决策的前提条件，并将根据待解决的风险和条件进行动态调整。

事实上，2012年9月，在欧洲债务危机进入尾声的时候，欧洲央行就推出了主权债券的"直接货币交易"（OMT，Outright Monetary Transactions）计划：在二级市场上，欧洲央行将以严格的条件约束无限量购买欧元区成员国发行的证券，这项操作主要集中购买1—3年期的短期国债，且不会事先设定购债规模。根据规定，当某个成员国的融资成本急剧上涨并导致市场投机行为，影响欧元区的统一和稳定时，OMT将在二级市场上无限量购买该国国债以稳定市场，但若受援国无法兑现其已承诺的财政紧缩和结构性改革措施，欧洲央行将中止购债。

因此，OMT和TPI具有很强的互补性，前者购买相对短期债券，致力于防止欧债危机中出现过的市场流动性风险；后者涵盖了前者，并通过购买中长期债券，致力于缓解或者解决成员国的主权债务风险，并力求缩小成员国主权债券的收益率差，从而使欧洲央行的货币政策立场能够顺利传递，并减少各成员国金融市场收益率对欧洲央行政策性利率调整出现不对称反应的程度及引发的相关风险。

当然，不管是 OMT 还是 TPI，都是有条件的，都需要评估成员国财政政策和宏观政策的稳健性，或者说要约束成员国的财政纪律，尽量杜绝"搭便车"行为影响欧元区的统一和稳定。

TPI 相对于 OMT 来说，在政策设计上有明显的改进，但经济学的机制设计至今也难以解决"搭便车"行为。结果还是会出现两种情况：对于突破欧洲央行理事会制定的 OMT 和 TPI 标准的，其金融市场又出现利率飙升和投机行为，影响到欧元区的统一和稳定时，要么欧洲央行咬着牙救助，要么提议将其开除出欧元区，而这对于政治一体化高于一切的欧洲来说，是难以想象的。就像希腊等，至今的财政状况还是这个样子，还没有进步，远远突破了欧元区的财政纪律，还是留在了欧元区。

欧元是政治一体化超越经济一体化的产物，上述五大原因决定了欧元或难现往日荣光，但不能否认欧元是成功的。

欧元区告别负利率

8月4日

2022年7月21日欧洲央行加息50个基点，欧洲央行三大政策性利率边际借贷便利利率、主要再融资利率和存款便利利率分别上升至0.75%、0.50%和0.00%。其中，存款便利利率结束了自2014年6月以来长达8年的负利率时代，欧元区重回正利率。欧洲央行重回正利率的主因是欧元区正在经历从未有过的高通胀，控制通胀成为欧洲央行的紧迫任务，一次性加息50个基点也充分说明了欧元区控通胀面临的压力。欧洲央行提高政策性利率是防止通胀进一步恶化，确保通胀在中期内恢复到2%通胀目标的关键性措施。

一　重回正利率是为了控制高通胀

欧洲央行（ECB）的数据显示，6月欧元区通胀率（消费者价格统一指数，Harmonised Index of Consumer Prices，HICP）高达8.6%。其中，物价同比增幅超过10%的共有三项：住房及能源、运输及食品饮料价格同比涨幅分别为16.9%、14.4%和10.4%，这三项在整个物价篮子中的权重分别为17.9%、14.6%和16.6%，总计权重占比达到49.1%，接近整个物价篮子的一半。欧元区成员国之间的通胀率差异很大。从通胀率最高的爱沙尼亚来看，其通胀率同比增幅22.0%，通胀率最低的马耳他物价同比增幅也达到了6.1%，欧元区成员国整体上都面临着高通胀的压力。欧元区成员国之间通胀存在显著差异的主要原因是各国遭受能源、食品价格以及运输费用的冲击不同所致，像爱沙尼亚6月住房及能源项同比增幅达到66.0%，运输价格同比增幅31.4%，食品和饮料价格同比增幅也达到了19.1%；马耳他住房及能源项同比增幅为9.0%，运输价格同比增幅6.0%，食品和饮料价格同比增幅也达到了10.2%。相比爱沙尼亚，马耳他的能源不依赖俄罗斯，受到能源价格冲击的程度小很多。从欧元区涨幅也比较大的其他几项商品和服务价格来看，6月欧元区的住房设备、餐饮酒店和文化休闲三项的物价同比增幅也达到了6.5%、7.9%和4.4%，这三项权重占比分别为6.7%、8.0%和7.9%，总计权重占比22.6%。这与经济恢复及重启疫情开放带来的经济总需求上升直接相关。

欧元区的通胀是供给冲击和需求拉动共同作用的结果，能源价格冲击几乎占据了物价上涨因素的一半，这种通胀在很大程度上是由央行无法控制的因素导致的。在高通胀的压力下，即使存在一定程度的需求"错杀"，导致失业率有所上升，欧洲央行也必须连续提高政策性利率来控制高通胀。由于欧元区目前失业率为6.6%，明显低于疫情前7.5%的失业率，这给了欧洲央行未来继续加息的底气。

二 重回正利率是稳定欧元币值的重要举措

维持欧元币值的稳定是欧洲央行重要的承诺。截至7月27日，2022年美元指数上涨了约11.5%，欧元兑美元贬值了近11%。其中，7月中旬欧元兑美元汇率盘中接近欧元美元平价（1欧元=1美元），创下了2003年以来的最低值，欧元的持续贬值引发了国际市场对欧元区经济前景的进一步担忧。

长期视角下，美欧经济基本面相对差异决定欧元的走势。在2008年7月中旬之前，欧元兑美元基本是升值的。其中，2008年4月22日欧元兑美元盘中曾经达到1欧元兑换约1.6美元的历史峰值。长期视角下只有欧元区经济产出缺口与美国经济产出缺口之差为正，且比较大的时候，欧元相对于美元才会有相对的强势。次贷危机之后，欧元区经济产出缺口与美国经济产出缺口之差是正值，而且还是扩大的，主要原因是美国经济产出缺口非常大。依据IMF（WEO）的数据，2010—2011年美国经济产出缺口为-6.5个百分点，所以欧元兑美元的汇率还保持在相对高位。2011年之后，受到欧洲债务危机的拖累，欧元区产出缺口与美国经济产出缺口之差一路下行，欧元兑美元也开始走软，整体上呈现出比较长期的下行态势。欧元区经济产出缺口与美国经济产出缺口之差与欧元兑美元汇率的相关系数高达0.65。这说明在欧元区经济相对于美国经济处于足够好的时期，欧元是相对强势的，但这种强势保持对于两者的缺口差有一个明显的阈值。我们观察到欧元区经济产出缺口与美国经济产出缺口之差达到1个百分点之上时，欧元兑美元汇率基本能够维持在1欧元兑1.2美元及以上的水平。这与2010—2021年欧元区经济年平均增速只有1.03%和同期美国年平均经济增速1.95%有些耦合，两者年平均经济增速之差接近1个百分点。这就意味着，在欧元区经济产出缺口接近零时，美国经济产出缺口保持在-1.0%及更高的负产出缺口，长期欧元兑美元能够维持在1欧元兑1.2美元及以上比较强势的位置。通过长期数据观察后的这一大致判断，与过去20年欧元区和美国经济相对状况以及欧元兑美元的汇率走势大致吻合。欧元区通过加息控通胀也是为了获得物价稳定下的增长，改善欧元区的经济基本面。

短期视角下，美欧利差导致的市场套利行为决定欧元汇率走势，欧洲央行加息50个基点后，美欧政策性利差暂时得以一定程度的缩小，暂时稳定了欧元兑美元的汇率。但随着美联储7月27日宣布再次加息75个基点，欧元相对于美元依然处于弱势的状态在短期很难有明显改观。

欧元区经济面临的环境比美国经济面临的环境还要复杂，持续的俄乌冲突为欧元区的通胀和经济发展带来了更大的不确定性，欧元区加息的幅度要小于美联储加息的幅度，短期美欧利差决定了欧元处于弱势。

三 重回正利率不代表一定能够重回高利率

欧洲央行加息50个基点后,存款便利利率重回2012—2013年零利率水平,脱离了负利率区间,这并不意味着欧洲央行未来加息到一定能够重回欧元区的高利率时期。

1999年1月1日采用欧元的欧洲联盟国家中实行了统一的货币政策,2002年7月欧元成为欧元区的合法货币,这期间欧洲央行存款便利利率处于1.50%—3.75%的区间,尤其是2000年6月至2001年8月存款便利利率处于3.25%—3.75%的历史高位区间。次贷危机彻底爆发前夕,2007年6月至2008年10月中旬,欧洲央行的存款便利利率基本也处于3%的高位。在上述两个期间欧洲央行提高存款便利利率是为了控通胀。2000年6月欧元区通胀率为2.1%,由于通胀率突破2%,欧洲央行将存款便利利率提高50个基点,从当年4月的2.75%上升至6月的3.25%。同时,边际借贷便利利率和主要再融资利率均提高50个基点,分别达到5.25%和4.25%。这一轮通胀最高点出现在2001年5月,通胀率达到3.1%。2007年6月欧元区通胀率1.9%,接近2%。欧洲央行开始提高利率控制通胀,欧洲央行三大政策性利率在6月均上调25个基点,存款便利利率、边际借贷便利利率和主要再融资利率分别上升至3.0%、5.0%和4.0%。这一轮通胀最高点出现在2008年7月,同比增幅达到4.1%。

这一次加息是2014年6月存款便利利率为-0.10%之后还不断降息后的首次加息。欧洲债务危机的持续影响导致了2012—2013年欧元区经济连续两年出现了负增长,经济几乎处于通缩的状态,2014年欧洲央行开始扩表,并实施了负利率,刺激经济总需求,欧元区经济才步入相对正常的正增长轨道,在此次高通胀之前,欧元区通胀率基本保持在相对低位。2020年以来,疫情冲击使得欧洲央行一直维持了2019年9月以来-0.5%的存款便利利率水平,同时欧洲央行进行了大规模扩表,截至2022年6月底,欧洲央行的总资产超过 8.8 万亿欧元，相对于 2020 年 3 月初的总资产增加了 88.3%。欧洲央行激进的刺激政策是导致欧元区通胀率在 2021 年 5 月达到 2% 之后快速飙升的重要原因。

由于欧元区通胀来自供给的冲击要大于来自需求的拉动，这制约了欧洲央行通过紧缩货币政策控通胀的空间，也使得欧洲央行在通胀率达到 8.6% 的水平才开始加息，这与 2021 年 6 月 8 日欧洲央行公布了货币政策新框架有关。新框架将货币政策目标绝对通胀率 2% 修改为"中期内实现 2% 的通胀率"，2% 的通胀目标为通胀预期提供了一个明确的锚定，但本质上是弹性平均通胀目标值，因为欧洲央行允许通胀率阶段性高出 2%，出现阶段性的通胀目标"超调"。

目前，欧元区的投资和消费仍未达到疫情前的趋势水平，在 2021 年第一季度 GDP 同比下降 -0.9% 的低基数作用下，2022 年第一季度欧元区 GDP 同比增长 5.4%，但整个经济恢复的动能明显不足，尤其是俄乌冲突对欧元区经济增长前景将带来显著的负面影响。

通胀的供给冲击性质和不乐观的经济增长前景导致欧洲央行控通胀的核心目标是确保通货膨胀不会持续下去，不要形成通胀及通胀预期的失控，尤其是要防止出现工资—物价螺旋机制推动的持续物价上涨。欧洲央行的数据显示，2022 年第一季度单位劳动力成本上涨了 2%，与疫情前的 2019 年相差无几，欧元区目前尚未出现显著的工资—物价螺旋机制，这也降低了欧洲央行的加息动力。正是由于欧元区的通胀成因更为复杂，欧洲央行采取了更为弹性、灵活的货币政策。

为了提高货币政策传递的通畅性，7 月 21 日欧洲央行在三大政策性利率提高 50 个基点控通胀的同时，推出了反金融碎片化工具——传导保护工具（Transmission Protection Instrument，TPI），试图消除整个欧元区货币政策传导构成严重威胁的不必要、无序的金融市场环境，确保欧洲央行货币政策立场在所有欧元区国家顺利传递，使得欧洲央行能够履行其价格稳定的任务，并不至于引起主权债务风险。TPI 与 2012 年 9 月欧洲央行推出的主权债券"直接货币交易"（OMT，Outright Monetary Transactions）计划一起，通过购买1—10年期的公共部门证券,力求缩小成员国主权债券的收益率差,减少各成员国金融市场收益率对欧洲央行政策性利率调整出现不对称反应的程度,避免部分成员国金融市场利率过快上扬引发的主权债务风险。

在采取新措施提高货币政策传递效率的背景下,相对疲软的经济基本面和供给冲击在欧元区通胀中发挥了更重要的作用,共同决定了即使欧洲央行未来继续加息,不代表欧元区一定能够重回高利率。

美元货币体系需要中国，中国也需要美元货币体系

8月11日

美元货币体系需要中国。中国是美元储备体系、美元资金全球大循环的重要参与者，也因此是美元体系运行的重要参与者。中国也需要美元货币体系。中国对外贸易、投资都和美元有着密切的关系，在中国经济形成"引进来、走出去"的双向互动格局中，美元货币体系发挥了作用，中国经济深度融入全球化的过程也是和美元一路相伴的过程。中国是国际货币体系公平性的建设者。人民币将与世界其他经济体的货币一起，共同约束美元货币体系的"过度弹性"与"过度特权"，促使美元体系变得公平一些，负责任一些。

2022年以来，美元货币体系发生的两件事情引起了关注。首先，2022年2月下旬，俄乌冲突爆发，SWIFT成为美欧制裁俄罗斯的核心金融工具，欧美冻结了俄罗斯央行大约3000亿美元的海外资产，并将俄罗斯排除在SWIFT系统之外，导致俄罗斯无法参与全球美元和欧元计价的交易，俄罗斯参与全球化的路径被急剧收窄。其次，依据美国财政部网站公布的数据，2010年6月中国持有美债数额超过1万亿美元，达到11121亿美元，此后除了个别月份突破1.3万亿美元之外，中国持有美债数额基本保持在1万亿—1.3万亿美元之间，2022年5月中国持有美债的价值12年来首次跌破1万亿美元，持有的数额下降至9808亿美元。

美欧将俄罗斯排除在关键性国际货币体系之外导致美元货币体系声誉受损，以及中国持有美债的价值减少现象引起了市场关于中国"用脚投票"美元货币体系的猜想。事实上，相比2021年年底，截至2022年5月，中国持有美债的价值减少了879亿美元，而日本持有美债的价值则减少了912亿美元，日本减持的美债数额比中国减持的还多。为什么市场会对中国持有美债的价值减少行为敏感？根本原因还在于美国主动把中国定义为美国的"战略竞争对手"。依据新华社的报道，国家主席习近平7月28日晚应约同美国总统拜登通电话，强调了"从战略竞争的视角看待和定义中美关系，把中国视为最主要的对手和最严峻的长期挑战，是对中美关系的误判和中国发展的误读，会对两国人民和国际社会产生误导"。

一 美元货币体系需要中国

在经济全球化历史进程中，中国是美元货币体系运行的重要参与者。1945年布雷顿森林体系确立了美元国际货币体系，由于主权货币充当国际货币始终存在的"特里芬两难"，1971年布雷顿森林体系解体，全球走向了浮动汇率制度。1994年之前人民币汇率一直由国家外汇管理局制定并公布，基本属于固定汇率制度。1994年1月1日人民币汇率并轨以后，实施以市场供求为基础的单一的、有管理的浮动汇率制，中国银行、德意志银行等七家银行根据前一日银行间外汇市场形成的价格，公布人民币兑美元等主要货币的汇率，各银行以此为依据进行交易，人民币才开始步入外汇市场交易，人民币才具备初步的市场化定价功能。

依据国家外汇管理局网站提供的数据，1995年中国外汇储备数额为735.97亿美元。依据IMF（COFER）公布的1995年以来的全球外汇储备数据，1995年全球已分配的外汇储备数额约为1.04万亿美元，全球总外汇储备数额高达1.39万亿美元。1995年中国外汇储备占全球已分配外汇储备的比例仅为7.1%，占全球总外汇储备的5.3%。直到2016年第四季度IMF

(COFER)才有人民币在全球已分配外汇储备中的占比数据,人民币占比1.08%。2016年年末全球已分配外汇储备的数额达到了近8.42万亿美元,而中国拥有了3.01万亿美元的外汇储备,中国拥有了全球外汇储备的近36%,但人民币作为全球外汇储备换算成的美元只有907.8亿美元。中国持有大量的外汇储备,尤其是美元储备,是事实上的美元货币体系运行的重要参与者。图1显示了自2000年以来中国拥有外汇储备占全球已分配外汇储备(Allocated Reserves)的比例,从2000年的10.9%上升至2013年的61.4%,截至2022年第一季度也高达27.3%。在上述时期,美元占全球已分配外汇储备的比例在58%—73%之间,是美元主导的国际货币体系。因此,中国持有外汇储备数量大幅度上升说明了中国是美元货币体系运行的重要参与者。

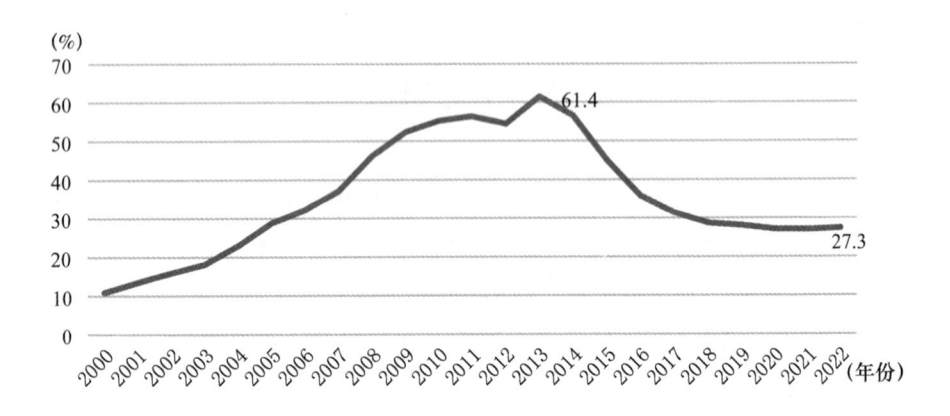

图1 中国外汇储备占全球已分配外汇储备的比例

说明:2022年是第一季度的数据。

资料来源:IMF,COFER。

当然,由于IMF统计的国际外汇储备包括了已分配部分和未分配部分,由于2018年之前全球未分配外汇储备的占比太高,图1显示的中国占全球已分配外汇储备的比例在有些年份可能被高估了。以2013年为例,2013年全球未分配外汇储备比例高达46.8%(见图2)。由于这部分储备没有币种结构数据,如果以2013年全球总外汇储备数量来看,中国的外汇储备在全球总外汇储备中的占比为32.7%。在2018年第三季度之后,全球未分配外汇储备的比例下降至6%—7%之间,中国占全球外汇储备的比例基本保持在27%—28%之间。即使按照这个比例,由于美元占全球外汇储备的比例依然达到了近60%,中国持有大量的美元外汇储备也说明了中国是美元货币体系运行的重要参与者。

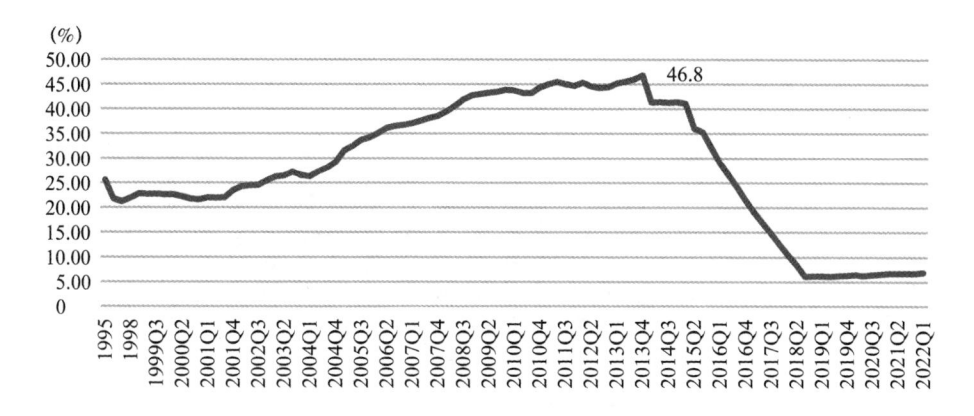

图2 全球未分配储备占总储备的比例

资料来源:IMF, COFER, Shares of Unallocated Reserves。

从中国持有美债的价值来看,依据美国财政部网站的数据,2000年中国持有美债数额仅为603亿美元,在国际投资者持有美债中的占比为5.9%。2003年中国持有美债数额占国际投资者持有美债的比例突破10%,达到10.4%;2007年中国持有美债数额占国际投资者持有美债的比例突破20%,达到20.3%。中国持有美债数额占国际投资者持有美债比例的高点出现在2008年,比例达到23.6%。这就是说在次贷危机爆发时期,中国在国际投资者持有美债数额中占比接近1/4,这对于当时全球金融危机时期的美元体系运行和维护起到了支持作用。

从2008年之后,中国持有美债数额占国际投资者持有美债数额的比例出现了一定程度的下降,从23.6%下降至2022年5月的13.2%。中国持有美债的比例下降较快的重要原因之一是国际投资者持有美债数量出现了大幅度增长，或者说美国国债供给增长的速度过快，美元体系"过度弹性"的特征显露无遗。2008年国际投资者持有美债数额约为3.08万亿美元，较2000年的约1.02万亿美元上涨了2倍，而到了2022年5月国际投资者持有的美债数额高达7.42万亿美元，比2021年的峰值7.75万亿美元有所下降，但相比2008年的水平，2022年5月国际投资者持有美债的数额增幅达到了142.2%（见图3）。

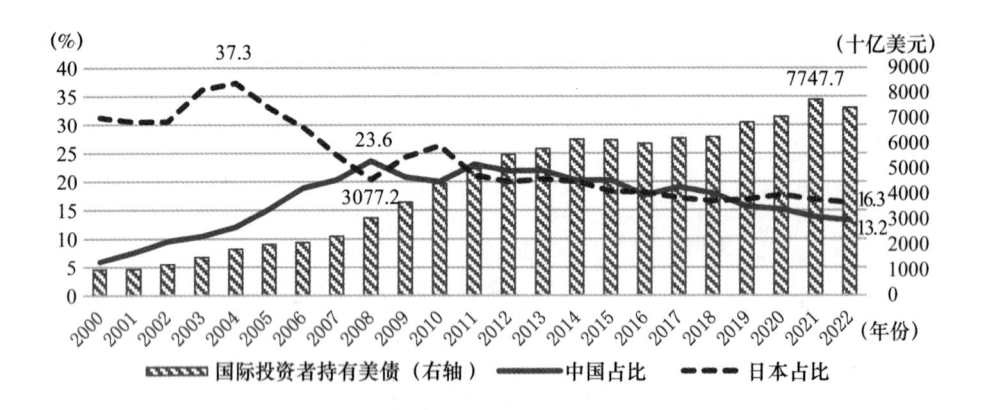

图3　国际投资者持有美债数额及中日持有美债的占比

资料来源：美国财政部和IMF（COFER）。

2008年中国持有美债数额为7274亿美元，而在2022年5月也达到了9808亿美元，尽管比峰值约1.3万亿美元有一定程度的下降，但相比2008年来说，依然增长了34.8%。

从日本情况来看，中日两国一直是最大的两家美债持有者。日本在2004年持有美债数额占国际投资者持有美债数额的比例高达37.3%，在2008年时这一比例降至20.3%，此后有所波动，但一直呈现下降趋势，截至2022年5月这一比例为16.3%，持有1.21万亿美元美债，是目前全球最大的美债持有国。中日两国持有美债数额占国际投资者持有美债数额比例的近30%，是构成美元资金全球大循环的重要组成部分，对于美元全球大循环至关重要。在这个意义上，中日都是维持美元货币体系运行的重要参与者。

从中国对外贸易顺差结构来看,1995年中国开始形成制造业顺差、初级产品逆差的对外贸易结构,出口成为拉动中国经济增长的重要因素,也因此累积了大量的贸易顺差和外汇储备。无论是从中国持有的外汇储备数量还是从外汇储备中持有的美债数额来看,总体上,过去几十年中国参与全球经贸的历史表明,中国是事实上的美元货币体系运行的重要参与者,美元货币体系的运行需要中国。

二 中国也需要美元货币体系

2001年中国加入WTO,中国经济快速深度融于全球化,中国经济对外贸易依存度快速上升。2001年中国经济进出口/GDP和出口/GDP比例分别为38.1%和19.9%,并在2006年达到峰值,两者分别为64.2%和35.4%,中国进口在2005年达到峰值,占GDP的29.0%。中国经济发展依赖国际市场,国际市场也依赖中国经济发展,全球化推动了中国经济的快速增长(见图4)。2000年中国GDP总量突破10亿元人民币,2008年中国经济总量就突破了30万亿元人民币。

2008年国际金融危机爆发,全球经济也因此进入"大平庸"周期。外部需求的萎缩,叠加贸易保护主义的抬头,中国经济对外依存度也出现了下降,2019年中国出口/GDP下降至1995年以来的最低位,为17.5%。2020年新冠疫情全球暴发,中国坚持符合国情的严格疫情防控政策,生产能力得以快速恢复,中国出口占GDP的比例上升至2021年的19%,进口占GDP的比例达到了15.2%,而进出口/GDP达到了34.2%,经济对外依存度依然保持在比较高的水平。

中国经济总量在2020年突破100万亿人民币,经济总量居世界第二。依据IMF（April, WEO）的数据,以市场汇率计算,2021年中国经济总量占全球GDP的18.1%。2020年中国的外贸规模已经达到了4.6万亿美元,国际市场份额占了14.7%,创历史新高,成为世界第一大贸易国,中国经

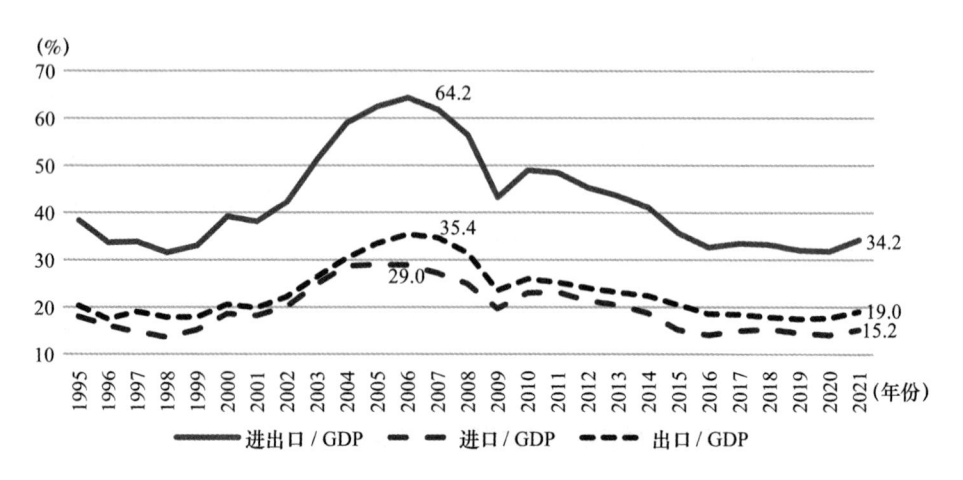

图 4　中国经济对外依存度的变化

资料来源：中经网统计数据库。

济深度融入国际市场的进程并没有因中美贸易摩擦而打断，这说明中国制造业在全球供应链产业链上的位置具有很强的韧性。

依据 SWIFT 提供的数据，美元在国际贸易结算中的比重超过 40%，中国是全球最大的出口国，大量国际贸易通过 SWIFT 报文系统以美元结算，中国是全球使用纽约清算所协会拥有的美元银行同业支付系统（CHIPS）进行美元结算最重要的贸易国之一。

从中国吸引 FDI 的数量来看，1988 年中国实际利用外资突破 100 亿美元，2010 年突破 1000 亿美元，2021 年高达 1734.8 亿美元，中国吸引外资的数额呈现出快速发展的态势。1983—2021 年中国累计实际使用外资约 2.68 万亿美元。2022 年 1—5 月实际使用外资高达 877.7 亿美元。外资成为中国经济参与全球化的重要力量。从出口来看，依据中国海关的数据，2021 年外资投资企业出口和进口分别占中国经济出口和进口的比例为 34.3% 和 37.9%，2022 年 1—5 月两者的比例也达到了 33.1% 和 36.2%，外资投资企业占据了中国进出口的 1/3 还要多。

从中国对外直接投资（ODI）来看，中经网统计数据库的数据显示，2002—2021 年中国对外累计净投资超过 1.69 万亿美元。从 2003—2021 年中国对外累计投资净额超过 1000 亿美元的行业来看，一共有四个行业。其中，批发和零售业2256.0亿美元，制造业2099.8亿美元，金融业2030.5亿美元（2006—2020年数据），采矿业累计1420.3亿美元。排在之后的信息传输、软件和信息技术服务业达到658.1亿美元，房地产业达到628.3亿美元，交通运输、仓储和邮政业达到605.8亿美元。中国经济对外开放已经形成了"引进来、走出去"的双向互动格局，成为全球产业链供应链上的重要环节，深度参与了全球价值链的形成。

从中国资本市场开放来看，外资已经成为中国债市和股市投资的重要参与者。中央结算公司的数据显示，2022年6月境外机构持有银行间债券数额近3.3万亿元人民币，占比约3.7%。依据Wind的数据，2022年7月底外资持有A股流动市值的近3.5%。

在美元体系主导国际货币金融体系的格局下，中国经济金融一直在深度使用美元货币体系，也面临着汇率错配风险的烦恼。人民币跨境贸易结算能够有效规避贸易中货币错配的汇率风险，这得益于人民币国际化的发展。经常账户下跨境人民币收付金额占进出口额的比例在2015年达到高点，接近30%。2016—2017年出现了下降，随后基本保持在稳步上升的态势。2020年这一比例为21.1%，2021年保持在大约20%（见图5）。

从经常项目下跨境人民币收付金额占进出口比例来看，还有80%左右不是采用人民币结算的。当然还有部分使用除美元之外的外币计算，但考虑到美元在贸易结算中占据全球40%以上的份额，这其中有相当大的部分可以认为与美元结算有关。

从外汇市场交易来看，依据外汇交易中心的数据，2018年8月，开始人民币外汇即期交易有不同币种的交易数据，2018年8月，外汇即期交易额48691.09亿元人民币。其中，美元人民币即期交易占比97.56%，欧元人民币交易占比大约1%。2022年7月，外汇即期交易额57410.45亿元，其中美元人民币即期交易占比96.5%，欧元人民币即期交易占比2.4%（见图6）。尽管美元人民币即期交易占比存在波动，美元人民币即期交易在外汇即期交易中占据了绝对性的主导地位，基本稳定在96%左右。因此，美元和人民币之间的汇率是人民币最重要的双边汇率，也是人民币的金融汇率。

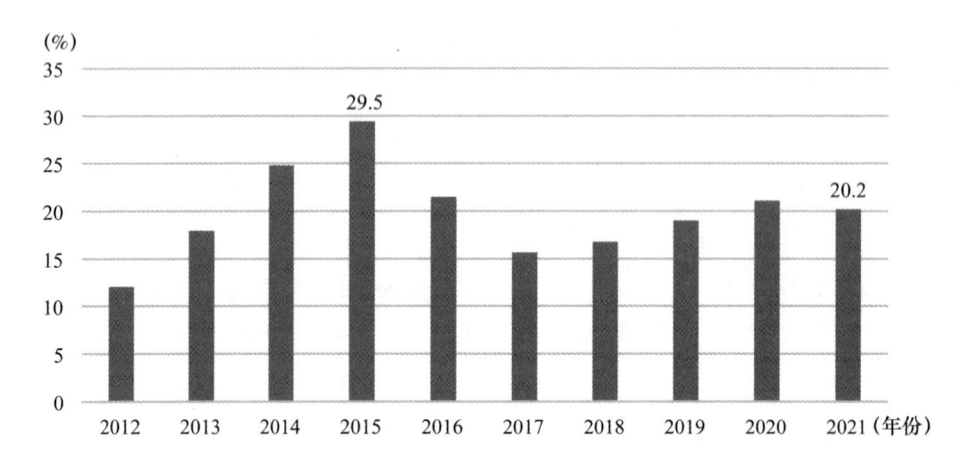

图5 经常项目下跨境人民币收付金额占进出口贸易额的比例

说明：由于统计口径问题，2014年及之前的数据以银行累计办理跨境贸易人民币结算业务数据计算，2015年及以后为经常项目下跨境人民币收付金额。

资料来源：中国人民银行货币政策报告2012—2021年各期。进出口贸易额以人民币计价，数据来自中国海关网站提供的进出口商品总值表（人民币值）。

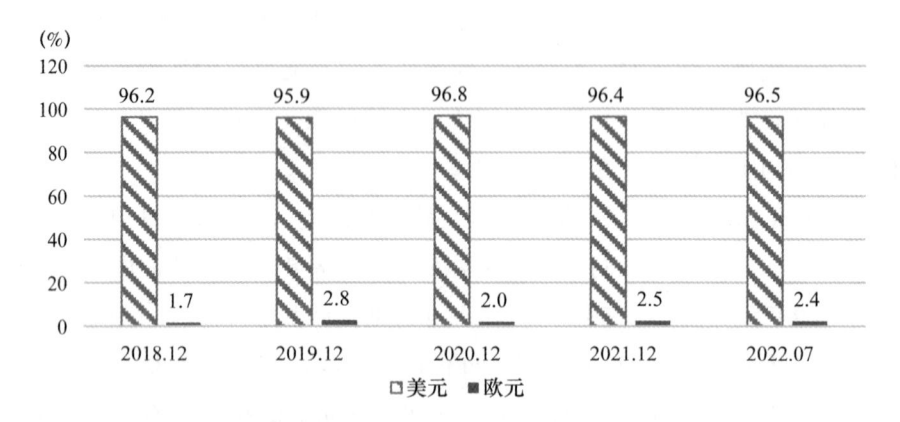

图6 人民币外汇即期交易美元与欧元的占比

资料来源：笔者依据中国外汇交易中心人民币外汇即期月报提供的原始数据计算。

从人民币外汇掉期来看，中国外汇交易中心的人民币外汇掉期月报只提供了美元人民币掉期的数据。2022年7月美元人民币掉期业务达到11.7万亿元人民币，其中隔夜、即/远和远/远分别占67.6%、27.3%和5.1%。美元人民币掉期是中国外汇市场上机构规避汇率风险的核心工具。

中国对外贸易、投资都和美元有着密切的关系，汇率错配带来的烦恼主要也是美元人民币汇率变动所致。中国深度融入全球化的过程也是和美元一路相伴的过程，中国的经济发展也需要美元货币体系。

三 中国是国际货币体系公平性的建设者

美元货币体系存在的问题，学术界已有深刻的研究，美元存在"过度弹性"问题，也存在"过度特权"问题。这两个问题是美元体系被广为诟病的关键问题。

美元存在"过度弹性"问题主要体现在，作为全球主导性货币，但美元供给与收缩几乎完全依据美国国内的宏观政策而定，缺乏国际协作。2008年次贷危机和2020年新冠疫情冲击导致美联储大规模扩表，刺激美国经济的恢复。2007年年底，美联储总资产只有0.894万亿美元，其中国债0.755万亿美元；2020年3月初，美联储总资产达到了4.24万亿美元，其中国债2.503万亿美元。2022年6月23日，美联储总资产达到峰值8.934万亿美元，其中国债5.763万亿美元。在这一轮缩表之前，美联储总资产是2007年年底总资产的约900%，持有的国债增加了5.008万亿美元。美元体系"过度弹性"的集中表现就是财政赤字货币化，美联储为美国财政赤字融资。从2020年疫情暴发至今，美联储为美国财政赤字融资超过3万亿美元，约占这期间美国财政赤字的50%。

美元"过度特权"问题主要指美国依靠美元体系在为经常账户融资的同时，通过大量的对外投资负净头寸获取投资收益来弥补经常账户赤字，享受着全球"风险资本家"的角色。2007年美国对外投资净头寸大约维持

在 -1.28 万亿美元，次贷危机之后，对外投资负净头寸迅速扩大，2019 年年底达到 -11.65 万亿美元。2020 年新冠疫情冲击后，美国对外投资净头寸在 2021 年年底达到了惊人的 -18.12 万亿美元。2022 年第一季度未经过季节调整的对外投资净头寸也高达 -17.75 万亿美元（见图 7）。

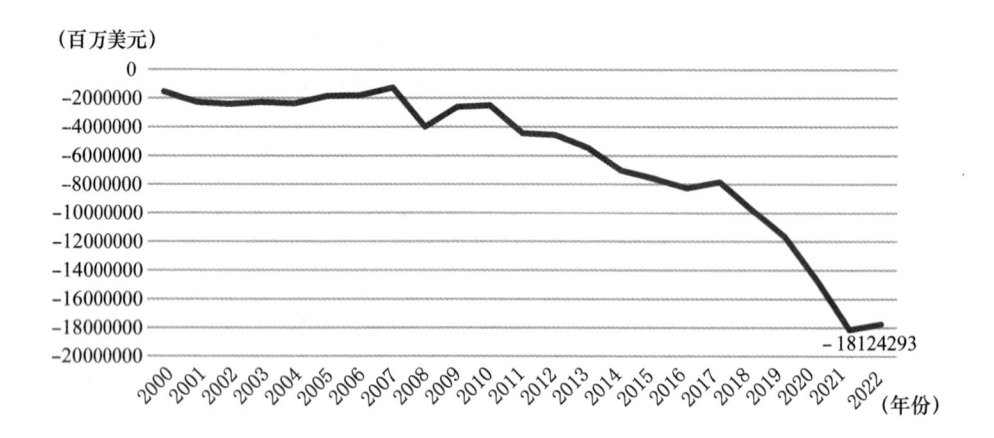

图 7　美国对外投资净头寸

资料来源：BEA。

美元体系存在"过度弹性"和"过度特权"充分体现了美元霸权，其对应的是国际货币体系的不公平性：美国在获取美元全球铸币税的同时，还通过大量借债在全球获取投资收益。历史经验一再表明，美联储紧缩政策和宽松政策带来的美元"潮汐"现象对全球经济和金融市场带来了显著的负面溢出效应，影响全球经济增长和金融市场的稳定性。

在国际货币体系公平性建设者的身份上，中国将是重要的一员。全球经济多极化趋势以及中国在全球经济中位置的显著提升，使国际货币体系公平性建设成为全球经济权益的内生需求。2016 年 10 月 1 日，人民币首次加入了特别提款权（SDR）篮子货币，成为全球五种主要货币的一员。其中，美元、欧元、人民币、日元和英镑在 SDR 中权重分别为 41.73%、30.93%、10.92%、8.33% 和 8.09%。2022 年 5 月 11 日，国际货币基金组织（IMF）完成了五年一次的SDR定值审查，维持现有篮子货币构成不变，并将人民币的权重由10.92%提高到12.28%。美元权重由41.73%上调至43.38%，欧元、日元和英镑的权重分别由30.93%、8.33%和8.09%下调至29.31%、7.59%和7.44%。新权重组成的SDR自2022年8月1日正式生效。人民币纳入SDR并提高了权重，充分反映了国际社会对人民币在支持、稳定和提升全球贸易和金融发展作用上的认同，也肯定了国际货币进一步的多元化趋势。

货币多元化是国际市场货币竞争的结果。货币国际化也包括货币需求侧国际化和货币供给侧国际化。国际市场对一国的货币需求主要取决于该货币是否具有稳定的币值、便利的国际交易基础设施和合意的投资场所，在国际范围内发挥出价值尺度、支付手段和价值储藏的功能。从货币供给国际化视角来看，国际上不使用该货币就难以购买到想要的产品和服务，货币因此依附产品和服务而全球化。石油美元以及美国在全球成立半导体联盟可能导致的高科技美元，尤其是"芯片美元"是供给侧的货币国际化行为。包括俄乌冲突爆发后俄罗斯的"天然气卢布"，也属于这种供给侧的货币国际化。供给侧的货币国际化要求产品和服务具有垄断性或者不可缺性，这就意味着一国货币要通过供给侧实施货币国际化，要么具有难以替代的垄断性资源，要么具有难以替代的垄断技术。持续的技术创新在货币的国际化中将会发挥越来越重要的作用。

国际市场需求最终决定一国货币的国际化程度，这是由需求的多样性决定的。一国货币能满足国际市场对货币功能的多种需求，这种货币才具有长期的竞争力。这要求货币发行国提供相对稳定的币值、便捷的交易和支付基础设施以及广泛的全球经济金融影响力所带来的货币声誉。

依据IMF（COFER）的数据，截至2022年第一季度人民币在全球外汇储备中占比2.88%，人民币在全球外汇储备中的占比稳步提高，相对于疫情前2019年第四季度提高了0.94个百分点，同期美元占全球外汇储备的比例下降了1.87个百分点。

随着中国在国际贸易中地位的提高，对外贸易更多推进本币结算，人民币参与全球贸易大循环具有广泛的潜力。中国的债券市场在2022年出现了中美利率"倒挂"现象，但外资在2022年6月依然持有银行间债券数额的约3.7%，外资参与人民币"安全资产"全球化的程度取得了一定的成效，这将与全球其他经济体的优质债券一起，起到约束美债作为全球"安全资产"一家独大格局的继续膨胀。在风险资产方面，7月底外资持有中国股市市值约2.4万亿元人民币，开启了风险资产人民币全球大循环的航程。

尽管存在种种摩擦，过去几十年中美经贸金融关系已经深度融合。中美经济金融关系存在非对称性：在经贸领域，中国贸易对美国有大规模的顺差；在金融领域，目前超过250家中国企业形成了美国资本市场上的"中概股"，但存在若中美双方无法在2022年内达成审计共识，"中概股"公司或将受到大面积被迫摘牌的风险。中国公司利用美国资本市场融资参与金融全球化，扩大中国企业在国际资本市场上的影响力，需要尽力避免这种大面积被迫摘牌的风险。

中国正在加快构建双循环新发展格局，以应对百年未有之大变局。以国内大循环为主体、国内国际双循环相互促进的新发展格局意味着中国经济在立足自身的同时，将在稳中求进中创造出更大规模、更加畅通的人民币国际大循环。人民币将与世界其他经济体的货币一起，共同约束美元货币体系的"过度弹性"与"过度特权"，促使美元货币体系变得公平一些，负责任一些。从这个视角我们不难看出，中国是国际货币体系公平性的建设者。

三论高通胀下的强美元

8月15日

2022年以来，美元强欧元弱现象背后是美欧经济抵御外部冲击能力的差异所致，欧元区面临高通胀与能源短缺的双重困局。俄乌冲突使这种差异显化，导致欧洲央行在面临供给收缩的风险下，"滞胀"风险压力导致欧洲央行加息不如美联储那么迅猛，高通胀下的强美元还会持续。

2022年5月6日我们在CMF上发表了《高通胀下的强美元触及22年以来高位，或将持续冲击数月》；2022年7月7日我们在CMF上发表了《再论高通胀下的强美元》，阐述了高通胀下强美元的逻辑。从2022年4月12日美元指数站上100，阶段性高点在7月中旬接近109，目前仍处在105以上，美元走出了明确的高通胀下的强美元轨迹。

美欧同样面临着高通胀。美国7月CPI同比增长8.5%，连续5个月超过8%，6月PCE同比增长6.8%；欧洲央行7月HICP预估值8.9%，连续3个月超过8%。美欧也同样面临着比较强劲的劳动力就业市场。美国6月失业率只有3.5%，是50多年来的最低失业率；欧元区6月失业率6.6%，是欧元区成立以来的最低失业率。为什么美元能走出这么强的轨迹，而且持续的时间还会比较长？

高通胀下的强美元直接来源于美欧货币政策收紧力度的差异。美联储货币政策收紧力度显著大于欧洲央行货币政策收紧力度，导致了欧元兑美元较长时间在欧元美元平价附近游走。我们认为高通胀下的强美元还将持续数月，原因在于：美联储继续加息不用犹豫，而欧洲央行加息需要考虑的因素比较多。

这一轮高通胀背后的美欧经济结构存在巨大差异，美国可以稳定能源等供给，而欧元区则难以稳定供给，这就导致了：美欧在努力避免出现"滞胀"困境并实现经济"软着陆"目标下，美联储可以通过稳定供给直接收缩需求抑制通胀，而欧元区由于供给不能完全保障，欧元区如果像美联储那样收缩需求，供给与需求同时收缩的结果会出现"滞胀"。正是由于美欧经济供给结构的差异，导致了欧洲央行不太可能像美元那样快速提高利率，这就决定了欧元相对于美元处于疲软状态。

从目前美欧经济情况来看，美联储左右美国经济走势的能力要高于欧洲央行左右欧元区经济走势的能力，因为美国经济面临的供给能力要明显好于欧元区经济面临的供给能力。持续的俄乌冲突使欧洲能源供给存在巨大的困难。尽管欧盟内部存在分歧，但目前欧洲能源"脱俄化"并未出现明显的松动，这就导致了欧元区供给侧的能源瓶颈以及金属和矿物质的短缺影响了欧元区的供给能力。

从欧盟7月29日公布的欧元区经济数据来看，2022年第二季度欧元区GDP环比增长0.7%，同比增长4.0%，比第一季度同比增长5.4%明显放缓。从8月3日公布的零售业数据来看，6月欧元区经过季节调整的零售贸易量环比下降1.2%，经过季节调整的年度零售销售指数同比下降3.7%。欧元区6月非食品类产品的零售额环比下降了2.6%，其中，汽车燃料下降了1.1%，食品、饮料和烟草下降了0.4%。高通胀对居民实际购买力的侵蚀在逐步显现。

从8月3日公布的工业生产者价格指数（PPI）来看，2022年6月欧元区工业生产者价格环比上涨了1.1%，同比上涨幅度高达35.8%。其中，6月欧元区能源部门的工业生产者价格环比上涨了2.7%，耐用消费品和非耐用消费品环比上涨了0.7%，中间产品和资本品环比上涨0.4%。除能源外整个行业的价格环比也上涨了0.4%。从同比数据来看，2022年6月欧元区能源部门的工业生产者价格同比上涨了92.8%，中间产品同比上涨了23.8%，非耐用消费品同比上涨了12.5%，耐用消费品同比上涨了9.5%，消费品和资本品同比上涨了 7.6%。除能源外整个工业行业的价格同比上涨了 15.6%。

欧洲受俄治冲突影响巨大，欧盟能源"脱俄化"的政治成本使欧元区的能源等供给出现严重瓶颈，导致了欧元区 PPI 持续上涨。7 月 26 日欧盟达成的削减天然气用量协议，欧盟成员国同意在 2022 年 8 月 1 日至 2023 年 3 月 31 日期间，根据各自选择的措施，将天然气需求在过去 5 年平均消费量的基础上减少 15%。能源削减无疑会影响生产，影响欧元区的供给能力。

可见，与美国相比，欧元区面临高通胀与能源短缺的双重困局。2022 年 7 月欧元区通胀率（HICP）预估高达 8.9%，政治成本导致欧元区的通胀应该还没有见顶。欧元区要控制高通胀就面临供给和需求的双重收缩，这种供需同时收缩的结果就是"滞胀"。

要避免出现这种情况，欧洲央行的货币政策就不能够像美联储那样快速大幅度加息，导致高通胀下的强美元还会持续。

对美国经济中通胀特征及趋势变化的三点看法

8月18日

美国此轮通胀呈现出三大特点：中长期通胀预期并未脱轨；劳动力市场支撑通胀时间会比较久；通胀动力切换比较明显，且通胀处在峰值附近。在目前3.5%的失业率下，通胀动力正在切换至需求主导。控通胀而不引起经济衰退作为美联储期望的目标，意味着在中长期通胀未脱轨的背景下，通胀持续的时间会比较长，导致此轮美国经济的通胀曲线应该是非对称的：左边相对陡短，右边相对缓长。或者说，此轮美国经济中的控通胀具有一定的长尾特征。

一　美国经济中的通胀预期并未脱轨，通胀预期出现了显著下降

美国目前正在经历40年以来的高通胀，但中长期通胀预期在美联储加息以来出现了明显下降。10年期美国保本国债隐含的长期通胀率在4月22日达到峰值3.02%，这是一个很高的长期预期通胀率，比美联储长期通胀目标2%要高出50%。5年期美国保本国债隐含的中期预期通胀率在3月25日达到峰值3.59%。截至8月16日，5年期和10年期美国保本国债隐含的中长期预期通胀率分别下降至2.61%和2.44%，显著高于疫情前1.5%—1.7%的水平，中长期预期通胀中枢有明显抬升（见图1）。

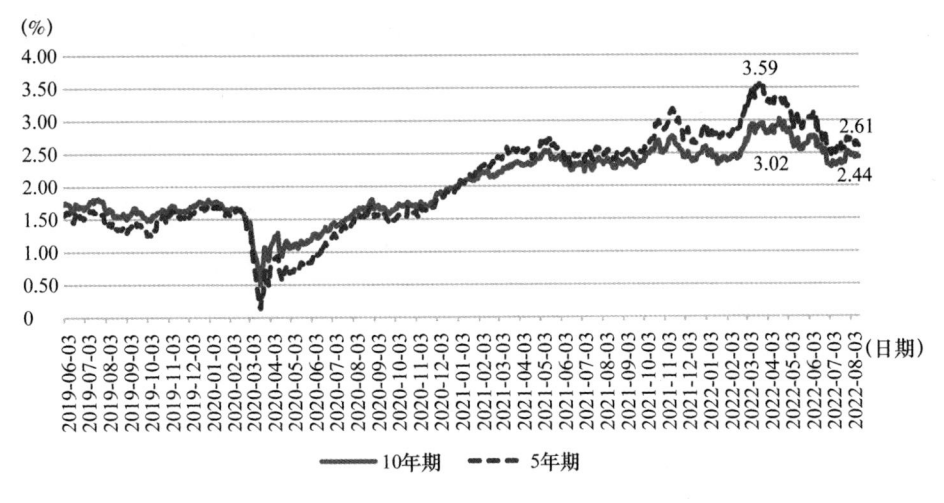

图1 10年期和5年期美国保本国债隐含的通胀率

资料来源：Federal Reserve Bank of St. Louis。

从美联储纽约分行给出的1年期和3年期通胀预期调查数据来看，7月美国居民的通胀预期也出现了明显下降。6月美国居民1年期和3年期预期通胀率中值分别为6.8%和3.6%，7月1年期和3年期预期通胀率中值分别下降至6.2%和3.2%。居民关于未来1年房价的预期出现了连续3个月下降，从4月的6%下降至7月的3.5%。同时，天然气和食品等在7月的价格预期也出现了明显下降。

二 劳动力市场支撑美国此轮通胀持续时间会比较长

从2021年美国经济CPI同比增长2.7%，PCE同比增长2.5%，超过了美联储长期通胀目标2%以来，美国经济中的通胀已经持续了近一年半。2022年7月，美国经济CPI同比增长8.5%，相比6月的9.0%有所下降，但依然处于40年以来的高通胀期。同时7月核心CPI与6月同比增幅持平，保持在同比增长5.9%的相对高位（见图2）。核心CPI保持在高位，说明即使剔除能源和食品价格冲击,美国经济中劳动力市场的低失业率支撑了整体物价水平的上涨。

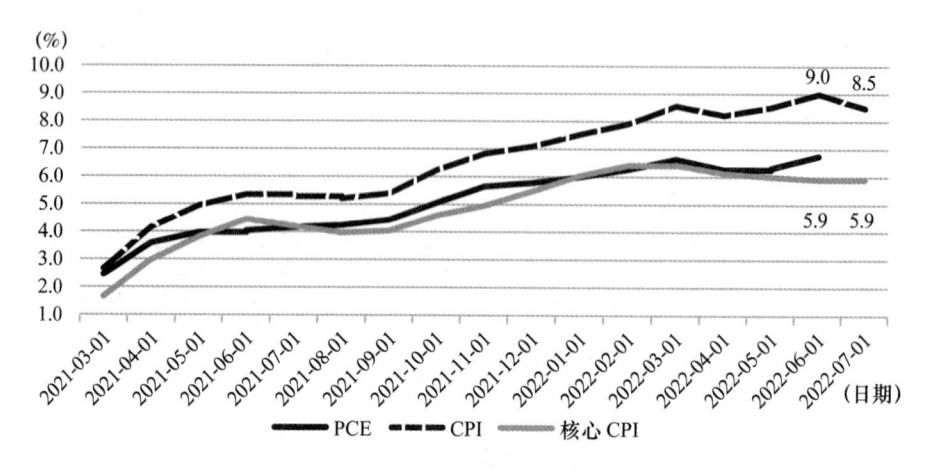

图 2 美国经济中的通胀率(同比)

资料来源:Federal Reserve Bank of St. Louis。

从美联储关注的 PCE 同比增幅来看,6 月 PCE 处在同比增幅 6.8% 的高位,而核心 PCE 同比增幅也达到 4.8%,尽管不是高位,但相比 5 月增加了 0.1 个百分点(见图 3)。

从 PCE 环比来看,PCE 和核心 PCE 环比已经连续多月正增长。6 月 PCE 和核心 PCE 环比增幅达到 1.0% 和 0.6%(见图 4)。美国经济中物价持续上涨动力的大部分来自不包括能源和食品的核心 PCE,这主要是劳动力市场支撑的物价上涨。

由于劳动力市场的支撑,美国经济中的通胀范围扩大。从 6 月 PCE 环比来看,商品价格环比增长 1.6%,高于 5 月环比增长率 0.9%,其中耐用品和非耐用品环比分别增长 0.6% 和 2.0%,均高于 5 月环比增长率 0.3% 和 1.2%;服务价格环比增长 0.6%,高于 5 月环比增长 0.4%。不包括能源和食品的核心 PCE 在 6 月环比增长 0.6%,高于 5 月及之前连续 4 个月的环比增幅 0.3%(见图 4)。以当前美元价格计算,6 月美国居民个人可支配收入环比上涨了 0.7%,劳动力市场支撑了居民收入的增长。尽管有结构性特

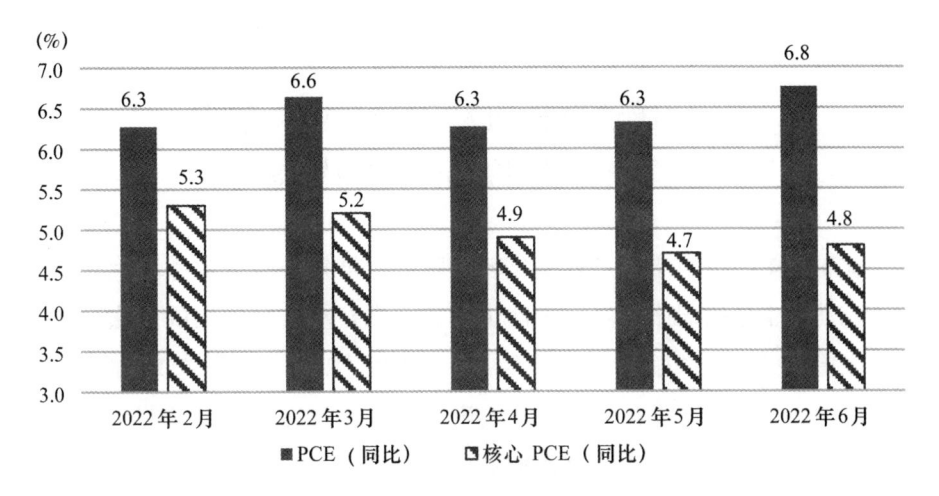

图3　美国经济中通胀率（PCE）和核心PCE的同比变化

资料来源：BEA。

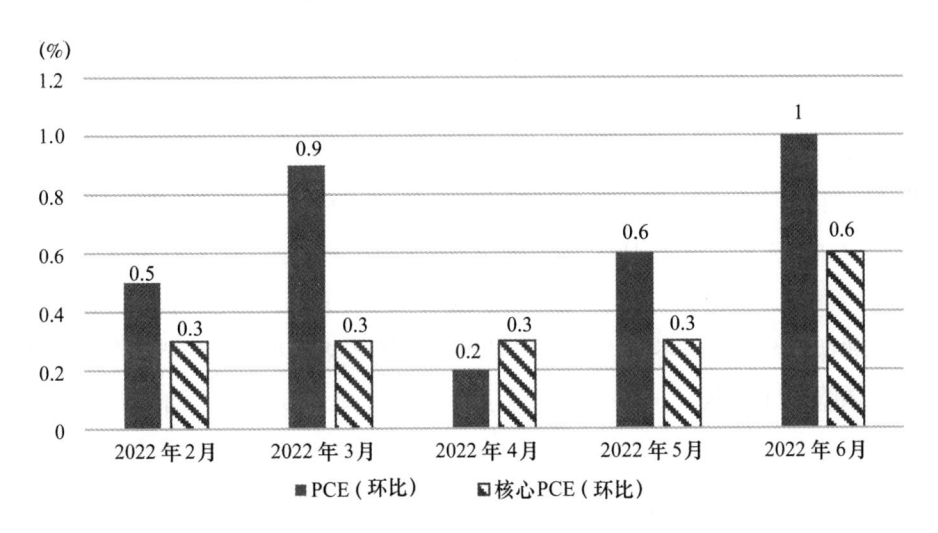

图4　美国经济中通胀率（PCE）和核心PCE的环比变化

资料来源：BEA。

征，但美国经济中的通胀确实是大范围普遍的物价上涨，而不再仅仅是供给冲击所致的结构性通胀。

三 美国通胀的推动力尚在切换之中，此轮控通胀具有一定的长尾特征

此轮美国经济中通胀过程是比较清晰的：早先是激进刺激政策所致的需求拉动为主导的通胀；然后走向供给和需求拉动共同作用的通胀，供给冲击主要包括供应链瓶颈、能源价格冲击等因素，俄乌冲突升级加剧了供给冲击型通胀；目前正在走向劳动力市场需求拉动逐步占主导的需求型通胀，但供给冲击依然是通胀来源的重要因素。这一点可以从 7 月 CPI 下降 0.5 个百分点，而核心 CPI 与 6 月持平提供一些佐证。

从目前情况看，俄乌冲突导致的油价上涨基本结束。依据 Wind 数据，8 月 17 日 ICE 布油收盘价 93.56 美元/桶，相对于 6 月中旬的阶段性高点，ICE 布油下跌了大约 24%，略低于 2 月 23 日 94.73 美元/桶的水平。同期 WTI 原油期货价格大约下跌了 26%，截至 8 月 16 日 WTI 原油收盘价 86.53 美元/桶，低于俄乌冲突升级前的 91—92 美元/桶的水平。依据 EIA 的数据，6 月 10—16 日一周的天然气期货合约价格高点达到 9.025 美元/百万英热单位，截至 8 月 12—16 日的一周依然高达 8.235 美元/百万英热单位，虽然有所下降，但相比 2 月 18—24 日一周 4.427 美元/百万英热单位仍然上涨了 86%。

依据 EIA 的数据，从美国能源消费结构来看，2021 年石油、天然气和煤炭占比分别约为 43%、24% 和 12%。尽管原油期货价格回到了略低于俄乌冲突升级之前的水平，但天然气价格暴涨依然是构成供给冲击型通胀的重要来源。从 EIA 近期关于能源价格的预测来看，2022 年的能源价格比 2021 年大幅度上涨。从目前来看，支撑 2022 年上半年油价上涨的地缘政治紧张、产能受限以及投资不足等因素在显著减弱，全球经济增长前景不乐观以及高通胀下的强美元成为压制油价上涨、促使油价回调的关键因素。从表 1 提供的信息来看，即使在 2023 年能源价格也处于比较高的水平，国

际油价在 90—95 美元/桶的水平，这基本是目前国际市场上的原油价格。

表 1　　　　　美国能源信息署关于美国能源价格的预测

	2020 年	2021 年	2022 年	2023 年
WTI 原油（美元/桶）	39.17	68.21	98.71	89.13
布伦特原油（美元/桶）	41.69	70.89	104.78	95.13
汽油（美元/加仑）	2.18	3.02	4.07	3.59
柴油（美元/加仑）	2.56	3.29	4.81	4.14
燃料油（美元/加仑）	2.44	3	4.52	3.96
天然气（美元/千立方英尺）	10.76	12.27	14.56	14.95
电力（美分/千瓦）	13.16	13.72	14.56	14.93

资料来源：EIA, Short-Term Energy Outlook, Aug.9, 2022。

尽管油价在 2023 年处在比较高的水平，但从边际上来说，无论是同比还是环比，基本会呈现出下降趋势。这就意味着油价在边际上不再成为推动物价上涨的关键因素，但对于通胀的持续性依然提供了基础性的支撑。

因此，未来美国经济中通胀下降将主要依赖于美国经济中失业率的上升，这在很大程度上将取决于美联储加息至何种水平来抑制总需求。尽管目前市场预期美联储加息的峰值存在差异，但基本认为按照目前美国通胀动力的切换，美联储加息至 3.5% 附近的概率是比较大的，还有不小的加息空间。

加息并不意味着美国金融市场流动性会出现问题。尽管缩表，但美联储基本还是遵从了前期流动性与利率分离管理的货币政策，政策性利率上扬很快，但流动性依然很充裕。依据美联储纽约分行提供的数据，隔夜逆回购规模在近几个月以来保持在 2 万亿美元左右的水平，但成本已经从早期的近乎零利率上涨至 2.3% 左右。流动性支持也是保证美国金融市场资产价格不出现大幅度下挫的重要基础。2022 年以来，美国股市的跌幅基本可控。依据 Wind 提供的数据，截至 8 月 17 日收盘，道琼斯指数和标普 500 指数 2022 年以来分别下跌了 6.49% 和 10.33%，纳斯达克指数下跌了 17.30%，这与充足的流动性直接相关。

在目前储蓄率低于疫情前的背景下，工资上涨不及物价上涨会侵蚀居民实际购买力，从而带来需求下降。但高通胀压力下，美联储必须继续紧缩，并依赖失业率的适度上升来降低需求，控制通胀。同时，风险资产价格又不能出现大幅度下挫，因此要保持流动性。在供给冲击边际减弱的背景下，美联储对通胀的恐惧或许已经下降，回到"耐心"控通胀的轨道上，这决定了此轮美国经济中的通胀曲线应该是非对称的：左边相对陡短，右边相对缓长。或者说，此轮美国经济中的控通胀具有一定的长尾特征。

"芯片美元"或成为美元霸权的新工具

8月22日

从"石油美元"走到"石油美元"+"芯片美元",是世界经济多极化背景下国际政治经济格局博弈演变的结果,是"石油美元"霸权松动后美国采用高技术"芯片美元"试图继续维持美元霸权的战略调整。"石油美元"和"芯片美元"之间存在差异也存在相似之处。"芯片美元"或成为美元霸权的新工具,美元霸权或将体现出"石油美元"和"芯片美元"的双商品支柱格局,国际货币体系的改革任重而道远。

20世纪70年代,美国与当时世界上最大产油国沙特阿拉伯达成协议,确定把美元作为石油计价货币,并得到了OPEC其他成员国的同意。从此,美元与石油紧密挂钩,国际市场上进行石油交易的经济体必须要有美元,美元自然也成为全球外汇储备货币。"石油美元"成为支撑美元全球大循环及美元霸权的重要商品支柱。

2022年8月9日美国总统拜登签署了《芯片与科学法案》。根据该法案,2022—2026年芯片行业总共将获得527亿美元的补助,对美本土芯片产业提供巨额补贴和税收优惠,实施差异化的产业扶持政策。该法案鼓励吸引全球芯片生产制造企业落地美国,形成产业集群,美国通过"芯片联盟"试图把全球芯片产业链串联起来,最终形成以美国为中心,控制全球整个半导体产业链,压制任何竞争对手。同时,近期美国商务部宣布,对EDA软件工具等四项技术实施出口管制,其中前三项均涉及芯片行业,试图阻碍其他国家发展高端芯片。从目前全球EDA市场来看,美国基本实现了对 EDA 设计软件的垄断，Synopsys、Cadence 和 Siemens 三大公司占据了全球约 70% 的市场份额。上述措施与 1996 年的《瓦森纳协定》限制生产高端芯片所需要的高端光刻机出口一脉相承，是为了维持以美国为首的发达经济体在高技术上的垄断。芯片广泛应用于军事、智能手机、PC、家电、汽车等各个领域，对一国产业结构升级和在全球产业链的位置确定具有重大影响，对一国社会经济生活也具有重大影响。"芯片之争"在很大程度上代表了"科技之争"。

美国拉拢日本、韩国以及中国台湾地区组建"芯片四方联盟"，再加上《瓦森纳协定》，美国试图通过主导全球芯片产业链的发展，芯片尤其是高端芯片采用美元计价，"芯片美元"或成为维持美元霸权的新工具。

经过几十年的发展，随着世界经济多极化趋势的不断深化和地缘政治格局的演进，"石油美元"出现了明显松动。伊朗等产油国部分放弃美元计价，2022 年俄乌冲突升级后美欧对俄罗斯的能源禁售以及俄罗斯采取天然气卢布结算等，都可以视为"石油美元"的部分瓦解。在这样的背景下，美国加快了高技术美元的全球布局和实施，"芯片美元"是集中的体现。当然，随着俄乌冲突升级带来的能源供给不足，伊朗、委内瑞拉与美国的地缘政治关系是否会出现新变化，其原油是否重回"石油美元"存在不确定性。

"石油美元"和"芯片美元"都是美国霸权在全球核心商品—货币关系的表现，"芯片美元"或将成为继"石油美元"之后，支撑美元霸权的重要商品支柱。石油是基础性能源的代表，芯片是高科技的代表。在某种程度上，美元霸权或将体现出"石油美元"和"芯片美元"双商品支柱的格局。

"石油美元"和"芯片美元"之间存在显著差别。这种差别主要体现在以下四个方面。

第一，从全球资金循环的视角来看，"石油美元"会给石油输出国带来大量的顺差，这些顺差以各种形式再次流入国际金融市场，形成美元资金国际大循环。"芯片美元"对美元资金国际大循环的影响存在不确定性：经济体购买高端芯片会带来贸易逆差，但使用高端芯片的制造业出口会带来顺差，对高端芯片进口国的贸易平衡会产生何种影响具有不确定性，需要较长时间的观察才能得出结论。

第二，"石油美元"在很长时间给美国带来巨额的贸易赤字，美国是石油需求方。美国石油赤字规模大的时候可以高达数千亿美元。从20世纪80年代开始，美国大力发展页岩油技术，经过几十年的发展，页岩油革命使全球石油供应形成了沙特阿拉伯为代表的OPEC、俄罗斯为代表的非OPEC以及美国为代表的"三足鼎立"格局。2019年美国超越沙特阿拉伯、俄罗斯成为世界第一大油气生产国，深度改变了全球石油市场格局，美国的石油巨额贸易赤字问题才得以解决。"芯片美元"美国是芯片技术的重要供给方，仅从芯片本身来说，应该给美国带来贸易顺差。

第三，"石油美元"会固化石油输出国的经济结构，降低该经济体经济结构在全球的竞争力。过于集中的资源禀赋会形成特定的、僵化的利益格局，导致石油输出国很难培育出具有全球技术竞争力的经济结构。中东产油国，俄罗斯、委内瑞拉等在过去几十年中依赖资源禀赋出现了不同程度的"资源诅咒"现象是典型的案例。"芯片美元"背后代表的全球高技术竞争，芯片对于经济结构的升级和演进，以及在全球产业链的位置至关重要。芯片是形成具有全球竞争力经济结构的重要环节，芯片代表的是技术创新，是经济获取持续增长动能的重要源泉。

第四，从长期来看，"石油美元"对美元霸权的维持作用会逐步减弱。由于人类对石化能源的依赖会逐步下降，新能源发展的全球大趋势决定了"石油美元"地位会自然逐步下降，也决定了过于依赖石油输出经济体未来在全球的影响力会逐步下降。"芯片美元"为代表的高技术美元会逐步开始部分替代"石油美元"的衰减，成为支撑美元霸权重要的新商品支柱。

"石油美元"和"芯片美元"之间也存在相似之处。从货币国际化来说，都属于供给侧的货币国际化。石油和芯片都是商品供给，一个依靠资源禀赋来供给，一个依靠技术创新来供给。在一定程度上可以视为供给创造出的需求。在国际市场上，对石油和芯片的需求采用何种货币计价，其背后是供给权利的延伸。因为供给的"唯一"或者垄断，采用何种货币计价，该货币就自然成了国际货币，国际市场需求越多，该货币国际化程度就越高。从历史上看，石油采用美元计价是沙特阿拉伯等石油供给国货币定价权利的让渡，以换取自己所需要的利益，这是美国霸权的体现。

就业优先急转通胀优先：
对世界经济负面溢出效应最大化

8月29日

  美联储货币政策已经从就业优先急转通胀优先。8月26日，杰克逊霍尔全球央行年会上美联储主席鲍威尔再度强调了"通胀不停，加息不止"，并认为利率"再一次的异常大幅度上调可能适宜"，这意味着9月再次加息75个基点的可能性大为增加。鲍威尔暗示利率将在一段时间内保持高位，显著降低了市场有关美联储货币政策可能在2023年转向的预期。

  美联储2022年3月开始加息，3月美国经济失业率为3.6%，通胀率CPI同比增长8.6%，PCE同比增长6.6%。美联储一直到2021年下半年后期才开始重视通胀，2021年10月美国经济通胀率已经很高了，CPI同比增长6.2%，PCE同比增长5.1%，但失业为率为4.6%。美联储偏执地坚持了就业优先的货币政策，失业率从2020年4月的峰值14.7%一直下降至2022年7月的3.5%，回到了疫情前2020年1—2月3.5%的失业率，这也是60年以来美国经济的最低失业率（见图1）。

  美联储一直等到失业率降至2022年3月的3.6%后才开始加息，一方面是美联储对于供应冲击的持久性出现了误判；另一方面还在于美联储新货币政策框架纵容了美联储对通胀的过高容忍度。

  这一次鲍威尔的讲话与前几次不同，这一次鲍威尔明确了前瞻性的指引并强调了通胀优先。通胀不下去，美联储加息的步伐不会停止，加息至

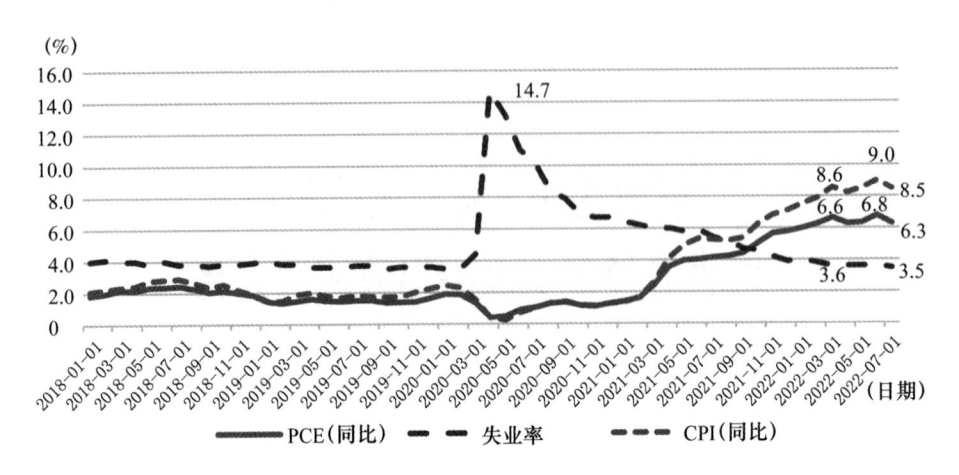

图1 美国经济中的物价与就业

资料来源：Federal Reserve Bank of St. Louis。

中性利率水平之上基本已成定局，并将这一高利率持续运行一段时间。控制通胀比支持经济增长更为重要，美联储目前的首要任务是降通胀，需要牺牲一定的经济增长。

从图1中，可以看出，7月CPI和PCE同比增幅分别为8.5%和6.3%，两者分别比6月的同比增幅9.0%和6.8%有较为明显的下降，且市场预期美国通胀率可能在6月已经见顶。但鲍威尔依然发表了控通胀的强硬立场，在某种程度上超出了市场预期，美国三大股指均出现了3%—4%的暴跌，市场用行动回应了鲍威尔的讲话。

鲍威尔的强硬表态，并提供了前瞻性的可能继续异常大幅度加息的指引，可能有以下几个原因。

首先，美联储需要帮助市场形成严格控通胀的预期。不放"鹰"，市场会反向博弈，这很不利于控通胀，也打乱了美联储耐心控通胀的节奏。就像目前看到的，剔除8月28日鲍威尔讲话当天的跌幅，道琼斯指数和标普500指数2022年以来的跌幅在10%左右，这完全不像4个月美联储快速加息225个基点的市场表现，因为市场在定价2023年美联储货币政策转向。因此，美联储必须要为市场形成明确的严格控通胀预期。

其次，美联储认为工资—物价螺旋机制已经形成。7月核心PCE同比增长4.6%，比2022年2月同比增长5.3%有所下降，但依然是33年以来的高位（见图2）。核心PCE的上涨和持续说明了美国经济中工资—物价螺旋机制已经形成，必须以增加失业率为代价来降低通胀。3.5%的失业率给了美联储进一步紧缩的底气，我们也许会看到在失业率超过4%之后，美国经济中的核心PCE才有可能出现较为明显的下降。

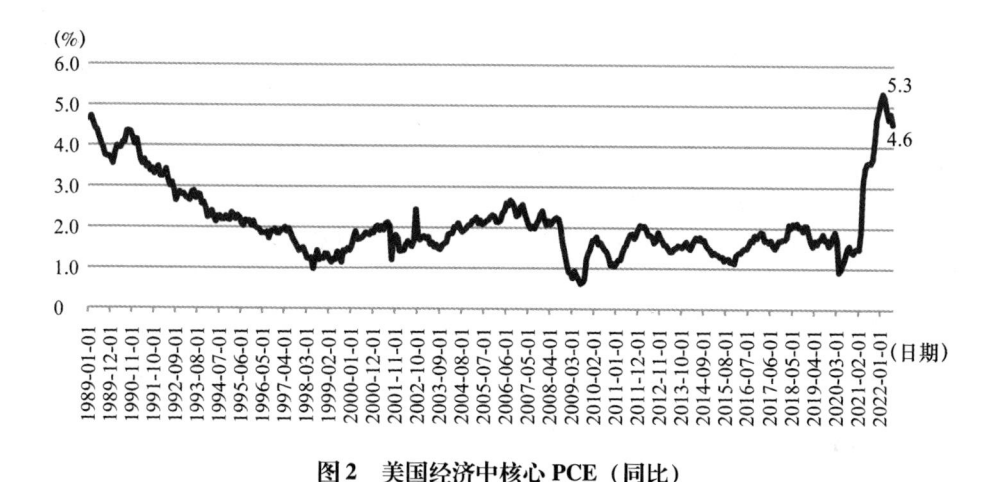

图2 美国经济中核心PCE（同比）

资料来源：BEA。

再次，美联储看清楚了通胀的演变，但货币政策除了紧缩别无他法。美联储纽约分行的一项研究表明，2019—2021年美国60%的通货膨胀是由于商品需求激增所致，而40%是由于供给侧的问题，供给冲击放大了需求对物价的影响。美联储旧金山分行的一项研究也表明，2022年以来美国经济中供给冲击对通胀的贡献率首次超过了需求对通胀的贡献率，截至2022年5月，供给冲击的贡献率略超50%。一般情况下，货币政策紧缩对供给冲击型通胀抑制作用并不敏感，除非大幅度的紧缩，才可能会通过总需求大幅度下降影响到供给价格的下降。

最后，美联储判断如果不及时紧缩，成本冲击形成"滞胀"的概率会显著增加，美联储在尽力搏一个避免"滞胀"的机会。

在继续异常大幅度加息的预期下，如果通胀在 2023 年上半年出现较为明显的缓和，2023 年美国经济就可能减少出现停滞的概率。目前国际机构及美联储自身对 2023 年美国经济增长率的预测是比较低的。如果通胀持续不退，居民实际购买力下降带来的内生性需求下降和成本冲击会加大美国经济"滞胀"的风险。

美联储也许判断了地缘政治冲突带来的政治成本具有长期性。叠加疫情、极端天气等因素，使得能源食品价格具有高位运行的支撑，逆全球化思潮和行为导致了全球化"套利"带来成本下降的机会大幅度减少，而疫情冲击后就业习惯的改变使提升劳动参与率也很困难，劳动力成本也在上涨。在全球成本处于较快上涨的通道中，努力增加供给的能力在减弱，也许只有更大的紧缩才能控制高通胀。

由于美联储"异常大幅度紧缩"的预期以及这种预期并未结束，欧元区货币政策的步伐进一步落后于美联储的步伐，高通胀下的强美元对全球经济的负面溢出效应还会持续，也许欧元跌破欧元美元平价关系会持续出现，全球货币普遍贬值会带来物价上涨的压力，这是美联储紧缩通过美元货币体系向全球转嫁通胀的基本方式。

总体上，美联储货币政策已经从就业优先急转通胀优先。激进的刺激政策叠加事前难以预计的供给冲击，导致了美联储货币政策从一个极端走向另外一个极端。美联储维持就业和物价稳定的货币政策目标之间没有表现出平衡关系，表现出来的更像是一个"钟摆"关系。这种"钟摆"关系使得美联储货币政策对世界经济的负面溢出效应最大化。

人民币兑美元汇率破"7"不好

9月5日

欧元、英镑和日元兑美元的贬值幅度显著超过了人民币兑美元的贬值幅度，人民币兑美元金融汇率的贬值无法传递到贸易名义有效汇率的贬值。尤其是地缘政治动荡带来美元走强所致的人民币贬值，已经超出了经济基本面决定的汇率水平。在这样的背景下，人民币持续贬值几乎是一无所获。人民币兑美元汇率破"7"不好。

高通胀下的强美元肆虐全球外汇市场已有数月。依据 Wind 的数据，2022年4月中旬美元指数站上100，到8月31日出现阶段性高点109.6649（收盘价），美元指数几乎触及110。截至9月2日，2022年以来美元指数上涨14.21%，在岸人民币兑美元贬值了8.29%，离岸人民币兑美元贬值8.71%，人民币出现了较大幅度的贬值。与此同时，相对于全球主要货币兑美元的贬值幅度，人民币的贬值幅度还是相对小的。以 SDR 篮子货币为例，同期欧元兑美元贬值12.45%，日元兑美元贬值21.80%，英镑兑美元贬值14.89%。

目前在岸和离岸人民币兑美元汇率均破6.9，且在岸和离岸即期人民币兑美元汇率差距不大。由于美联储激进的加息政策，美元指数中经济体尤其是欧元区国家、日本和英国由于其自身经济基本面的疲软，加上地缘政治动荡的避险情绪，助推了美元指数出现强劲加息"预期自我实现"类的强势，高通胀下的强美元还要持续数月，全球其他货币面临进一步贬值的压力。

人民币破"7"不好，理由有四点。

首先，人民币兑美元贬值并不会有利于出口，或者对出口的正面影响可以忽略。在其他主要贸易伙伴的货币出现大幅度贬值的背景下，人民币兑美元金融汇率的贬值无法传递到贸易名义有效汇率的贬值。截至8月26日，年初以来CFETS人民币汇率指数下降了0.54%，但人民币兑美元的金融汇率贬值了超过8%；年初以来BIS人民币汇率指数上涨了0.57%，SDR人民币汇率指数上涨了0.03%。但考虑到贸易伙伴的物价水平高于中国的物价水平，依据BIS的数据，相比2021年12月，2022年7月广义人民币实际有效汇率指数下降了2.11%。因此，是物价稳定带来了中国贸易实际有效汇率的下降。

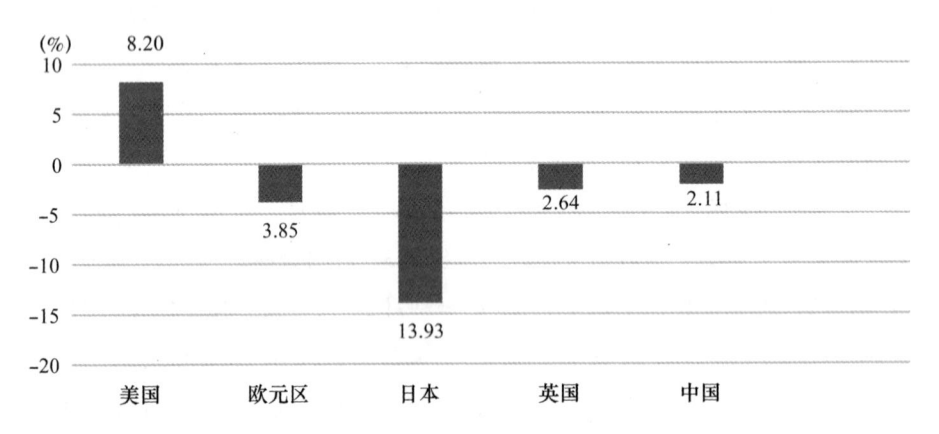

图1　SDR篮子中货币实际有效汇率的变化（2021年12月—2022年7月）

资料来源：BIS。

当然，中国实际有效汇率贬值幅度远不及日本，也不及欧元区和英国，主要原因是欧元、英镑和日元兑美元的贬值幅度显著超过了人民币兑美元的贬值幅度。同时，由于日本的通胀率在主要经济体中是最低的，目前通胀率不到2.5%，名义货币贬值和相对低的物价水平共同导致了日本贸易实际有效汇率出现了接近14%的大幅度下降。

其次，人民币兑美元金融汇率的贬值无助于出口，但对短期资本跨境流动有影响。2022年以来,在人民币贬值及贬值预期的作用下,中国出现了一定程度的资本外流。依据Wind提供的数据,截至9月1日,2022年以来,外资持有A股流通股的持股比例从2021年年底的4.04%下降至3.78%,持股市值下降了约4831亿元人民币。依据中国债券信息网提供的数据,相比2021年12月,2022年7月境外机构持有银行间债券市场的规模下降了4225亿元人民币。截至7月底,中国外汇储备3.104万亿美元,相比2021年底减少了约1461亿美元。

再次,容易形成进一步贬值的预期。依据海关提供的数据,在2021年出口增速超过20%的高增长基础上,2022年1—7月以人民币和美元分别计价的中国出口增速也高达14.7%和14.6%。1—7月商品贸易顺差达到了惊人的4830亿美元,同比增幅高达61.6%。从结汇售汇情况看,国家外汇管理局的数据显示,1—7月累计结售汇顺差5393亿元人民币,以美元计值为结售汇顺差843亿美元。但从4月以来,人民币贬值及贬值的预期导致了远期结售汇签约额出现了比较明显的逆差,4—7月出现了204.1亿美元的逆差,是2022年1—7月远期结售汇签约额逆差的近1.9倍。人民币兑美元汇率破"7"容易形成进一步贬值的预期,从而可能扭曲企业所需要的正常结汇售汇行为,进一步形成贬值压力。

最后,加重中国进口通胀的风险。中国是大量进口初级产品的经济体,中间品占进口的比例在60%以上。在地缘政治冲突激化以及自然灾害频发的背景下,高通胀下的强美元并未压制住以原油为代表的能源及食品价格持续上涨,导致了中国进口价格的较大幅度上涨,如果人民币进一步贬值将导致进口成本持续攀升。按照中国海关提供的国民经济行业分类的全国进口商品贸易同比指数来看(上年同期为100),7月农、林、牧、渔业价格指数112.0,采矿业价格指数118.5(其中,煤炭开采和洗选业价格指数153.7;石油和天然气开采业价格指数158.2),制造业价格指数114.6。中国进口通胀的风险已经显现。如果国内总需求得到明显改善,进一步的进口通胀的潜在风险应该会比较快速地体现出来。

人民币不破"7",怎么理解?

随着人民币汇率形成机制越来越市场化，人民币汇率弹性增强。人民币汇率弹性增强，并不意味着可以任由金融市场出现脱离经济基本面的"超调"。美元的持续走强，除了利差因素之外，还有一个重要因素是全球地缘政治动荡带来的避险情绪。从美债收益率和美国经济增速的预测来看，美元本身应该不具备如此的强势。美国白宫8月23日预测2022—2023年美国经济增速只有1.4%和1.8%，美联储6月预测2022—2023年美国经济增速均为1.7%，"蓝筹共识"6月预测2022—2023年美国经济增速只有1.4%和1.6%。白宫8月23日预测2022—2023年美国10年期国债收益率为2.7%和3.2%，CBO 2022年5月的预测分别是2.4%和2.9%，"蓝筹共识"的预测分别是2.8%和3.2%。依据美国财政部网站提供的数据，2022年6月中旬10年期的美债收益率曾经接近3.5%，9月1日10年期的美债收益率为3.2%，自8月中旬以来基本是上升的。8月以来10年期美债收益率隐含的长期通胀预期基本稳定在2.5%，而经济增速预期在下降，从通胀预期与实际利率的视角来看，美债收益率应该不具备大幅度上涨的基础。

那么，在美国经济增速大幅度下调的预期下，支撑强势美元的主要是利差和地缘政治动荡带来的避险情绪。8月美国经济失业率从7月的3.5%上涨至3.7%，失业率还处于低水平。按照鲍威尔的说法，美联储在9月大概率还要异常大幅度加息，中美政策利差会进一步缩小，这还会给人民币带来贬值压力。但地缘政治动荡带来美元走强所导致的人民币贬值，已经超出了经济基本面决定的汇率水平。在这样的背景下，人民币持续贬值几乎是一无所获。

有如此大规模的贸易顺差，人民币如果因为非经济因素导致了破"7"不好。外汇存款准备金率调整、逆周期调节因子等政策工具该用就用。在这个全球金融市场动荡的时期，相对稳定的汇率对于国内金融市场稳定以及稳定宏观经济大盘都具有明确的显性作用。

四论高通胀下的强美元：美元指数破110

9月8日

利差套利、欧元区安全溢价补偿上升、美元指数中经济体的经济预期普遍恶化、地缘政治动荡持续所致的避险情绪，以及美元指数中主要经济体集体放任其货币贬值等因素，共同导致了美元持续走强。美元持续走强对世界经济造成巨大的负面外溢性，同时会通过汇率估值效应恶化美国国际投资净收益率（外部资产贬值），削弱美国通过金融账户投资收益来弥补经常账户逆差的能力，与强美元降低美国出口一起，共同恶化美国国际投资的净头寸，导致美国只有靠进口收缩才能改善其国际投资的净头寸，这等于降低美国对全球出口的需求。

2022年5月16日我们在CMF上发表了《美元指数有可能触及110，货币集体贬值属正常现象》一文，依据Wind提供的数据，9月6日美元指数收盘110.2383，突破110。9月7日收盘109.5831，重回110以下。从2022年4月12日美元指数收盘价突破100至今，美元指数在不到5个月的时间上涨超过了10%。截至9月7日，2022年以来美元指数上涨14.32%。高通胀下的强美元带来了全球主要货币的集体性贬值，对全球外汇市场造成了动荡。在美元主导的国际货币体系下，也推高了全球的通胀压力，给世界经济运行带来了动荡。

高通胀下的强美元强得已经脱离了经济相对基本面的比较，导致很多货币出现了脱离经济基本面的贬值幅度，美元这样的强势惯性还没有被完全消除。我们判断：高通胀下的美元还要持续数月，而且美元指数可能还会创新高。原因有以下几点。

第一，利差套利是导致美元走强的基本因素。美元指数中经济体的央行政策性利率普遍偏低。依据各央行网站的最新数据，截至9月7日，欧洲央行政策性利率水平为0.5%；日本央行政策性利率为-0.1%；英国央行政策性利率为1.75%；瑞典央行政策性利率为0.75%；瑞士央行政策性利率为-0.25%，只有加拿大央行政策性利率加至3.25%，超过目前美联储2.33%的政策性利率水平。可见，由于通胀水平差异和对经济增长的考虑，日本和瑞士央行的政策性利率依然为负利率。日本和瑞士的通胀率目前不高，日本7月不包括生鲜食品在内的核心消费者价格指数（CPI）同比上涨2.4%，瑞士通胀率3.5%，在国际上仍处于较低水平。在全球高通胀的环境下，这两家央行对通胀的容忍度也显著提高。

第二，欧元区安全溢价补偿上升可能是助推美元走强的重要因素。尽管利差套利的持续存在是美元相对于欧元走强的基本原因，但8月以来这种情况发生了变化。从8月下旬以来，10年期美债收益率一直维持在3%以上，9月6日达到3.33%，比2022年以来的高点6月14日低16个BP。图1给出了2022年以来10年期美债和10年期欧元区AAA政府债券之间的收益率差，可以看出从8月中旬以来的美元指数超过4%的再次走强并不是美欧国债收益率之差上涨导致的。

图1中的8月以来利差甚至有所收窄的情况下，美元指数为什么上涨了超过4%？根本原因在于欧元区深陷俄乌冲突，导致了欧元区安全溢价补偿显著提高，投资欧元资产需要有较高安全溢价补偿，从而压低了欧元的币值价值。

第三，从经济预期来看，美元指数中主要经济体经济预期不乐观。从2022年上半年的经济增速来看，欧元区的经济增速并不差。依据ECB给出的数据，2022年第一季度和第三季度欧元区GDP分别同比增长5.1%和4.1%，而且第二季度环比增长0.8%，超出市场预期。基本面为什么挡不住欧元跌破美元欧元平价？重点在于经济预期恶化。俄乌冲突爆发之前，欧盟40%的天然气来自俄罗斯，目前已经下降至9%。同时，干旱导致了欧

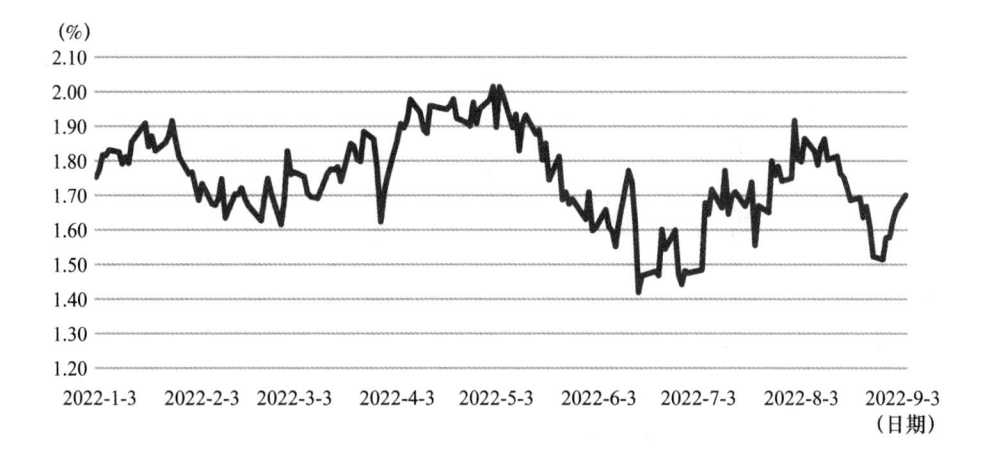

图1 2022年10年期美债和10年期欧元区AAA政府债券收益率之差

资料来源：美国财政部和ECB。

盟的水力发电量减少了26%，葡萄牙减少了46%（Statement by President von der Leyen on energy EU, Speech 7, September 2022）。能源短缺成为欧洲经济预期恶化的主要因素。日本2022年上半年GDP增速只有0.9%；英国超过10%的通胀率还未见顶，导致英国经济预期也出现了快速恶化。

从美国经济来说，高通胀导致其预期增长率走低。目前白宫和"蓝筹共识"对2022年美国经济增速的预测最低，只有1.4%，低于美联储预测的1.7%（见图2）。2022年上半年美国经济连续2个季度环比年率负增长，同比增长3.2%，但也低于欧元区的增速。因此，主要是美元指数中经济体，比如欧元区国家、英国等经济预期恶化的程度要高于美国经济预期恶化的程度，导致了美元持续走强。

第四，地缘政治动荡持续带来了美国金融资产风险溢价相对处于低位，避险情绪推高了美元指数。美国近期加大了对乌克兰的军事援助，英国新任首相也表态要进一步支持乌克兰。强势美元压制了金价的上涨，但并未有效压制能源价格的上涨。截至9月8日上午9时，2022年以来伦敦金现下跌6.2%；近期油价较大幅度下挫，但ICE布油价格2022年以来还是上涨了13.5%。俄乌冲突尚不见好转，代理人战争使美国相对于欧盟处于地理

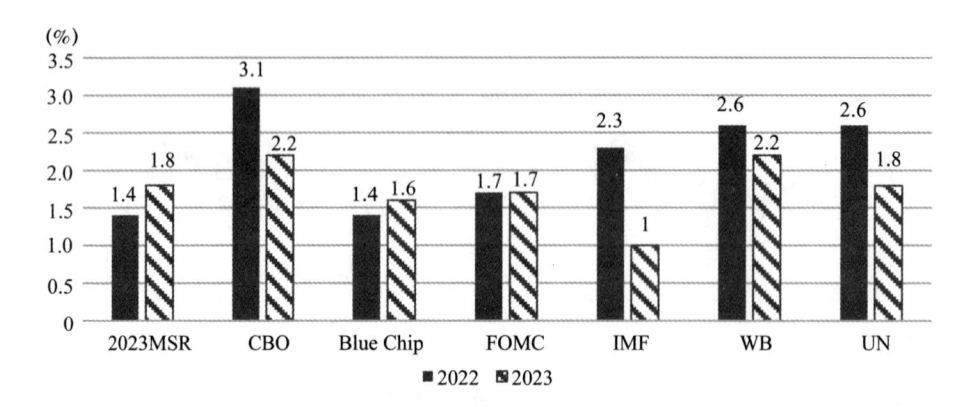

图 2　美国实际 GDP 增速预测（2022—2023 年）

资料来源：MSR：美国白宫预测中期修正报告（2023 Mid-Session Review, June, 2022）；CBO：美国国会预算办公室（Congressional Budget Office economic Projection, May, 2022）；Blue Chip：蓝筹共识预测［Blue Chip Consensus Forecast (2022-2023), June, 2022］；FOMC：美联储6月经济预测计划；IMF：《世界经济展望》（WEO, July 2022）；WB：《全球经济展望》（June, 2022）；UN：《世界经济形势与展望》（2022年中期）。

上的相对安全位置，避险情绪也是导致美元走强的一个因素。

第五，美元指数中主要经济体集体放任其货币贬值，导致美元走强。我们2021年12月10日在CMF发表了《全面理解美元货币体系新框架》一文，阐述了美元指数代表着国际货币体系利益格局的政治经济学。美元主导的国际货币体系是一个利益集团，只反映几个经济体的货币，却主导了国际金融市场货币价格的变动。2022年以来，美元指数中排名前三的货币，即欧元、日元和英镑放任其货币贬值，并未干预外汇市场。欧元区即使加息，但由于分割的主权债务市场可能导致主权债务违约风险，加息的天花板要显著低于美联储；日本坚持宽松刺激经济，央行干预市场保持10年期国债收益率0.25%的上限；英国由于经常账户逆差创新高，还指望贬值改善其经常账户。美元指数中主要经济体集体放任本币贬值也是导致美元持续走强的重要原因。很显然，新兴经济体货币贬值会推高部分新兴经济体的美元债务风险，并抬高通胀压力。

由于当前世界经济的金融一体化已经发展到相当高的水平，美元持续走强通过金融渠道带来的负面溢出效应或者破坏力可能会超过 20 世纪 70—80 年代"滞胀"时期美元指数走强的破坏力,尽管美元指数远低于那个时期的高点。当然,持续性的美元走强给世界经济带来了巨大的负面外溢性,也会通过汇率估值效应恶化美国国际投资净收益率(外部资产贬值),削弱美国通过金融账户投资收益来弥补经常账户逆差的能力,与强美元降低美国出口一起,共同恶化美国国际投资的净头寸,导致美国只有靠进口收缩才能改善其国际投资的净头寸,这等于降低美国对全球出口的需求。

逆全球化三阶段：地缘政治成本成为最后的推手

9月13日

次贷危机至今，逆全球化经历了贸易摩擦、新冠疫情冲击所致的安全风险带来的产业链重新配置，以及俄乌冲突爆发以来意识形态对立对全球化的巨大冲击，导致逆全球化措施不断升级，最终走到了地缘政治成本成为逆全球化的最后推手阶段。寻求降低地缘政治成本是未来全球化面临的最大挑战。

"驳船经济学"常用来形象形容全球化的成本分工生产方式。全球化意味着跨国公司这艘"驳船"可以在全世界寻找成本最低的投入，从而通过跨国成本套利，实现同质商品只能在全球成本最低的地方生产，这也是全球化降低物价水平的基本逻辑。

如今，"驳船"不再被允许自由停靠，也不再完全按照成本最低原则去规划航行路线，而是按照"地缘政治船票"设定的路线航行。这就决定了世界经济存在被割裂的风险，地缘政治成本已经成为逆全球化的最后推手。

次贷危机之后，逆全球化思潮开始盛行。发展至今，短短十几年的时间，逆全球化大致走过了三个阶段，每一个阶段都在升级，最终走到了当下地缘政治冲突的逆全球化最高阶段，导致全球经济存在被割裂的巨大风险。

第一阶段：次贷危机到新冠疫情暴发之前。

第一阶段的逆全球化大多属于经济行为，当然美国发起的经贸摩擦的背后也是政治选票。关税、非关税、单边制裁等贸易限制措施是主要的逆全球化手段。图1显示了从2009年到2020年全球贸易中进口限制措施数量及进口限制额占全球进口额的比例。可以看出，次贷危机以来，全球进口限制出现了快速增长。2009年全球进口限制措施仅为73项，进口限制额占全球进口比例的0.6%。2019年和2020年全球进口限制措施分别高达1646项和1515项，占当年全球进口数量的8.7%和8.6%。各种进口限制措施使得全球贸易不再是自由贸易，逆全球化现象愈演愈烈。

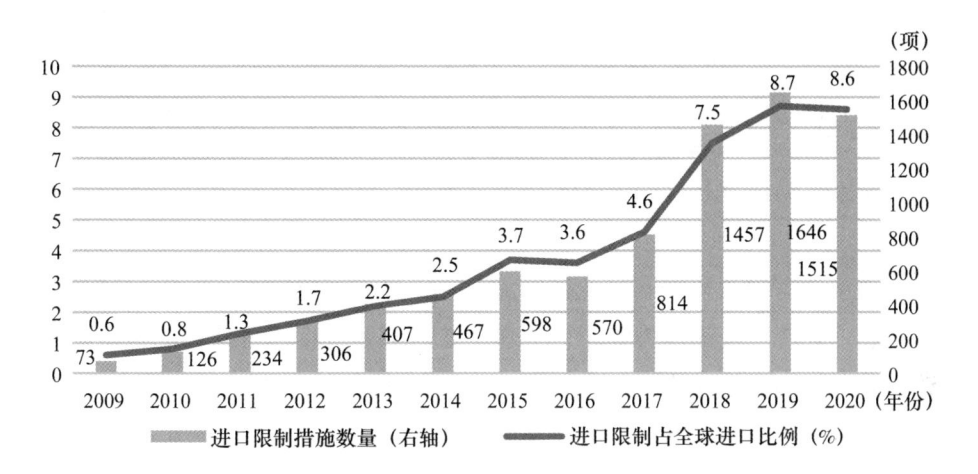

图1　全球进口限制措施数量和进口限制占全球进口的比例（2009—2020年）

资料来源：WTO, Trade Monitoring。

第二阶段：2020年新冠疫情暴发到俄乌冲突爆发之前。

突如其来的新冠疫情冲击，暴露了产业分工全球配置带来的安全风险问题，主要体现在三个方面，具体如下。首先，早期对于抗疫物资出现的过境截留现象，说明在国家公共卫生安全上，国际贸易准则可以随时被打破。其次，至今，全球疫苗生产分配极不均衡，中低收入和低收入经济体无法获得充足的疫苗，获得新冠疫苗机会的不平等意味着要结束这场新冠疫情仍然是一种奢盼，国际公共卫生安全合作不足。表1显示，全球中低收入及以下的人口数量超过36.6亿，疫苗接种率低。其中，低收入的近6.8亿人疫苗接种率只有14.1%。依靠疫苗接种抗击新冠疫情的任务艰巨，新冠病毒对全球造成的公共卫生冲击可能是长期的。

表1　　　　　全球新冠疫苗接种情况（截至2022年5月31日）

收入组别	可用剂量（百万）	每百人剂	每人至少1剂的比例	疫苗接种率	人口（百万）
低收入	390.6	27.7	17.3%	14.1%	678.4
中低收入	4543.7	75.8	59.3%	51.8%	2994.70
中高收入	7007.6	119.6	79.1%	73.9%	2930.40
高收入	3211.2	129.0	78.6%	73.8%	1244.60

注：一个疗程的定义是需要完全接种的一系列疫苗剂量。新冠病毒（COVID-19）疫苗需要两次注射，疗程的数量是疫苗剂量除以2。新冠病毒疫苗需要注射一次，疫苗的数量是疫苗剂量。

资料来源：WTO-IMF COVID-19 Vaccine Trade Tracker。

最后，疫情防控带来产业链断裂风险，导致了供应瓶颈，影响了供给安全，产业链区域化成为潮流，全球主要经济体对全球价值链的价值都在进行根本性的重新评估，以确定产业链的安全性。

第三阶段：2022年2月俄乌冲突爆发至今。

俄乌冲突爆发，全球化呈现出裂变风险。美国、欧盟等发达经济体与俄罗斯的关系急剧恶化。欧盟坚持的"政治正确"成为压倒经济分工合作的决定性因素，在能源如此依赖俄罗斯的背景下，欧盟坚持多轮制裁，从文化、经济和金融上"脱俄"。2021年欧元区国家约56%的煤炭、26%的石油和42%的天然气进口来自俄罗斯。俄罗斯被排除在SWIFT系统之外；禁止俄罗斯使用欧洲金融市场；大量的商品被欧盟禁售和禁运；2022年8月31日欧盟外长会议决定全面终止执行2007年欧盟—俄罗斯签证便利协议以及G7讨论的全球能源限价；等等。俄乌冲突升级以来，新的、令人震惊的保护主义形式不断出现。美国出台了高技术相关产品的禁售，以意识形态组团试图排斥中国。全球对粮食和化肥实行出口限制的政府数量接近

2008—2012年粮食危机期间的水平,加剧了地缘政治冲突对粮食供应的影响,导致全球食品价格不断上涨,推高了全球通胀压力,加剧了全球的不平等。

次贷危机至今,逆全球化经历了贸易摩擦、新冠疫情冲击所致的安全风险带来的产业链重新配置,以及俄乌冲突爆发以来意识形态对立对全球化的巨大冲击,导致逆全球化措施不断升级,最终走到了地缘政治成本成为逆全球化的最后推手阶段。

寻求降低地缘政治成本是未来全球化面临的最大挑战。

对当前美国高通胀的几点看法

9月19日

供应链瓶颈、劳工市场黏性以及强美元带来的逆向价格反馈机制，使得美国通胀面临内外夹击。美国在向世界转移通胀的同时，也因为其他主要货币集体性贬值而吸收世界的通胀。由于外部冲击存在不确定性，美联储要较快控制通胀，只有连续大幅度的边际紧缩，全球金融市场波动风险加大，美联储就业优先急转通胀优先货币政策将产生负面溢出效应最大化。

一 供应链瓶颈减弱，但依然存在明显的冲击

依据纽约联储提供的数据，截至2022年8月，全球供应链压力指数显著下降，从2021年年底的峰值4.31下降至2022年8月的1.47，但仍然显著高于疫情前2020年1月的0.05。全球供应链瓶颈对价格的冲击依然明显存在（见图1）。

依据BEA的数据，2022年第二季度（年率数据）美国耐用品消费比2019年第四季度（年率数据）增长了38.3%，非耐用品消费增长了26.0%，而服务业消费仅增长了9.8%。由于耐用品消费增幅较大，供应链瓶颈对美国物价造成显著的冲击。即使相比2021年第四季度，2022年第二季度耐用品消费也增长了3.4%。美国居民耐用品消费的增长主要是疫情导

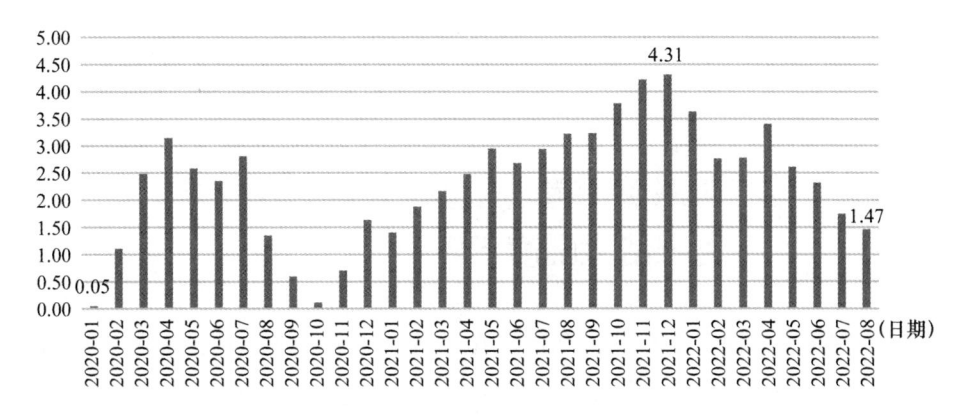

图1 全球供应链压力指数

资料来源：Global Supply Chain Pressure Index (GSCPI), New York Fed Economic Research。

致居民消费结构出现了重大变化。一方面由于美国财政刺激政策导致居民收入增长；另一方面由于疫情导致居民倾向于居家工作、娱乐以及对独立交通安全性的追逐，房屋需求和家庭耐用品需求出现了超常规的增长。从房屋价格来看，美国的房价出现了较大幅度的上涨。依据美联储圣路易斯分行提供的S&P/Case-Shiller美国住房价格指数，自2020年4月以来美国房价出现了明显上涨，2020年年底以来的月度同比增幅均在10%以上，2022年6月同比增幅18.0%，比2022年3—4月20.6%的增幅略有下降，但仍处于较高增长时期。依据2022年9月9日美联储公布的"Financial Accounts of the United States"，在美联储激进加息的背景下，美国家庭和非营利组织直接和间接持有的公司股权的价值减少了7.7万亿美元，但房地产价值却增加了1.4万亿美元，房价上涨导致房租上涨，是导致美国通胀的重要因素之一。

从耐用品消费结构来看，相比2019年第四季度，2022年第二季度汽车和零件增长了38.9%，家具和耐用家用设备增长了36.1%，娱乐用品和设备增长了40.3%，其他耐用品增长了36.8%。

无论是住房还是耐用品，都需要在较长的产业链中完成组织和生产。

在疫情导致消费结构偏向耐用品的背景下，供应链瓶颈对美国物价的冲击被进一步放大了。

二　美联储希望以失业率轻微上升换取通胀的大幅度下降

美国通胀来源于供给冲击和需求拉动两个方面。能源价格边际变化幅度很难给出明确的判断，但总体上大宗商品价格应该很难再大幅度上涨了。首先，全球经济总需求的快速下降会降低能源需求，俄乌冲突以及全球地缘政治博弈对能源价格边际变化的影响尽管仍然存在不确定性，但冲突持续至今，欧洲和俄罗斯之间能源方面的"断气""禁运"，甚至美欧试图在未来实施的"限价"等预期，能源冲击应该基本走到极限了，能源价格应该不至于逆美欧经济总需求预期显著下降而再次大幅度上涨，除非出现极端的非预期情况。依据美联储和欧洲央行近期的经济预测，美国和欧元区未来经济增长率的预期都是比较低的。美联储和美国白宫在2022年6月和8月预测美国经济2022年增速分别为1.7%和1.4%，2023年分别为1.7%和1.8%；欧洲央行2022年9月预测欧元区经济2022—2023年增速分别为3.1%和0.9%。

在这样的背景下，美联储应该会更加关注美国劳动力市场的就业情况。依据美国劳工部的数据，8月失业率3.7%，比7月的3.5%有所上升，但劳动参与率从7月的62.1%上升至8月的62.4%，因此，失业率还是很低的。8月平均每小时的工作收入环比增长0.3%（年率增长3.8%），相比较7月的环比0.5%（年率增长5.8%）有所下降，但名义工资依然存在较大的上涨。

依据美联储亚特兰大分行 Wage Growth Tracker 提供的调查数据，2022年6—8月3个月移动平均中值名义工资增长率均为6.7%，这是1997年有该数据以来的最高值，表现出了劳动力市场的工资黏性（见图2）。

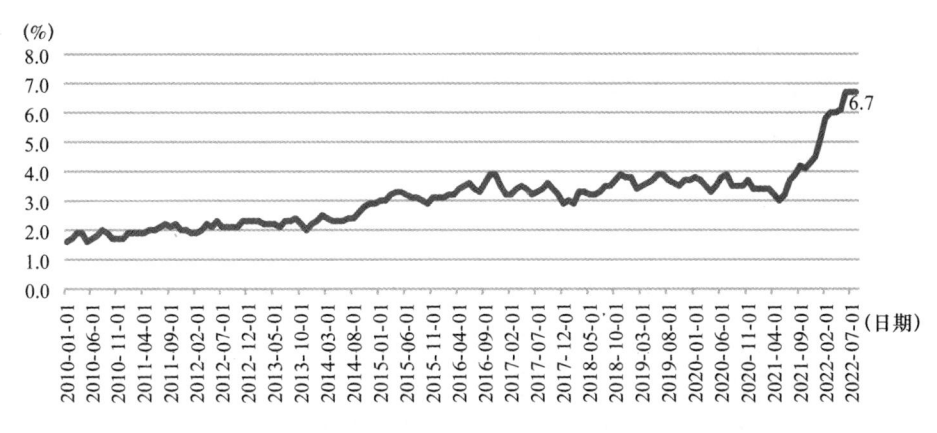

图2 三个月移动平均中值名义工资增长率（小时数据计算）

资料来源：Current Population Survey, Bureau of Labor Statistics, and Federal Reserve Bank of Atlanta Calculations。

令人惊讶的是，按照现有的预测，美国经济中通胀变化与失业率变化极不对称。美联储FOMC（6月15日）预测2022—2024年的PCE同比增幅分别为5.2%、2.6%和2.2%，而美国白宫预算中期修正报告（8月23日）预测2022—2024年的CPI同比增速分别为6.6%、2.8%和2.3%。但从失业率预测来看，FOMC（6月15日）预测2022—2024年失业率分别为3.7%、3.9%和4.1%；美国白宫2023MSR（8月23日）预测2022—2024年失业率分别为3.7%、3.7%和3.8%。上述通胀和失业率预测数据说明，美国既想要通胀显著下降（经济增速明显下降），又想要失业率不明显上升。这能做到吗？我们认为很难。美联储和白宫关于美国经济失业率的预测可能过于乐观。

这里我们需要关注基数效应。2023年通胀显著下降是因为2022年通胀基数很高，2022年经济增速明显下降也是因为2021年经济增速高（2021年实际GDP同比增长5.7%），这样来看，2022年美国经济增速按照预测落入1.4%—1.7%区间（2022年上半年美国经济第一二季度连续负增长1.6%和0.6%，上半年同比增长3.2%），而失业率控制在4%以内，美国经济就实现了"软着陆"？以轻微的失业率上升获得通胀大幅度下降，工资到物价的传递机制如何体现？只能是在工资微涨、不涨，甚至下降的背景下，还有更多的人愿意工作，纠正疫情冲击财政发钱后导致居民不愿意工作的"习惯"。

三 强美元控通胀存在不利的逆向反馈机制

2021年年底，美国货物和服务进口大约占GDP的15%，进口价格会显著影响美国经济的物价水平。从2021年开始，美国进口价格指数同比开始正增长，截至2022年8月，进口价格指数同比增长7.8%，但出口价格指数同比增长10.8%，而且从2021年美国出现通胀以来，美国出口价格指数同比增幅明显高于进口价格指数，美国的贸易条件是改善的（见图3）。美国在向全球输出通胀的同时，也在进口外部通胀，通胀是全球面临的压力，但由于进口价格指数增幅低于出口价格指数增速，美国在向全球转嫁国内的高通胀。

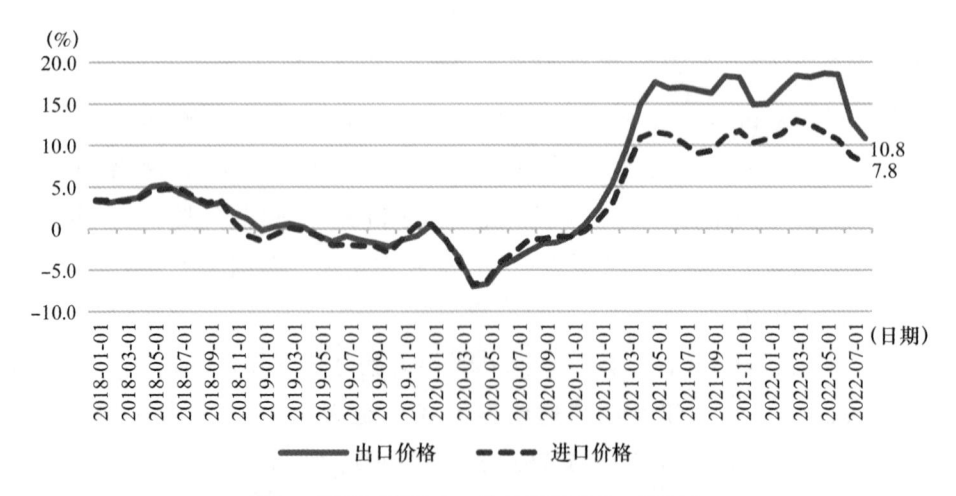

图3 美国经济进出口价格指数变化（同比）

资料来源：Federal Reserve Bank of St. Louis, Import and Export Price Index (End Use): All Commodities, Percent Change from Year Ago, Monthly, Not Seasonally Adjusted。

高通胀下的强美元存在逆向的反馈机制。强美元可能对大宗商品价格有一定的压制作用，在地缘政治冲突的作用下，这种压制作用被减弱了。但由于美元持续走强，全球主要货币2022年以来普遍出现了较大幅度的贬值，导致国际市场上的物价水平也会普遍上涨，美国的通胀面临这种逆向的物价反馈机制：强美元控通胀，但由于其他主要货币贬值，美国依然会进口通胀。

可见，供应链瓶颈冲击、劳工市场黏性以及强美元带来的逆向价格反馈机制，使美国通胀面临内外夹击。美国在向世界转移通胀的同时，也因为其他主要货币集体性贬值而吸收世界的通胀。

由于外部冲击存在不确定性，美联储要较快控制通胀，只有连续大幅度的边际紧缩，全球金融市场的波动风险加大，美联储就业优先急转通胀优先，货币政策将产生负面溢出效应最大化。

五论高通胀下的强美元：顶在哪里？

9月22日

除了传统的短期利差套利因素和近期经济预期前景之外，我们需要重点关注两个新的因素，这是决定美元指数是否会出现2001年以来新高的关键。第一个因素是地缘政治冲突导致美元指数中传统大顺差经济体的竞争优势会下降到何种程度。第二个因素是俄乌冲突存在急剧升级的可能性，这可能会过度放大美元的避险属性，推动美元持续走强。美元指数这种疯狂的上涨已经在脱离经济基本面的要求。

9月22日美元指数在逐步逼近112，此轮高通胀下强美元的顶在哪里？美元指数会突破2001年6—7月的高点120吗？以收盘价计，这其间最高点是2001年7月5日的120.9，这是美元指数的一个重要点位，因为要看到120.9以上的点位，需要回到1986年年初了，那是20世纪80年代滞胀时期美联储主席沃克尔控制高通胀期间发生的。那个时期欧元还处于酝酿阶段，尚没有诞生。

从加息程度来说，美联储不可能加息到那个时期接近20%的高点，这是由美国今天的能源自给能力决定的，能源对美国经济的冲击程度不如20世纪70—80年代。当然，美元指数也不可能达到那个时期超过164的历史高点。按照美联储9月21日的预测，加息上限也达不到2006年4月至2007年9月时期的联邦基金利率水平（5%左右）。在这样的背景下，我们的问题是，现在的美元指数有可能创造历史的第二高点吗？答案是：或有可能。

请注意，"或有可能"并不是明确的"有可能"，因为存在重大不确定性。重大不确定性主要来自两个方面：一是俄乌冲突会升级到何种程度，从而过于强化美元的避险属性，导致美元指数持续上涨；二是美元指数中的央行是否最终会扛不住本币贬值直接干预外汇市场，从而降低美元指数上涨。当然，美元指数中主要经济体加息可以直接减弱美元指数上涨或者迫使美元指数下行，但从目前的经济预期情况看，至少欧洲央行、日本央行和英国央行等靠加息是加不过美联储的。非美元经济体加息也可以降低对美元资产的吸引力，从而通过影响美元需求来降低美元指数上涨的动力。但从美元指数的定价方式来看，主要取决于美元指数中经济体经济预期变化和货币政策的调整。

美联储从就业优先急转通胀优先转得比较彻底。9月21日美联储公布了2022年第三季度的经济预测计划（Summary of Economic Projections），美联储预计2022年美国实际GDP增长0.2%，2023年美国GDP增速为1.2%，相比较6月预测的1.7%大幅度下降。通胀率预测变化不大，略有上升，2022年的PCE从6月预测的5.2%上升至5.4%，2023年的PCE从6月的2.6%上升至2.8%。失业率的预测变化也比较大，2022年失业率从6月预测的3.7%轻微上升至3.8%，但2023年的失业率从6月预测的3.9%上升至4.4%，上升幅度是比较大的。9月美联储的预测数据明确表示，美联储要大幅度牺牲增长和一定规模的就业来控制通胀。大幅度激进加息是逻辑的必然。9月21日美联储预测2022年联邦基金利率水平高达4.4%，比6月的预测值高出100个BP，2023年的联邦基金利率水平更是达到4.6%，比6月的预测值高出80个BP。

9月21日《美联储FOMC会议纪要》(Federal Reserve Issues FOMC Statement)对美国经济简要的阐述是这样的："最近的指标表明支出和生产温和增长。近几个月来就业增长势头强劲，失业率仍然较低。通货膨胀率仍然居高不下，反映了疫情大流行导致的供需失衡，食品和能源价格上涨以及更广泛的价格压力。"9月21日美联储宣布再次加息75个基点，连续三次加息75个基点，创造了41年来最激进的加息方式，使联邦基金利率将处于3.00%—3.25%的区间。如果要达到美联储预计的水平，2022年美联储还要加息125—150个BP，应该说这超出了市场的部分预期，这是导致美元指数再次较为快速走强的基本原因。如果联邦基金利率2023年达到4.6%，那么2023年还有1—2次25个基点的加息。

美国和美元指数中经济体利差的扩大是导致美元走强的套利因素。同时，2023年美国经济预期好于欧元区经济预期从基本面上也决定了美元相对强势。除了这些传统的因素以外，还有两个新的因素需要重点关注。

第一个因素是地缘政治冲突导致美元指数中传统大顺差经济体的竞争优势下降。地缘政治冲突导致全球能源供应链剧变后，欧洲以及美元指数中其他经济体过于依靠外部能源或者其他大宗商品的经济结构短板彻底显现，导致的结果是其原有的经济结构动力快速递减，突出表现是经常账户顺差大幅度萎缩甚至逆转。

典型的是欧盟领头羊的德国和亚洲的日本。在过去的历史中，德国和日本一直以大规模贸易顺差著称。但在能源和大宗商品冲击的背景下，这两个传统大顺差国的贸易顺差急剧收窄，甚至变成了逆差。依据日本财务省的数据（Trade Statistics of Japan, Ministry Finance），2021年日本对外商品贸易结构发生逆转，贸易逆差约1.67万亿日元；2022年1—7月日本对外贸易逆差高达9.38万亿日元（约660亿美元）。德国2022年8月PPI同比上涨45.8%，成本剧烈上涨是导致德国经常账户出现大幅度萎缩的重要原因。依据德国联邦统计局的数据，从2022年3月开始，德国贸易顺差急剧下降，3—7月累计贸易顺差173亿欧元，相对于疫情前2019年3—7月累计贸易顺差943亿欧元来说，下降了81.7%。欧元区的对外贸易账户出现了自2021年第二季度以来的首次逆转，2022年第二季度欧元区经常账户/GDP为－0.61%，对外经常账户重现了欧债危机时期的状态。

可见，地缘政治冲突导致了这些传统上的顺差大经济体经常账户逆转，动摇了这些经济体过去长期赖以生存的出口竞争优势，这从根本上弱化了这些经济体的货币相对价值。

第二个因素是俄乌冲突存在急剧升级的可能性。近期媒体披露俄罗斯控制的卢甘斯克等四地将举行入俄公投，这可能会导致俄乌冲突急剧升级。

这一方面将进一步对欧洲能源供给造成冲击；另一方面动荡的局势可能会过于放大美元的避险属性，导致美元走强。

高通胀下的强美元不仅仅是利差套利因素决定的，也是美元指数中传统顺差经济体对外经常账户逆转决定的，也是地缘政治冲突导致的避险情绪导致的。在一般意义上，强美元本来可以压制大宗商品尤其是能源价格的上涨，但在地缘政治冲突下强美元对能源价格的压制作用被极大削弱了，结果导致了强美元和高能源价格并行，从而进一步导致了美元指数中经济体竞争性的经济结构被极大削弱，这又反过来映衬了美国不好的经济却是相对好的基本面，导致美元即使在美联储9月21日预计2022年美国经济接近零增长（0.2%）后，美元指数还在上涨。

美元指数持续上涨，也意味着美元压制住了美元指数中的货币。而那些为了防止外汇市场出现剧烈动荡的经济体，或可能增加对美元外汇储备的需求，以备不时之需。此轮美元指数上涨得越高，美元霸权对全球经济的负面溢出效应就越大。在这样的背景下，美元指数中主要经济体如果干预外汇市场，降低市场做空自己的货币是好事（比如欧元和日元），这是减少美元走强负面外溢性的直接办法，毕竟美元指数这种疯狂的上涨已经在脱离经济基本面的要求。

近期国际金融市场大类资产走势的逻辑

9 月 26 日

近期国际金融市场大类资产价格走势的基本逻辑是：长期通胀预期下行但短期通胀预期存在高度不确定性，迫使美联储持续紧缩；主要经济体经济增长下行趋势明确。股债双杀、非美元货币集体贬值、大宗商品价格分化、贵金属价格下跌，国际金融市场大类商品价格走势较好地反映了上述逻辑。庆幸的是中长期通胀预期下行明确，不幸的是短期通胀依然存在高度不确定性，国际金融市场的动荡远没有结束，这个冬天不会暖，这是国际金融市场投资者需要直面的挑战。

近期国际金融市场大类资产价格走势的基本逻辑是：长期通胀预期下行但短期通胀预期存在高度不确定性，迫使美联储持续紧缩；主要经济体经济增长下行趋势明确。

一 中长期通胀预期下行但短期通胀预期存在高度不确定性

图 1 显示了 10 年期和 5 年期保本美债收益率隐含的中长期通胀率。截至 9 月 23 日，10 年期美债隐含的通胀预期为 2.37%，基本回到 2021 年 3 月底的水平。2021 年 3 月美国通胀率突破美联储长期通胀目标 2%，CPI 为 2.7%（2 月 1.7%），PCE 为 2.5%（2 月 1.7%）。从中期通胀率来看，

2021年1月中下旬开始，5年期国债隐含的通胀率超过10年期国债隐含的通胀率，打破了次贷危机以来5年期国债隐含的通胀率始终低于10年期国债隐含通胀率的局面，结束了相对短期的低通胀也带着长期的通胀走低，从而进一步加剧了长期的低通胀环境。上述这种通胀预期的顺周期反馈机制在2021年年初被打破，美国通胀进入了通胀预期中期高而长期低的逆周期反馈机制，这也意味必然有紧缩周期的到来。

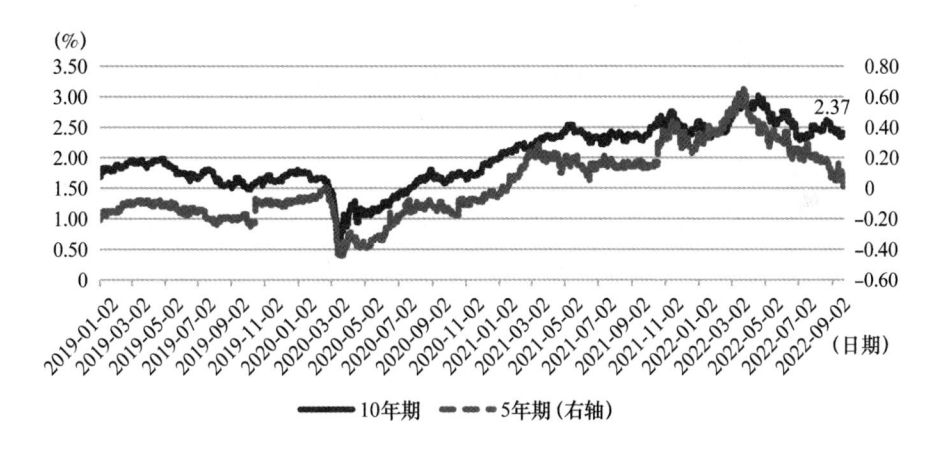

图1 10年期和5年期美债隐含的通胀预期

资料来源：Federal Reserve Bank of St. Louis。

图1还揭示了另外一个重要信息，从2022年3月下旬以来，5年期和10年期美债隐含的通胀预期差是不断下降的，在长期通胀预期下降的背景下，这意味着通胀的中期压力也快速下降，截至9月23日中长期通胀预期基本持平，似乎有回到次贷危机之后长达十年中期通胀预期低于长期通胀预期情形的可能性。

但从短期通胀预期来看，依然存在高度不确定性，这种不确定性决定了货币政策持续紧缩的确定性。图2显示2022年8月美国经济1年通胀预期不确定性指数为4.36，处于历史的高位区域，即使是3年通胀预期不确定性指数也是处于历史的高位区域。

在锚定长期通胀预期的条件下，短期通胀预期的不确定将迫使美联储继续紧缩，直到形成短期通胀下行的明确预期，才能有效控制当下的高通胀。

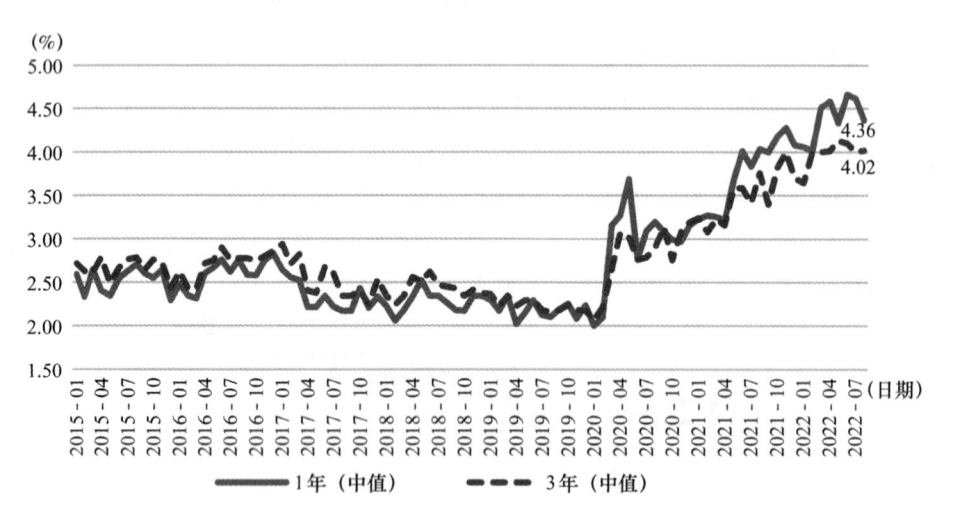

图 2　美国经济中 1 年和 3 年通胀预期的不确定性指数

资料来源：Survey of Consumer Expectations, Federal Reserve Bank of New York。

二　经济下行预期明确

经济下行预期明确是因为紧缩预期明确所致。依据美联储 9 月 21 日的经济预测（Summary of Economic Projections），2022 年美国实际 GDP 预期增长 0.2%，2023 年增长 1.2%；失业率 2022 年增长 3.8%，2023 年上升至 4.4%。美联储最新预测数据表示，大幅度牺牲经济增长和增加一定程度的失业也要控制住通胀。

三　上述逻辑下国际金融市场大类商品价格走势

在美联储激进加息和地缘政治持续动荡的背景下，强势美元导致全球货币基本是集体贬值。从外汇市场来看，由于美元指数中经济体加息程度不及美联储，导致美元持续走强，当然美元走强也包括地缘政治动荡的避险情绪因素。从此轮加息的情况看，依据各央行网站提供的数据，美联储从2022年3月以来加息5次，总计加息了300个基点，联邦基金利率处于3%—3.25%的区间，创造了40年来最激进的加息方式。欧洲央行从2022年7月以来加息2次，总计加息125个基点，边际借贷便利利率为1.50%。日本央行继续宽松不加息，政策性利率保持在-0.10%，但开始干预外汇市场。英国央行自2021年年底以来7次计息，总计加息215个基点，目前基准利率为2.25%。加拿大央行从2022年3月以来5次加息，总计加息300个基点，目前政策性利率为3.25%。瑞士央行从2022年6月以来2次加息，总计加息125个基点，目前政策性利率为0.50%。瑞典央行从2022年5月以来3次加息，总计加息175个基点，目前政策性利率为1.75%。可见，在美元指数中经济体只有加拿大央行加息幅度与美联储一致，政策性利率水平也基本一致。截至9月23日，2022年以来美元指数上涨了17.78%，达到113.03，导致美元指数中货币对美元的集体贬值，欧元、日元、英镑对美元分别贬值14.8%、24.54%、19.85%，加元和瑞郎的贬值幅度相对较小，2022年以来分别贬值了7.46%和7.73%。

对于不包括在美元指数内的经济体的货币，全球较大型经济体，除了墨西哥比索、巴西雷亚尔以及俄罗斯卢布外，也呈现出了集体贬值，稳健的人民币兑美元（CFETS）2022年以来也贬值了11.88%。墨西哥比索从2021年6月至今加息10次，目标利率从4.0%上升至目前的8.5%，通胀率8月也下降至8.7%。巴西雷亚尔的升值主要取决于巴西通胀从2022年4月的12.1%下降至8月的8.7%，但政策性利率从2021年3月以来11次加息，目前处于13.8%的高位。墨西哥比索和巴西雷亚尔因为大幅度加息和通胀改善，改变了过去经济冲击下货币脆弱的特征，令人侧目。俄罗斯主要是天然气卢布机制和外汇市场管制导致了卢布兑美元出现了较大幅度的升值，具有特殊性。

1. 股市集体下跌。

除了极少数的股市指数上涨外，如富时新加坡海峡指数（上涨3.31%）、印尼综指（上涨9.07%），全球股市基本呈现出了集体下跌的态势，但下跌的幅度差异巨大。

图3给出全球主要股市2022年以来的下跌情况。俄罗斯股市下跌超过44%；美国纳斯达克和中国创业板指下跌幅度超过30%；标普500、德国DAX、意大利富时MIB、欧元区STOXX50、韩国综合指数、深圳成指以及恒生指数下跌幅度超过20%；道琼斯和法国CAC40指数下跌幅度也接近20%；只有日经225、英国富时100和印度SENSEX300指数下跌的幅度在10%以内，尤其是印度股市表现不俗，仅下跌了0.27%。

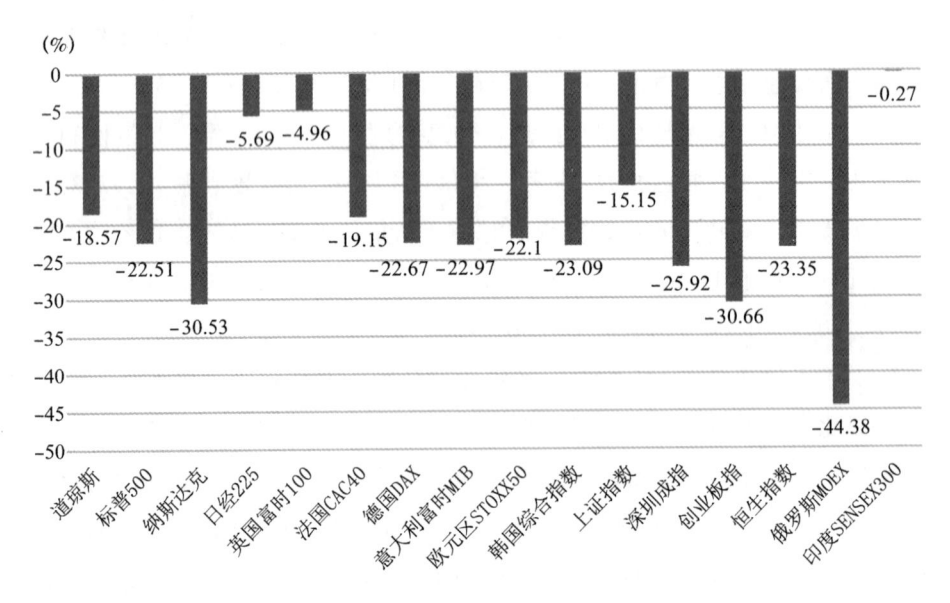

图3 全球重要股市2022年以来的下跌幅度（截至2022年9月23日）

资料来源：Wind。

2. 债券市场价格下跌。

2022年以来主要发达经济体债券市场收益率明显上升。在美联储激进加息300个基点后，2022年以来美国不同期限的国债收益率均出现了大幅度上行。依据美国财政部网站的数据，截至9月23日，2022年以来2年期和10年期国债收益率从年初的0.78%和1.63%分别上行至4.20%和3.69%。1个月和3个月期限的美国国债收益率分别从0.05%和0.08%上行至2.67%和3.24%。依据欧洲央行网站的数据，欧元区10年期AAA政府债券收益率从年初的-0.123%上行至9月22日的1.99%。国际金融市场无风险利率水平迅速抬高，结果自然是股债双杀的局面。

3. 大宗商品价格存在分化。

在强美元和经济下行明确的局面下，大宗商品价格本应全面下跌。但由于俄乌冲突预期和冲突发生后的持续，导致原油价格和食品价格出现了持续上涨。依据Wind的数据，截至9月23日，ICE布油和NYMEX原油价格2022年以来分别上涨了9.75%和5.28%，而叠加极端天气等因素，CBOT大豆、小麦和玉米2022年以来的价格分别上涨6.44%、13.86%和13.92%。目前油价已经低于俄乌冲突爆发之前（2022年2月24日之前）的水平，从2022年6月中旬开始，油价走出了下行趋势，主要是强美元和经济预期下行所致。其他大宗商品价格在强美元和经济总需求下降预期的作用下普跌才应该是常态，LME铜、铝今年以来价格分别下跌了23.69%和22.96%。

4. 贵金属价格下跌。

黄金和白银价格具有抗通胀的属性，具有保值增值的作用，但2022年以来黄金白银价格明显下跌。依据Wind的数据，截至9月23日，2022年以来伦敦金现和COMEX黄金价格分别下跌了10.15%和9.77%；伦敦银现和COMEX白银价格分别下跌了19.09%和19.35%。在强美元的作用下，黄金的避险属性所致的价格上涨被全面压制。2022年以来CBOE波动率上涨了73.75%，但国际金融市场上黄金价格出现了10%左右的下跌。

观察2022年以来美欧债市和股市的情况，出现了明显的阶段性特征，6月股市的低点基本对应债市收益率的高点。在美联储6月加息之后，市场普遍预期通胀会出现缓解，结果8月美国经济核心CPI同比增幅达到6.3%，超过了4—7月的同比增幅，接近3月的高点同比增长6.4%，这使得市场再次确认了美联储持续紧缩的预期，导致8月以来美欧金融市场股债再次双杀，8月以来至今美国股市这一轮的下跌基本接近6月中旬的低点了，而美国国债收益率创了年内新高，10年期美债收益率在9月22日达到了3.70%，这是截至目前的年内高点。

从整个市场投资者风险偏好来看，单从风险溢价补偿来看，目前穆迪AAA和BAA债券的风险溢价是下降的，似乎投资者风险偏好上升，这是一个错觉，主要原因是在美联储激进加息的作用下无风险利率上升得太快了，美联储过激的货币政策挤压了市场风险溢价空间。如果从穆迪BAA债券和AAA债券收益率差来看，投资者的风险偏好是上升的。从2022年3月美联储加息以来两者之间收益率差明显扩大，截至9月22日两者之差是1.13个百分点，明显高于2017—2019年的日均0.85个百分点（见图4）。虽然穆迪BAA债券和AAA债券收益率差还远不及2020年3月全球金融大动荡时期，但从上涨趋势来看，国际金融市场投资者的风险偏好正在发生变化。

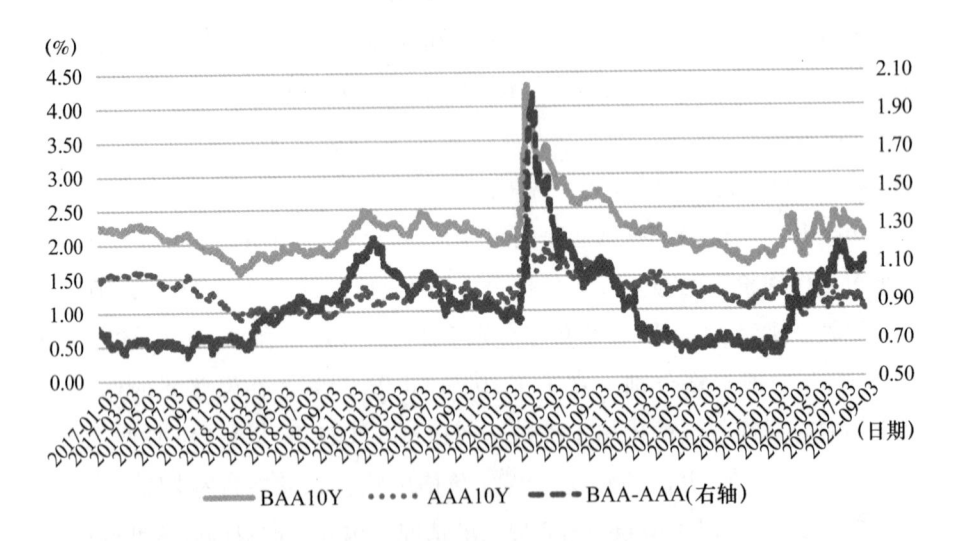

图4 美国金融市场不同债券之间收益率差

资料来源：Federal Reserve Bank of St. Louis。

2022年国际金融市场将与2020年一样，是金融资产价格波动的大年。不同的是，2020年3月23日美联储通过卖出人类历史上最大的看跌期权，给出了国际金融市场风险资产价格的下限，此后在债券市场收益率极低的背景下，美国股市一直上涨到2021年年底，美国股市三大指数远超疫情前的水平，从事后来看，美国股市上80%的熔断发生在2020年3月全球金融大动荡阶段变成了美国股市起跳前的深蹲助力阶段，令人惊讶。2022年年初以来债券市场收益率大幅度上行和股市风险资产大幅度下挫，但美国房市价格涨幅巨大（2022年8月美国房价同比涨幅18.0%）。同时，国际金融市场投资者风险偏好并未显著恶化，这与2020年金融大动荡时期存在显著不同。这说明尽管纳斯达克指数跌幅超过30%，美国金融市场可能还未进入风险警示区。

总体上来看，目前国际金融市场大类资产价格走势比较好地反映了长期通胀预期下行但短期通胀预期依然存在高度不确定性以及主要经济体经济增长下行趋势明确的逻辑。

庆幸的是中长期通胀下行，不幸的是短期通胀依然存在高度不确定性。通胀的不确定性主要来自各种难以预期的供给冲击，主要是疫情和地缘政治冲突带来的供给冲击。长期通胀预期下降的确定性在于只要美联储和其他央行持续紧缩，长期通胀总会下来。问题是，在短期通胀下来之前，全球金融市场要承受多大的紧缩压力呢？这个冬天不会暖，这是国际金融市场投资者需要直面的挑战。

可能需要设定人民币兑美元贬值的容忍度

9 月 28 日

加息美元和"事件"美元的共同作用，使得美元的强势超过了经济基本面的对照。地缘政治冲突事件频发过于放大了美元的避险属性，导致美元走势已经偏离了正常的轨道。按照美联储的预计，2022 年第四季度还有激进加息。俄乌冲突尚看不到冷却，而且有升级态势，同时新的地缘政治冲突风险也在加大，美元依靠加息和投资者避险情绪通过市场预期的"自我实现"机制不断强化，可能出现了强势"泡沫"。在这样的背景下，非美元货币出现贬值"超调"的概率增加，可能需要设定人民币兑美元贬值的容忍度，从而避免人民币兑美元出现贬值"超调"。

人民币汇率市场化改革取得了长足的进步，在全球化背景下，市场化是大国汇率的发展方向，在市场出现超过经济基本面的价格扰动时，汇率"超调"也会带来不合意的成本，需要合理地对外汇市场进行调控。

美联储激进加息导致美元指数中经济体央行加息不及美联储，利差因素推高了美元；俄乌冲突直接拖累欧洲经济，能源危机导致欧洲经济预期显著恶化；俄乌冲突导致的避险情绪过分放大了美元的避险属性。这些因素共同导致了美元的强势。当下的强美元已经不仅是美联储加息因素所致，地缘政治冲突成为美元走强的重要推手。除了俄乌冲突持续升级外，2022 年 8 月美国国会众议长佩洛西不顾中方强烈反对执意窜访中国台湾地区，导致台海形势紧张；再加上中东局势复杂性所致的风险，这意味着美元的强势包括了两个部分：加息美元 + "事件"美元。这两者放在一起可能会带来美元强势"泡沫",助推美元指数再创新高。

为了避免日元持续贬值,2022年9月22日,日本央行自1998年以来首次采取干预汇市行动,选择了继续维持负利率(-0.1%),通过收益率曲线控制(YCC)实施极度宽松的货币政策(10年期国债收益率上限0.25%),日元汇率在日本央行干预下这几天控制在1美元兑145日元以内。这并不是说这就是日本央行的底线,但日本央行给出了一个明确的信号,不允许日元贬值失速。干预后的这几天也没有带来日元升值,说明日本央行的干预尚难以消除市场做空日元的动力。英国最近公布了半世纪以来最大的减税方案,在高通胀背景下,英国财政政策和货币政策背离。本来减税是好事;但引发英国市场股债汇市齐跌,市场预期英国出台的供给侧减税方案会加剧通胀,并大幅度增加政府债务,导致投资者认为债务不可持续,反而恶化了经济预期,导致英镑兑美元出现了明显的下跌,逼近英镑美元平价(1英镑=1美元)。

日元和英镑兑美元汇率的近期走势表明,汇率一旦形成贬值趋势,要让市场相信政策有助于汇率稳定是存在一定难度的,往往需要持续或坚定的政策支持,并需要市场经过消化期的确认。

依据Wind的数据,截至2022年9月27日,美元指数2022年以来上涨了18.89%。从SDR篮子中的货币贬值幅度来看,欧元贬值15.57%、日元贬值25.70%、英镑贬值20.70%,人民币是SDR篮子货币中贬值幅度最小的,也是在全球最重要的货币中贬值幅度最小的,2022年以来贬值了12.32%(CFETS)。从美元指数中的货币来看,除了前面三种货币外,加元贬值8.56%、瑞郎贬值8.74%。因此,从美元指数构成中的全球重要货币来看,人民币贬值幅度居中,2022年以来的贬值幅度大于加元和瑞郎的贬值幅度。从历史上看,这一次美联储几乎是用最小的加息幅度换来了最大的上涨幅度,从3月初至今,美联储加息300个点,美元指数上涨了约18%。

从2022年人民币贬值的时点来看,从2022年3月初开始贬值,3月初也是美联储加息预期正式形成的时点。从3月到9月共计7个月的时间,人民币贬值了大约13.5%，应该说这是一个比较快速的贬值。

人民币是维持一篮子货币稳定的，从一篮子货币稳定的情况来看，结果是相当好的。2022年以来CFETS基本稳定，但由于重要贸易伙伴的货币汇率贬值幅度超过人民币贬值幅度，导致人民币贬值无法传递到贸易汇率，人民币出现了金融汇率较大幅度贬值，但贸易汇率基本稳定的结果，人民币兑美元的金融汇率和贸易汇率出现了明显的分离。从资本流动来说，股市和债市存在一定的资金流出，外汇储备也出现了一定的减少，相对于1月底，8月底外汇储备减少了1667.5亿美元。人民币贬值对进口通胀来说，还是比较明显的。图1显示了2022年前8个月采矿业和制造业的进口价格指数，可以看出从3月开始进口价格指数同比涨幅有明显的扩大。由于无法区分国外物价上涨部分和人民币贬值部分，但从直观上可以看出汇率贬值对进口物价的影响是显著的。尤其是2022年6月中旬以来国际油价出现了明显下跌，3—4月以来金属价格也是下跌的，但采矿业的进口价格指数同比涨幅在3月以来是扩大的，汇率贬值对进口价格指数上升的作用是显著的。

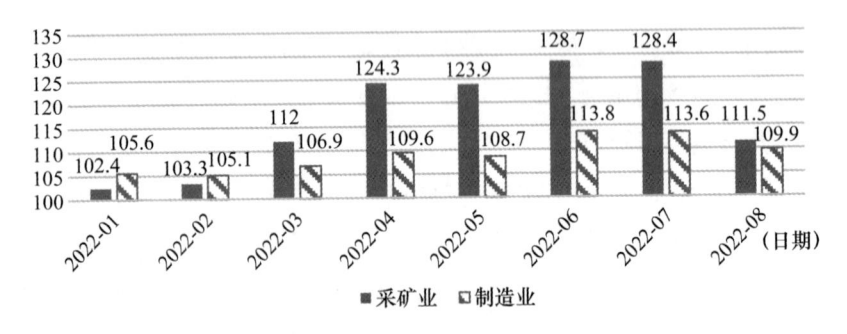

图1 2022年1—8月采矿业和制造业进口价格指数（上年同期=100）

资料来源：中华人民共和国海关总署。

人民币较大幅度的贬值一方面释放了中外利差压力等因素所致的风险；另一方面也带来进口通胀，引起部分资金外流和风险资产价格下跌，但整体上风险可控。

央行宣布从 2022 年 9 月 15 日起，下调金融机构外汇存款准备金率 2 个百分点，外汇存款准备金率由 8% 下调至 6%，释放外汇流动性。中国人民银行决定自 2022 年 9 月 28 日起，将远期售汇业务的外汇风险准备金率从 0 上调至 20%，调节远期外汇需求，抑制货币投机需求，加强宏观审慎管理以稳定外汇市场预期。

考虑到欧洲经济预期的很不乐观和日本央行坚持宽松，以及俄乌冲突的演变存在重大不确定性，加息美元和"事件"美元的共同作用可能会导致美元指数存在持续创阶段性新高的可能，这会导致人民币汇率进一步承压。美元依靠加息和投资者避险情绪通过市场预期的"自我实现"机制不断强化，可能会出现强势"泡沫"。在这样的背景下，非美元货币出现贬值"超调"的概率增加，可能需要设定人民币兑美元贬值的容忍度，从而避免人民币兑美元出现贬值"超调"。

央行干预成为阻止美元指数阶段性上涨的手段

9月30日

英国央行救市行为可能暂时缓解了英美以及全球其他国债收益率的上行压力和情绪，也可以成为阶段性阻止美元指数上涨的手段。英国和日本央行的行为表明，货币政策面临的不仅是控通胀（或增长）或是增长和物价之间的权衡，金融市场的稳定也是央行需要直面的问题。

9月22日我们在CMF上发表了《五论高通胀下的强美元：顶在哪里?》，提及美元指数的顶受两个重大不确定性因素影响：一是俄乌冲突会升级到何种程度，从而过于强化美元的避险属性，导致美元指数持续上涨；二是美元指数中的央行是否最终会扛不住本币资产抛售贬值直接干预外汇市场，从而降低美元指数上涨幅度。

依据Wind数据，以收盘价计算，9月27日美元指数达到114.1596。北京时间9月30日上午10：00，美元指数回落至约112，美元指数下跌约2%，美元指数中的货币兑美元汇率出现了一个明显的反弹，美元指数的下跌与英国央行大力度干预金融市场直接相关。

英国央行28日发布声明称，将"以任何必要的规模"临时购买英国长期国债，以恢复市场秩序，英国国债全线上涨。英国央行将在二级市场购买剩余期限超过20年的英国国债，购债的期限从9月28日持续到10月14日，一旦市场运行的风险被判断为已经消退，英国央行将平稳、有序地退出购债。英国央行同时强调，每年减持800亿英镑英国国债的量化紧缩计划不变，但原定于下周开始的英国国债出售计划将推迟至10月31日。

英国央行的"以任何必要的规模"暂时购买长期债券,为英国国债市场托底,也是在为英国财政信用自我背书。英国新政府 9 月 22 日宣布大规模财政刺激措施,英国债务管理局计算 2022—2023 财年的净融资需求将增加 724 亿英镑达到 2341 亿英镑,政府的借款规模大幅增加的资金将主要通过发行政府债券来筹集。金融市场对英国央行的举措暂时给予了肯定,英国 30 年期国债收益率在英国央行宣布购债计划后出现创纪录最大跌幅,除了短期债券收益率上升外,1 年期及以上的债券收益率均出现了不同程度的下跌,长期债券收益率跌幅超过 10%。市场抛售英镑资产的行为得到了暂时性缓解,英镑兑美元汇率也出现了明显的反弹。依据 Wind 数据,以收盘价计,英镑也从 9 月 27 日的 1.0733 升值到 9 月 29 日的 1.1119,英镑兑美元两日升值了 3.6%。

由于欧美金融市场的高度一体化,英国央行重拳干预金融市场,也引起了美债和欧元区债券收益率集体回落。9 月 28 日 10 年期美债收益率下降了 25 个 BP,德国 10 年期国债收益率也下降了 8 个 BP。美债收益率的下降也带动欧元出现了反弹。以收盘价计,9 月 27 日欧元兑美元汇率 0.9594,28 日收盘 0.9737,欧元兑美元汇率一日反弹 1.5%,29 日还处于持续反弹中。

日本共同社 9 月 26 日报道,日本政府 22 日在外汇市场的干预规模可能达到 3 万亿日元(约合 1478 亿元人民币),创历史新高。日本央行行长 26 日在大阪市举行的新闻发布会上说,这次外汇干预行动是对日元汇率过度波动实施的必要措施,日本政府对日元汇率单边快速下跌严重关切,将在必要时采取进一步行动。一旦日元因投机活动出现"过量流动",政府将在必要时再次出手干预。自日本央行干预后,美元兑日元汇率还是出现了轻微贬值,目前尚处于 1 美元兑 145 日元的范围内。

英国央行和日本央行的干预措施存在一定的差异。一个是为债券市场托底,一个是直接干预外汇市场,但都想防止本国货币资产被抛售,引起汇率失序贬值。英国和日本的金融市场资本管制很弱,如果任由金融市场做空,将会导致资产价格过于偏离均衡价值,投资者的资产负债表会迅速恶化，金融市场就会出现系统性风险。

英国和日本的经济状态存在很大差异，英国要控通胀，日本要刺激经济，但在防止金融市场出现系统性波动风险上是一致的。因为无论是控通胀，还是刺激经济，都需要通过金融市场的价格传导机制来实现。如果金融市场定价出现了系统性的偏离，都会妨碍宏观目标的实现。

英国央行救市行为可能暂时缓解了英国、美国以及全球其他国债收益率的上行压力和情绪，从未来看，主要发达经济体央行加息的方式还是会带来债市和汇市的压力。如果英国和欧洲央行在 2022 年第四季度也积极紧缩，短期套利因素减弱能够缓解美元指数上涨对全球金融市场的压力，但同时由于这些经济体利率的上行，也会带来跨境资本流动的风险。

欧洲央行将被迫提高对高通胀的容忍度

10月4日

欧盟执意坚持自己"脱俄"的政治正确决定欧洲央行即使紧缩也将被迫提高对高通胀的容忍度，因为欧洲经济需要消化俄乌冲突升级和持续所致的政治成本，失业率显著上升将带来欧元区经济体巨大的政治压力。欧洲央行会坚持中期通胀目标2%不变，因为只有锁定中期通胀预期，才可能避免企业通过盯市定价（加价）行为对冲预期的高通胀，从而有利于欧洲央行控通胀。

2022年9月，OECD在《中期经济展望报告》（Economic Outlook, Interim Report）中给出了欧元区2022—2023年经济增速预测分别为3.1%和0.3%，通胀率分别为8.1%和6.2%；2022—2023年美国经济增速预测分别为1.5%和0.5%，通胀率分别为6.2%和3.4%。美联储在9月21日的"经济预测摘要"（Summary of Economic Projections）中给出了2022—2023年美国经济增速分别为0.2%和1.2%，消费者支出价格（PCE）通胀率分别为5.4%和2.8%。OECD近期的预测比欧洲央行对欧元区的预测结果还要悲观。在2022年9月欧洲央行的预测中，2022—2023年欧洲经济增速分别为3.1%和0.9%，通胀率分别为8.1%和5.5%。

从上述预测结果来看，欧元区和美国都面临经济快速下行，通胀下行的过程，但2023年欧元区将面临零增长下的高通胀，2023年通胀率高达6.1%，经济增速0.3%，这很类似于美联储对美国经济2022年的预测情况：零增长下的高通胀（0.2%的增长，5.4%的PCE）。欧元区通胀率即使下降，也明显高于美国的通胀率。

欧洲央行会继续紧缩，但为什么会被迫提高对高通胀的高容忍度？答案是：欧洲经济需要消化俄乌冲突升级和持续所致的政治成本。尤其是在北溪天然气管道发生爆炸泄漏后，欧洲和俄罗斯能源脱钩几乎走向了不归路，欧洲能源多元化需要花费一定的时间和成本来完成。

俄乌冲突爆发后，欧洲经济对俄罗斯的能源依赖带来两个副作用：一是生活成本的大幅度上升；二是企业生产能力的下降和利润的下降。前者涉及居民需求的下降，后者涉及企业转嫁成本的能力，这两方面对欧洲物价的影响是相反的。居民实际购买力下降带来物价下降，但企业为了消化能源成本的冲击会转嫁成本，导致物价水平上涨，这要取决于企业的市场盯市定价能力。同时，由于能源不足、企业生产能力的下降，导致供求减少，也会推动物价上涨。欧洲面临物价变化的复杂因素，从而使得即使欧洲央行紧缩，欧洲央行也不能控制企业产品的定价，因为这要取决于市场供求关系的变化。

从能源价格来看，目前国际市场原油价格与2022年的高点相比，已经大幅度下降，目前国际原油价格处于80—90美元/桶的区间，但原油价格如果再持续回落，OPEC+的减产计划可能会提上议程。按照60美元/桶的成本计算，随着各种成本上涨，80美元/桶左右的油价也许是OPEC+能够接受的价格。从这个视角来看，未来一段时间油价应该不会再次大幅度上涨，但也不能指望油价大幅度下跌带来成本的快速下降。由于能源价格大涨导致欧洲电力价格出现了巨大的涨幅。以欧元区最大的经济体德国为例，依据OECD的数据，截至9月23日，德国电力价格是2022年年初的325.2%，而在8月底德国电力价格是年初的551.5%。电力成本巨大幅度的上涨导致了企业生产成本急剧攀升，生产能力萎缩，德国经济快速下行。依据德国联邦统计局的数据，2022年第二季度德国经济增速环比零增长，同比从第一季度的3.6%迅速下降至第二季度的1.4%，而9月通胀率预计高达10%，德国经济基本快进入了"滞胀"阶段。2022年7月德国工业生产指数只有92.6，制造业能源成本的巨大涨幅和工业生产能力萎缩导致德国贸易盈余快速衰减（过去十几年制造业占德国出口40%—50%）。2021年德国还有1724.84亿欧元的顺差，2022年1—7月贸易顺差只有399亿欧元，仅为2021年同期的34.9%。尤其在成本处于高位的4月德国对外贸易只有7亿欧元的顺差，德国在倔强地捍卫着传统上一直是贸易大顺差国的声誉。

依据世界银行的数据，截至2022年8月，化肥价格相比2020年年底上涨了92.9%，相比2021年年底2022年以来也上涨了11.4%。依据国际粮农组织的数据，截至2022年8月，相比2020年年底食品价格指数上涨了23.0%，2022年以来也上涨了1.5%。8月的数据相比2022年的3—4月数据来说，已经出现了显著的下降。化肥价格在2022年4月达到高点，8月相对于4月来说，化肥价格已经下降了21.5%。食品价格2022年3月是高点，8月相对于3月来说，食品价格已经下降了13.6%。因此，尽管2022年3—4月以来化肥和食品价格出现了较大幅度的下跌，但化肥和食品价格依然处在比较高的位置。

无论是从劳动力成本还是能源成本来看，成本推动成为欧元区通胀的核心因素。要消化这样的成本冲击，最好的办法是劳动生产率的提高，但欧元区2022年第二季度劳动生产率的增速出现了下降，1.5%的同比增速不及单位劳动力成本同比增速3.1%的一半（见图1）。因此，靠劳动生产率这一长期因素的变化难以解决短期成本推动的通胀，欧元区的通胀除了持续性地降低总需求外，短期很难看到其他有效办法。

欧元区的经济下行与通胀高企在很大程度上是俄乌冲突的政治成本所致。2022年8月欧元区失业率只有6.6%，是欧元区成立以来的最低失业率，这是欧洲央行能够紧缩控通胀的唯一底气了。

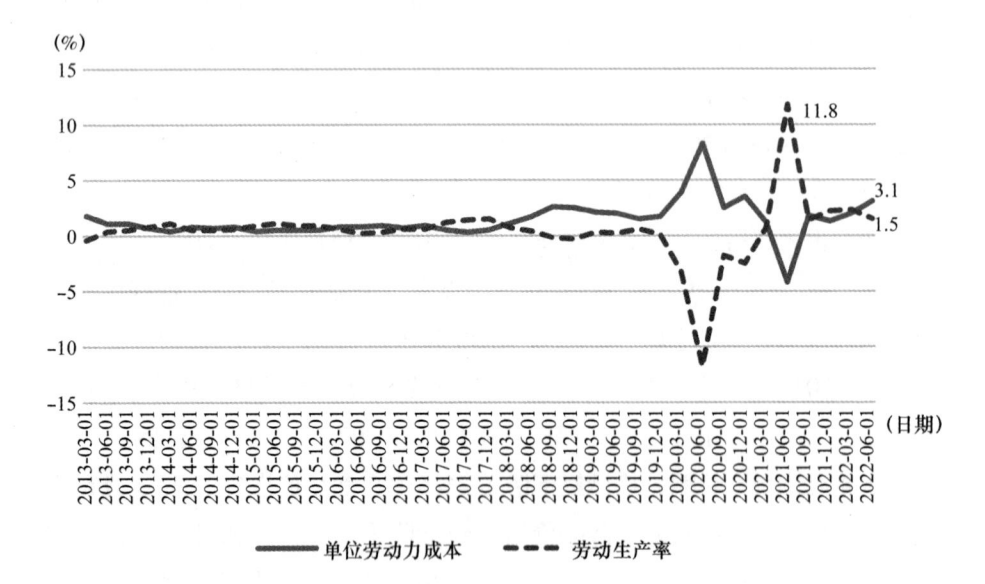

图1　欧元区单位劳动力成本和劳动生产率的变化（同比）

资料来源：ECB。

六论高通胀下的强美元：会持续多久？

10月10日

9月22日我们在CMF上发表了《五论高通胀下的强美元：顶在哪里？》，讨论了美元指数波动的幅度。本次我们讨论高通胀下强美元持续的时间长度，即高通胀下的强美元会持续多久？从振幅和时长两维度大致对此轮高通胀下的强美元轨迹做一个讨论。

我们的判断是：此轮高通胀下的强美元持续的时间会比较长。

美元指数代表了国际货币体系利益格局的政治经济学，用美元指数表达的美元强弱不仅仅取决于美联储的政策和美国经济基本面变化，也取决于美元指数中重要经济体的政策和经济基本面的变化。

一　美国经济：控通胀优先

从2021年3月美国经济中的PCE超过2%（2.5%）至今，美国通胀超过长期通胀目标2%已经有一年半的时间，尤其是2022年以来，PCE连续8个月超过6%（8月同比增长6.2%，阶段性高点为6月7.0%）。按照鲍威尔的话来说，美联储需要看到"通胀压力缓和及通胀回落的明确证据"，才会对加息踩下刹车。

从美国经济通胀的性质来看，依然具有供给冲击和需求拉动双重性质。依据美联储旧金山分行的研究，截至2022年8月，供给冲击和需求拉动对

8月PCE的贡献率分别为47.8%和30.8%（见图1）。从2022年6月以来供给冲击对PCE的贡献率有所下降，需求拉动从2月以来也有一定程度的下降。

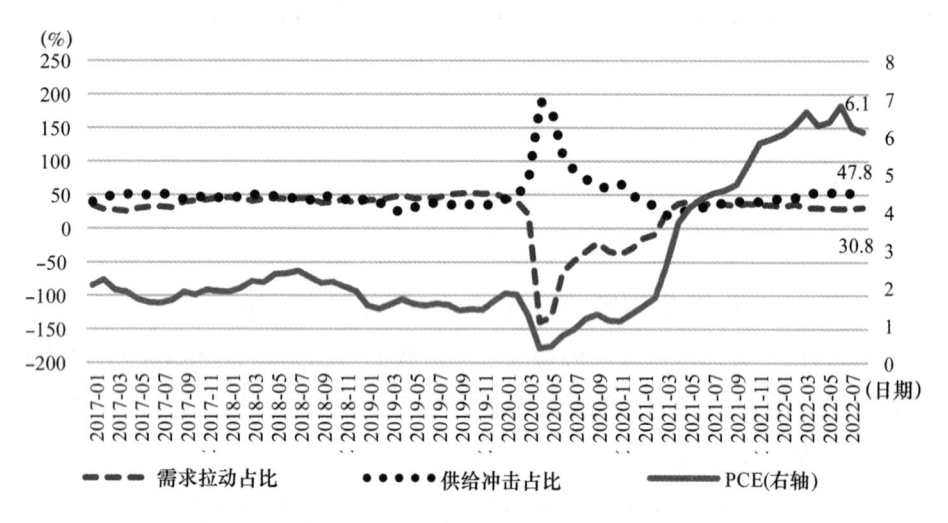

图1 美国通胀（PCE）中供给冲击和需求拉动的贡献率

资料来源：Shapiro, Adam, 2022, "A Simple Framework to Monitor Inflation", Federal Reserve Bank of San Francisco。

从核心PCE来看，从2022年5月以来供给冲击在通胀中的贡献率出现了快速下降，截至8月供给冲击贡献率为39%，但需求拉动的贡献率从5月以来是上升的，8月为35.3%（见图2）。因此，可以认为除了能源和食品外，美国经济中的需求对通胀形成了足够的支撑，这和美国8月3.7%的失业率相吻合。依据BEA的数据，8月美国居民个人收入（以当前价格计算）环比增长0.3%，增幅与7月持平。8月PCE价格指数环比上涨0.3个百分点，剔除能源和食品的PCE价格指数环比上涨0.6个百分点。

从PCE构成来看，依据BEA的数据，PCE构成中货物商品价格环比下降0.3个百分点，但服务价格上涨了0.6个百分点，这与美国居民支出结构相吻合。以2012年链式美元价格计算，服务业消费8月比1月增加了2058

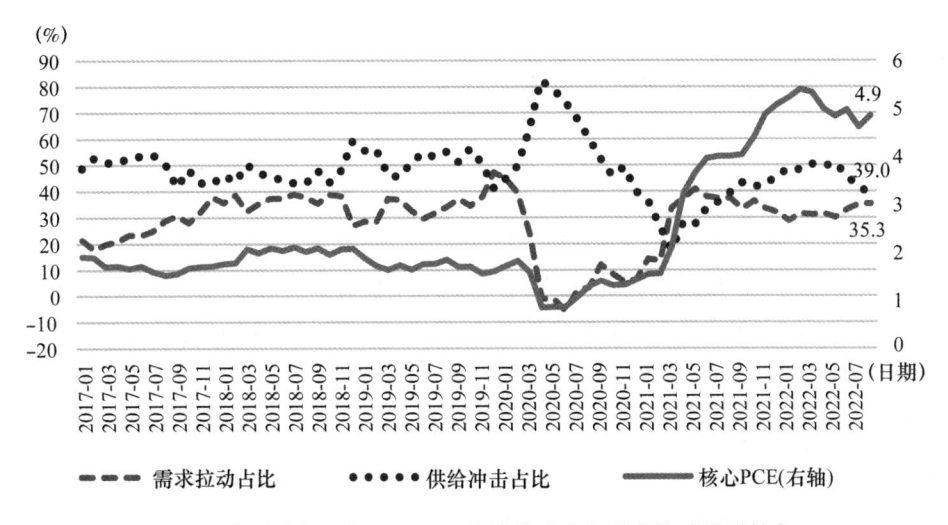

图2　美国通胀（核心 PCE）中供给冲击和需求拉动的贡献率

资料来源：Shapiro, Adam, 2022, "A Simple Framework to Monitor Inflation", Federal Reserve Bank of San Francisco。

亿美元，服务业支出占美国居民支出的比例达到60%，支撑了消费价格的上涨，而同期耐用品和非耐用品支出减少了446亿美元和677亿美元，总体消费依然呈现出总量增加的态势。

上述情况说明了美国当下的高通胀是比较顽固的。通胀的下降将依赖供应链压力的降低和总需求的下降。依据美联储纽约分行的数据，8月全球供应链压力指数1.47，相对于2021年年底的高点4.31已经显著下降，但相比疫情前的状态，还是恶化了很多（疫情前该指数基本可以视为0）。

美国劳工部9月7日公布了2022年9月美国经济失业率为3.5%，环比下降了0.2个百分点；9月劳动参与率下降0.1个百分点至62.3%，显示劳动力市场供需关系依然紧张，工资—物价螺旋机制还在持续。

高通胀和低失业率并存必将导致美联储持续紧缩，才可能避免通胀的"根深蒂固"。

二 美元指数中重要经济体：分化但都很难过

从美元指数中最重要的三个经济体来看，欧元、日元和英镑总计占比83.1%，即使是加拿大、瑞士和瑞典的经济状况略好，但加元和瑞郎总计占比只有16.9%，难以成为影响美元走势的重要货币。此轮紧缩，即使加拿大央行和美联储一样到目前加息了300个基点，但在全球地缘政治动荡的冲击下，截至10月6日，加元和瑞郎兑美元大约都贬值了8.6%。当然，相比美元指数2022年以来上涨了近17%的幅度来看，加元和瑞郎还是坚挺的。

欧元、日元和英镑有能力导致美元指数下行吗？恐怕没有。

依据OECD（Economic Outlook, Interim Report, September 2022）近期的预测，2022年美国、欧元区、日本和英国的经济增速分别为1.5%、3.1%、1.6%和3.4%；2023年美国、欧元区、日本和英国的经济增速分别为0.5%、0.3%、1.4%和0.0%。依据联合国（UNCTAD, Trade and Development Report 2022, 03 Oct, 2022）近期的预测，2022年美国、欧元区、日本和英国的经济增速分别为1.9%、2.0%、1.0%和2.6%，2023年美国、欧元区、日本和英国的经济增速分别为0.9%、0.6%、1.8%和-0.9%。

从美联储和欧洲央行对自身的经济预测来看，美联储9月21日预测2022—2023年美国经济增速0.2%和1.2%；欧洲央行9月预测2022—2023年欧元区经济增速3.1%和0.9%。

从上述预测结果来看，2022年欧元区、英国经济增速远高于美国经济增速，但2022年以来欧元和英镑兑美元都出现了较大幅度的贬值。截至10月6日，欧元兑美元贬值了近15%，英镑兑美元贬值了约17%。从市场收益来看，目前10年期英国国债收益率已经超过美国同期国债收益率近20个BP，这可能是英镑资产遭到抛售的结果，而不是正常市场状态下的收益率。英国国债收益率大涨，将导致英国金融市场流动性快速恶化，逼迫英国央行下场直接无限量购买长期国债。收益率飙升很容易引发市场流动性风险。欧洲央行在 2022 年 7 月出台了"反碎片化"金融工具——传导保护工具（TPI），防止欧元区成员国国债市场出现收益率飙升引发债务风险和流动性风险。

因此，金融市场流动性风险使欧元区和英国加息控通胀出现了"投鼠忌器"的问题：加息但市场收益率又不能出现过大涨幅，否则市场会出现流动性或者债务风险，央行将被迫下场买债，这又会投放流动性，有悖控通胀的初衷。

按照上述预测，2023 年美国经济增长的预期要好于欧元区和英国（英国是衰退）。而日本经济长期处于低增长，日本央行目前认为劳动力市场状况无法支撑物价持续上涨，继续宽松。从近期预期的角度看，欧元、日元和英镑均不具备促使美元指数下行的能力。

此外，能源价格对欧洲的冲击还会持续。我们看到，油价有触及 80 美元/桶希望时，OPEC + 就讨论了减产。近期 OPEC + 决定从 11 月开始日减产 200 万桶/天，依据华尔街见闻 10 月 6 日的相关报道，部分成员目前的产量并未触及基线，各种机构预测实际减产幅度在 100 万桶/天左右，这也导致了近期油价较为快速的反弹，目前 ICE 布油的价格又再次逼近 100 美元/桶的重要关口。

三　高通胀下的强美元：会持续过久？

从 2022 年 4 月美元指数突破 100 至今，强美元已经接近半年时间。这与 2020 年 3 月全球金融大动荡时期相比，美元指数涨幅和持续的时间都显著超过那个时期。从当前全球金融市场情况来看，美国金融市场不存在流动性问题，美联储纽约分行的逆回购数据显示，近 3 个月以来每日的逆回购规模均在 2.2 万亿美元以上，回购利率 3.05%（美联储货币政策利率下限），但在强美元导致的资金回流压力下，流动性问题却是其他经济体的问题。从经济增长预期来看，美国经济预期甚至好于欧元区国家和英国的经济预期。从能源冲击来看，OPEC+产量自主性的提高决定了其对国际能源市场有显著影响力，决定了能源价格对欧洲经济以及日本经济的冲击会持续比较长的时间。从地缘政治冲突来看，俄乌冲突甚至有愈演愈烈的迹象，这会进一步放大美元的避险属性。

从当下美国的经济金融状况来说，强美元应该是控通胀的"标配"。高通胀下的强美元对美国经济金融来说，利大于弊。利主要体现在以下三点。

首先，从美国金融市场来说，强美元导致资金回流可以缓和美国金融市场持续下跌的压力，会形成一定的市场流动性支撑。

其次，从贸易条件来看，高通胀下的强美元有利于改善美国的贸易条件，转嫁通胀。

最后，从货币体系来说，强美元会增加美元资产的吸引力，利好美元货币体系，在与欧元等货币体系竞争中处于相对有利位置。

弊主要体现在以下两点。

首先，会恶化美国的经常账户。依据BIS提供的数据，相比2022年3月美联储加息以来，8月美元实际有效汇率指数上涨了6.1%。最近几个月美国经常账户逆差有所收窄，8月商品和服务贸易逆差约为674亿美元，但相对于2022年3月1069.2亿美元下降了约37%，这与美国贸易条件改善以及美国的出口增加有关。依据美国劳工部的数据，从3月加息美元走强以来，美国所有商品进口价格指数从同比增幅13.0%下降至8月的7.8%，而出口价格指数也从3月同比增幅18.4%下降至8月的同比增幅10.8%，出口价格指数同比增幅均高于进口价格指数同比增幅。从8月的月度数据来看，8月美国的出口相对于1月增加了311.5亿美元，而进口只增加了105.2亿美元。当然，美元走强对美国经常账户的影响需要时间才能显现（J曲线效应）。

其次，会通过汇率估值效应恶化美国国际收支头寸。截至2022年第二季度，美国对外投资净头寸-16.3万亿美元（相比2021年年底-18.1万亿美元的净头寸出现了收缩，这也表明了美国作为全球风险资本家在收缩）。

美国全球借债以外币计价投资的资产会遭受估值效应损失。

因此，从美国视角来看，强美元符合当前美国经济增速下行期的利益。这也是我们看到，当欧元跌至美元欧元平价，英镑也接近英镑美元平价以及日元突破1美元兑145日元时，美联储并未对上述经济体的汇率表示任何看法，目前也没有联合干预外汇市场的迹象。

高通胀下的强美元会持续比较长的时间。

高通胀下的强美元要出现趋势性拐点，并步入下行通道，需要出现标志性信号。对此，我们将另撰文讨论。

七论高通胀下强美元：
出现趋势性拐点的三大信号

10 月 12 日

高通胀下的强美元要出现趋势性的拐点，并步入下行通道，需要出现标志性信号。我们认为有三大标志性的信号如下。一是美国通胀回落出现明确证据，或者失业率显著上升，美联储紧缩预期消失。我们不认为说美国经济出现"衰退"风险，而通胀依然很高时，美联储会放弃紧缩，历史的教训使美联储应该不会重蹈覆辙。通胀优先的货币政策应该不会因为经济存在紧缩所致的"衰退"风险而终止。二是美联储与签订货币互换的主要发达经济体央行开始大规模的货币互换，并出现联合干预外汇市场的现象。三是俄乌冲突逆转，出现通过协议谈判解决冲突的确定性机遇，全球避险情绪急剧下降。上述三大标志性信号都不出现，美元指数出现趋势性拐点的可能性比较小，高通胀下的强美元对世界经济的负面溢出效应会持续存在。

一 美国经济通胀明确回落或者失业率显著上升

美国劳工部 9 月 7 日公布了 2022 年 9 月美国经济失业率为 3.5%，环比下降 0.2 个百分点，劳动力市场紧张状态导致工资—物价螺旋机制依然存在。

美国经济PCE同比增长连续8个月超过6%（8月同比增长6.2%，阶段性高点为6月7.0%），CPI连续6个月超过8%（8月同比增长8.2%，阶段性高点为6月9.0%）。美国通胀已经见顶，但持续维持在高位运行。一方面由于劳动力市场供求紧张所致的总需求维持在高位；另一方面是供给冲击所致，包括能源、食品价格以及供应链瓶颈所致的供给冲击。依据旧金山分行的一项研究，截至2022年8月，供给冲击和需求拉动对8月PCE的贡献率分别为47.8%和30.8%；供给冲击和需求拉动对核心PCE的贡献率分别为39%和35.3%（Shapiro, Adam, 2022）。因此，导致此轮的通胀因素决定了美国通胀具有很强的韧性。

我们认为，美国通胀出现明确下降而非出现单一的经济"衰退"风险，美联储才会停止紧缩。经济存在"衰退"风险但通胀不降下来，美联储会坚持控通胀，应该会汲取历史上的教训。

20世纪70年代，美国采取扩张性的货币政策对抗经济衰退，形成工资—物价螺旋机制推高了通胀，导致通胀控制的难度加大。美国经济在1969—1970年、1973—1975年出现了两次衰退，美联储下调利率来刺激经济，联邦基金利率从1969年8月的9.19%下降至1971年3月的3.71%；从1973年9月的10.78%下降至1975年年末的大约5%。美联储为应对衰退，持续扩大货币供给和刺激性财政政策导致了高通胀。1972—1975年美国经济中的通胀率（CPI）从3.1%上涨至9.2%。在高通胀背景下，美联储面临经济两次衰退压力依然采取了刺激性的货币政策，使通胀变得根深蒂固。1980年美国经济在出现了第三次衰退时，逼迫美联储在20世纪80年代中期只能轻微下调利率，继续保持了高利率状态控通胀，这是历史上的沃克尔时期，控通胀几乎成为美联储唯一目标，付出了巨大的成本，这是美国经济历史上的"滞胀"时期。

因此，仅仅是经济"衰退"风险不足以使美联储放弃紧缩政策，必须看到通胀明确回落或者失业率显著上升的情况下，美联储的紧缩预期才会消失。

二 出现大规模货币互换干预外汇市场的现象

2020年3月全球金融大动荡时期，美联储与9家央行的货币互换规模的峰值大约为4500亿美元。央行货币互换提供了全球美元流动性，对外汇市场具有有效的调节作用。

依据美联储纽约分行提供的最新数据，10月以来，10月5日欧洲央行和瑞士央行达成了2.065亿美元和31亿美元的货币互换，时间为7天，利率为3.33%（见图1）。由于美联储与其他央行互换的美元是要支付利息的，而美联储并不支付利息，目前的利率成本远高于2020年全球金融大动荡之前约2%的利率成本。大规模的货币互换对其他央行来说，也是一笔不小的成本。

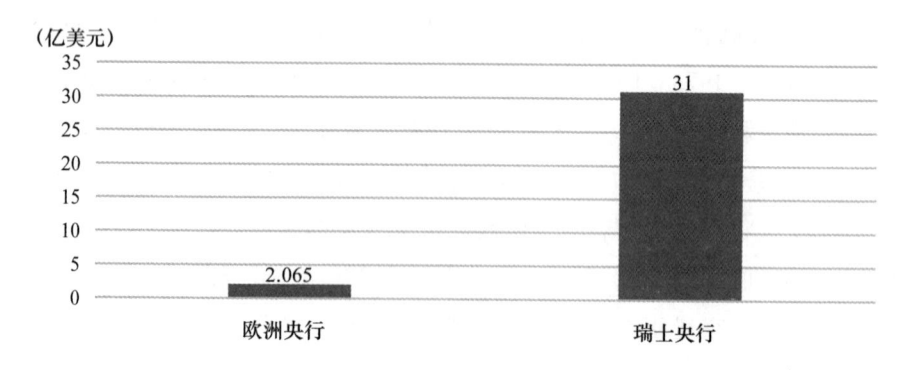

图1 欧洲和瑞士央行美联储货币互换规模

资料来源：New York Fed, Central Bank Liquidity Swap Operations。

从2022年3月美联储加息以来，除了10月瑞士央行这一次超过十亿美元之外，美联储与其他央行的货币互换规模都相对比较小。因此，可以认为截至目前还没有出现大规模的货币互换，集体干预外汇市场的情形尚未出现。

三 俄乌冲突出现逆转的确定性机遇

近期，欧盟出台了对俄罗斯的第八轮制裁，美国最近也出台了新的对俄罗斯的制裁，俄乌冲突有进一步升级的风险，目前尚看不到冲突逆转的迹象。如果俄乌冲突愈演愈烈，这会进一步放大美元的避险属性，推高美元指数。

俄乌冲突出现逆转的确定性机遇，美元避险属性就会显著下降，从而带动美元指数下行。

美国通胀明确回落或者失业率显著上升，美联储其他央行开始大规模的货币互换以联合干预外汇市场，以及俄乌冲突出现逆转的确定性机遇，是形成这个阶段美元指数趋势性拐点出现的三大标志性信号。如果都不出现，美元指数出现趋势性拐点的可能性比较小，高通胀下的强美元对世界经济的负面溢出效应会持续存在。

重加息、轻缩表：美联储是怎么想的？

10 月 14 日

  2022 年 3 月 16 日美联储开始加息 25 个基点，5 月 4 日加息 50 个基点，并同时公布了《缩减美联储资产负债表规模计划》（*Plans for Reducing the Size of the Federal Reserve's Balance Sheet*），从 6 月 1 日开始每个月减少 300 亿美元国债和 175 亿美元的机构债务及机构抵押支持证券；9 月开始每个月的缩表规模增加一倍，即 600 亿美元国债和 350 亿美元的机构债务及机构抵押证券。此后，6 月 5 日、7 月 27 日和 9 月 21 日分别激进加息 75 个基点控通胀，联邦基金利率处在 3%—3.25% 的区间。

  2014 年 9 月 17 日，美联储发布了《政策正常化原则与计划》（*Federal Reserve Issues FOMC Statement on Policy Normalization Principles and Plans*），指导了上一轮货币政策正常化的路径：加息和缩表。从事后来看，2015 年 12 月 16 日美联储加息 25 个基点，开启了加息周期，一直到 2018 年年末，联邦基金利率上升至 2.4%，经历了 9 次加息，每次加息 25 个基点。2007 年年底美联储总资产 0.894 万亿美元，2014 年年底为 4.509 万亿美元，此后美联储进行了缩表，到 2018 年年底为 4.076 万亿美元。2019 年年底增加至 4.166 万亿美元，2020 年疫情暴发后，美联储总资产快速膨胀，高点接近 9 万亿美元。从上一轮缩表的规模来看，美联储缩表的规模大约 4 千多亿美元。而从次贷危机爆发到 2014 年，美联储总资产扩张了大约 3.6 万亿美元。上一轮缩表的规模相对于扩表的规模来说，大约只有 12%。

  因此，上一轮美联储紧缩呈现出的特征是：加息容易缩表难。

从这一轮紧缩来看，美联储从2022年3月开始，5次加息总计300个基点。从美联储公布的缩表计划来看，6—9月计划缩表1425亿美元。从美联储公布的数据来看，9月末是8.796万亿美元，5月末是8.897万亿美元，3个月减少了1010亿美元。从债券减少的具体情况看，联邦机构债务证券2347亿美元没有变化，国债减少了961.37亿美元，抵押证券（MBS）减少了198.29亿美元，合计债券减少了1159.66亿美元，这与计划的1425亿美元相比有一定的差距。至于未来缩表到什么水平，美联储只是说："随着时间的推移，委员会打算在其充足的准备金制度中保持有效执行货币政策所需的证券持有量。"

因此，这一轮紧缩似乎也将体现出"加息容易缩表难"的特征。

一般来说，控制通胀一定要紧缩流动性，这对于控制通胀来说，效果应该不错。但是在目前高通胀的压力下，美联储激进加息，但缩表并不积极，几个月以来美联储纽约分行的逆回购规模日均超过2万亿美元，而且作为利率下限的逆回购利率已经达到了3.05%，这对于美联储来说，需要付出一定的成本。

重加息、轻缩表：美联储是怎么想的？大概有以下几点可供参考。

首先，美联储不想只有自己一家控通胀，希望全球紧缩快点控通胀。按照美联储旧金山银行的一项研究，由于此轮通胀的几乎40%来源于供给冲击，尤其是疫情和地缘政治冲突导致的供应链瓶颈和能源、食品价格冲击成为通胀的重要推手，全球很多经济体都面临着控通胀的压力。美国进口价格指数同比增速比较高，依据圣路易斯分行提供的数据，2022年3月的高点同比增长达到13%，8月同比增长7.8%。当然，美国出口价格指数高于进口价格指数，2022年5月同比增长18.6%，即使8月同比增幅也高达10.8%。美国进口通胀，也在向全球转嫁通胀。如果美联储注重缩表，那么市场利率上扬的速度将远不如直接加息来得快。美联储注重加息，依靠美国金融市场的利率传递能力和辐射能力，激进加息将对全球金融市场带来冲击，其他面临通胀压力的经济体也需要加息控通胀，以减缓资本外流和汇率过大贬值的压力。目前全球有超过90个经济体不同程度的加息，美联储就这样拉着有通胀压力的经济体形成了集体控通胀的态势。

其次，加息可以快速形成强美元，有利于控通胀。加息形成强美元的速度比缩表来得快，尽管历史上并不是每次加息都能够形成强美元，因为短期要取决于美元指数中经济体的情况。但目前美元指数中重要经济体的经济预期甚至不及美国经济预期，这样导致了美联储加息美元会快速走强。同时，缩表是有隐含限制的，需要保持金融市场适度的流动性以确保美联储有效地执行其货币政策。

再次，加息美联储自己确定，但缩表可能要考虑到美国财政赤字货币化政策。在此轮对冲疫情冲击的政策组合中，美国财政政策与货币政策联动是极其明显的。美联储资产扩张和收缩主要是靠买卖债券，债券资产占美联储总资产的比例一般在95%以上，国债占比65%左右，2020年以来对冲疫情的激进政策，美联储通过大规模购买美国国债为2020—2021年约6.1万亿美元的财政赤字融资了大约50%。美联储缩表需要考虑到美国财政政策的变化。

最后，可能与美元体系铸币税以及美元试图维持或者抢占地盘有关。美元货币体系最大的收益之一就是在全球范围内获取货币的铸币税。已经获取的铸币税要吐出来是很难的。美元在全球货币竞争中想抢占更多的市场额，美联储就不愿意缩表。更为重要的是，美联储缩表需要考虑到国际金融市场对美债的需求压力，毕竟一旦美联储通过大规模减债缩表，美债价格必然大跌，对国际金融市场美债持有者将产生抛售性的引导，这对美元国际货币体系会产生冲击。

上述理由应该可以部分地解释美联储重加息、轻缩表的控通胀紧缩模式。美联储是不是这么想的？希望我们分析得有些道理。

有序推进人民币国际化

10 月 24 日

党的二十大报告指出,有序推进人民币国际化。从稳慎推进人民币国际化到有序推进人民币国际化,人民币国际化从探索和累积经验的稳慎阶段步入制度设计与行动的有序推进新阶段。

2022 年 5 月国际货币基金组织（IMF）将人民币在特别提款权（SDR）中的权重由 10.92% 上调至 12.28%,肯定了中国贸易和金融全球影响力的提升,反映了国际社会对人民币可自由使用程度提高的认可。IMF（COFER）提供的数据显示,2022 年第一二季度人民币在国际外汇储备中的占比 2.88%,比 2016 年年末上升了 1.8 个百分点,是全球第五大储备货币。SWIFT 提供的数据显示,2021 年年末人民币在国际支付中的份额曾超过日元,成为世界第四大国际支付货币。2022 年 9 月人民币在全球支付货币中占比 2.44%,是全球第五大支付货币。人民币坐稳了全球第五大储备和支付货币的位置。

从中国经济对全球经济的影响力来看,2012 年以来中国经济总量已经连续多年稳居世界第二。依据 IMF 的数据,以市场汇率计算,2021 年中国 GDP 达 17.74 万亿美元,占世界比重达到 18.3%。中国已经是世界第一大贸易国（第一大出口国、第二大进口国）,2021 年进出口贸易总额超过 6 万亿美元。世界银行世界发展指标（WDI）数据库测算,2013—2021 年中国对世界经济增长的平均贡献率达到 38.6%,超过七国集团（G7）贡献率总和的 25.7%。这表明中国是推动世界经济增长的第一动力。

从中国经济发展阶段来看，中国经济正处在加快构建双循环新发展格局、推动经济高质量发展阶段。党的二十大报告指出，中国推进高水平对外开放，稳步扩大规则、规制、管理、标准等制度型开放，营造市场化、法制化、国际化一流营商环境。依托中国超大市场规模优势，以国内大循环吸引全球资源要素，增强国内国际两个市场两种资源联动效应，提升贸易投资合作质量和水平。深度参与全球产业分工与合作，维护多元稳定的国际经济关系和经贸格局。

中国是推动世界经济增长的第一动力和中国加快构建双循环新发展格局推动经济高质量发展要求人民币国际化进入有序推进阶段，以适应新时代中国经济在全球经济中的贡献率、影响力，适应畅通双循环为中国和世界经济增长带来的新动力，以自身发展为世界创造更多机遇。

有序推进人民币国际化是一项系统而复杂的工程。有序推进人民币国际化包括两个有机组成部分：顶层设计和市场驱动。

顶层设计：顶层设计确保统筹好发展与安全。党的二十大报告指出，坚持把发展经济的着力点放在实体经济上。人民币国际化的着力点放在服务于实体经济发展上，服务于国内国际双循环相互促进的新发展格局，资金的收益率就具有实体经济利润的支撑，并体现出跨行业收益率的相对平衡，避免资金对特定行业过度追逐导致的泡沫，就能够统筹好人民币国际化与风险防范。

人民币在推进国内国际双循环相互促进的新发展格局上，发挥着货币定价和媒介的作用，其基本功能是要降低新发展格局下人民币汇率面临的难题：货币错配。如何克服货币错配导致的汇率风险暴露是一个普遍的难题，货币错配被证明是低效的，会降低福利水平。通过有序扩大人民币跨境结算，可以减少贸易投资结算的汇率风险，避免汇率波动风险对高质量发展造成不合意的扰动。相对稳定的价格预期有利于市场主体免受非预期价格波动的扰动，这对企业正常的生产经营和投资预期来说是至关重要的。

汇率形成机制是高水平开放中的重要一环，要实现高水平开放助推高质量发展，跨境贸易和投资的相对价格就必须保持稳定。但开放又会带来资本的跨境流动，导致汇率波动。因此，在技术上需要设计本外币一体化的跨境资本流动宏观审慎管理框架，建立健全跨境资本流动监测、评估和预警体系，牢牢守住不发生系统性风险的底线。

为了掌握汇率引导的主动权，高水平金融市场双向开放意味着要建立以在岸为主、在岸和离岸市场良性循环的汇率市场。

为了引导、促进人民币参与国际大循环，人民币需要提供全球安全资产，发挥人民币的避险属性，降低人民币应对外部不利冲击时的波动。高质量债券市场，尤其是国债市场的发展将提供市场底层的安全资产。

市场驱动：货币作为国际货币需要有稳定的币值、便捷广泛的国际交易清算网络和自由兑换的制度安排，以满足价值度量、流通支付手段和储藏功能这些货币的本质属性。支撑国际货币本质属性的是每单位货币衡量的财富价值以及这种财富价值在全球的自由配置。稳定的币值、便捷的全球交易网络、对人民币定价的商品与资产需求增加以及稳健的汇率风险管理是提升市场驱动力的四大基础。

新增商品及劳务价值越多，货币发行也相应越多，用商品和劳务计算的货币价值不发生变化，或发生较小的变化，就能维持相对稳定的币值。中国经济增长是货币发行的内生基础。

便捷的人民币全球交易网络是降低使用人民币结算的成本以及提高使用人民币安全性的金融基础设施。

国际上对人民币定价的商品与资产需求的增加，是货币发行的外生基础。着力于发展实体经济，着力于创新驱动发展经济，可以创造出差异化的商品，被世界消费者渴望需求，也因此拥有货币定价权，这是供给侧改革有序推动人民币国际化。中国是全球大宗商品最大的需求国之一，发挥需求侧（市场）的吸引力，也可以延伸至货币定价权，这是需求侧有序推进人民币国际化。

市场主体树立汇率风险中性理念有助于汇率相对稳定，而相对稳定的汇率反过来有助于实现汇率风险中性管理理念。外汇市场的供求要客观反映实体经济和跨境投资的真实供求，培育出市场稳健的汇率风险管理风格，最大限度降低外汇市场的投机行为。

有序推进人民币国际化，增加本币使用，降低国内国际双循环畅通中的货币错配难题，降低储备资产风险，是中国统筹发展和安全的需要，是世界对人民币认可程度提高的需要，也是国际货币体系格局多极化调整的需要。

中国外汇储备规模全球第一的历史沿革及其积极影响

10月26日

党的二十大报告指出，中国外汇储备规模稳居世界第一。中国人民银行的数据显示，2022年第三季度末，中国外汇储备约3.03万亿美元，占同期全球外汇储备总量的1/4。外汇储备的累积是中国坚持改革开放，坚持制造业深度参与全球分工和价值链体系形成全球竞争力的结果，是中国综合国力全面提升的重要表现。充足的外汇储备在中国对外经济金融关系上发挥着稳定器的作用，在助力高质量发展上发挥着助推器的作用。

一 中国外汇储备规模全球第一的历史沿革

中国外汇储备规模连续多年稳居世界第一，这并非易事。改革开放初期，中国制造业缺乏国际竞争力，只有依靠初级产品的出口来获取外汇，进口资本品来帮助国内企业促进技术进步。1980—1994年中国实际利用外国直接投资（FDI）金额为973.3亿美元，通过吸收消化FDI带来的技术"外溢"效应，通过进口带有技术含量的资本品以及国内企业在竞争过程中发挥出的"干中学"能力，国内企业逐步加大自身研发投入，技术进步使中国的工业制成品逐步有能力大规模参与出口贸易。在1994年及之前，中国初级产品的进出口为顺差,从 1995 年开始中国才形成了制造业对外贸易顺差,初级产品对外贸易是逆差的贸易格局。2006 年中国工业制成品占出口的比例达到 94.5%,中国的对外出口几乎完全依赖于工业制成品,形成了以制造业为主导的出口模式,制造业贸易顺差是中国开始快速累积外汇储备的基础。中国经济信息网的数据显示,2006 年中国外汇储备首次突破 1 万亿美元,接近 1.1 万亿美元;2009 年突破 2 万亿美元,接近 2.4 万亿美元;2011 年突破 3 万亿美元,接近 3.2 万亿美元。

2012 年以来的十年,中国外汇储备基本保持稳定,维持在 3 万亿美元以上的规模。在经常账户顺差占 GDP 比例保持在 2% 的条件下,稳定的外汇储备意味着中国已经度过了偏好外汇储备累积的原有阶段,进入了外汇储备动态平衡管理的新阶段。

外汇储备动态平衡管理是新时代的产物,体现了做大做强中国制造业的国家发展战略,体现了中国双向开放的对外发展战略,也体现了中国对外平衡发展的战略。外汇储备动态平衡管理新阶段呈现出几个显著的特点。第一,做大做强中国制造业是贸易顺差的基础。中国海关统计数据显示,2001 年中国工业制品出口占出口的比例为 90.1%,2012 年这一比例首次超过 95%,接近 95.1%,2012—2021 年的十年,中国工业制品出口占出口的比例保持在 95.1%,占比非常稳定,但出口额过去十年增长了 65.1%,由 2012 年的约 1.95 万亿美元增长到 2021 年的 3.22 万亿美元。第二,出口产业链的完整性和安全性得到了显著提高。商务部网站的数据显示,2014 年中国一般贸易方式和加工贸易方式的出口占总出口的比例分别为 51.4% 和 37.7%,一般贸易出口额是加工贸易出口额的近 1.4 倍。而 2021 年一般贸易方式和加工贸易方式的出口占总出口的比例分别为 60.9% 和 24.6%,一般贸易出口额是加工贸易出口额的近 2.5 倍。一般贸易方式的出口占比显著上升表明了中国出口更加依赖国内产业链的形成,提高了中国出口的稳定性和安全性。第三,国内企业逐步成为出口的主力军,中国工业发展取得了长足进步。依据商务部的数据,2012 年外商投资企业出口占中国出口的约一半(49.9%),2021 年这一比例下降至 34.3%,约占中国出口的 1/3。

第四，中国经济发展步入加快双向开放的新阶段，"引进来"和"走出去"保持了相互平衡。2012—2021年十年中国实际利用外资总额达到约1.33万亿美元，基本相当于1983—2011年约三十年中国累计实际利用外资的总额1.35万亿美元。2012—2021年十年中国非金融类企业对外直接投资（ODI）累计数额超过1.13万亿美元。而在2003年中国非金融类企业ODI只有20.87亿美元，2003—2011年中国非金融类企业ODI累计数额也只有2505亿美元。可见，2012年以来，中国更注重双向开放的平衡发展，"引进来"和"走出去"基本保持了平衡。第五，中国的金融开放为国际收支平衡创造了更加便利的条件。十年来中国国际收支运行总体平稳，跨境直接投资实现基本可兑换。以金融市场双向开放为抓手积极推进资本账户的开放，形成了证券投资项下"沪港通""深港通""债券通"等跨境投资机制安排，再到目前的"互换通"，中国金融市场对外开放的步伐坚定有力。截至2022年8月末，境外机构持有境内金融市场股票、债券等金融资产规模合计约10万亿元人民币，外资正在成为中国证券市场的重要投资者。

中国外汇储备规模连续17年世界第一，稳居世界首位。中国外汇储备规模世界第一的历史沿革表明，中国外汇储备数量的变化经历了两个明确的阶段。2012年之前偏好外汇储备的累积阶段和2012年至今的外汇储备动态平衡管理新阶段，中国外汇储备规模基本保持在略超3万亿美元的水平。

过去十年，中国国际收支保持基本平衡，依靠中国制造业在全球竞争力的不断提升，中国经常账户长期保持顺差，而资本和金融账户在双向开放中基本保持了动态平衡，为中国外汇储备规模维持稳定奠定了坚实的基础。

二 中国外汇储备规模全球第一的积极影响

中国外汇储备规模占全球外汇储备的1/4，国际投资稳健增长，2012年中国国际投资净头寸1.68万亿美元，2022年第二季度末中国国际投资净头寸上升至 2.08 万亿美元。中国外汇储备的作用已经超越了单纯保障对外支付能力的作用，在稳定汇率维护人民币币值声誉、增强国家综合能力和抗击外部风险能力上发挥着重要的作用。

在稳定汇率维护人民币币值声誉方面，过去十年也是人民币汇率形成机制市场化深入推进的十年。2015 年的"811"汇改引入了中间商报价制度，汇率市场化改革迈出了重要一步。此后，人民币汇率中间价的形成机制不断完善，基准性、透明度和市场化水平不断提升。"811"汇改遇到了美联储在次贷危机之后的紧缩周期，人民币面临着贬值压力，中国外汇储备从 2014 年年底的约 3.83 万亿美元下降到 2017 年的约 3.14 万亿美元，外汇储备在防止人民币过度波动上发挥了重要的作用。过去十年人民币汇率总体上呈现出双向波动、弹性明显增强。截至目前，人民币兑美元汇率保持在 6.1—7.3 之间双向波动，是全球大经济体中币值最稳健的货币之一，这中间经受住了美联储 2015 年和 2022 年 3 月两次紧缩周期的影响，经受住了 2018 年中美经贸摩擦的影响，也经受住了 2020 年世界疫情的冲击。即使是 2022 年在美联储激进加息、美元指数上涨约 18% 的背景下，人民币的贬值幅度明显低于全球重要货币欧元、英镑和日元的贬值幅度。充足的外汇储备带来的人民币汇率相对稳定，为中国货币政策的自主性创造了空间。2022 年以来，在中美货币政策周期错位的背景下，中国货币政策能够更加专注于国内经济形势的变化，更好地服务于国内经济的高质量发展。

人民币汇率在相对稳定基础上的弹性增强，人民币兑美元汇率的年化波动率从十年前的 1%—2% 上升到近两年 3%—4%，人民币汇率发挥调节国际收支自动稳定器的作用愈加明显，人民币汇率在中国经济基本面支撑和世界第一的外汇储备保障下，表现出了很强的韧性，维护了人民币具有稳定国际购买力的声誉。

人民币汇率的稳定性为跨境资本的有序流动创造了良好的预期。在坚持"汇率中性"的理念下，也为中国经济的进出口的汇率风险管理提供了良好的基础。稳定的汇率对人民币国际化也起到了积极作用。依据 IMF（COFER）提供的数据，2016 年年末人民币占全球外汇储备的比例为

1.08%，2022年第二季度末，人民币占全球外汇储备的比例上升到2.88%，是全球第五大储备货币。SWIFT的数据显示，2021年年底人民币国际结算份额为2.7%，首次超过日元，成为全球第四大结算货币。人民币汇率的稳定助推人民币国际化取得了显著成绩，而人民币国际化反过来有助于人民币汇率的稳定。

世界第一的外汇储备在增强国家综合能力和抗击外部风险能力上发挥着重要的作用。充足的外汇储备发挥着流动性保险的功能，能够提高企业承担风险的意愿，并提高中国企业的海外融资能力，助力企业对外投资，提升产业链整合和供应链安全。2021年年末，中国对外直接投资存量接近2.6万亿美元，位居全球第三，中国在全球外国直接投资中的影响力不断扩大。过去十年，中国对外直接投资超过1.1万亿美元，注重提升供应链的安全，提升国家综合能力。"一带一路"成为世界拓展投资经贸关系重要的新国际平台。2013—2021年中国对"一带一路"沿线国家和地区累计直接投资约1600亿美元。2022年1—8月，中国企业在"一带一路"沿线国家非金融类直接投资近140亿美元，占同期总额的18.6%。商务部等部门联合发布的《2020年度中国对外直接投资统计公报》显示，截至2020年年末，中国对外直接投资存量的八成集中在服务业，主要分布在租赁和商务服务、批发和零售、信息传输/软件和信息技术服务、交通运输/仓储和邮政等领域，投资领域日趋广泛，投资结构也在不断优化，较好地服务了形成双循环相互促进的新发展格局。

中国在石油等能源和部分农产品上对外依存度较高，充足的外汇储备一方面能够保证中国利用国际市场保障这类产品的供给；另一方面可以加大和"一带一路"沿线国家的新能源合作建设，促进能源转型，积极发挥外汇储备在构建能源安全和能源转型上的重要作用。

在外汇储备动态平衡管理的新阶段，中国世界第一的外汇储备将更好地发挥调节国际收支、稳定汇率、提高外部融资能力和抗击外部风险冲击的作用，更好地发挥出中国对外经济金融关系的稳定器和助力经济高质量发展的助推器的作用。

美联储:通胀优先,但力求避免衰退

11月3日

通胀优先不变,美联储激进加息接近尾声。终端利率可能会明显高于2022年9月预计的中位值4.6%。美联储继续遵循实际数据指标来决策,由于政策产生效果的滞后性存在不确定性,即使冲击因素减弱,美联储把握"有分寸"的紧缩以看到通胀"软化"的时间窗口难度很大,美联储实现经济"软着陆"的空间变窄,但仍然在力求避免衰退。

11月2日,美联储发布了最近一期的货币政策声明"Federal Reserve issues FOMC statement",2022年第四次加息75个基点,将联邦基金利率维持在3.75%—4.0%的区间,继续按照2022年5月发布的《缩减美联储资产负债表规模计划》减持美国国债、机构债务和机构抵押贷款支持证券。

美联储认为,最近的指标表明支出和生产增长缓慢。近几个月来,就业增长强劲,失业率保持在低位。通胀仍在上升,反映出与疫情有关的供需失衡、食品和能源价格上涨以及更大的价格压力。俄乌冲突正在造成巨大的人力和经济困难,对通胀造成了额外的上升压力,并对全球经济活动造成了压力。美联储货币政策委员会(FOMC)高度关注通胀风险。

联邦公开市场委员会预计,为了使货币政策有足够的"限制性",让通胀随着时间回落到2%,提高联邦基金利率区间是合适的。在确定利率目标范围未来增长的速度时,委员会将考虑货币政策的累积收紧、货币政策对经济活动和通胀影响的滞后性以及经济和金融发展状况。

从美联储的货币政策申明中，可以体会出美联储对美国当前经济形势及未来货币政策走向的几个含义。

第一，通胀优先的货币政策目标不变。至少在通胀没有出现明显"软化"时，美联储会坚持控制通胀。从9月公布通胀数据来看，CPI同比增长8.2%，核心CPI同比增长6.6%。从美联储更加看重的PCE价格数据来看，9月同比增幅6.2%，核心PCE同比增长5.1%。从近5个月的PCE和核心PCE的变化来看，PCE价格显示的通胀仍在高位。同时，PCE和核心PCE之间的差距在不断缩小，7月两者相差近两个百分点，9月只相差约1个百分点（见图1）。这说明供给冲击对美国通胀尽管仍然有助推作用，但需求是驱动美国通胀的主要因素。在劳动力市场失业率保持在3.5%低位的情况下，美联储具备持续紧缩控通胀的基础。

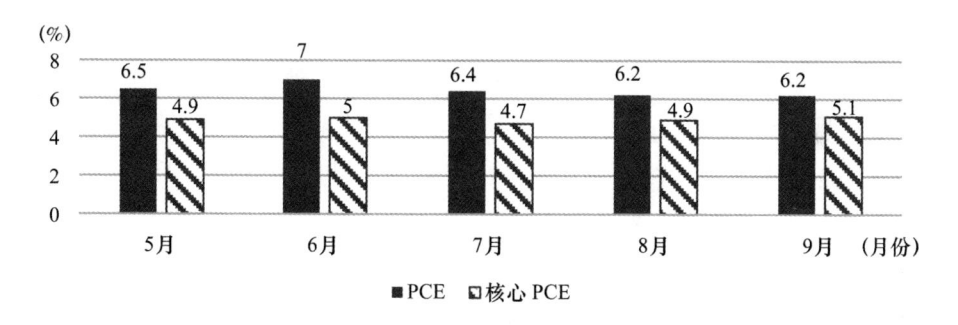

图1　美国经济中的通胀水平（同比）

资料来源：BEA。

第二，美联储会考虑货币政策对经济活动和通胀的滞后影响来决定未来货币政策的紧缩速度和力度。这透露出美联储激进加息基本接近尾声，需要等一等。美联储已经连续4次激进加息75个基点，但经济活动的指标存在一定的滞后性，或者说经济活动对金融条件的收紧需要反应时间。这也意味着12月的加息幅度可能不再是75个基点，可能会有所减缓。

第三，美联储此轮加息的终端利率水平会足够高。尽管透露出12月加息幅度的预期有所降低，但美联储不会停止加息。货币政策需要保持足够的"限制性"确保通胀回落至长期目标2%，美联储不认为自己存在过度加息的情况。9月美联储预计终端利率的中位值是4.6%，终端利率会高于4.6%。目前目标利率区间的上限已经达到4%，终端利率达到5%以上的概率不小。

第四，美联储继续遵循实际数据指标来决策。由于经济指标具有滞后性，且这种滞后性存在不确定性，这决定了美联储在激进加息后，会逐步观察经济活动放缓的程度以及速度，在明年采取小步多次加息的方式来收尾，此轮加息周期的结束应该需要到明年第二季度。

第五，美联储开始逐步关注金融市场。美联储提及加息需要看未来的经济和金融发展状态，这说明美国金融市场资产价格的剧烈波动开始逐步进入美联储货币政策制定的视野。尽管目前美国金融市场尚没有出现系统性的风险，但债券市场利率上扬过快带来的流动性风险已经受到美联储及美国财政部的关注。不排除美国财政部通过回购国债来保持市场流动性的可能，如果国债利率上升过快，美联储无法购债，美国财政部可以通过回购债券来降低由于市场利率上扬过快带来的流动性风险。至于股票市场，美联储应该尚未关注。截至11月2日，2022年以来除了纳斯达克指数下跌32.73%以外，道琼斯指数只下跌了11.53%，标普500指数下跌了21.12%，标普500指数的跌幅应该在美联储容忍范围之内，还有一定的空间。当然，如果美国财政部回购国债会降低市场收益率，也会减缓风险资产价格的下挫压力。至于房地产市场，美联储认为美国家庭资产负债表依然强劲，房地产市场没有明显的系统性风险。

第六，美联储对于加息控通胀的目标保留了经济"软着陆"的期望。2022年第三季度美国GDP环比季度年率2.6%，阶段性缓解了2022年第一二季度连续环比季度年率-1.6%和-0.6%的"技术性"衰退风险的趋势，这给了美联储避免经济出现衰退的期望。考虑到供给冲击因素在减弱，美联储货币政策能够更多聚焦于劳动力市场及总需求状态，货币政策发力的标的相对清晰,保留了"有分寸"货币政策紧缩速度和力度的可能性,给了美联储在控通胀的过程中,存在一个通胀"根深蒂固"明确走向"软化"的时间窗口。看到并把握住这个时间窗口的难度是很大的,这也是美联储认为"软着陆"空间变窄的基本原因。

国债市场发挥着中国金融资产市场稳定器的作用

11月7日

2022年以来，在美联储激进加息导致中美政策性利差、国债市场收益率倒挂，以及人民币兑美元贬值的背景下，短期套利因素带来银行间债券市场外资一定的资本流出，但中国国债在境外机构持有债券组合中的占比出现了近6个百分点的上升，这说明中国国债成为境外机构投资的重要品种，保持人民币流动性成为境外机构管理资产需要考虑的重要因素，表明了中国国债市场发挥着中国金融资产市场稳定器的作用。

党的二十大报告指出，有序推进人民币国际化。人民币参与国际大循环需要提供全球安全资产作为人民币有序国际化的底层资产支撑，中国国债成为推进高水平对外开放的基础性金融产品。

2022年3月以来，美联储6次加息，其中4次激进加息75个基点，目前政策性利率处于3.75%—4.0%的区间，中国央行的政策性利率水平目前为3.65%，中美政策性利率之差出现了倒挂。而从国债收益率来看，8月上旬以来，10年期中国国债市场收益率与美国国债收益率一直呈现倒挂，两者之差不断扩大，短期套利因素也由此带来了中国债市资金的正常流出。依据中央结算公司的数据，2022年1月末境外机构持有银行间债券市场债券的金额达到3.705万亿元人民币，9月末下降至3.147万亿元人民币，下降了约5585亿元人民币。

尽管境外机构持有中国银行间债券市场总量出现了一定的下降，但从境外机构持有的债券资产组合结构来说，中国国债表现出了资产市场稳定器的作用。具体表现在：从中美国债市场收益率之差来看，中美国债市场收益率出现了明显的倒挂，而且倒挂幅度还比较大，截至9月末，2022年以来境外机构持有的国债数量下降的幅度为2295亿元人民币，占境外机构减持债券数量的约41.1%，9月末境外机构持有中国国债的数额占银行间国债市场数额的比例仍然达到了10.1%，占境外机构持有银行间债券组合数额的约72.8%。

从境外机构持有中国银行间债券市场的债券品种来看，境外机构主要持有中国国债和政策性银行债，2022年1—9月这两者占境外机构持有中国银行间债券市场债券总量的月度平均比例高达97.27%，且从1月的96.95%一直小幅上升至9月末的97.63%。国债一直是外资重仓品种，在境外机构持有的债券组合中占比从2021年年末的67.12%逐步上升至9月末的72.76%，上升了5.64个百分点；而政策性银行债的占比从2021年年末的29.68%下降至9月末的24.87%，下降了4.81个百分点（见图1）。

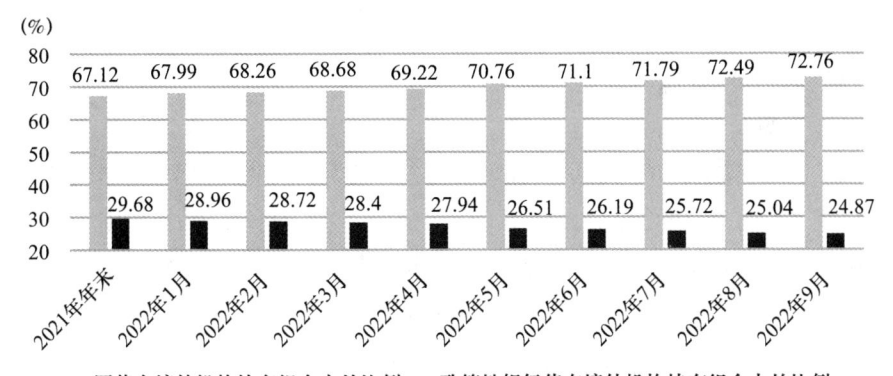

图1 境外机构持有银行间债券组合中国债和政策性银行债的比例

资料来源：中央国债登记结算有限责任公司。

从中美国债市场收益率倒挂来看，由于美联储从2022年3月开始加息，4月2年期和1年期中美国债收益率开始出现倒挂，随后随着美联储持续激进加息，两者利差倒挂也逐步扩大。截至11月3日，2年期和1年期中美国债收益率之差分别倒挂了约262个BP和303个BP。中美10年期国债收益率从8月初以来出现了持续倒挂，截至11月3日，10年期中美国债收益率之差倒挂了约146个BP（见图2）。

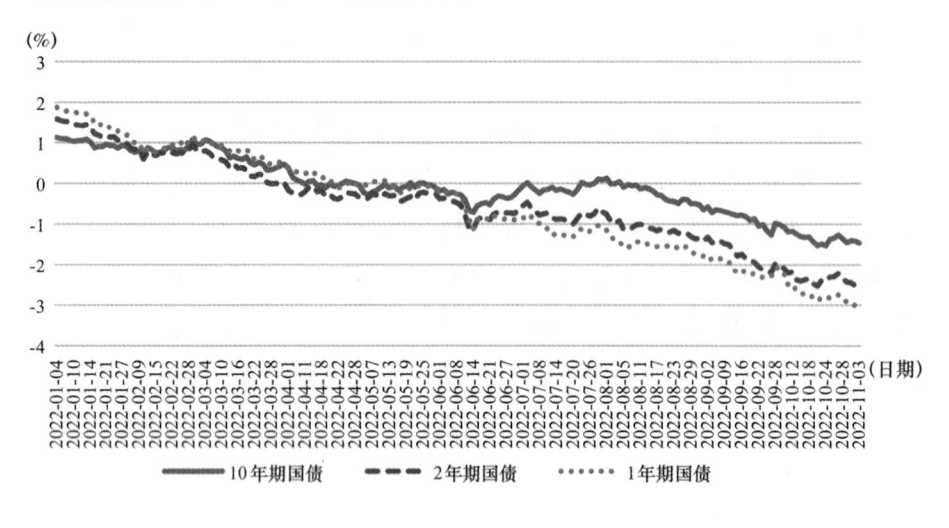

图2 中美不同期限国债市场收益率之差

资料来源：Wind。

从人民币兑美元的汇率来看，截至11月4日，2022年以来美元指数上涨了15.44%，人民币兑美元（CFETS）贬值了12.78%。在中美利差倒挂、人民币贬值的情况下，2022年9月末境外机构依然持有约2.29万亿元人民币的中国国债，相比2022年1月末的高点2.52万亿元人民币下降了9.1%。相对于境外机构减持持有的银行间债券品种的比例来看，国债下降的比例要小很多。境外机构减持持有的企业债券的比例最高，减持了54.5%，从2022年1月末的83.41亿元人民币下降至37.95亿元人民币（见图3）。这说明中国国债已经成为境外机构债券投资组合中的重要品种，也是中国债券市场境外机构持有的最稳定的品种。

境外机构持有中国国债除了投资以外，还承担着部分融资的功能，但境外机构持有国债在融资功能的发挥上相对弱化，更多的是把中国国债作

国债市场发挥着中国金融资产市场稳定器的作用 | **351**

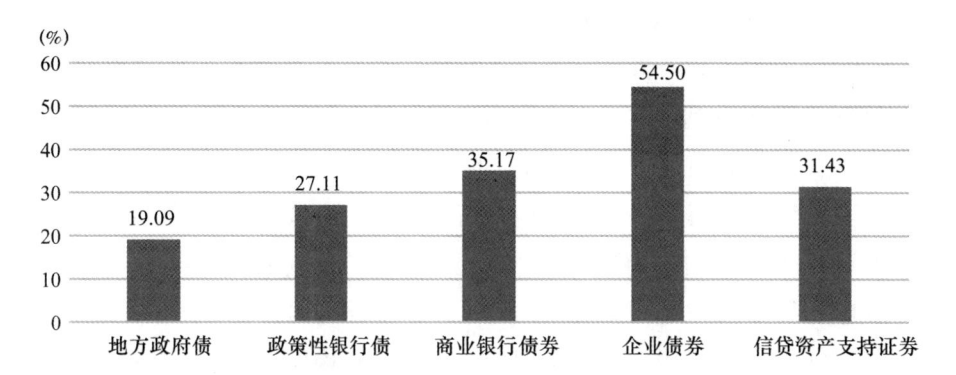

图3　2022年以来（截至9月末）境外机构减持的相关债券比例

地方政府债	政策性银行债	商业银行债券	企业债券	信贷资产支持证券
19.09	27.11	35.17	54.50	31.43

资料来源：中央国债登记结算有限责任公司。

为重要的投资交易品种。依据中央结算公司的数据，2022年1—9月，在境外机构在银行间债券交易结算数额中，现券交易占比3.24%，质押式回购占比0.19%，买断式回购占比0.68%。对比境外机构持有银行间债券比例在4%的水平，质押式回购和买断式回购的占比明显较低，而境外机构现券交易额的占比比较接近所持有的债券比例，说明境外机构持有中国国债主要是作为投资功能（见图4）。

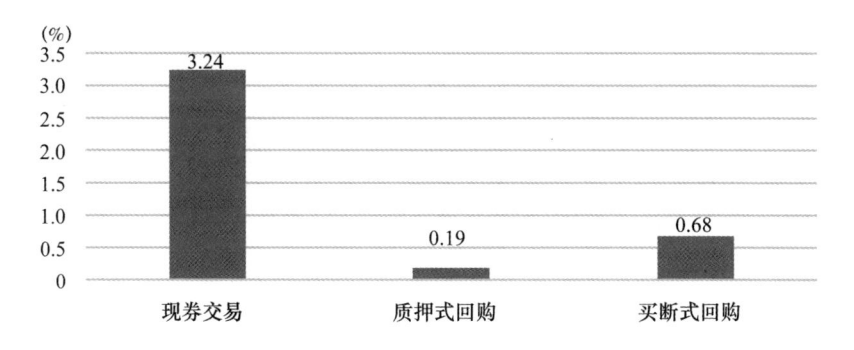

现券交易	质押式回购	买断式回购
3.24	0.19	0.68

图4　境外机构在银行间市场债券交易结算占比

资料来源：中央国债登记结算有限责任公司。

总体上，2022年以来，在美联储激进加息导致中美政策性利差、国债市场收益率倒挂，以及人民币兑美元贬值近13%的背景下，银行间债券市场外资由于短期套利存在一定的资本流出，但中国国债在境外机构持有债券组合中的占比出现了近6个百分点的上升，这说明了两点：第一，外资不会因为短期利差倒挂和人民币短期贬值的影响激进减持中国债市资产，说明中国经济中长期向好的预期对冲了短期投资的不利因素；第二，在中美短期利差倒挂和人民币短期贬值的背景下，境外机构持有中国债券组合中的国债占比明显上升说明了中国国债成为境外机构投资的重要品种，保持人民币流动性成为境外机构管理资产需要考虑的重要因素，表明了中国国债市场发挥着中国金融资产市场稳定器的作用。

美国激进货币政策周期理解纲要

11月9日

美国激进货币政策周期的故事是美联储对通胀看法故事的镜像。短短2年时间，美联储走过了渴求通胀、拥抱通胀、忐忑通胀、害怕通胀四个阶段。在渴求通胀阶段，美联储用激进的松来获取通胀；在拥抱通胀阶段，美联储淡化通胀的压力，认为随着供应链瓶颈的减弱通胀会自行缓解；在忐忑通胀阶段，由于供应链瓶颈导致供给函数变异，基于过去的产出缺口模型难以预测通胀的变化程度，但觉得通胀有点高，压力有点大；在最后的害怕通胀阶段，美联储认为为了避免使通胀变得"根深蒂固"就必须紧缩，而且由于通胀在经济内生需求的作用下已经高位运行数月，必须是激进的紧缩。从货币政策目标来说，美联储经历了从就业优先急转通胀优先的过程，美联储激进货币政策周期对世界经济的负面溢出效应是最大化的。

2020年3月下旬美联储开启了大规模激进刺激政策以对冲疫情所致的金融经济风险，2022年3月美联储开始加息并公布缩表计划实施激进的紧缩政策控通胀。短短2年时间里，美联储从"激进的松"迅速转变为"激进的紧"，形成了一幅美联储激进货币政策周期的图画。

相比2020年3月初，在2022年6月开始缩表之前，美联储总资产高点增长幅度达到110%，总资产扩张了约4.6万亿美元，总资产峰值约8.9万亿美元。我们经历了美联储历史上最快的扩表周期。我们也正在经历美联储40年以来的最激进加息紧缩周期。3月至今美联储加息6次，最近4次每次连续加息75个基点，联邦基金利率从0—0.25%区间快速跳升至

3.75%—4.0%的区间。未来还会加息，市场普遍预期此轮加息的峰值应该会超过5%。

为了便于快速读懂此轮美联储的激进货币政策周期，我们依据2020年3月以来的跟踪研究，给出美联储激进货币政策周期的理解纲要。

1. 起点是疫情导致失业率飙升。

2020年2月美国失业率3.5%，是60年以来的低位。3月开始疫情在美国逐步暴发，3月失业率4.4%，4月失业率飙升至14.7%。次贷危机期间失业率最高点发生在2009年10月，失业率也高达10%。相比之下，疫情对美国就业市场的冲击更大。

2. 通过财政赤字货币化进行大规模救助。

2020年3月美国出台了《冠状病毒援助、救助和经济安全法案》（CARES法案），2020年12月底出台了2020年《新冠疫情相关税收减免法案》，2021年3月初又出台了《美国救援计划法案》。2020年3月、12月及2021年3月美国共计3次大规模发放家庭救助，与疫情相关的援助、经济刺激和修复的财政支出预算高达4.7万亿美元。

激进刺激导致美国财政赤字货币化严重。2020年美国财政赤字约3.1万亿美元，美联储总资产中的美国政府债券从2020年3月初到年底增加了2.2万亿美元，占当年美国财政赤字规模的近71%，美联储总资产中持有国债的规模从2.5万亿美元快速上升至近4.7万亿美元。2021年美国财政赤字约3万亿美元，美联储总资产中的美国政府债券再次增加了约0.95万亿美元，占当年美国财政赤字规模的约31.8%。2020年3月初至2021年年底，美联储总资产中总计增加了约3.45万亿美元的美国国债。

3. 修改货币政策框架允许通胀"超调"。

2020年8月27日美联储发布了货币政策的新框架，新框架的要点是把过去隐含2%通胀目标修改为寻求实现"长期平均2%通胀率"的新目标，但并未给出长期的具体期限。这意味着新框架——弹性平均通胀目标制可以允许通胀阶段性的"超调"。2020年8月美国通胀率（CPI）同比增幅只有1.3%，相比较同年5月的0.2%已经有明显上升，但仍然处于低位。

为什么允许通胀"超调"？从货币政策理论与实践来说，主要有两点原因。首先，打破次贷危机以来通胀预期的顺周期反馈机制。美联储的内心是渴望适度通胀的，这也是对次贷危机以来"大停滞"反思的结果。"大停滞"周期下，通胀的反馈是顺周期的：从周期视角看，本来现在通胀不高，未来通胀就应该高，但事实是反向的，短期低，未来也低。低利率导致了美国长期的实际负利率。要摆脱负利率，只有加息，加息则需要通胀。因此，需要通过短期通胀"超调"来实现相对短期通胀预期对长期通胀预期的逆周期反馈机制：即短期通胀高，长期通胀应该下行。其次，打破货币政策利率下限（ELB）的约束。美联储推高短期通胀，未来长期通胀会下行，实现这种逆周期的通胀反馈机制，才能确保或者减少货币政策在未来受利率实际下限（ELB）的制约。因为货币政策性利率实际下限（ELB）存在巨大的非对称性风险：当未来经济进一步衰退时，缺乏利率工具来刺激经济的修复。

美联储坚持以通胀"超调"为抓手，通过提高对通胀的容忍度来修复经济，增加就业，突破菲利普斯曲线扁平化的约束。在利率政策基本没有下行空间时，需要靠激进的财政刺激政策来拉动总需求。美国经济只有足够的通胀，美联储才会加息，才有机会摆脱 ELB 的约束风险，为未来的货币政策紧缩创造空间。

4. 持续刺激、经济修复与通胀。

随着 2020 年 12 月和 2021 年 3 月初再次大规模发放家庭救助，美国居民需求能力开始上升。依据 BEA 的数据，相比 2019 年，2020 年美国个人收入增加了 1.245 万亿美元，其中 87.2% 来自个人转移支付的增加，工资和薪水占比只有 10.7%。收入增加刺激了消费，美国居民个人支出从 2020 年第二季度后开始回升。2021 年第一季度是最后一次财政大规模转移支付，个人转移支付占个人收入的比例也高达 27.4%，高于全年 26.4% 的占比。2021 年第一季度美国劳动力市场已经有相当的修复，失业率为 6.2%。财政转移支付成为 2020 年美国居民个人收入的主要来源，也是 2021 年美国居民个人收入的重要来源。

2021年3月美国经济通胀（CPI）同比增长2.7%，首次超过2%的长期通胀目标。2021年3月美国经济的失业率仍然有6.0%。因此，通胀来源的基础是美国大规模财政转移支付增加居民需求能力的结果，而这些支出中的相当部分直接来源于美国财政赤字货币化。因此，2021年3月通胀超过2%也是美国依靠美元霸权体系获取国际铸币税的结果。

5. 供应链瓶颈、大宗商品与通胀。

不可否认，温和的通胀是美联储有意为之。2021年3月通胀超过2%，美联储没有评论，只是到了2021年下半年的后半部分，美联储才开始提及通胀，到了2021年10月美国失业率下降至4.6%，12月进一步下降至3.9%，但通胀率在2021年10月时已经突破6%，CPI同比增长达到6.2%，同年12月同比增幅突破7%，达到了7.1%。供应链瓶颈确实是助推物价上涨的重要因素。依据纽约联储的一项研究，2017—2019年全球供应链压力指数月度均值为0.24，2020年3月至2021年3月全球供应链压力指数月度均值为1.76。在这其间，供应链瓶颈对通胀的上升是有冲击作用的。2021年4月之后，供应链瓶颈越发严重，到2021年年底达到最大值4.31，在2021年底美国失业率只有3.9%的背景下，鲍威尔所说的需求扩张在供应链瓶颈的作用下，暴发出了推动物价快速、广泛上涨的作用力也是事实。2022年以来，供应链压力指数基本是逐步下降的，9月为0.89，10月为1.00。总体上看，供应链瓶颈对物价的冲击作用已经显著下降，但仍然高于疫情前水平。

美联储旧金山分行有一项研究，从不包括能源和食品的核心PCE分解来看，9月美国经济中核心PCE同比上涨5.1%，其中需求驱动为2.05%，供给驱动为1.98%，不确定部分为1.03%。核心PCE的分解表明，需求驱动成为美国通胀的最大来源，供给冲击同样是推动通胀的重要因素。

能源、食品等大宗商品价格上涨是通胀的重要推动因素。地缘政治博弈等因素导致了能源、食品等大宗商品价格在2021年出现了大幅度上涨，近几个月以来则出现了明显的缓和。美联储旧金山分行的研究表明，2022年9月美国个人消费者支出（PCE）价格同比上涨6.1%，其中供给冲击的因素占据了 2.91%，需求驱动占据了 2.08%，不确定部分（难以区分为供给驱动或者需求驱动）为 1.03%。能源、食品价格冲击导致的供给驱动仍然是影响 PCE 重要的因素。

6. 房价与通胀。

由于激进刺激政策所致的需求以及疫情影响了住房供给，美国房价涨幅相当大。相比疫情前 2018—2019 年美国月度房屋库存均值，2022 年 1—9 月的月度库存均值只有前者的 44.2%。

疫情以来，美国所有房价交易指数大幅度上涨，2020 年第二季度这一指数为 454.7（1980Q1＝100），2022 年第二季度房价交易指数高达 617.9。房价上涨带来租金上涨，与住房相关的市场房租（Rent）与业主等价租金（OER）两项在 CPI 总权重中的占比分别是 7.4% 和 24.25%，占美国 CPI 的近 1/3，这两项在核心 CPI 中的占比达到了 40%。而截至 2022 年 9 月末，房租同比涨幅 6.6%，成为美国通胀的重要来源。依据 S&P/Case–Shiller 美国房价指数，2022 年 3 月以来房价出现了环比下降，7 月以来房价开始出现了环比负增长，但同比依然保持在高位，截至 2022 年 8 月末同比涨幅高达 13.0%。按照达拉斯分行的一项研究，房租价格要滞后房价 1—1.5 年，按照这一经验，房租价格在未来数月还是会出现上涨。

7. 就业与通胀。

依据 BEA 的数据，随着劳动力市场在 2021 年的逐步恢复，工资和薪金收入 2021 年增加了 0.833 万亿美元，占当年居民收入的大约 57%，个人转移支付占居民收入的比例为 26.4%。从 2022 年前 3 个季度的收入来看，转移支付不再是收入的来源，反而成为收入减少项，美国财政缩减了政府对个人的福利支出。2022 年前 3 季度居民收入增加 0.755 万亿美元，其中，工资和薪水占收入来源的 74%。2022 年 10 月，美国经济失业率只有 3.7%，劳动力市场供求依然紧张，一方面是由于疫情导致了劳动力市场参与率略有下降；另一方面是由于就业优先的货币政策所致。从堪萨斯分行劳动力市场状况指标（LMCI）来看，9 月的活动水平和势头几乎没有变化，2022 年以来美国劳动力市场供求紧张带来的经济内生需求是推高美国通胀的主要因素，工资—物价螺旋机制已经形成。

从通胀的形成来看，前期大规模刺激储备了居民的消费需求潜能，有意推动了通胀走高，在坚持就业优先允许通胀"超调"的过程中，遇到了改变供给函数的供应链瓶颈，通胀步步走高。从2021年第一季度之后，美国居民收入逐步完成了从依靠转移支付走向依靠劳动力市场的就业收入，经济的内生需求逐步成为通胀的主要推动力，但供给冲击依然是推动通胀的重要因素。在这种情况下，依据实际数据进行决策的美联储发现通胀变成"根深蒂固"的风险骤然加大，迫使美联储开始紧缩，美联储从就业优先急转通胀优先。

从货币政策目标来说，美联储经历了从就业优先急转通胀优先的过程，美联储激进货币政策周期对世界经济的负面溢出效应是最大化的。

通胀数据促成美国金融市场出现了情绪宣泄

11月11日

　　10月美国通胀数据比市场预期的好一些，直接导致了美债收益率较大幅度下行，美股较大幅度上行，通胀数据促成美国金融市场出现了情绪宣泄，这是市场预期的自我实现。美国通胀依然处于高位，通胀的黏性也比较强，情绪的宣泄可以暂时缓解美联储继续紧缩的承压。

　　11月10日晚9：30美国劳工部公布了10月美国通胀数据，10月美国通胀率（CPI）打破了2022年3月以来连续7个月同比增幅在8%以上的高通胀困局。10月美国通胀率（CPI）同比增幅7.7%，环比上涨0.4%，低于预期值0.6%，与前值持平。10月核心CPI同比上涨6.3%，环比上涨0.3%，低于预期值0.5%和前值0.6%。

　　10月通胀率低于市场的预期值，导致10年期美债收益率较大幅度下跌20个BP，跌破4%，收报3.82%；美股出现较大幅度上涨，道指收涨3.70%，纳指收涨7.35%，标普500收涨5.54%。

　　10月通胀率低吗？显然不低。

　　从同比来看，CPI同比增长7.7%，核心CPI同比增长6.3%，这个数据依然是高通胀。而且是由于基数抬高所致，2021年10月美国CPI为6.2%，核心CPI为4.6%，基数逐步抬高自然会带动通胀增长幅度放缓。

　　从环比来看，CPI环比增长0.4%，核心CPI环比增长0.3%，这个数据显然也是高于美联储合意的环比增长率的。正常情况下，美联储合意的月度环比增长率应该在0.2%及以内。可以看一下，月度环比增长0.2%，那么一年之后的通胀差不多是2.2%,而美联储的长期通胀目标是2%。

从市场估值来看,依据Wind的数据,经过昨日大涨的道指、纳指和标普500的PE(TTM)分别是20.0、27.8和19.6倍,道指、纳指和标普500的PB分别是5.62、3.76和3.68倍。对比过去几年的情况,2017—2021年道指、纳指和标普500指数的年均PE(TTM)分别是23.9、41.2和26.2倍。不考虑2020年以来激进宽松刺激政策催生的资产价格上涨,2017—2019年道指、纳指和标普500指数的年均PE(TTM)分别是20.9、33.5和22.6倍。因此,以疫情前三年的PE对比来看,目前美股的PE略低于疫情前三年的年度均值。

从股息率来看,过去五年(2017—2021年)道指、纳指和标普500指数的年均股息率分别为1.99%、0.94%和1.67%。道指、纳指和标普500指数疫情前三年(2017—2019年)的年均股息率分别为2.33%、1.11%和1.88%。而截至11月10日,道指、纳指和标普500指数的股息率分别为1.71%、0.93%和1.66%。因此,从股息率的变化来看,目前美国股市的股息收益率是处于相对低的位置。近五年以来股息率最低的是2021年,道指、纳指和标普500指数的股息率分别为1.36%、0.59%和1.21%。2021年美国经济增长5.7%,但股息率处于低位,只能说是充裕流动性导致资产价格过高上涨的结果。2022年以来股息率的上升,直接的原因是流动性收紧后股价的下跌。

因此,从过去几年的市场估值情况来看,美股并不算便宜。

昨日美国劳工部通胀数据带来美股大涨,表现出来的是一种市场情绪的宣泄。在美联储激进加息、M2增速快速下降的背景下,美股2022年以来被利率上扬的估值所压抑,纳指从16000点跌到了近1万点,标普500指数也从4800多点跌到近3500点,当然这与疫情导致的科技股过度估值的特殊性有关,也直接来源于高通胀背景下美联储持续收紧带来的估值的压力,以及经济前景预期恶化盈余的压力。

昨日美股较大幅度大涨,有一个重要的点是,通胀下行的速度比市场预期得快,尽管是高通胀,但只要比市场预期得好,那么市场就会给予热情的回应。换言之，如果市场预期的值比实际值要差，即使通胀下行，市场也不会给予积极的回应，这是市场预期的自我实现机制。

10月的通胀数据公布后，市场预期12月美联储放缓加息的概率上升，利好风险资产，也回应了鲍威尔的观点，12月可能会放缓加息。如果说金融市场出现了过度热情的回应，这也不是美联储想看到的，毕竟美国此轮通胀的黏性是比较强的。

当然，情绪的宣泄也有作用，可以缓解美联储继续紧缩的承压。

对近期美元指数下跌的看法

11 月 14 日

　　美国通胀有所缓和，带来市场预期美联储激进加息有所缓和，是导致美元指数下跌的主因。但美联储处于艰难选择的境地：通胀的顽固性导致美联储还必须持续加息，但国债市场的风险可能会约束美联储激进加息。这可能需要美国财政货币政策的协作以及美联储对高通胀容忍度的微妙变化：加大考虑货币政策滞后性的权重，调整依据实际数据做出决策的方式。如果有此改变，那么 12 月减缓加息的概率会明显增加，美元指数再创新高就难了。

　　11 月 10 日美国劳工部公布了 10 月美国通胀率（CPI），同比增幅 7.7%，环比上涨 0.4%，低于预期值 0.6%，与前值持平。10 月核心 CPI 同比上涨 6.3%，环比上涨 0.3%，低于预期值 0.5% 和前值 0.6%。

　　市场似乎自我确认了美联储在 12 月放缓会加息的理由后，美元指数在 10—11 日两天的时间里，从 9 日收盘价 110.4278 下跌至 11 日收盘价 106.4083，下跌幅度高达 3.64%。

　　美元指数连续两天大幅度的下降，也带来全球外汇市场汇率的小动荡。以 11 月 9 日的收盘价为基数，截至 11 日的收盘价，全球主要货币均出现了不同幅度的反弹（见图 1）。日元两日升值超过 5%，英镑和瑞郎升值超过 4%，欧元升值了 3.41%，人民币也升值了 1.76%。两个交易日全球主要货币兑美元如此的升值幅度，也可以算是国际外汇市场的小动荡了。

　　近期美元指数下行主要是由于美国通胀见顶所致。同时，全球地缘政

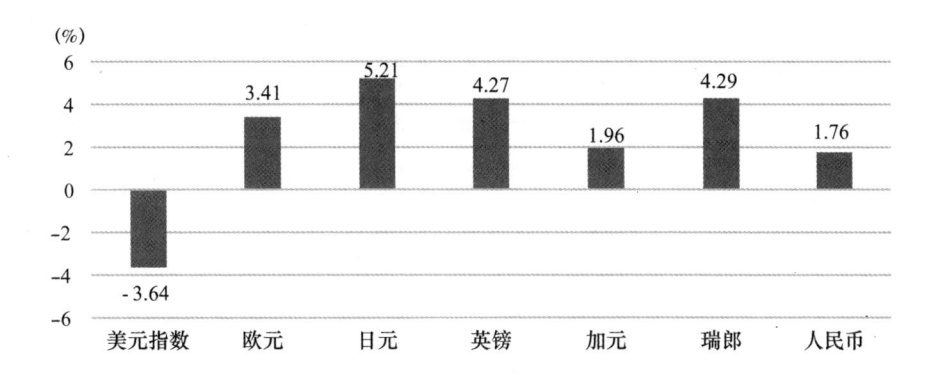

图1　11月10—11日两日全球主要货币汇率变化

资料来源：Wind。

治冲突有所缓和也是重要的推动因素。我们可以看到CBOE（VIX）指数在10月下旬以来出现了下降趋势，尤其是10—11日连续两天出现4%—10%的大跌。这种大跌一方面与美国通胀缓和有关，另一方面也与乌克兰提出谈判条件有关，毕竟在这之前，乌克兰是拒绝谈判的。

我们曾经提出美元指数出现趋势性拐点的三大信号：美国通胀明确缓和、大规模的央行货币互换，以及俄乌冲突有明确的减缓信号。从这三个信号来看，目前第二个尚没有出现，也就没有出现大面积干预外汇市场，阻止美元指数上涨的行为。第一个信号我们看到的是美国通胀有所缓和，但仍然处于高位，尤其是核心CPI同比仍然高达6.3%。第三个只能说出现了双方通过谈判解决冲突的可能性，但尚未出现实质性的步骤。

因此，美元指数下行更多的是由于美联储对继续加息态度的变化。鲍威尔认为最早可能在12月放缓加息，已经给出了放缓加息的最早时间。

是不是一定在12月放缓加息，美联储也面临艰难的抉择。要放缓加息，美联储的理由大概有两个。第一，美联储能够对高通胀采取一定的容忍度，其前提条件是美国经济已经出现了明显恶化，或者金融市场，包括对利率敏感的房地产可能会出现系统性风险。从房地产市场来看，房价在7月进入环比负增长，或者说出现了下跌。从股市来看，股市目前的点位并不低，2022年以来，除了代表科技股的纳斯达克指数下跌超过25%以外，道琼斯跌幅不足 10%，标普 500 指数跌幅不足 20%，都比疫情前的点位要高。过去 2 年多的疫情导致科技股本身就存在高估。

第二，美国金融市场当下最大的风险点在美国国债市场，国债市场收益率上扬太快。比如 10 年期美债收益率从年初的 1.6% 上升至高点超过 4.2%；短期国债上升的幅度更大，2 年期国债从不足 0.8% 上升至高点超过 4.7%；1 年期国债收益率从年初不足 0.5% 上升至高点超过 4.7%。收益率如此快速上涨的背后反映了国债市场价格大幅度下挫和流动性快速下降。美联储无法解决国债市场流动性这一问题，美联储本身还面临着缩表，每个月减少 600 亿美元的国债和 350 亿美元的 MBS。

要保持国债市场流动性，结果只能是美国国债必须有新的买家。从美国财政部公布的数据来看，2022 年以来国际投资者持有的美债数量在下降，从 2021 年 12 月末的约 7.75 万亿美元下降至 2022 年 8 月末的约 7.51 万亿美元，减少了约 2400 亿美元。美元指数如果持续走高，其他经济体可能会进一步减少美债获取美元来干预外汇市场。在 2020 年 3 月金融大动荡后，美联储提供了一种除了货币互换之外的新工具，回购美债提供美元流动性，但这会增加美联储持有的美债数量。逼到最后，有可能是美国财政部回购美国国债。

因此，未来美联储继续加息控通胀，可能需要美国财政货币政策的协作以及美联储对高通胀容忍度的微妙变化：加大考虑货币政策滞后性的权重，调整依据实际数据做出决策的方式。如果有此改变，那么 12 月减缓加息的概率会明显增加，美元指数再创新高就难了。

美国家庭债务状况支撑了美国通胀的韧性

11月17日

美国居民债务和信贷状况显示了负债的增加主要来源于有收入的群体，目前债务较低的违约人数和违约率表明家庭资产负债表对美国消费形成了支撑，也支撑了美国通胀的韧性。美国通胀要比较快的下行，在供应链瓶颈导致供给曲线左移的背景下，必须需要持续的紧缩和失业率的较大幅度上升。美联储只能坚持2%的长期通胀目标，通胀在较短时间内快速下降至2%变得越来越不可信，提高对通胀目标值的容忍度或者延长控通胀的时间应该是美联储更为明智务实的选择。

2022年1月，美联储在重审其长期通胀目标和货币政策策略中（Statement on Longer–Run Goals and Monetary Policy Strategy Adopted effective January 24，2012；as reaffirmed effective January 25，2022），强调了以个人消费支出价格指数（PCE）的年度变化来衡量2%的通胀率，在长期内与美联储的法定授权最为一致，美联储会寻求实现平均2%的通胀率。

居民支出与当前就业市场及收入直接相关，也与美国居民的资产负债状况直接相关。11月15日美联储纽约分行公布了2022年第三季度美国居民的债务与信贷季度报告（Quarterly Report on Household Debt and Credit，November 15，2022），该报告的重点内容显示美国居民当前的财务状况对于消费仍有比较强的支撑，这说明以PCE衡量通胀率的变化可能会更慢一些。

美国通胀率缓慢下行趋势应该基本形成，但通胀的韧性足，这一点可以从核心通胀率上得到验证。图1显示了9月核心PCE同比增长仍然高达

5.1%，PCE 高达 6.2%。从最近美国劳工部公布的 CPI 来看，10 月 CPI 同比增长 7.7%，跌破连续 7 个月通胀同比增长超过 8%，但核心 CPI 同比增长依然高达 6.3%。

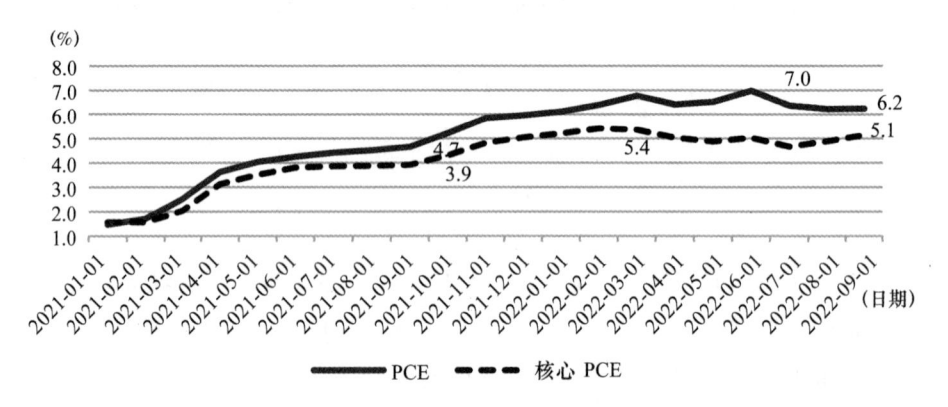

图 1　美国经济中的 PCE 和核心 PCE 的变化

说明：从近期公布的美国居民家庭债务和信贷情况的重点内容来看，居民家庭资产负债表具有支撑通胀韧性的基础。

首先，从美国居民的债务存量和阶段性变化来看，疫情以来在低利率的刺激下，美国居民债务增长明显快于 2013 年第三季度以来居民加杠杆至疫情前的时期。表 1 显示了 2019 年第四季度至 2022 年第三季度美国居民家庭债务增量 2.36 万亿美元，与 2013 年第三季度至 2019 年第四季度的 2.865 万亿美元的增量相比，年度债务量增长明显上升。其中，2019 年第四季度至 2022 年第三季度美国居民家庭债务抵押贷款增量 2.112 万亿美元，明显高于 2013 年第 3 季度至 2019 年第四季度的 1.66 万亿美元的增量。抵押贷款在疫情前占据了所有债务总量的约 70%，但在疫情暴发后的近 3 年时间里，抵押贷款增量占据了所有债务增量的近 90%（89.5%），由于抵押贷款大多是固定利率，在疫情后的加杠杆周期中，大部分抵押贷款的利率都处于历史低位。

表1　美国居民家庭债务存量及几个阶段的债务量变化

（单位：万亿美元）

	抵押贷款	房屋净值循环信贷	汽车贷款	信用卡	学生贷款	其他	总计
2019Q4—2022Q3	2.112	-0.068	0.193	-0.002	0.066	0.059	2.360
2013Q3—2019Q4	1.660	-0.145	0.486	0.255	0.481	0.128	2.865
2013Q3—2022Q3	3.772	-0.213	0.679	0.253	0.547	0.187	5.225
2022Q3（存量）	11.67	0.32	1.52	0.93	1.57	0.49	16.51

资料来源：New York Fed Consumer Credit Panel/Equifax。

2022年第三季度，新发行的抵押贷款债务为6330亿美元，在经历了两年的历史高额抵押贷款发行后，第三季度的发行量接近于疫情前的水平，这主要是由于美联储加息带来了利率的大幅度上扬。即使接近疫情前的水平，但由于利率明显高于疫情前，说明美国居民家庭对抵押债务的需求还是比较有韧性的。其中一个重要原因是疫情以来美国房屋建设速度下降，目前房屋库存量只有疫情前的40%多一点。

其次，从持有债务的年龄阶段来看，疫情以来，30—49岁居民的负债率出现了明显上升，而30岁以下及60岁和60岁以上的居民减少了债务持有，50—59岁的居民变化不大。2013年第三季度美国居民开始加杠杆，开启了次贷危机以来的加杠杆周期。图2显示了相比2013年第三季度至2019年第四季度，2019年第四季度以来，30—39岁的居民的债务占比上升了2.4个百分点，40—49岁的居民的债务占比上涨了9.1个百分点。此轮美国居民债务上涨的承担主体是30—49岁的人群，占所有居民债务余额的57.1%。这部分人群恰恰是对住房有需求的重点人群，处于人生就业和发展的好光景，是收入最有保障的人群，也是偿债能力最强的群体。

同时，相比2019年年底疫情以前，18—29岁的居民债务占比下降了4.2个百分点，反映了因学校停课和公共服务贷款减免计划而导致的部分债务偿还。60—69岁的居民债务占比下降了4.2个百分点，70岁及以上居民债务占比下降了4.4个百分点，反映了疫情带来退休后居民对未来财产性收

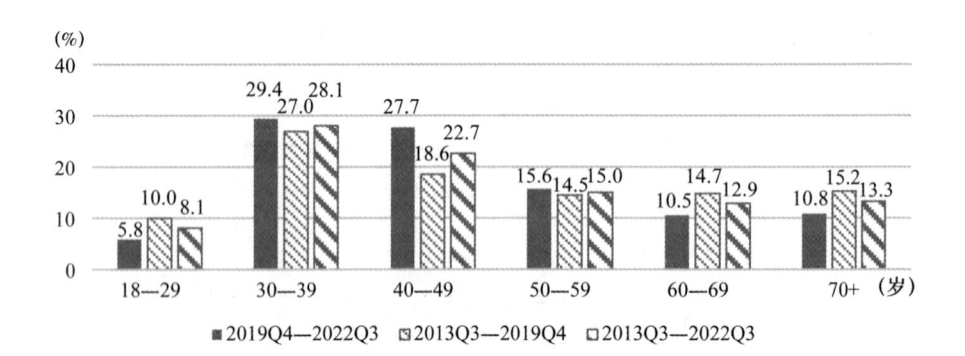

图 2　2013 年以来美国不同年龄组居民持有债务余额占比

资料来源：New York Fed Consumer Credit Panel/Equifax。

入减少的心理冲击，借贷意愿下降。

再次，从不同年龄和持有债务的类别来看，30—59 岁居民抵押贷款成为债务最主要的来源，这也是在低利率成本刺激下推动美国房市价格在疫情以来较大幅度上涨的基本原因。截至 2022 年第三季度，30—59 岁居民抵押贷款数量达到 8.35 万亿美元，占整个抵押贷款市场的 71.6%。30—59 岁居民债务占总债务 16.5 万亿美元的比例大约为 70%。

表 2　按产品类型和年龄划分的债务数量

（2022Q3，单位：万亿美元）

	18—29 岁	30—39 岁	40—49 岁	50—59 岁	60—69 岁	70 岁
汽车贷款	0.20	0.34	0.35	0.31	0.19	0.10
信用卡	0.07	0.17	0.20	0.21	0.16	0.12
抵押贷款	0.53	2.56	3.12	2.67	1.76	1.02
房屋净值循环贷款	0.00	0.02	0.06	0.08	0.08	0.07
学生贷款	0.34	0.50	0.35	0.23	0.11	0.03
其他	0.03	0.09	0.12	0.12	0.08	0.05

资料来源：New York Fed Consumer Credit Panel/Equifa。

最后，从美国居民因为还不起债务而破产的人数来看，次贷危机爆发后，2010年第二季度美国居民破产人数达到峰值，为61.9万人，高失业率导致了破产人数主要集中在30—59岁的人群。到疫情前的2019年第四季度下降至20.2万人，说明美国居民财务状况有明显改善，这一点与BIS提供的美国居民债务服务比例的下降一致。次贷危机爆发，美国家庭也经历了明显的去杠杆过程，这个去杠杆的过程一致延续到2013年第三季度。依据BIS的数据，2013年第三季度美国家庭和为家庭服务的非营利机构（Households and NPISHs）债务服务比例为8.4%，相比次贷危机爆发时2007年的第二三季度的高点11.6%下降了3.2个百分点。此后，尽管美国居民再次进入加杠杆周期，但债务服务比例一直下降到2021年第三季度的低点7.1%，截至2022年第一季度上升至7.5%，仍然处于比较低的水平。2022年第三季度美国居民破产人数只有9.7万人，比2022年第一季度有所上升，但仍处于历史的低位（见图3）。

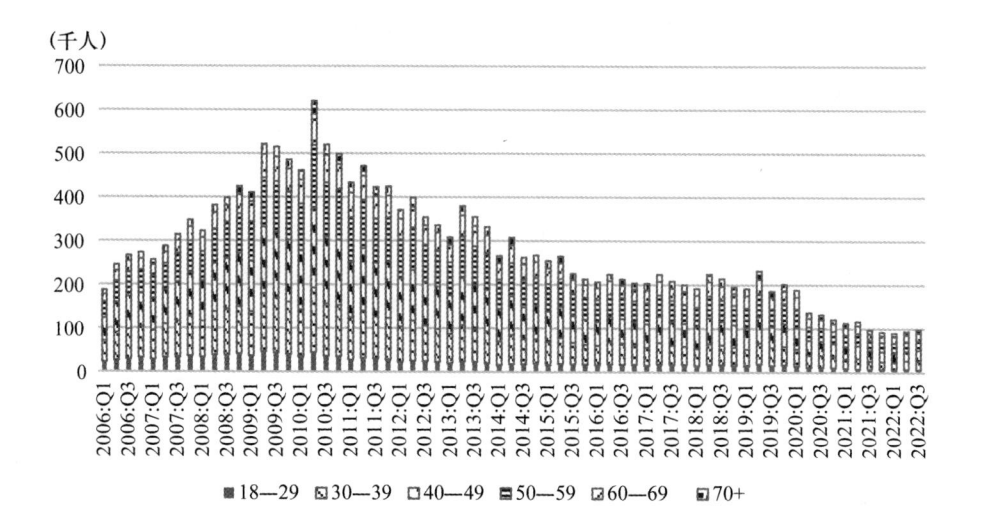

图3 2006年以来美国居民不同年龄段的破产数量

资料来源：New York Fed Consumer Credit Panel/Equifax。

疫情以来，美国居民财务状况的相对改善，2020年主要是靠财政转移支付，2021年部分靠财政转移支付，2022年以来主要是靠劳动力市场收入，2022年10月美国失业率为3.7%，2022年以来用工成本的名义上涨幅度大约5%。

随着美联储激进紧缩，美国居民债务违约率出现了上升。相比2021年第三季度，2022年第三季度90天及以上期限的债务违约率出现了一定的上涨，总体违约率从0.70%上升至0.94%。其中，抵押贷款债务违约率从0.27%上升至0.50%；汽车贷款债务违约率从1.57%上升至2.02%；信用卡债务违约率从3.24%上升至3.69%。违约率的上升也说明了债务消费出现了一定的降温。

利率快速上升增加了居民新借贷的成本，债务消费会逐步降温。由于大多抵押贷款是固定利率，加息后的成本上涨会在边际上减少居民的新信贷。从美国居民家庭的财务状况和当前的劳动力市场来看，对美国通胀（PCE）的韧性形成了支撑，美国通胀率的下行一方面随着基数抬高会出现下降；另一方面目前的环比增幅超过0.2%表明美国通胀的韧性依然比较强。

美联储货币政策操作新框架：
兑现美元霸权收益的结果

11月21日

次贷危机和疫情冲击两次大危机改变了美联储传统的货币政策操作框架，美联储由传统的稀缺准备金—利率操作框架变为利率与资产负债表操作框架。这一变化的基础是，美联储利用美元霸权体系大规模购买美国国债释放流动性，导致存款机构在美联储的存款（准备金）以及市场流动性的急剧增加。为了保证利率的一致性，美联储推出了准备金利率（IOR）作为银行系统的利率下限和公开市场逆回购利率（RRP）作为非银行机构利率下限的"双下限"利率方式来帮助形成美联储的联邦基金利率（EFFR）区间，但在实践中由于EFFR高于IOR会损害准备金架构，IOR更多时候承担了EFFR上限的作用。IOR和RRP支撑美联储将EFFR控制在一定的目标区间，从而保证了EFFR的变动能够传递到市场上的银行和非银行金融机构，从而全面调节整个市场的资金成本，发挥联邦基金利率刺激和收紧政策的效果。同时，大量准备金有助于银行体系的稳健性，大量的非准备金类的流动性也有助于市场在成本较高时满足流动性需求。利率与流动性一定程度的分离管理成为美联储货币政策操作新框架的特点。形成上述操作新框架的基础是美联储大规模购债，美国利用美元霸权体系实施财政赤字货币化。由于国债占据了美联储购债的大部分，而美国国债是美元霸权体系全球循环的底层资产，美联储货币政策操作新框架的形成本质上是兑现美元霸权收益的结果。

我们先构思一个简单故事来帮助理解美联储货币政策操作新框架：这个故事就是次贷危机以来美联储货币政策的两次大宽松和收紧，只是这一次的收紧力度比前一次要大很多，其中原因之一是这一次货币宽松（放水）更猛。

通常，美联储宽松大家叫放水。次贷危机爆发，美国这个村子干旱了，村子里的人很渴，急需水。美联储就打开闸门放水，但美联储并不能准确知道村子里的人需要多少水才能解渴，那就一直放，并且几乎是免费，直到村子里几乎所有的人觉得水喝得差不多了，美联储开始关上闸门，并开始抽水。随着抽水进程的出现，再喝水就需要交钱，不再免费，但依然保持有水喝。但美联储的水是从哪里来呢？有相当一部分是从其他村子"借来的"，可能还不用还（霸权）。2020年在疫情冲击下，村子里大旱再次来临，美联储故技重演，认为次贷危机时期的放水工作做得不错，这次需要更大行动的勇气。这一次闸门开得更大，水放得更猛，在比较短的时间里放了很多水，直到几乎所有人都有水喝（就业优先），出现了水漫村子的风险（高通胀）。这时候美联储再开始关上闸门，并开始抽水。同样的程序，随着抽水进程的出现，再喝水就需要交钱，不再免费，但依然保持有水喝，就是水快速变得越来越贵了，大家就会节约喝水。同时，美联储还要防止村子里的人利用水来套利，如果从美联储那里有成本的借来水可以倒卖的价格更高，一方面可以套利赚钱；另一方面也妨碍美联储抽水。这就是说，美联储还要负责抽水后村子里的人用水的价格是"公平的"。

故事虽然简单，要做好却不易，存在做不好的风险。首先，大旱来时，美联储无法准确确定村子里需要多少水是最优的。学术上称之为寻找最优货币需求函数。两次量化宽松美联储应该很难寻找到最佳放水量，或者说美联储在危机时期被迫放弃了对最佳货币需求函数的寻找，只是通过观察村子里是否会出现喝水过量，或者水漫村子（出现通胀）的现象出现，再决定是否抽水以及以什么样的速度抽水〔学术上称为无LM曲线的货币政策，主要是Romer（2000）和Taylor（2000）提出的无LM曲线的宏观经济学 IS–MP/IA 模型]。其次，抽水数量相对于放水数量来说，比例不算高。次贷危机后美联储只抽回了放出的约12%的水，即美联储缩表规模占其扩表规模的约12%，村子里的水存量大幅度增加了。最后，开始抽水后，村子里的人再需要喝水，交费的高低是美联储确定的，而且这个费用会在短期可能变得很贵，但仍然有水喝。换言之，村子里的水量变动和价格变动是不成比例的，流动性与利率存在一定程度的分离管理。

美联储是如何操作的？我们需要从次贷危机之前的情况入手，来对照美联储反危机货币政策新框架的操作。

次贷危机之前，存款机构（银行）在美联储的存款（称为准备金）数量很少，2006年年末的时候不足128亿美元。在这之前美联储的货币政策操作是在稀缺准备金的背景下完成的，银行的流动性要依赖于银行间货币市场存款的状况，并在银行间配置流动性。准备金稀缺说明只要准备金有一点变动，就足以影响市场流动性及利率的波动。或者说，准备金对利率的变动敏感，准备金的一点变动就可以影响联邦基金利率，从而起到调控经济的效果。在稀缺准备金框架下，存款机构或银行被激励尽可能少地持有准备金形式的资产，因为它们不会从美联储的账户余额中赚取准备金利息，美联储不为银行存在美联储的准备金付息。

次贷危机之前，美国经历了长达20年的"大缓和"周期，每一次准备金或者利率的小幅变动成为美联储驾驭经济风向的工具，货币政策的泰勒规则是货币政策操作流程的典型代表，利率对产出缺口和通胀缺口负责。准备金—利率框架是次贷危机之前货币政策操作框架：当利率高的时候，银行准备金需求就变少，因为银行要去投资赚钱，不愿意把钱存在美联储（没有利息，但要满足法定准备金要求）；当利率很低时，准备金需求就会多，因为银行赚钱机会少，存多一点在美联储也无妨。

2008年次贷危机的爆发，为了防止市场出现流动性塌陷，美联储引入了流动性工具——大规模的资产购买（LSAF）来改善市场流动性状况，并刺激经济。美联储大规模购买债券（国债和MBS）通过债券—现金置换，使得银行持有的债券变成了大规模的现金流动性。购买国债数量更多，国债是美元霸权体系循环的底层资产,也被称为安全资产,是美元霸权体系运行的根基。同时,2008年10月1日起,美国国会授予美联储一项新工具——向银行支付准备金利息的权力,被称为准备金利率(IOR)。这样一来,在存款机构获取大量的流动性后,存在美联储可以获取利率报酬,美联储资产负债表的负债方出现了大量的存款机构的存款(准备金),使得美国货币政策操作框架发生了巨大变化:可以依靠短期利率和资产负债表操作来执行货币政策意图。从图1可以看出,2008年之后存款机构在美联储的存款数量急剧膨胀,经过2008—2014年大规模扩表后,在2014年占美联储总负债的比例达到峰值58.61%。随着2015年年末的加息和缩表,这一比例有所下降,到2019年下降至39.94%。2020年对冲疫情的激进大规模资产购买,这一比例在2021年也达到了46.35%,截至2022年11月17日,这一比例下降至37.01%。

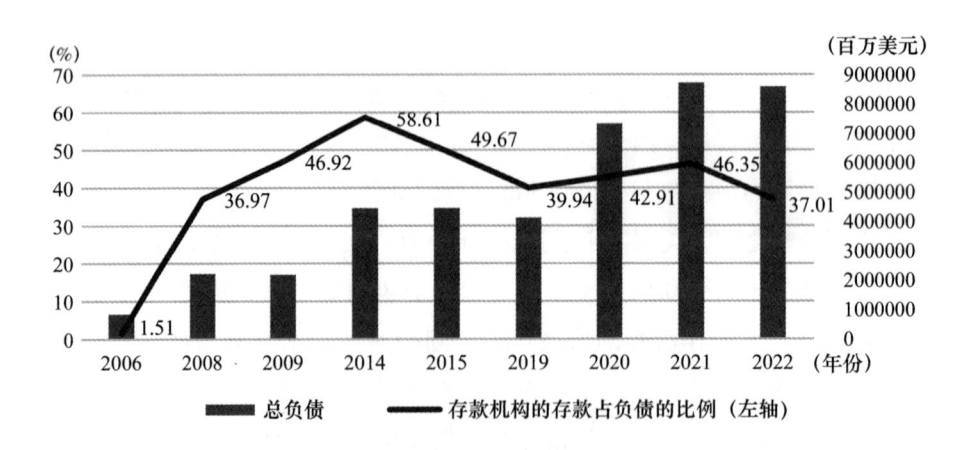

图1 存款机构的存款占美联储总负债的比例

说明:2022年是11月17日的数据,其余均为年末数。

资料来源:美联储历年资产负债表。

尽管这一比例下降,但由于美联储总资产规模的快速扩张,总负债以相应的规模扩张(因为美联储自有资本部分规模很小,总负债规模基本接近于总资产规模），存款机构在美联储的存款数量急剧膨胀。2009年年末接近8200亿美元，这是2006年年末的64倍。到次贷危机扩表结束的2014年年末达到了2.61万亿美元。峰值出现在2021年年末，达到了4.04万亿美元，截至2022年11月17日，接近3.18万亿美元。两次大的危机冲击，使美联储持有存款机构的存款数量出现了惊人的增长。因此，美联储大规模购买国债等导致银行体系现金的急剧增加，因为美国国内的银行及其他机构的投资者持有美国国债数量的70%，总规模超过20万亿美元。如果采用可以市场交易的国债数量来看，目前的规模也应该在17万亿美元左右。美联储通过大规模购债实现了与银行等机构之间大规模的债券—现金互换。

次贷危机之前，美联储不依赖资产负债表的变动来调节流动性，而是以短期利率的变动来调节经济。因为当准备金不足时，储备余额供应的微小变化就足以引起市场流动性的变化，并导致利率的大幅波动。同时，美联储对市场流动性的需求预测不会很准确，这就容易出现单一利率工具很难反映特殊时期（尤其是危机时期）市场对流动性的真实需求。但当准备金变得足够充足时，银行体系不缺乏流动性，利率对储备金的变化变得不敏感，在这种情况下很难通过单一的联邦基金利率变化来调节市场流动性。

为了满足市场流动性真实需求问题，并且能够在大规模流动性背景下通过流动性成本来反映美联储货币政策的松紧意图，美联储采用了短期利率和资产负债表管理双重工具来操作货币政策。这一货币政策操作的显著特点是：体现出流动性与利率分离管理的危机时期货币政策实践。具体包括以下几个方面。

第一，设计双重利率下限，确保不同机构利率的一致性。

流动性与利率分离管理要求在存在大量准备金以及其他机构持有大量流动性的条件下，保持美联储希望的利率水平。如果美联储提高联邦基金利率，由于大量的准备金以及市场流动性，联邦基金利率不一定能够完整传递到整个市场利率上，由此美联储使用了两个工具来确定利率下限。第一个是存款机构准备金利率（IOR）。2008年10月之后创造的准备金利率（IOR）适用于存款机构（银行）在美联储账户中持有的准备金余额的利息，IOR是银行体系的利率下限。另一个是非银行机构的利率下限，即逆回购协议利率（RRP）。由于美国是市场主导型的金融体系，仅仅确立银行利率下限是不够的。美联储大规模使用一种创造性的补充工具，即以规定的发行利率向广泛的交易对手提供隔夜逆回购协议（RRP），通过公开市场业务操作来完成。逆回购协议的交易对手包括未拥有准备金权力的大量非银行市场参与者。只要美联储逆回购交易的对手足够多，从而使得整个货币市场利率的下限被锁定在逆回购协议的利率水平。即使是RRP的交易量为零，也可以确保交易对手要求其他投资利率至少与美联储逆回购提供的利率具有同样吸引力，从而强化整个市场的利率下限。

可见，为了确定整个市场的利率，美联储使用了双下限。按照纽约联储分行的解释，美联储通过设定准备金余额利率（IOR）来管理隔夜利率，IOR是支付给存款机构（主要是银行）的联邦储备银行余额利率，而RRP通过提供一系列没有资格获得IOR的金融机构，提供了隔夜利率的下限。因此，IOR和RRP共同设定了隔夜利率的下限。低于该下限，银行和非银行金融机构都不愿意将资金投资于市场。通过确定IOR和公开市场操作（管理RRP）就可以将联邦基金利率（EFFR）维持在美联储希望的目标范围之内。

第二，大量准备金架构导致了IOR在很多时候变为上限。

在原则上，联邦基金利率不应低于IOR，否则存款机构就存在以联邦基金借贷的同时存进美联储的账户，套取两者之间的利差，或者说存款机构没有动机以联邦基金利率在货币市场上从事借贷，因为放在储备账户上赚得更多。但实际上由于存在市场摩擦，联邦基金利率可能是低于IOR的。比如，当EFFR很低时，IOR可能高于EFFR，多余的流动性就会进入美联储，有助于银行获得一些利润。反之，在EFFR很高的时候，IOR就可能低于EFFR，这时候银行就不愿意把准备金存在美联储，需要释放一定的市场流动性去投资赚钱。IOR在不同情况下与联邦基金利率之间存在不同关系，可能在联邦基金利率之上，也可能在其之下，但两者差别不大。在这个意义上，IOR更像是一个充当在银行和市场之间流动性润滑剂的调节利率。在大多数情况下，两者变动方向是一致的，差距也很小，这就限制了市场利用 IOR 和 EFFR 之间利差进行套利的空间。

可见，不管存款机构有多少准备金，IOR 被确定，存款机构利率下限就被确定；不管非存款机构有多少流动性，只要 RRP 被确定，整个非存款机构利率下限就被确定。在存款机构有大量储备金和非银行拥有大量流动性的背景下，流动性与利率之间的分离特征由此而来：不管你有多少流动性，美联储都可以固定你的利率成本下限。这不再是次贷危机之前通过稀缺准备金调整来影响联邦基金利率的框架（或者说准备金—利率框架）。

为什么套利限制使准备金利率（IOR）成为 EFFR 的上限？因为如果 EFFR 一直显著高于 IOR，那么准备金制度就会失效，因为银行会把准备金都拿出来在货币市场上赚取更多的投资收益。这显然不是美联储愿意看到的，这是因为充足的准备金是银行体系稳健的重要标志。

实践中，美联储设计的"双下限"最后实际变成了 EFFR 的"上下限"，但彼此之间的差距很小，在剔除交易费用之后，不存在明显的套利空间。这样一来，IOR 和 RRP 帮助形成的隔夜利率就处于美联储想要的联邦基金利率区间之内。

美联储货币政策实施新框架相当简洁、粗暴。从纽约联储的逆回购规模来看，从 2014 年以来出现了明显的增加，这种状况一直持续到 2018 年，此后逆回购规模很小，很多时间没有逆回购。2021 年 4 月之后，逆回购规模不断上升，尤其是 2022 年 5 月以来，每日的逆回购规模超过 2 万亿美元。

由于在原则上，联邦基金利率不应低于 IOR，在这种情况下，存款机构没有动机以联邦基金利率在货币市场上从事借贷，放在储备账户上会赚得更多。这时候美联储就会加大逆回购规模，降低市场的流动性，直到市场 EFFR 和 IOR 之间收敛。当两者收敛或者 EFFR 略超过 IOR 时，美联储不需要通过逆回购来调整市场利率，图 2 逆回购规模和实际中 EFFR 与 IOR 走势比较好地说明了上述情况：当 EFFR 持续低于 IOR 时，美联储会采用逆回购（RRP）来回收市场流动性，迫使 EFFR 逼近 IOR。由于从 2021 年 7 月底起，美联储只提供了准备金利率的不连续数据（在这之前分准备金和超额准备金两类提供），从2021年5月以来，IOR再次超过了EFFR，美联储从2022年3月17日加息以来，IOR和EFFR之间的利差始终控制在7个BP，美联储也加大了逆回购规模，收紧市场流动性，包括非银行机构的流动性，从而使银行体系的IOR与EFFR之间的利差保持恒定且利差空间小，降低银行体系利用IOR和EFFR之间利差套利的可能性。否则，非银行机构可以通过货币市场以EFFR资金借入大量的流动性进入银行，再通过IOR和EFFR之间的差距获取套利。当然，实践中EFFR也不能长时间超过IOR，这会损害准备金制度和银行体系的稳健性。

第三，新操作框架有助于银行体系稳健性和保持市场流动性。

次贷危机之前，在储备需求与利率之间的反向关系调控框架下，美联储需要确定目标准备金数量来匹配目标利率，这只有在利率与准备金之间存在很强敏感性关系时才能成立。由于储备金稀缺，银行体系的弹性小，应对冲击的能力弱，这也是次贷危机爆发后对美国金融系统产生剧烈动荡的重要原因。

反次贷危机使得美联储充分认识到这一框架的缺陷性，从而采取了大规模购债向市场注入流动性，导致存款机构准备金规模急剧增长。2020年为了应对疫情冲击，美联储再来一遍，导致准备金规模巨大，截至目前仍然超过3万亿美元，这使利率与流动性的分离管理成为可能。美联储使用IOR和RRP确定整个市场利率下限，同时保持了银行体系足够的流动性，存款机构在美联储规模巨大的存款也增强了美国银行体系的弹性。两次大危机的冲击改变了美联储货币政策实施框架，货币政策实施框架从一个要求储备稀缺性来调节利率的框架转变为一个主要依赖管理利率，辅助以资产负债表管理的框架，并存在利率与流动性一定分离的特征。

这种流动性与利率分离管理的货币政策操作框架也带来了好处：由于银行系统存在大量的准备金，允许美联储向银行系统提供更多最具流动性的资产储备，整个银行体系的弹性增强。准备金是银行的一项重要资产，也是高质量流动资产（现金），在处置和应对风险管理中具有重要的缓冲作用，可以立即用来进行支付。这也是目前美国银行系统保持比较稳健的重要原因，应对风险冲击的能力增强了。

  总体上，上述操作新框架形成的基础是美联储大规模购债，由于国债占据了美联储购债相当大的部分，而美国国债是美元霸权体系全球循环的底层资产，因此，美联储货币政策操作新框架的形成本质上是兑现美元霸权收益的结果。

美元指数是如何影响其他货币升值和贬值的？

11 月 24 日

2022年以来，截至11月23日，在美联储激进加息方式下，美元指数出现了11.5%的涨幅，全球许多货币兑美元出现了贬值。那么美元指数作为一个国际金融市场上的货币金融指数是如何影响其他货币升值或者贬值的？

浮动汇率制度下，全球货币没有锚定物，这与1971年之前布雷顿森林体系固定汇率制度下的美元与黄金挂钩不同。产生于1973年的美元指数是用其他货币来为自己定价的。最初美元与10种货币之间的汇率加权平均而成，通过货币权重构造一个美元指数。1999年欧元诞生后，几个货币并入欧元，美元指数就和6种货币定价，这就是2022年我们看到的美元指数构成由欧元（57.6%）、日元（13.6%）、英镑（11.9%）、加元（9.1%）、克朗（4.2%）和法郎（3.6%）六种货币组成，通过几何平均加权值来计算，基期=100（1973年3月）。美元指数显然不是一个贸易指数，而是一个主导国际金融市场币值定价的金融指数。

美元选择性地采取了其他货币为自己定价的方式，构造美元指数来表达美元相对于上述6种货币的强弱，美元指数上涨美元走强，通常指数在100以上就可以认为是强美元，反之在100以下可以认为是美元走弱。需要注意的是，美元走强或者走弱并不完全是由美国的经济状况和宏观政策所决定的，同样要取决于美元指数中经济体的经济状况和宏观政策。

举个例子来说，美国由于经济过热，有通胀，需要加息，美元并不一定必然走强，这要看给美元定价的美元指数中其他货币是否也存在加息的情况，开放条件下的利率平价是无法解释这一问题的。因此，在美元指数的相对定价中，存在正向和逆向两种相对价格形成机制。正向的货币相对价格形成机制为：美国国内宏观政策决定美元利率和流动性，影响国际金融上美元相对于美元指数中6种货币的走势，从而决定了美元指数的走势。逆向的货币相对价格形成机制为：美元指数中6种货币构成了美元名义相对价值的定价篮子"锚"，尤其是欧元占据了57.6%的权重，欧元区的利率和流动性影响金融市场上欧元相对于美元的走势，从而在较大程度上影响美元指数的走势。当然，美元指数篮子中的其他货币也可以影响美元指数走势。

那么我们就很容易理解为什么在美联储加息周期中，并不是每个加息周期美元指数都会走强。图1给出了美联储联邦基金利率与美元指数的走势关系，可以清晰地看出，在美元指数产生以来的7次美联储加息周期中，只有4次美元指数是走强的，3次是走弱的。1973年1月至1974年7月，联邦基金利率从5.94%上升至12.92%，美元指数从109.01下降至100.54；1993年10月至1995年4月，联邦基金利率从2.99%上升至6.05%，美元指数从95.01下降至81.92；2003年12月至2007年2月，联邦基金利率从0.98%上升至5.26%，美元指数从86.92下降至83.60。图1也显示了美元的升值周期中美联储没有调整利息的现象，典型的是2013年12月至2015年11月，这期间联邦基金利率基本维持在零利率（在0.09%—0.12%之间），但美元指数从80.2上涨至100.24。

上述情况说明，美联储的紧缩政策并不一定必然导致美元走强，根本原因还是美元是用篮子货币来定值的，篮子货币本身的变化会逆向影响美元指数。以2013年12月至2015年11月为例说明，2015年年底美联储才开始加息，为什么从2013年就开始升值，当然2013年的Taper是重要原因，另一个重要的原因是欧元疲弱，反过来映射出美元走强。欧洲债务危机之后，欧洲经济步履维艰，欧洲央行从2014年开始了一轮大规模的扩表，直到2016年才结束。欧元供给的增加以及低利率导致了美元被动

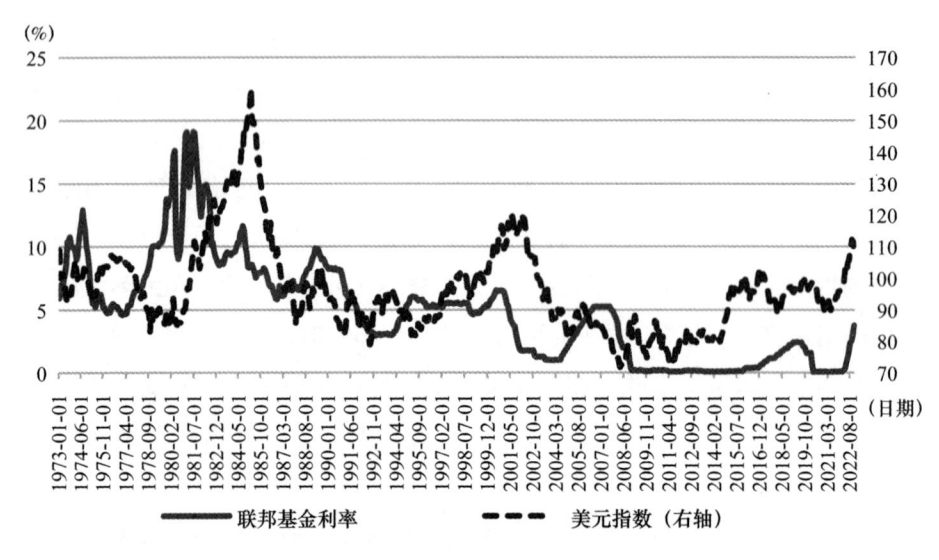

图1 历史上联邦基金利率与美元指数的走势

资料来源：联邦基金利率来自美联储；美元指数（收盘价）来自Wind；均为月度数据。

走强。

非美元指数中经济体在美元指数走强时大多也会出现贬值。这其中的传递机制是什么？大概有两类情况。

第一类情况是利率机制。在美元加息导致美元走强的背景下，如果非美元指数篮子中的货币不加息，或者加息幅度不及美元加息幅度，或者降息，在资本市场开放的条件下，利差的变化会导致其货币兑美元贬值。这与美元指数中的货币与美元之间定价的作用机制基本是一致的，是利率汇率机制发挥了作用。

第二类情况是流动性机制。在美元不加息，或者降息的过程中美元指数走强。这种情况是前面所讨论的，美元指数由于其篮子货币弱而被动走强。这种情况下，美元指数走强为什么会影响其他货币贬值呢？直接的原因是，美元指数走强，美元资产相对于美元指数篮子货币中的资产更有投资价值，国际上管理投资组合的机构投资者手上的美元就会回流美国，追逐美元资产。美国境内的股市、债市及其金融衍生品市场规模巨大，是最重要的国际金融市场,成为短期资金回流美国的蓄水池。这样一来,美国境外美元减少,即使一国货币与美元利率差距没有变化,组合资金外流也会导致其货币有贬值压力。

可见,美元指数走强导致其他货币贬值,既存在利率渠道,也存在流动性渠道。在跨境资本流动中,可以分为拉动因素(pulling factors)和推动因素(pushing factors)。拉动因素是指资本流入国本国经济导致的资本流入因素,而推动因素是指资本流入国之外导致资本流入的因素。美元指数走强导致一国资本外流是推动因素,但这种推动可能并不是由于美国本身宏观政策改变导致的美元走强所致,而是由于美元指数中经济体经济状态下滑,其货币走弱导致美元走强所致。

美元指数本质上是一个国际货币体系定价利益集团,美元指数反映美元与美元指数篮子货币中币值的兑换关系,这个利益集团主导了全球金融市场的货币定价权,也影响了其他经济体币值的变化。

如果我们把每一种货币看作一只货币股票,国际金融市场上的货币(外汇)市场看作货币股票市场,全球有170多种流通货币,但反映这个市场走势的美元指数只由六种货币股票构成,其余的货币不进指数。不同的是,美元指数走强代表其他货币股票承压。如果一只货币股票足够好,在这个市场上的市值(交易额)也越来越大,那么这只货币股票可以在美元指数走强的时候,依然升值,就会压制美元指数上涨,因为离开美元指数中经济体的美元不用全部流入美元资产,而会部分流入这只货币股票。如果一只货币股票足够好,但在市场上交易的规模小,这只货币股票也无法影响美元指数的走势,因为这只货币股票只能吸纳很少的资金。结果会出现,美元回流美国导致美国资产价格上涨,也会吸引本来应该投资这只足够好的货币股票的美元也回流美国,流动性变化给这只货币股票带来向下的压力。

可见,随着经济多极化的发展,国际市场上可以交易的货币增多,但美元指数构成一直不变。道理很直接,一旦反映全球货币市场的美元指数纳入一只优质的货币股票,美元指数上涨的概率会下降,因为篮子货币中始终有比美元强的货币；美元指数上涨的幅度也会下降，因为这只货币股票会冲减美元指数上涨幅度；美元指数下跌的幅度则会加大，因为这只货币股票会加大美元指数下跌幅度。

美元指数充分反映了国际货币体系定价利益格局的政治经济学。

2023年美欧经济都难,但欧元区更难

11月28日

从10月以来主要国际机构对美欧经济的预测来看,2023年美国和欧元区经济都面临明显的下行压力。联合国预测2023年美国经济和欧元区经济增速分别为0.9%和0.6%。IMF预测2023年美国经济和欧元区经济增速分别为1.0%和0.5%。近期OECD对2023年美国和欧元区经济增速预测均为0.5%,且明年欧元区通胀率高达6.8%,远高于美国的3.5%。

2023年美欧经济都难,但欧元区更难。我们认为主要有三大原因导致了欧元区更难。

一 通胀差异决定货币政策错杀需求的程度存在差异

从美欧通胀来看,供应链瓶颈、能源和食品价格的冲击都是推动美欧通胀的因素。但从最近几个月的情况来看,美国通胀率和核心通胀率之间的差距明显收窄,存在收敛的趋势。6月以来美国通胀率(CPI)连续4个月下降,6—10月CPI同比涨幅分别为:9.0%、8.5%、8.2%、8.2%和7.8%;不包括能源和食品的核心CPI在6—10月同比涨幅分别为:5.4%、5.6%、6.0%、6.4%和6.4%。依据BEA的数据,6—9月以PCE衡量的美国通胀率同比增幅分别为7.0%、6.4%、6.2%和6.2%,6—9月核心PCE同比增幅分别为5.0%、4.7%、4.9%和5.1%。无论从CPI,还是美联储重

点关注的 PCE 来看，通胀率与核心通胀率之间的差距明显收窄，说明能源及食品价格对美国通胀的贡献率快速下降。目前的高通胀依然与供应链瓶颈有关，依据美联储纽约分行的数据，10 月全球供应链压力指数为 1.0，仍然显著高于疫情前接近零的水平，但相比 2021 年年底 4.3 的峰值已经大幅度下降。目前美国高通胀主要来源于美国经济总需求，劳动力市场的紧张状态及名义工资的上涨。因此，美国货币政策需要持续紧缩，放缓总需求控制通胀，目前的低失业率也给了美联储持续紧缩的底气。

欧元区通胀率目前难言见顶。依据 ECB 的数据，10 月 HICP 同比涨幅达到 10.6%，核心 HICP 同比涨幅为 6.4%，通胀率与核心通胀率之间差距依然很大。2022 年 6 月以来，欧元区通胀率与核心通胀率之间的差距尚没有出现收窄的迹象，这说明欧元区的通胀受到能源和食品价格的冲击依然很大（见图 1）。

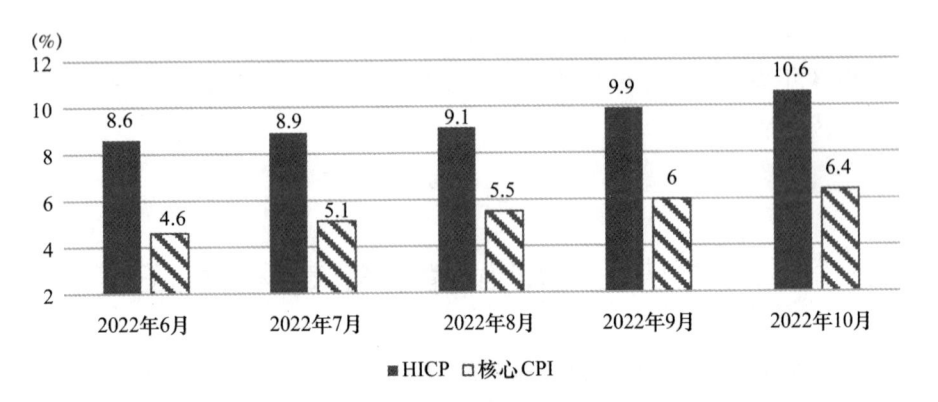

图 1　欧元区通胀率（HICP）和核心通胀率（同比）

资料来源：ECB。

美国和欧元区通胀率与核心通胀率之间的差距变化，表明美欧通胀的性质存在显著差异，如果用紧缩的货币政策来降低通胀，欧元区要把通胀率降下来，必须要承受对总需求更大紧缩带来的经济下行压力。几大国际性机构预测欧元区 2022 年的经济大多在 3% 以上（IMF 在 10 月预测为

3.1%，OECD预测为3.3%，UN的预测为2%），但明年增速大幅度下降，也预示着欧洲央行控通胀必须对需求造成更大的错杀。同时，能源和食品价格冲击类的通胀对欧洲央行的紧缩敏感度不高，欧元区的通胀治理难度比美国的通胀治理难度要大得多。

二 欧元区的财政政策会对货币政策控通胀产生损耗

美国已经退出了疫情财政支持政策，财政政策回归常态化。2022年的财政赤字规模只有2020—2021年年度赤字规模的1/3强一点。欧洲面临的情况差异很大，欧洲能源和食品价格的高企，导致处于收入底层的居民在能源、食品价格的支付上出现了困难。英国在采取400亿英镑的能源补贴帮助企业的政策后，9月23日英国政府宣布价值450亿英镑的历史性一揽子减税计划，结果市场预期会出现更高的通胀，债市收益率大涨，英国债市出现风波，金融稳定性受到严重威胁，导致英国央行被迫出手购债救市。英国2022年9月出现的财政与货币政策背离是一个典型的例子，这会造成对货币政策控通胀的耗损。

欧元区也是如此。欧元区一方面面临财政政策支持保护社会中最脆弱的群体免受能源和粮食价格冲击的影响；另一方面各国政府必须避免过度扩张的财政政策，这会加剧通胀，并加重政府债务负担。疫情以来，欧元区公共债务/GDP的比例已经上涨了约10个百分点，2022年第二季度政府债务占GDP的比例已经达到了94.2%。从目前情况看，一些经济体，比如德国在10月宣布了提供2000亿欧元的巨额能源补贴，其中1000多亿欧元用于家庭和企业，主要是补贴电费和天然气费，其余用来补贴能源公司，这让陷入困境的德国天然气用户和供应商的压力得到了缓解，但在欧盟内部激起了众怒。欧盟委员会批评德国和其他几个欧盟国家为解决能源价格高企问题而采取的财政措施过于宽泛，没有针对性地帮助那些最容易受到能源成本上涨影响的群体。由于财政补贴过于宽泛，针对性不够，主要是针对消费而不是投资，这可能会降低企业和家庭减少消耗能源的激励。欧元区目前需要的主要是两类财政政策：首先是有针对性的方式保护最脆弱的家庭和企业免受能源价格冲击；其次是通过公共投资和结构改革提高潜在增长率和有助于实现能源独立。但在必须先"保命"度过这个寒冬的背景下，财政政策很难从一个长期的视角来优化当前的财政支出。结果，财政政策必然会对货币政策紧缩控通胀带来损耗。为了降低通胀，欧洲央行货币政策错杀需求的概率和程度就会上升。

三 美国居民的家庭资产负债表韧性强于欧元区

依据美联储圣路易斯分行的数据，次贷危机美国经济衰退时期（2018年Q1至2019年Q3），美国居民债务/GDP比例的均值为99.4%，截至2021年年底下降至80%，相对于疫情前2019年Q4的77.2%上涨了近3个百分点。次贷危机使美国家庭经历了长期比较严厉的去杠杆过程，债务/GDP比例下降了近20个百分点。11月15日美联储纽约分行公布了2022年第三季度美国居民的债务与信贷季度报告（Quarterly Report on Household Debt and Credit, November 15, 2022），该报告的内容显示美国居民当前的财务状况具有较强的韧性（参见CMF《美国家庭债务状况支撑了美国通胀的韧性》）。依据ECB的数据，欧元区家庭债务/GDP的比例在2009年Q4达到峰值，为65.3%，相比1999年Q1的46.1%上涨了近20个百分点。2009年Q4之后，欧元区家庭债务/GDP的比例也出现下降，疫情前的2019年年末下降至57.4%，2021年Q2上升至62.2%，截至2022年第二季度下降至58.7%。因此，从家庭债务/GDP比例来看，欧债危机的冲击没有使欧元区家庭经历较为严厉的去杠杠过程，目前的家庭债务/GDP相比高点仅下降了6.6个百分点。

依据美联储的数据，2022年第二季度美国家庭债务服务支付占可支配收入的比例为9.6%，低于疫情前2018—2019年的季度均值9.9%，也低于

1980年至2022年第二季度的月度均值11.1%。1980—2019年的季度均值为11.2%，高点为次贷危机时期2007年Q3的13.2%。

依据欧洲央行的数据，1999年Q4开始，欧元区居民一直在加杠杆，家庭债务/可支配收入的比例从1999年年末的74%上升至2010年Q4的98.7%，欧洲债务危机之后，欧元区居民也开始去杠杆，在疫情大暴发之前的2020年Q1下降至92.9%，仅下降了约6个百分点。疫情冲击导致欧元区居民杠杆率再次出现上升，2021年Q3时达到96.3%，截至2022年第三季度下降为95.1%。以2022年第三季度的数据为节点，我们可以看出，相对于欧债危机时期欧元区居民杠杆率的峰值，欧元区居民债务/GDP仅下降了3.6个百分点。因此，可以认为欧债危机以来欧元区居民基本上没有经历严格意义上的长期去杠杆过程。

美国居民资产负债表的韧性强于欧元区居民资产负债表的韧性，决定了货币紧缩政策所致的经济下行过程中，美国经济的韧性要强于欧元区的经济韧性。

总体上，美国通胀率与核心通胀率的收敛，欧元区财政政策对货币紧缩控通胀的损耗，以及美国居民资产负债表韧性强于欧元区，决定了美国经济的韧性要强于欧元区的经济韧性。高通胀下货币政策的持续紧缩，美欧经济都难，但欧元区更难。

试图在不确定性中给市场明确预期：
评鲍威尔最新演讲

12月2日

鲍威尔的演讲试图在不确定中给市场明确预期：既要控制住通胀又要美国经济不出现衰退，还要防止金融市场（尤其是国债市场）出现系统性的流动性风险。从演讲中提及的不确定和确定性因素来看，终端利率上限基本浮出水面，风险资产价格向下调整的压力得到了一定的释缓，强势美元还会运行相当长一段时间。

11月30日美联储主席鲍威尔在布鲁金斯学会发表演讲，就美国通胀、货币政策和经济走势等话题发表了自己的看法。他的基本观点是：12月美联储货币政策会议可能会放慢加息的步伐，重申恢复价格稳定还有很长的路要走，可能需要一段持续的低于趋势水平的经济增长时期来抑制需求控通胀。

在通篇演讲中，鲍威尔强调了几个不确定性。

首先，预测通胀的确很困难，存在不确定性。"预测者一直在预测通胀会下降，但通胀顽固地在高位运行。事实是通胀的未来路径依然高度不确定（Highly Uncertain）。"供应链问题在缓解，商品通胀下行，但宣称商品通胀已经被打垮为时尚早。同时，租约重置的速度较慢导致整体住房通胀还在上行，预计住房服务通胀在明年某个时点下降。至于哪一个时点，演讲中未提及。

其次，利率要提高到一个有足够的限制性水平，使通胀率回到2%。至于何种水平是足够的限制性利率水平，存在相当大的不确定性（Considerable Uncertainty）。

最后，劳动力市场供求依然失衡。"疫情期出现了重大而持续的劳动力供应不足，而这种不足似乎不太可能被很快解决"。"在住房以外的核心服务中，工资构成了提供这些服务的最大成本，劳动力市场是理解这一类别通胀的关键。"短期中，鲍威尔认为急需缓和劳动力需求的增长来恢复劳动力市场的平衡，由于空缺岗位依然充裕，缓和程度存在不确定性，这取决于劳动力市场参与情况的变化，目前劳动力市场参与率仍然低于疫情前水平。

在通篇演讲中，鲍威尔也强调了几个确定性。

第一，2%的长期目标通胀率不变。保持价格稳定是美联储的职责，也是美国经济的基石。尽管市场有呼吁修改通胀目标的声音，比如Olivier Blanchard（2022）（It is time to revisit the 2% inflation target, PIIE and Financial Time, November 28）认为，自然通胀率的上升需要调整通胀目标。在市场预期全球通胀中枢上行的情况下，美联储没有修改通胀目标。

第二，最快12月放缓加息。金融市场认为这是"鸽"的信号，纳斯达克指数当日的涨幅超过4%。同时，鲍威尔继上次表态最快12月放缓加息以来，10年期美债收益率出现了明显下降，从11月7日的高点4.22%下降至12月1日的3.53%，减缓了国债收益率过快上行带来的市场流动性压力，美国金融市场持续承压得以缓解。截至北京时间12月1日上午9：40，2022年以来美国股市道琼斯指数只下跌了5.35%，标普500指数下跌了14.47%，纳斯达克指数因为前期疫情科技的过度估值重挫了26.61%。

第三，鲍威尔认为，终端利率水平可能需要比9月会议和《经济预测总结》时的预期高一些（It seems to me likely that the ultimate level of rates will need to be somewhat higher than thought at the time of the September meeting and Summary of Economic Projections）。"somewhat higher"这个词不太好把握，市场可以解读为"略高"，也可以理解为"高一些"。不管理解

为"略高"还是"高一些",可以确定是在9月预测中值4.6%的基础上,5%左右的利率水平有概率成为终端利率水平,这在很大程度上打消了市场对终端利率预期的不确定性。

第四,货币政策需要遏制经济总需求的增长,使得供给匹配需求,要恢复供需平衡可能需要一段持续低于趋势水平的增长期(Below-trend Growth)。从用词来说,鲍威尔认为不会有衰退,尽管增速低于趋势,但还是增长(Growth),并认为2022年美国经济增长非常温和(Very Modest Growth),主要原因是疫情财政的退出、俄乌冲突的全球影响以及货币条件的收紧。

第五,货币政策对经济和通胀的影响具有滞后性和不确定性,迄今为止的快速紧缩政策的全部效果没有完全显示出来。因此,美联储需要时间来观察和校正货币政策的效果。

鲍威尔的讲话大致可以归纳为三点主要内容,具体如下。

首先,不管从哪个角度看,美国的通胀太高了,通胀很顽固,未来变化的路径存在不确定性,尽管通胀已经出现了松动迹象。鲍威尔没有提及美国通胀是否见顶,主要原因是住房服务和非住房服务的价格环比上涨依然超过0.2%,尤其是核心CPI和核心PCE在最近几个月没有呈现出能够观察到的下降趋势。

其次,利率要提高到一个有足够的限制性水平,尽管存在不确定性,但比2022年9月预测的要高一些。

最后,由于劳动力市场失衡,改变很难,限制性利率水平要维持一段时间抑制总需求。

美联储既想要控制通胀又想要避免经济衰退,还要防止金融市场(尤其是国债市场)出现系统性的流动性风险。对国际金融市场来说,终端利率上限基本浮出水面,风险资产价格向下调整的压力得到了一定的释缓。美元指数近期有所调整,但还会在高位运行相当长一段时间,强美元的走势会延续。主要有两大基本原因:美国和美元指数中经济体的利差持续存在;美国经济的预期基本面好于欧元区及英国的经济预期基本面。

通胀性质变化或许增加了
美国经济"软着陆"机会？

12月8日

  通胀性质的变化可能增加了美国经济"软着陆"可能性？供给驱动依然是美国通胀的重要组成部分，但供给冲击的边际作用在近期明显下降。从周期性和非周期性视角来看通胀，近期非周期性因素对通胀因素的贡献率也出现明显下降。这说明美国通胀的边际压力将主要来自总需求。同时，有研究表明2023年美国工资上涨幅度会超过通胀上涨幅度，这也会强化需求成为美国通胀的主要来源。通胀来源的变化给了美联储聚焦总需求控通胀的机会，如果"贝弗里奇曲线"成立，相比供给冲击，价格稳定和充分就业之间的高昂代价权衡可能变得不那么重要了，因为降低了紧缩政策应对供给冲击型通胀可能会过多"错杀"需求的风险，这或许增加了美联储实现经济"软着陆"的机会。

  通胀性质的变化是思考美联储货币紧缩政策的要点。近期美联储分支机构发布了三篇对美国通胀性质的研究。先看一下研究的基本结论。第一篇是Shapiro对美国通胀供给驱动和需求驱动因素的分解（A Simple Framework to Monitor Inflation, Federal Reserve Bank of San Francisco），基本结论是，10月PCE同比上涨5.9%，供给驱动、需求驱动和难以区分的不确定因素分别为2.71、1.90和1.30个百分点（见图1）。供给驱动仍然占据了通胀构成的重要部分，但从2022年6月开始，供给冲击在通胀中构成的重要性明显下降，由 6 月的 3.61 个百分点下降至 10 月的 2.71 个百分点，而需求驱动的重要性要稳定得多，10 月需求达到 1.90 个百分点。

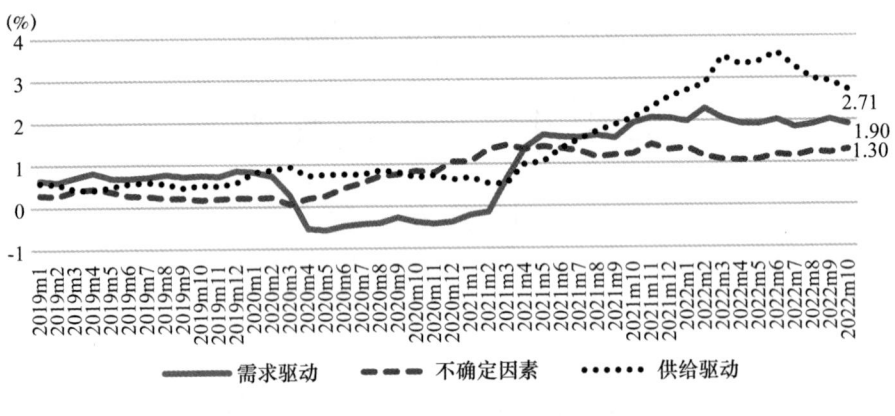

图 1　供给和需求驱动对 PCE 通胀的贡献（年度同比）

10 月核心 PCE 同比增长 5.0%，供给驱动、需求驱动和难以区分的不确定因素分别为 1.73、1.88 和 1.30 个百分点（见图 2）。2022 年 9 月以来，连续 2 个月需求驱动在核心 PCE 中的重要性超过供给驱动的重要性，而从 2021 年 8 月到 2022 年 7 月，核心 PCE 中供给驱动的重要性一直超过需求驱动的重要性。

从月度环比的边际意义上，该研究支持供给驱动因素的作用在明显下降，在 10 月 PCE 中，需求驱动和供给驱动分别为 2.36 和 0.01 个百分点（年化率）；在 10 月核心 PCE 中，需求驱动和供给驱动分别为 1.25 和 -0.49 个百分点（年化率）。

在第二篇研究中，Shapiro 将 PCE 通胀的类别分为周期性和非周期性两部分。周期性成分包括价格对整体经济状况更敏感的类别；非周期性成分包括那些对行业特定因素更敏感的类别。如果失业率缺口（失业率与自然失业率之差）对该类别通胀率之间的关系为负，且统计显著，则该类别被视为周期性因素，如果不是则认为是非周期性因素。图 3 显示出从 2022 年 2 月开始，非周期因素在核心 PCE 中的贡献程度出现了明显的下降，而且近

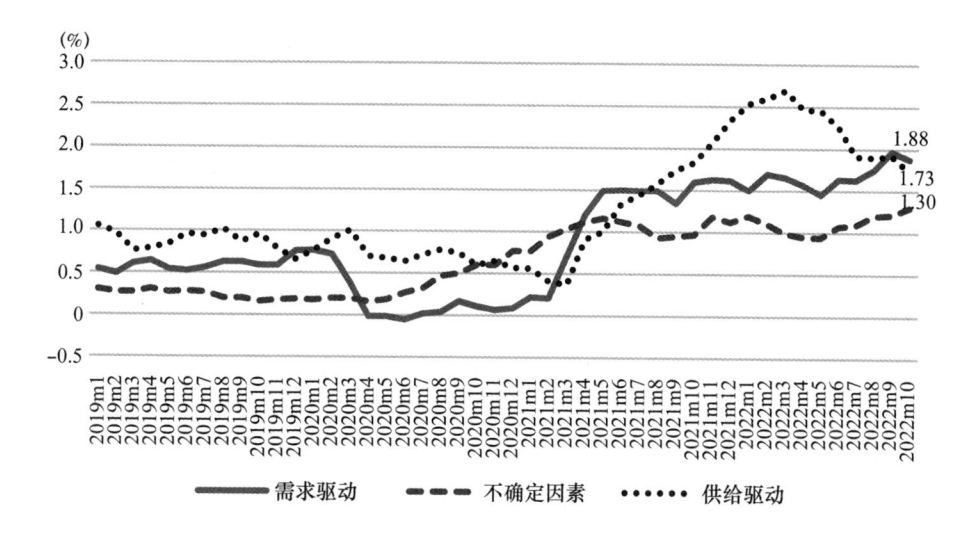

图 2　供给和需求驱动对核心 PCE 通胀的贡献（年度同比）

3 个月以来周期性因素的贡献程度开始超过非周期性因素的贡献程度。

从该研究按年化率计算的月度核心 PCE 通胀环比贡献来看，10 月周期性因素为 2.71 个百分点，非周期性因素为 2.39 个百分点。这也说明劳工市场紧张状态正成为支撑通胀的关键因素。

在第三篇研究中，Sheremirov 提出了一种将通货膨胀分解为四个组成部分的新方法。研究发现，在这些组成部分中，短暂的供应冲击对最近的通胀飙升做出了最大的贡献。尽管截至 2022 年 6 月需求冲击对通胀的贡献小于供应冲击，但在大部分启动期，与供应冲击相比，需求冲击在持续性成分中占了相对较大的份额[1]。

上述研究的结论与现实基本一致。从就业来看，8 月以来就业出现了缓慢下降的趋势，8—11 月每月非农新增就业 29.2、26.9、28.4 和 26.3 万人，

---

[1] Viacheslav Sheremirov, Are the Demand and Supply Channels of Inflation Persistent? Evidence from a Novel Decomposition of PCE Inflation, *Current Policy Perspectives*, Federal Reserve Bank of Boston, November 7, 2022。

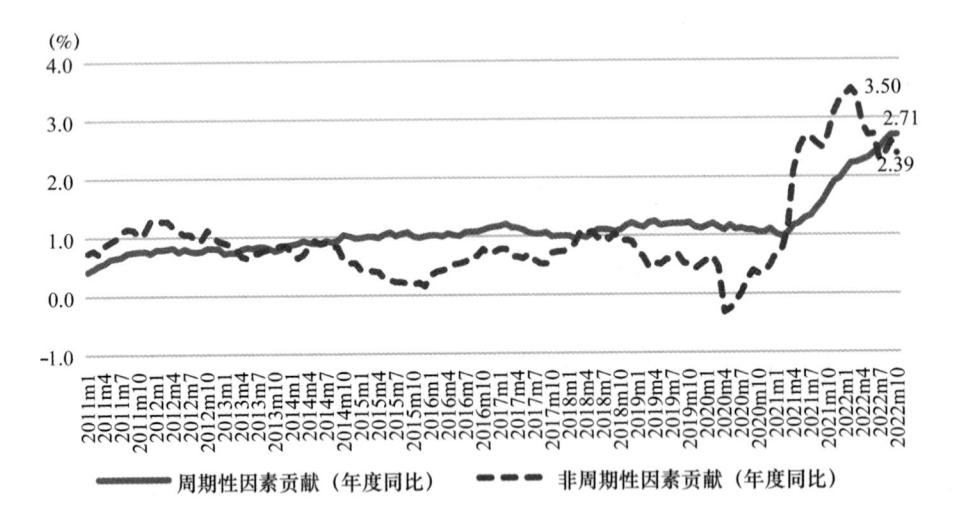

图3 核心PCE中周期性因素和非周期性因素的贡献

资料来源：Shapiro, Adam Hale, 2022, Cyclical and Acyclical Core PCE Inflation, https：//www.frbsf.org/economic-research。

平均每小时收入每3个月变化在11月达到6.0%，高于9—10月4.8%和4.6%[1]。从单月收入变化来看，平均每小时收入（以12个月为基础）的增长有所放缓，从3月的5.6%峰值下降至10月的4.7%[2]。还有研究者认为，无论劳动力市场发生了什么，2023年的通胀率都可能远低于工资增长率[3]，工资上涨及实际购买力的上升将成为通胀的基本支撑因素。

目前，美国经济中失业率依然保持在低位，11月失业率3.7%，与上个月持平，比9月的3.5%有所上升。随着劳动力需求降温，失业率上升的程度部分取决于所谓的"贝弗里奇曲线"的形状。"贝弗里奇曲线"描绘了失

---

[1] Karen Dynan and Wilson Powell, US job and Wage Growth Beat Expectations, Making the Fed's Job Harder, December 2, 2022, https：//www.piie.com/.

[2] Robert G. Valletta, on the Current Economy and Economic Outlook, December 2, 2022.

[3] Joseph E. Gagnon and Asher Rose, US workers' wage gains in 2023 are likely to exceed inflation, December 5, 2022, https：//www.piie.com.

业率与劳动力需求强度之间的负关系（如空缺率或职位空缺所示的需求强度）。潜在的"贝弗里奇曲线"关系可以支持将空缺减少到疫情大流行之前的水平，而不会大幅增加失业率。自3月以来，空缺率大幅下降，失业率没有任何明显增加，这一观点得到了支持[1]。

如果果真如此，美国通胀更多由总需求驱动，且"贝弗里奇曲线"成立，价格稳定和充分就业之间可能存在的代价高昂的权衡变得就不那么重要了。这相对于供给冲击长期持续推动的通胀来说，控制总需求所致的通胀并实现经济"软着陆"的可能性就会变大，因为降低了紧缩政策应对供给冲击型通胀可能会过多"错杀"需求的风险。这也是这一轮美国治理通胀与20世纪七八十年代治理能源供给冲击通胀之间存在一定程度的差异之处。

---

[1] Robert G. Valletta, on the Current Economy and Economic Outlook, December 2, 2022, Federal Reserve Bank of San Francisco.

美联储货币政策框架演进视角下的通胀与利率

12 月 16 日

  美联储货币政策框架的演进体现了美联储摆脱利率有效下限风险的态度，对通胀的高容忍度创造出了采取高利率的机会，货币政策摆脱了有效下限的约束。由于需要维持政策性利率水平持续显著高于以 PCE 衡量的通胀率，以形成稳定的通胀下行趋势，由此，2023 年国际金融市场风险资产价格将面临利率上行和盈利下行"双重"估值效应的冲击，比较大的波动或是常态。

一 旧框架不足：存在巨大的利率有效下限风险

  2012 年 1 月 25 日美联储发布《货币政策战略长期目标》"Longer–Run Goals and Monetary Policy Strategy"，确定以个人消费支出价格指数（PCE）年度变化来衡量通胀率，并认为 2% 的通胀率在长期最符合美联储的法定任务。

  国际金融危机爆发后，美国经济中的中性实际利率（Neutral Real Interest Rate）不断下降。2012 年中性实际利率为 2%，长期通胀目标为 2%，那么美联储联邦基金的长期中性利率（名义利率）应该为 4%。到了 2019 年之后，中性实际利率下降至 0.5%，那么美联储联邦基金的长期中性利率应该为 2.5%（见图 1）。

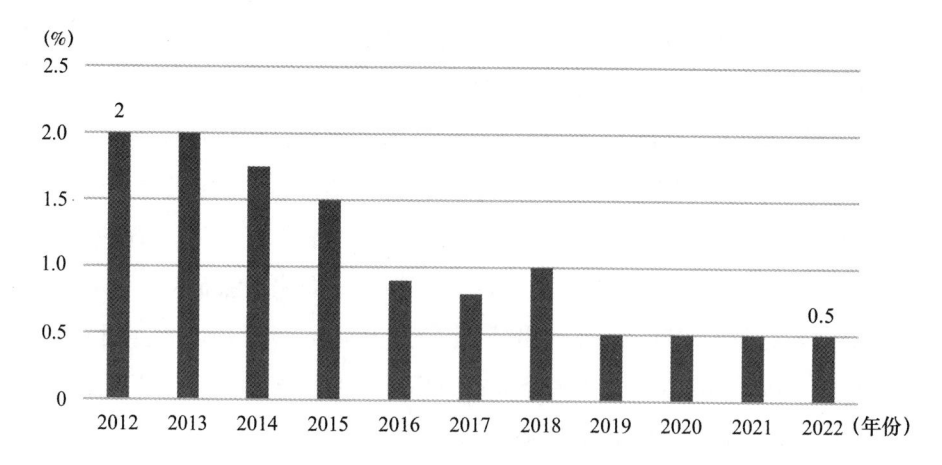

图1 全球金融危机以来美国经济的中性实际利率

说明：各年的数据均为9月的预测数据。
资料来源：美联储。

可见，2012年以来美联储面临的中性政策利率大幅下降，使得美国货币政策存在巨大的利率有效下限（ELB）风险，因为它使美联储没有太多常规的政策空间来抵消总需求面临不利冲击时对经济的负面影响。因此，2012年货币政策框架中2%的通胀目标制已经不能很好地适合美国经济中性实际利率下降的事实，框架需要改变。

二 新框架实验：加息基本加在通胀的最高点

2020年8月27日，美国联邦公开市场委员会通过了其关于"长期目标和货币政策战略"的更新，（Federal Open Market Committee Announces Approval of Updates to its Statement on Longer-Run Goals and Monetary Policy Strategy），货币政策框架演进为弹性平均通胀目标制，采用平均2%的通胀目标（并未给出具体平均时限），这意味着至少存在一个通胀持续超过2%的阶段，美联储不会通过将通胀率推至目标水平以下来反向弥补高通胀期

［关于新框架的阐述和说明，参见宏观经济论坛（CMF）《深度理解美联储货币政策新框架及其潜在的风险（Ⅰ）、（Ⅱ）》］。

随后，我们就看到了美联储对通胀的高容忍度，积极拥抱通胀。在通胀超过2%时美联储忽视通胀，直到通胀在2022年3月达到令人难以置信的高度，美联储才开始加息紧缩，这时候距美国通胀率（CPI）超过2%已经过去了一年时间。2022年3月美国经济中PCE同比上涨6.8%，CPI同比上涨8.6%；核心CPI和核心PCE同比分别上涨4.6%和5.4%。通胀的高点出现在2022年的6月，美国经济中的CPI同比上涨9.0%，PCE同比上涨7.0%。因此，此轮美联储加息基本加在通胀的最高点，这在历史上是罕见的。当然，也存在预期之外的原因，按照鲍威尔的话来说，由于供应链瓶颈的不确定性，美联储对通胀走势出现了一定的误判。

允许通胀持续"超调"，美联储摆脱了货币政策有效下限的风险。因为即使在中性实际利率依然很低的情况下，高通胀使得美联储可以把政策性利率提高至足够高的限制性水平。

三 新框架实验：紧缩货币政策周期的持续性

2022年12月14日，美联储公布了2022年最后一次经济预测计划。按照预测的中值，2022—2025年PCE分别为5.6%、3.1%、2.5%和2.1%；2022—2025年政策性利率分别为4.4%、5.1%、4.1%和3.1%。同时，2022—2023年GDP增速预测中值均为0.5%，2024—2025年分别1.6%和1.8%，2025年经济增速收敛于长期增长率。

从具体来看，2022年3月以来加息7次，总计加息425个基点，目前政策性利率处于4.25%—4.50%的区间。按照预测的利率峰值来看，还有3次左右的加息。从2022—2025年的PCE与政策性利率对比来看，2023—2025年政策性利率水平显著高于PCE同比涨幅，两者之间的差距分别为：2%、1.6%和1%。按照美联储最近的预测，政策性长期利率为2.5%，这意味着中性利率即使在2025年也没有收敛于长期利率2.5%所隐含的0.5%的中性水平。这就是鲍威尔所说的——未来利率将更高，持续时间将更久的含义。

11月美国通胀率（CPI）同比涨幅7.1%，相比6月9%的同比涨幅出现了明显下降；10月PCE同比涨幅6.0%，相比6月7.0%的同比涨幅下降了1个百分点。但政策性利率与通胀率之差仍然为负值，这意味着中性实际利率为负，美联储无法接受这种结果的持续。只有持续加息，通过通胀下行，让中性实际利率回归常态。

维持政策性利率水平持续显著高于以PCE衡量的通胀率，通胀率下行的趋势才能得以巩固，并逐步收敛于长期通胀目标2%；只有通胀目标存在明确趋势收敛于2%的长期目标时，美联储才会考虑货币政策转向。很难判断美联储货币政策何时转向，这需要等到具体的通胀数据。

日本央行意外调整收益率曲线控制政策(YCC)

12月27日

2022年12月20日,日本央行突然宣布将日本十年期国债收益率目标上限从0.25%上调至0.5%左右,并宣布放宽收益率曲线控制(YCC),目标收益率从±0.25%上调至±0.5%,将长期收益率的波动幅度增加一倍,另外大幅修改收益率曲线控制计划。同时,日本央行表示,将继续保持宽松金融环境,并将下个季度长期政府债券购买规模从每月7.3万亿日元(1美元约合132日元)增加至9万亿日元。

为了对抗通货紧缩,刺激经济增长,2016年1月29日日本央行突然宣布,决定从2016年2月16日起将商业银行存放在日本央行的超额准备金存款利率从之前的0.1%降至-0.1%,正式宣告日本进入"负利率"时代。自2016年9月起日本央行实施YCC政策,通过购买国债操作控制短期和长期利率,将短期国债收益率维持在-0.1%,将十年期国债收益率维持在0%,且对每日浮动上限有所限制——压低利率,试图刺激经济走出通缩。时至今日,日本央行又突然提高国债收益率,超出了市场预期。日本央行坚持认为继续保持宽松货币政策,但市场解读为日本央行对YCC政策的坚守已经开始松动,日本宽松货币政策立场正在悄然发生变化,这会带来国际金融市场资金回流日本的预期,资金的跨境流动必然会引发金融市场的震动。

日本央行意外调整收益率曲线控制,可能是收益率曲线的极端控制引发了以下几个问题:一是引发了金融市场出现明显的套利压力;二是引发了利率期限结构的扭曲；三是引发了债市流动性下降，损害了债券市场运行功能。当然，日本央行调整收益率曲线控制的背后，是日本经济中的通胀正在发生可见的变化，这是导致日本央行突然调整收益率曲线控制的根本原因。

YCC 导致了金融市场的套利压力

2022 年以来日元兑美元出现了较大幅度的贬值。日元贬值的主要原因是在全球主要发达经济体进入紧缩周期后，日本央行继续实施宽松货币政策，导致日本和美国等经济体的负利差持续扩大。从 2022 年 3 月开始，在美元指数走强的背景下，日元加速贬值，贬值幅度曾一度接近 30%。同时，由于全球大宗商品价格上涨恶化了日本贸易条件，打破了货币贬值有利于日本出口的传统逻辑，日本出现了贸易逆差与货币贬值之间的恶性循环。

日本央行坚持收益率曲线控制，导致日本境内可供投资的资产收益率下降，在日元贬值预期的作用下，日本国内几乎零利率成本融资的大量资金通过借贷流出日本，投资海外，导致日本对外投资净头寸持续攀升，日元成为套息套汇交易的首选。依据 BIS 全球流动性指标数据，2022 年第二季度日本境外非银行借贷者日元跨境借贷年率增长幅度高达 10%，创下了 2019 年第一季度以来的新高。

同时，海外投资者也会增加从日本商业银行的低成本借贷，在国际金融市场上套利日元，这会进一步给日元带来贬值压力，迫使日本央行在 2022 年十月下旬开始明确干预外汇市场，阻止日元的持续贬值，当时日元兑美元的汇率曾经一度跌破 1 美元兑 150 日元大关。为了获取干预外汇市场的美元，日本从 2022 年 6 月开始连续 4 个月减持美国国债。依据美国财政部公布的数据，截至 2022 年 10 月末，日本持有约 1.08 万亿美元的美国国债，相对于 2022 年年初的 1.30 万亿美元的数量，日本一共减持了约 2250 亿美元的美国国债。

可见，日本央行在全球主要经济体收紧货币政策的背景下，坚持极端的收益率管制曲线政策框架，日本和美国等负利差持续扩大，助推了日元持续的贬值预期，这种套利套汇交易已经严重影响到日本货币政策对经济的刺激效果，日元贬值带来进口成本的攀升、进口通胀以及持续的贸易逆差等负面影响，迫使日本央行需要调整这种极端的收益率曲线管制货币政策框架，避免套利套汇交易对日本货币政策实施造成不合意的冲击。

YCC 扭曲了利率期限结构

日本央行坚持收益率曲线管制，尤其是对十年期日本国债的收益率维持 0.25% 的上限，一方面，日本央行需要大量购买十年期日本国债，压低十年期国债收益率；另一方面，这种操作扭曲了利率期限结构。由于更长期的日本国债收益率已经明显抬升，比如 30 年期国债收益率已经突破了 1.5%，而期限稍短些的 7—8 年期国债收益率已经显著高于 0.25%。日本如果继续坚持把十年期国债收益率压制在 0.25%，那么在整个国债利率期限结构上，十年期国债收益率就出现明显的"塌陷"，导致整个利率期限结构扭曲。在这样的背景下，为了矫正这种人为的利率期限结构扭曲，日本央行扩大了十年期国债收益率区间，允许收益率上限至 0.50%，从而矫正十年期国债收益率的"塌陷"，恢复比较正常的正向利率期限结构，引导市场形成利率期限结构之间利差比较正常的预期，从而使得整个利率期限结构的收益率曲线更平滑地形成，也有助于继续保持宽松的金融条件。

YCC 降低了债市的流动性

要控制十年期国债的收益率，在市场预期与日本央行的预期出现差异，市场认为十年期债券收益率必须上涨时，日本央行必须大规模购买十年期国债，日本央行就成为金融市场上日本国债最大的买家。日本央行的资产负债表数据显示，截至 2022 年 12 月 22 日，日本央行持有的日本国债数量高达约 557.5 万亿日元，约占日本央行总资产的 80%，其中十年期国债持有数量高达 253.7 万亿日元。相比 2022 年 2 月底，日本央行总资产中政府债券数量增加了近 30 万亿日元，但这期间日本央行总资产减少了约 32.4 万亿日元，主要是日本央行总资产中贷款规模下降了 63.3 万亿日元。可见，日本央行在总资产下降的过程中，通过大规模购债压低了市场收益率，便于市场主体以低成本进行借贷。

但日本央行如此大规模的购债，成为整个债券市场最大的买主，降低了国债市场的流动性。目前日本央行持有的日本国债的数量已经超过日本国债余额的 50%，如果不包括短期国库券在内，这一比例已经超过 55%。如果日本央行继续坚持购买十年期国债，那么整个国债市场的流动性将会急剧下降，带来人为干预出现的债市流动性风险。日本央行大幅度提高十年期国债收益率上限，有助于市场对债券的重新定价。按照日本央行的话来说，可以提高流动性，增强债券市场的作用。

全球负利率时代已经进入尾声

2013 年 1 月日本央行确立了 2% 的通胀目标，为了提高公众对 2% 通胀目标的可信度，日本央行采取了量化宽松的货币政策，并在 2016 年 9 月实施了 YCC 的极端宽松货币政策，期望摆脱通货紧缩。从实施效果来看，日本的通胀在一定程度上出现了变化，物价摆脱了连续负增长的态势，出现了逐步走高的趋势。2022 年以来，由于全球通胀走高，主要发达经济体央行均多次提高政策性利率水平控制通胀，全球利率中枢显著抬升。比如，目前美联储的联邦基金利率已经处于 4.25%—5.0% 区间，欧洲央行政策性利率（边际借贷便利利率）也到了 2.75%，欧元区政府债券收益率已经摆脱了负收益率区间。全球负收益率债券规模总量从 2021 年年底的约 11 万亿美元下降至目前的不足 7000 亿美元，全球负收益率债券基本是日本 2 年期及以下期限的国债。全球范围内的主要发达经济体依然实施负利率政策的只剩下日本央行。

2022 年 10 月日本通胀率创下了 40 年以来的最快攀升速度，不包括生鲜食品的核心消费价格指数（CPI）较 2021 年同期上涨 3.6%，涨幅为 1982 年 2 月以来最高，已经连续 7 个月通胀超过 2%。日本央行实施超宽松货币政策的目的是通过将利率保持在极低水平刺激经济增长，但近来引发日元汇率大幅下跌等负面影响，推升物价水平。依据日本央行的数据，截至 2022 年 11 月，以日元年率表达的进口价格指数同比涨幅依然高达 28%。日元贬值带来的进口通胀并不是日本央行所需要的，日本央行需要的是来自劳动力市场工资上涨推动的物价水平上升，即来自经济总需求的提升。从目前的情况看，10 月日本现金工资同比增长 1.8%，仍然低于通胀率。这是日本央行在提高十年期国债收益率后，依然强调继续采取宽松货币政策的主要原因。

2021 年日本经济增速仅为 1.7%，按照 IMF 和 OECD 近期的预测，日本 2022、2023 年两年经济增长维持在 1%—2% 的增速，日本经济总体上保持了低增长趋势，增长的波动幅度要小于欧美 2022、2023 年两年的增长波动幅度，尤其是明年日本经济基本面可能要好于美国和欧元区国家明显下滑的经济基本面。随着通胀的上行，日本要么修改 2% 的通胀目标值，允许通胀适度"超调"，要么通胀终究会促使日本央行改变负利率的货币政策框架。从日本央行近期突然改变收益率曲线控制来看，日本央行似乎还没有出现修正通胀目标的倾向，毕竟修改通胀目标对于维持物价稳定是央行第一职责，压力巨大。市场也倾向于认为调整收益率曲线控制的目的实质是改变现行的宽松货币政策。从这个视角来看，全球负利率时代已经接近尾声了。

YCC 是 2023 年全球金融市场面临的
重大不确定因素之一

随着日本通胀的持续上行，如果日本央行突然放弃 YCC，将推动基准收益率显著上升。目前日本国债余额大约 8 万亿美元，全球最后一家发达经济体的央行大幅度抬高基准利率，必将引发国际投资者对全球利率期限溢价的重新定价，投资者持有较长期限债券所要求的额外收益率要明显上升，这对于全球金融市场可能会带来意外冲击。首先，日本金融市场基准利率上扬会导致欧美市场资金回流日本。日本对国外市场债券的需求一直是发达市场低收益率的重要驱动因素，日本货币政策逆转可能会带来日本投资者在海外债市的大规模平仓，这会倒逼美欧债券市场收益率的上升。其次，日本基准利率上升会带来日元阶段性的升值，降低输入性通胀的压力，并增加国际市场对日本金融资产的需求。再次，资金回流日本也会带来欧美股市向下调整的压力。

从近期来看，日本央行突然调整 YCC，并一再否认会调整日本宽松的货币政策，但 YCC 区间的调整还是给国际金融市场造成了震动。从日本金融市场债券利率期限结构来看，更长期的利率已经明显走高，40 年期国债收益率在逼近 2%。国债市场的定价因为央行和投资者之间的分歧而出现了明显的分化，这种分化很难长期被强制维持，即使日本央行坚持说不改变宽松的货币政策，毕竟 YCC 是一种非常规性利率工具，终会因为通胀而有退出时限。日本金融市场上负收益率债券持续减少本身就意味着负利率政策已经在金融市场上逐步被市场化的退出。这种市场化的逐步退出也意味着金融市场在重新定价长期债券的收益率，这有助于减缓日本央行未来可能退出 YCC（收益率曲线控制政策）时造成非预期性的冲击程度，但其对国际金融市场造成的风险需要高度重视。

2023 世界经济仍需直面的四大冲击

12 月 28 日

只有平稳度过世纪疫情、扛过美联储加息、避免俄乌冲突恶化以及中美关系止跌回升，世界经济才可能会迎来重新起航的好时机。

2020 年世纪疫情全球暴发以来已有 3 年。美联储等发达经济体央行反疫情激进对冲政策引发了高通胀，2022 年全球大部分重要发达经济体被迫进入加息周期。2022 年 2 月俄乌冲突升级加速了经济全球化的断裂，能源和食品危机冲击着全球经济。2022 年中美摩擦加大对全球产业链的重构带来了巨大的挑战和成本。疫情、加息、俄乌冲突以及中美摩擦加大四大因素导致 2022 年世界经济出现了明显的下行压力。

展望 2023 年，上述四大冲击依然是左右世界经济变化的关键因素，2023 年全球经济将面临进一步下行压力，世界经济将在困难重重中度过。

一　度过世纪疫情

疫情虽然已经三年，全球经济饱受世纪疫情的冲击，全球为世纪疫情付出了巨大的成本。依据 IMF 的数据，全球应对疫情冲击的财政支出超过 11 万亿美元，巨大的疫情成本以及对疫情所致危害认识的变化，全球疫情防控政策在不断地调整。尽管开放成为全球的主基调，但疫苗接种率的差异以及病毒变异的不确定性，世纪疫情尚难言何时结束以及以何种方式结束。

依据WTO-IMF COVID-19 Vaccine Trade Tracker提供的最新数据，截至2022年5月底全球疫苗接种率中，低收入经济体7.04亿人中的接种率只有14.1%，低、中收入经济体接近30亿人中的接种率也只有51.8%。尽管变异病毒致死率下降，但对全球经济的冲击并未消失，世界卫生组织何时宣布疫情大流行结束存在不确定性，难以对疫情未来冲击的程度做出判断。疫情冲击显著影响了全球居民消费和企业投资行为，对全球经济发展带来了重大负面影响。

二 扛过美联储加息的负面外溢性

美联储2022年3月以来已经加息425个基点，创造了40年来最激进的加息方式，2022年3月以来美元指数快速走高，资本回流导致全球主要货币均出现不同幅度的贬值。从全球外汇储备的变化就可以看出这轮美联储加息对全球金融市场的冲击。从1999年欧元诞生后的美联储几次加息周期来看（1999—2000年、2004—2006年、2015—2019年、2022年至今），只有2022年这一次加息周期中，全球外汇储备的数量出现了下降。相比2021年第四季度，2022年第三季度全球外汇储备下降了1.275万亿美元，其中美元储备下降了6440亿美元，欧元外汇储备下降了3634亿美元，日元和英镑外汇储备下降了987亿美元和820亿美元，人民币外汇储备下降了395亿美元，加元和澳元外汇储备分别下降了228亿美元和151亿美元，只有瑞郎增加了43亿美元（见图1）。

全球外汇储备的下降主要有几个原因：一是资本回流美国，导致全球外汇储备下降；二是外汇市场的干预消耗了部分外汇储备；三是美元升值，其他货币外汇储备以美元计价的价值下降。

按照美联储12月公布的数据，2023年美联储加息峰值在5.1%左右，达到限制性利率水平，而且要在高位持续一段时间。加息的边际力度上减

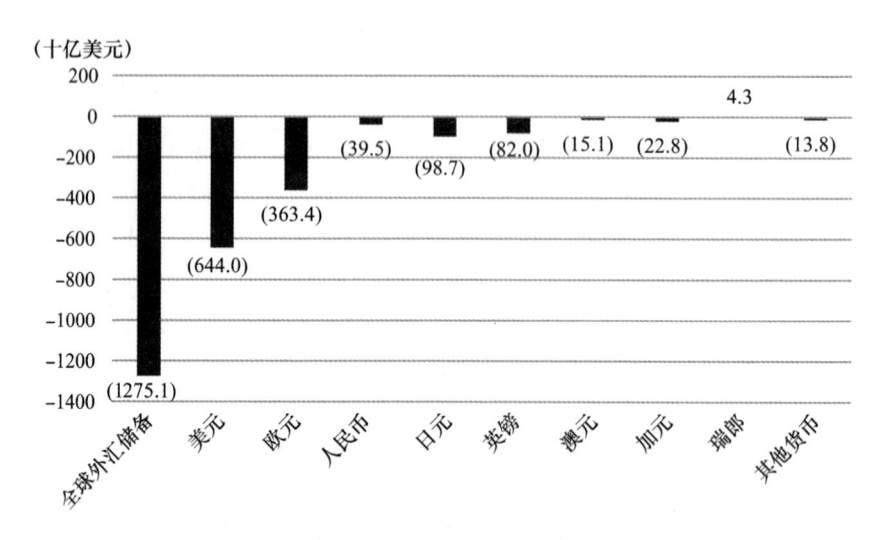

图1 全球外汇储备的变化（2021Q4—2022Q3）

资料来源：IMF，COFER。

弱，但限制性利率水平持续运行对全球金融市场的压力会持续存在。尤其是，如果日本央行在通胀上行，抗不住美联储加息，放弃实施非常规的收益率曲线控制（YCC）货币政策框架，会对全球金融市场带来显著的冲击。因为日本国债市场规模庞大，国债余额约8万亿美元，日本央行的YCC调整将直接改变全球长期债券收益率定价，全球金融条件将进一步收紧，国际金融市场必然会再次出现动荡。

美联储强调限制性利率水平的持续性，货币政策对全球的负面外溢性在2023年不会减弱。一方面，利率上行加重债务负担，依据IMF的研究，全球1/3新兴经济体政府债券收益率突破10%，接近次贷危机后的最高水平；另一方面，美联储高利率政策会约束其他经济体货币政策刺激经济的空间，在全球主要经济体货币政策缺乏协调的背景下，会持续对世界经济的增长前景带来负面影响。

三 减缓俄乌冲突对全球供应链的冲击

俄乌冲突升级已经过去了 10 个月，目前仍没有明显的迹象表明这场军事冲突会很快结束。俄乌冲突意味着全球化的重新定位——全球化不是全球分工优先，而是意识形态优先；全球化不是经济效率优先，而是经济安全优先。地缘政治成本成为左右全球化进程的关键成本。

俄乌冲突所带来的地缘政治成本将波及全球，影响深远。以美国为首的北约及同盟削弱俄罗斯的战略不会因为这场冲突以何种方式结束而有显著改变。欧洲与俄罗斯的全方位"脱钩"随着多轮制裁、能源禁售和限价等措施实施逐步展现出来。世界市场也会因为俄乌冲突导致的全球供应链重构而出现经济区域重新划分，能源、食品全球供应链市场的重组成本将推高全球的物价水平。俄乌冲突爆发以来，全球 20 多个经济体出台了限制食品出口的政策（Food Security Portal）。FAO 的数据显示，食品价格指数从 2022 年 8 月以来基本维持在 135—140 的位置（2014 - 2016 = 100），11 月为 135.7，相比疫情前的 2019 年年底上涨了 34.3%。

目前能源价格已经跌至俄乌冲突爆发之前的水平，但这期间大宗商品价格的上涨已经给全球经济带来了显著的成本冲击，推高了全球通胀，要消化冲击的负面影响仍然需要足够的时间。尤其是，目前尚看不到俄乌冲突何时结束、以何种方式结束的明确信号，全球供应链压力风险依然存在。依据纽约联储的数据，11 月全球供应链压力指数为 1.20，相比 10 月的 1.0 上升了 20%。

四 降低中美摩擦导致的全球产业链安全成本上升

美国执意将中国视为战略竞争对手，中美之间摩擦加大。2022 年美国采取了一系列不公平的手段遏制中国发展。《芯片法案》、"芯片联盟"、"印太经济框架"、《反通胀法案》等，制造业回流、近岸外包、友岸外包、泛化安全概念、禁止中国高科技产品在美国销售，美国在全球频繁使用违背国际公平竞争的手段，并拉帮结派、软硬兼施，对荷兰和日本施压，禁止它们向中国出口高端的半导体制造设备。美国试图采用市场分割手段降低中国在全球产业链中的重要性，在高端芯片及其制造业中采取"去中国化"的策略，严重违背 WTO 公平贸易的精神。

作为世界上最大的两个经济体，中美之间双边经贸关系是全球最重要的双边经贸关系。美国加大中国参与国际分工和产业链的成本，也必将伤及其自身利益。美国试图依靠政治及意识形态主导新一轮的全球化，世界市场会出现萎缩，这对世界经济来说，是一个长期的负面因素。